U0524714

儒家文化的民间生态

肖雁 著

中国社会科学出版社

图书在版编目（CIP）数据

儒家文化的民间生态 / 肖雁著 . —北京：中国社会科学出版社，2022.4
ISBN 978-7-5227-0155-4

Ⅰ.①儒⋯　Ⅱ.①肖⋯　Ⅲ.①儒家—传统文化—研究　Ⅳ.①B222.05

中国版本图书馆 CIP 数据核字（2022）第 071174 号

出 版 人	赵剑英
责任编辑	孙　萍
责任校对	杨　林
责任印制	王　超

出　　版	中国社会科学出版社
社　　址	北京鼓楼西大街甲 158 号
邮　　编	100720
网　　址	http://www.csspw.cn
发 行 部	010-84083685
门 市 部	010-84029450
经　　销	新华书店及其他书店
印　　刷	北京君升印刷有限公司
装　　订	廊坊市广阳区广增装订厂
版　　次	2022 年 4 月第 1 版
印　　次	2022 年 4 月第 1 次印刷
开　　本	710×1000　1/16
印　　张	27.25
插　　页	2
字　　数	360 千字
定　　价	139.00 元

凡购买中国社会科学出版社图书，如有质量问题请与本社营销中心联系调换
电话：010-84083683
版权所有　侵权必究

自 序

21世纪，在中国文化的高速发展和进步中，作为中国哲学主要思想载体和中国民间主要信仰形态的儒家思想的嬗变明显加快，生命周期明显缩短。中国教育经过脱胎换骨的变革，中国社会经过不断探索和实践，中国思想通过对科学思想的接受，中国工业通过对工业革命的拥抱，科学思想、辩证唯物主义哲学思想对儒家思想的存在产生了重要影响，进而对中国文化和文明的发展产生了重要作用。

一 儒家思想

在当代中国文化和文明的快速进步中，儒家思想哲学和宗教的双重属性变得愈发清晰，在中国社会形态中的地位和作用也变得愈加清楚。儒家思想在思想本体中的哲学性、宗教性、独立性和融合性，儒家思想在文化和文明中存在的合理性与必然性，儒家思想在思想发展中的个性与共性，儒家思想在中国文化生态中的存在与状态，儒家思想在中国文明平台中的地位和作用，儒家思想研究的哲学视角，以及儒家思想研究的科学方法等，所有这些都属于当代儒学研究的重要课题，同时，也是当代儒学研究进步的重要前提。跨越思想的时间维度，穿过思想的空间维度，融合思想的认识维度，通过思想存在具象的文化环境、文明平台，透视思想自身的本体属性，找到思想进步的方向，发现思想发展的规律，思想不仅要在文化变化中找到自己的位置，还应在文明进化中起到自己的作用。

二 儒家思想及其二重性

约在公元前5世纪,作为诸子百家之一的儒家思想开始形成。儒家思想的道德教化和政治文化思想直接源自三代以来的礼乐传统,儒家思想的经典直接反映了中国思想从神话向宗教、哲学的转变,反映了宗教理性、人文理性的形成。自然不再是人惧怕的对象,自然成了人认识的对象,人与社会成了人关心的主体。人们不再单独面对自然,而是开始有意识地通过社会面对自然。在宗教理性、人文理性的觉醒中,诸子百家思想从不同的侧面反映了中国思想这一转变时期的发展和进步,儒家思想便是这其中的典型代表。

在思想文化的时空中,以儒家思想为代表的中国思想的宗教理性、人文理性的觉醒并不是一个孤立的思想进化事件。比较宗教、比较哲学、比较思想、比较文化、比较文明的研究表明,早期的思想进化从来没有孤立地在一种文化中发生,在儒家思想完成中国思想向宗教理性、人文理性的转变过程中,不同文明也前后在相近时期完成了从神话向宗教、哲学的思想进化。至此,通过宗教理性、人文理性的觉醒,通过宗教、哲学的形成,思想认识开始进入文明发展的快车道,在不同具体宗教、不同具体哲学的基础上,开始形成抽象层面的宗教思想体系、哲学思想体系。抽象的宗教思想体系、哲学思想体系的形成并没有改变不同宗教、不同哲学异质、异构的个体性,不同宗教、不同哲学在思想文化的时空中依然按照各自的轨迹发展、变化。

16世纪开始的科学革命和科学思想革命使科学和科学思想从哲学和哲学思想中独立出来,成为超越哲学和哲学思想的人们认识世界的知识和思想引擎,成为不断提升人类文明平台的四次工业革命的直接动力。18世纪第一次工业革命,蒸汽机发明,机械能源文明平台产生;19世纪第二次工业革命,电力发明,电力能源文明平台产生;20世纪第三次工业革命,计算机发明,信息能源文明平台产生;21世纪第四次工业革命,计算机智能发明,机器智能能源文明平台产生。

20世纪以来,科学革命和科学思想革命引起的思想革命、工业革命引起的文明平台的进步改变了人们传统的时空观念,改变了人们传统的宗教思想观念和哲学思想观念。不同的宗教思想、不同的哲学思想开始主动或被动地走出各自舒适的时空,开始情愿或不情愿地面对不同的宗教思想、不同的哲学思想。20世纪初,作为中国思想代表的儒家思想也开始直面不同的宗教思想、不同的哲学思想,并开始跟科学和科学思想碰撞;儒家思想开始适应科学思想带来的中国思想、文化、文明的变化,儒家思想开始在中国思想、文化、文明的变化中寻找自己的位置。

三 儒家思想的哲学维度

21世纪,哲学和哲学思想在哲学核心、哲学系统、应用哲学的主要领域形成了一定的共识,在时间维度、空间维度、认识维度上不断跨越和融合,哲学体系也表现出从未有过的动态性、完整性和复杂性,哲学系统之间也表现为互为本体、互为参照、互为视角、互为方法。这些完整性和复杂性体现在哲学核心领域经典形式逻辑、非经典逻辑、非形式逻辑的逻辑贯通性,在哲学系统领域形而上学、哲学方法、知识论、价值理论、美学、道德理论的本体和知识系统一致性,在应用哲学领域科学哲学、社会哲学、政治哲学、宗教哲学、语言哲学、心灵哲学、行动哲学的应用广泛性。

在中国社会发展的新的历史时期,儒家思想研究呈现出多元化的现代思想研究特征。从不同的视角,通过不同的方法对儒家思想进行研究,激活儒家思想的生命活力,发现儒家思想的生命周期;对儒家思想的文化生态进行联系主义探索,发现儒家思想在文化发展中存在的合理性;对儒家思想的文明生态进行关联主义研究,发现儒家思想在文明进步中存在的必然性;通过对儒家思想进行解构主义分析、结构主义梳理、建构主义重组的尝试和探索,完成哲学思想和哲学方法的融通,完成儒家思想在当代中国思想文化发展中的定位和所应起到的作用。所有上述都构成了当代儒家思想研究的重要课题，都蕴藏着儒家思想发展方向的重要线索。

四　儒家思想的宗教维度

21世纪，宗教、宗教思想、宗教理论、宗教形式、宗教形式表达随着哲学思想的发展、科学思想的进步、文明平台的更新而产生了一些特有的变化。宗教、哲学、科学在对自然、人、社会的认识上不再表现出严重的对立和矛盾，在认识的多维空间中，宗教、哲学、科学在不同的认识层面绕过彼此的对立和矛盾，面对和明确各自的问题，研究和解决各自的问题。在文化和文明的发展中，宗教、哲学、科学寻求满足人们不同物质需求和精神需求的路径，提供满足人们不同心灵需求和文化需求的答案。宗教的历史争议性、宗教的文化独特性并没有因为21世纪的到来而有所降低，不同的是，在宗教、哲学、科学的认识谱系中，人们开始从哲学的角度看待宗教，用科学的方法研究宗教，人们对宗教在文化生活中的地位和作用愈发重视。

可以说，儒家思想既是中国的哲学，又是中国的宗教，儒家思想的二重性质从儒家思想形成思想系统的第一天起就跟随着儒家思想在跌宕起伏的中国历史进程中发展，在波澜壮阔的中国文化版图中进步。产生这一思想文化现象的原因是中国思想在宗教理性、人文理性的觉醒过程中，在神话向宗教、哲学的转化过程中，并没有出现过明显的宗教、哲学断层。尽管在中国思想发展的历史长河中，儒家思想的宗教性、哲学性并没有出现过明显的剥离，但是在中国历史发展的不同时期，儒家思想的宗教性、哲学性的出现方式不同、表达形式不同、存在状态不同、受到重视的程度不同。在这众多的不同之中，儒家思想在中国民间的宗教性存在却是事实。

在中国社会发展的新的历史时期，儒家思想在中国民间的存在有了许多新的特点。在广袤的大地上，在广阔的乡村社会，寺院、祠堂、神坛、文庙、宗祠、楹联、碑碣处处可见；村村有庙、家家敬神、庙宇百种、神像千位时时可闻，透过这些处处可见的不同的宗教形态，穿过这些时时可闻的不同的宗教表达，可知，儒家思想在这些宗教形态和宗教表达之上，儒家思想是中国民间宗教思想的主要源头和重要支柱。对儒家思想的民间宗教存在进行宗教、宗教思想、宗教理论、宗教形式、宗教形式表达的全方位研究是儒教思想在乡村振兴中的地位和作用研究中的重要课题，具有理论和实践的双重意义。

五 儒家思想研究的哲学视角和科学方法

20世纪，儒家思想在同科学和科学思想的碰撞中，悄然退出了中国教育的主流，默默从中国思想文化变成了中国传统思想文化。儒家思想的哲学体系在与不同的哲学思想的交流中，重新审视自己，发现从哲学母体中产生的科学和科学思想通过教育、产业已经改变了世界，思想的谱系拓宽了，思想的内容在抽象和具象两个方向上拓展了，思想在文化发展中的地位日益明确，在文明进步中的作用也渐趋清晰。

儒家文化的民间形态研究是儒家思想研究的主要内容之一，贯穿于整个20世纪儒家文化研究的始终，并已取得了重要成果。这一研究理论从儒家思想的哲学维度和宗教维度两个方向上展开，注重抽象的哲学思想体现和具象的宗教形式表达，视角上采用多维哲学视角、多维宗教视角，方法上使用多维科学方法，对儒家思想的发展作出了重要贡献。

在中国社会发展的新的历史时期，儒家文化的民间形态研究呈现出新的特征和要求，儒家文化在乡村振兴中的地位和作用的研究已经不再单纯属于儒家文化研究自身的学术领域的课题，这一研究的意义已经进入到一个更为宏大的文化角度和文明视野中。儒家文化的民间形态研究的多维哲学视角、多维宗教视角更为具象、微观，多维哲学视角、多维宗教视角的文化语境、文明平台更为动态、宏观，表现为中国哲学、辩证唯物主义哲学、分析哲学、解构主义哲学、结构主义哲学、建构主义哲学、联系主义哲学、关联主义哲学的哲学视角，表现为宗教、宗教思想、宗教理论、宗教形式、宗教形式表达的宗教视角。

儒家文化在乡村振兴中的地位和作用研究的多维科学方法更为细化、多样、交叉、新颖、有效，表现为从一般社会科学的研究方法到人类学、宗教人类学、社会学、社会心理学、计算机科学、数据科学、人工智能科学的研究方法，表现为从一般理论科学的研究方法到实验科学、思想实验科学、心理实验科学、社会心理实验科学、文化实验科学的研究方法。

对这些哲学视角、科学方法在研究实践中应用的初步尝试、体验和探索主要体现在四个方面：一是历史与现实相结合；二是理论与实践相结合；三是转变思维方式；四是个案研究和理论抽象实现"交互式"相结合。并在此基础上，将儒家文化的民间形态研究向质化研究、量化研究的方向推进。

六　当代儒家思想

从公元前5世纪儒家思想的产生，到20世纪同科学思想碰撞，21世纪的儒家思想在文化发展和文明进步中以哲学思想、宗教思想的形式同科学思想同步，在中国思想文化发展的历史长河中，儒家思想始终是组成中国思想的重要元素。儒家思想的宗教与哲学的二重性是由中国思想发展的特质决定的，是由中国思想宗教理性、人文理性觉醒的性质决定的，是极具中国思想特色的。可以预见的是，儒家思想在同科学思想的融合中很快会出现科学的第三重性，即儒家思想的宗教、哲学与科学的三重属性。

儒家文化的民间形态是儒家思想的原生状态，保留了儒家思想宗教、哲学二重性的原生特征。研究儒家文化的民间形态就是研究儒家思想的本质，就可以理解儒家思想宗教、哲学二重性的过去，感知儒家思想宗教、哲学二重性的未来。

文化语境、文明平台既是儒家思想的成果，又是儒家思想生存发展的生态环境。儒家思想在文化发展中发展，在文明进步中进步，与历史同步，与时代俱进。无论儒家思想的表现是宗教还是哲学，无论儒家思想的处境是中心还是边缘，儒家思想一直存在于中国思想的发展中，也一直是中国文化的鲜明标识。

研究儒家文化的民间形态，了解儒家思想当代思想形态的文化性、文明性，科学预测儒家思想研究的方向，明确儒家思想发展和文化发展、文明进步的作用和关系，所有这一切对儒家思想研究自身、对广大乡村社会的发展、对当代中国思想、文化、文明的繁荣都具有极为重要的理论与现实意义。

七　儒家思想的基本概念

儒、儒家、儒学、儒教在概念使用中通常容易混淆，有必要做一梳理。

儒、儒家、儒学、儒教是现代儒家思想研究、中国思想研究、中国思想文化研究中使用的基本概念，这些概念既是儒家思想研究的概念起点，又是儒家思想研究成果的理论总结，对这些概念的分析、理解、界定、研究和把握是儒学理论研究的先决条件，具有儒学理论体系研究逻辑严谨性、逻辑完整性的双重意义。所以梳理这些基本概念在时间上的发展脉络、前后关系，在当代儒家思想研究中的准确含义是当代儒家思想理论研究科学精确化、哲学准确化的前提。

（一）时间梳理

在儒、儒家、儒学、儒教的四个概念中，儒家、儒学的概念最直接、清晰，儒、儒教的概念相对间接、模糊。文明发展的认识进步中，儒教的精神和仪式产生于夏、商、周时期，儒是古代神职。在此基础上，春秋战国时期，儒家学派产生；之后，儒学产生，儒家思想产生。儒教精神在经过儒家学派的精神哲学化之后形成儒学、儒家思想，儒教精神和儒家思想同时存在、发展；儒教仪式在经过儒家学派的文化大众化之后形成儒教文化，儒教文化和儒家思想同时存在、发展。在中国思想文化发展的历史进程中，儒教精神、儒、儒家、儒学、儒教文化同时存在，儒教精神、儒、儒家学派、儒家思想、儒教文化共同发展。

20世纪，中国思想文化迅速发展，儒教精神、儒、儒家学派成为传统，儒家思想、儒教文化成为中国思想文化现代发展的重要组成元素。21世纪，中国思想文化深化同科学思想的结合、在新科技革命带来的文明平台上发展，面对儒家思想、儒教文化在当代中国社会学术、民间存在和发展的现状，结合多维宗教视角、多维哲学视角、多维科学方法，对儒家思想、儒教文化在宗教、哲学、文化三个层面的研究将对当代中国思想文化发展具有重要的时代意义。

（二）概念梳理

儒教的精神和仪式源于夏、商、周的教化和祭礼传统，是夏、商、周时期的一种精神、思想、仪式、体制、文化、文明。夏礼已无从可考，殷礼是周礼乐制度的源头，西周时削弱，孔子为复兴礼乐创立儒家。儒是古代神职，在儒家学派创立后，被用来称谓儒教。儒教的精神思想和仪式体制产生于儒家学派形成之前，是儒家学派的精神思想母体。儒家学派形成后，儒教精神思想和仪式体制逐渐和社会、政治、文化结合，逐渐哲学化、世俗化，进而形成儒教精神、儒家思想、儒教文化三个层面的泛儒学中国思想现象。这种泛儒学中国思想现象既是学术的，又是民俗的；既是政治的，又是文化的；既是精英的，又是大众的。

儒家多指春秋战国时期产生的儒家学派。儒学是指儒家思想发展变化的历史过程中形成的儒家思想传统，它是历代儒家思想和精神的汇集和总结，是一套理论学说和知识体系，是由儒家学派产生而来的儒家思想观念和哲学方法。

儒教文化则主要指儒家思想和儒学的生存、发展、传播的手段和宗教性实现方式。

（三）概念使用

在儒家思想、儒教文化研究的现代学术语境中，儒家思想、儒教文化和儒学、儒教同义，儒家思想、儒教文化和儒学、儒教之间不做区分，可分开独立使用，也可混合使用。在特定学术语境中，区别使用。譬如，在中国哲学语境中，使用儒学；在中国思想语境中使用儒家思想；在中国宗教中，使用儒教；在中国文化中，则使用儒教文化。

在文化环境基本相同的情况下，儒教、儒家、儒学的所指均是中国思想的重要元素，实质上是学术语言面对同一思想元素的多重语言表达，它们面对的思想文化本体都是一致的。在对思想文化本体的抽象达到一定层面时，其不同语言表达的思想文化本体甚至是一样的。

是为序，更作书。

2021 年 11 月 7 日 于北京

目　　录

绪论 ……………………………………………………… (1)

上篇　儒家思想的二重性

第一章　人文理性的觉醒和儒学的产生 ……………… (25)
第一节　人文理性的觉醒 ……………………………… (26)
　　一　殷周之际的理性生长 ……………………………… (26)
　　二　儒家学派的产生 …………………………………… (43)
第二节　孔子思想的"二重性" ……………………… (66)
　　一　孔子儒学的人文理性精神 ………………………… (67)
　　二　孔子儒学的宗教信仰属性 ………………………… (84)

第二章　汉代儒学宗教化及儒学实践的困境 ………… (98)
第一节　汉代儒学的宗教化转向 ……………………… (98)
　　一　汉初儒学的新形态 ………………………………… (99)
　　二　儒家思想的"具象化"表达 …………………… (108)
第二节　儒学经典的内在矛盾性 …………………… (123)
　　一　孔子思想矛盾性体现：《论语》 ………………… (123)
　　二　以"人道"方式阐释"神道"：《礼记》 ……… (126)

第三节　儒学思想的实践困境……………………………（130）
　　一　无法调和的世界观与认识论：张载………………（130）
　　二　儒者的宗教生活体验：韩愈………………………（131）
　　三　"以德配天"的实践困惑…………………………（142）

下篇　儒家文化的民间生态

第三章　文庙和"学庙一体"的历史文化发展……………（153）

第一节　祭祀传统与庙制发展……………………………（154）
　　一　"国之大事，在祀与戎"的庙祀传统 ……………（155）
　　二　礼制建筑的意识形态化：明堂和辟雍制度………（160）

第二节　文庙在历史发展中的三次"进阶"………………（174）
　　一　孔庙的祠庙、家庙时期……………………………（175）
　　二　孔庙的"国庙"时期 ………………………………（178）
　　三　文庙的"学庙"时期 ………………………………（182）

第三节　祭祀与教育并重的文化格局……………………（186）
　　一　"学庙一体"制度下的教育理性 …………………（187）
　　二　尊孔崇儒、"教化天下"的文化意向 ……………（190）

第四章　文庙、宗祠、楹联和碑碣等民间文化存在………（197）

第一节　文庙与儒学………………………………………（197）
　　一　海南文庙的历史与现状……………………………（198）
　　二　陕西文庙的历史与现状……………………………（222）
　　三　文庙的民间信仰存在形式…………………………（256）
　　四　新时代文庙的多元化发展及存在问题……………（268）

第二节　宗祠与儒家思想…………………………………（276）
　　一　宗祠概述……………………………………………（276）
　　二　宗祠的时代变迁……………………………………（279）

三　宗祠"传统"与"现代"的双重变奏 ………………（287）
　　四　宗祠成为建立新型社会关系的场所 …………………（294）
第三节　楹联、祖训与儒家思想 ………………………………（298）
　　一　楹联的地域和历史特征 ………………………………（299）
　　二　楹联的人文特征 ………………………………………（300）
　　三　楹联的儒学理念 ………………………………………（301）
　　四　楹联的时代性 …………………………………………（301）
　　五　海南文昌祖训与儒家思想 ……………………………（302）
第四节　碑碣与儒家思想 ………………………………………（305）
　　一　碑碣的起源与文化意涵 ………………………………（306）
　　二　碑碣儒学的观念形态 …………………………………（310）
　　三　碑碣儒学的信仰形态 …………………………………（322）

第五章　民俗和"儒家道坛"的民俗文化现象 ……………（331）
第一节　民俗与儒学传统 ………………………………………（331）
　　一　海南定安的儒家文化传统 ……………………………（332）
　　二　祭神习俗中的儒家文化色彩 …………………………（339）
　　三　"招亡魂"与"消灾法事" …………………………（346）
　　四　民间信俗活动：军坡节 ………………………………（348）
　　五　以道教形式存在的海南儒学 …………………………（358）
第二节　儒学的民间社会实现方式："儒家道坛" ……………（363）
　　一　以诸神信仰为基础，以儒家伦理"度化"
　　　　人心 ……………………………………………………（364）
　　二　传播"孝道"文化，助力新农村建设 ………………（367）
　　三　道坛的管理与发展 ……………………………………（371）
　　四　重建文庙，加快道坛文化转型 ………………………（374）

结语　思想文化中儒学的人文性和宗教性……………（386）
　　一　理论儒学的人文精神…………………………（386）
　　二　实践儒学的宗教属性…………………………（390）

参考文献………………………………………………（406）

绪　论

儒家文化作为中国人传统精神信仰系统中的重要内容，依托文庙、宗祠、族谱等物质载体和民间形成的风土民情等行为文化的方式传递着自己的思想信息，形成了中国文化特有的儒家文化"模因"[①]。自汉代以来，国家推行"罢黜百家，独尊儒术"的文化政策，使儒学作为主流意识形态在全国范围内级层传播和落实实现，奠定了儒家文化的传播方式和践行模式。千百年来，这些标志儒家文化的物质载体和代际相传的风俗民情，凝聚了以孔子为代表的儒家所倡导的仁义、和谐、礼让等人文价值观，见证了中国先民崇文尚礼的历史过程，延续了儒家文化发生、发展演变的历史进程，更是创造了中国传统文化博大精深的文化史迹。

由于历史原因，文庙等儒家文化物质载体历经风雨和战乱洗礼，受到不同程度的毁损，但还是有许多文庙及宗祠保留下来，有的经过历代修葺、恢复和重建，保存至今。党和政府历来重视文庙等儒家物质文化遗产的恢复、修复和保护。中华人民共和国成立后，至今已经先后颁布了八批重点文物保护单位名录，其中，七批中都有文庙，并被列入"近现代重要史迹及代表性建筑"类，而保存较完整的文庙基本都属于国家级、省级、市级文物保护单位。作

[①] 模因（Meme），1976年，理查德·道金斯（Richard Dawkins）在他的《自私的基因》一书中，提议把"思想"，即能够自我复制并且发生突变的东西，也就是文化演进的基本单元，称为"模因"。"模因"，也称为文化基因，是文化资讯传承时的单位，即一个想法、行为或风格从一个人到另一个人的文化传播过程。[意]路易吉·卢卡·卡瓦里·斯福尔扎（Luigi Luca Cavalli Sforza）：《文化的演进》，石豆译，中国社会科学出版社2018年版，第168页。

为遗产的文庙等保存下来了，可如何利用这些有限资源赋能新时代社会主义文化建设，如何让文物发挥积极的社会作用，如何实行多措并举"让文物活起来"，又成为摆在我们面前的时代课题。

近年来，全国各地的文庙、宗祠等承载儒家思想的文化形式不断以其适应和紧跟时代发展的面貌而出现，尤其是在当代呈现出多元化的发展态势，反映儒家思想的一些民俗和行为文化在一些地区还出现了复兴的趋势，这一现象已引起了学界和有关部门的普遍关注和重视。作为中国人传统精神信仰系统中重要内容的儒学，依托文庙、宗祠、碑碣等古老的物质形式表达着儒家思想、传达着思想文化信息的同时，依然在民众朴素的精神信仰中占据一定位置，还承担了一部分社会功能，寄托着民众的信仰诉求，具有广泛的群众基础和社会支持度，依然有"活"的部分。随着人们生活水平日益提高，传统儒家文化不是消失、断裂了，也不是与我们的现实生活彻底剥离了，反而更是以各种方式存在于"日用而不知"的社会生活中。

纯理论的研究终归不能代替实践的观察研究。因为儒学不是纯理论，而是具有社会实践性。如同哲学总是要回归生活一样，儒学最终也是要回归生活的。儒学始终是要探究上天之理，并将其落实到社会人生的层面，而物质载体恰是承载了这一"贯通"的环节，成为意义的载体。就文庙等儒家文化物质载体来说，每一个时代的变化，都是因为面临了新的问题，获得了新的理解，而需要更新其新的意义。对文庙等儒家文化物质载体的理解不能止步于载体本身属性的关照，而是要聚焦儒家文化物质载体在当代文化语境中的发展和变化，回应时代诉求，适应当代社会文化发展的多层次需求。从理论与实践两个维度对当代中国儒家文化发展和文庙等儒家文化物质载体及围绕载体所进行的民俗活动等的整体性描述和概括性总结，以及对其创新发展方向"鉴往知来"，进行分析、反思和展望，无疑会对新时代社会主义文化建设，"铸魂"乡村，助力乡村振兴起到重要作用。

一 研究缘起及研究意义

学术的追求应当永远与时代发展紧密结合，和民众生活密切相连。自1979年底，任继愈先生提出"儒教是教"的论断后，全国学术界就"儒家、儒学、儒教是否是宗教"等学术问题进行了广泛而热烈的讨论。嗣后，随着社会学、人类学研究视角的切入，儒教研究的论题已经由最初的"儒教是不是宗教"，转向为"儒教是怎样一种宗教"的诘问。与此相关，儒教的研究重点也由理论阐释进而转向儒教在民间存在方式的实证研究上。儒教作为中国传统文化的主要表现形式，是通过燃香祭拜、宗祠祭祀和社会习俗等具体生活方式，与广大民众的生活世界结合在一起，因此，它不仅是传统，是历史，更是实实在在的生活景致。尽管"儒教是教"理论的提出遭到了不少学者的反对，但任继愈先生所提出的儒教"敬天法祖"等的宗教信仰核心却成为亟待探讨和厘清的问题。

面对有可能会无休止进行下去的儒教论争，任继愈先生明确指出："学术问题之所以引起争论，总是由于发现了新材料（文献的、考古的）引起大家的兴趣。惟独儒教引发的这场争论，并没有发现新材料，双方的根据都引用'四书'，同样的根据引出不同的结论""关于儒教的争论，既然不能从儒教本身的解释去争是非，那就不妨暂时离开'四书'，试从更广泛的范围，如社会学、经济学、宗教学、人类学多方考察，把它放在更广阔的视野里来观察，可能对问题解决有所裨益"①。

在两千多年的时间里，作为中国人传统精神信仰系统中重要内容的儒学，依托文庙、宗祠、碑碣等古老的物质形式表达着儒家思想、传达着思想文化信息的同时，是否还能够支撑起中国人的精神

---

① 任继愈：《把儒教放在更广阔的视野里来考察——序李申著〈中国儒教论〉》，《云梦学刊》2005年第2期。

信仰系统？是否还能发挥调节民众日常精神生活的独特作用，国人日常生活中到底是如何依托文庙、宗祠等来处理生老病死、人际遭遇等重大问题的，这些都成为儒学、儒教研究亟待探讨和面对的现实问题。而对于现实问题的解决显然不是仅靠坐在书斋里就能完成的，必须"走出象牙塔"，深入基层、走向田野，在当代中国社会生活的丰厚土壤中去寻找问题的答案。

儒学具有社会实践性，这一属性让儒学不再只是"形上"的观念和理论的存有，而是具有社会实践的意义。儒学研究也借此走出了"判教"论争，而把关注重点逐渐转向了"礼失求诸野"的社会调查，将儒家经典的理论阐释转向了儒学、儒教在民间的存在形态研究上，进而转向其所依附的物质载体的发展变化的实地调研和实证研究上。

如果说任继愈先生是从历史唯物主义的理路出发，通过唯物史观的哲学路径阐述了儒教的产生及在中国社会发展过程中的地位和作用，并将儒教研究同中国社会文化发展的现实结合起来，同中国社会文化的发展结合起来进行探讨；而杨庆堃先生则是较早对中国民间宗教具体形态进行考察和阐释的学者。他的《中国社会中的宗教》一书对中国的宗教进行了深入细致的阐述。他的研究广泛涉猎了中国乡村家庭、社区以及儒家传统文化等诸多方面，堪称研究中国宗教、乡村社会和中国传统文化的力作。他提出的"万神殿"现象，及"弥漫性宗教"等概念，应当说是对中国宗教现状作出了较为准确的描述。"在中国广袤的土地上，几乎每个角落都有寺院、祠堂、神坛和拜神的地方。寺院、神坛散落于各处，举目皆是，表明宗教在中国社会强大的、无所不在的影响力，它们是一个社会现实的象征。"① 纵观当今中国广大的乡村社会，的确会看到村村有庙、家家敬神、庙宇百种、神像千位的田野现象，会听到、看到和

---

① 杨庆堃：《中国社会中的宗教》，范丽珠、陈纳译，四川人民出版社2016年版，第6页。

体会出普通百姓对神灵的信仰诉求和精神依靠,而这些神灵的存在大多都是与他们的生产、生活和工作密切相关。作为儒教的外在表现形式,文庙、宗祠、楹联、碑碣等物质存在形式"散落"于民间,且几乎随处可见,仿佛正等待着我们去拜访、去探究。

以文庙为例,笔者通过对海南、陕西等地文庙调研发现,一般规模较大、历史悠久的文庙大部分都被列为国家、省、市重点文物单位保护起来。其中有的文庙作为博物馆,为大众免费开放;有的则被当地纳入文化旅游项目,带动当地经济发展;还有些地方利用文庙的特定文化属性举办书画、摄影展,并开展老少皆宜的文化讲堂;有的文庙特意扩建文庙广场,建立文庙公园,为百姓提供休闲娱乐的好去处;一些文庙还重在发挥优秀传统文化在推动社会主义核心价值观建设中的作用,他们通过举办讲座、各种文化活动等多种形式,将文庙打造为宣扬和践行社会主义核心价值观的重要阵地。对民间宗教形态洞若观火的杨庆堃先生说:"而如孔庙那样的庙宇,其影响力仅限于少数统治阶级"[①] 的说法,在今天看来,似乎是有失偏颇了。

就文庙发展的历史来看,作为祭祀孔子的圣所,文庙在历史发展的进程中,经历了三次"进阶"而演变至今,从最初"祭祀先祖"的孔子家祠、家庙到"国庙"和"学庙"的演变,今天的文庙早已成为儒家文化的象征,并在世界文明中尊享儒家文化鲜明的辨识符号。可以说,文庙所具有的传统功能一直在随着社会发展而发展、变化,随着文明的进步而不断回应时代问题,不断创新发展新的观念,实现着当代转型。当然,由于经济发展的不均衡,还有一些地方文庙、宗祠、族谱、楹联等没有被当地政府和民众重视起来,其功能作用也没有充分发挥出来。譬如,有些经济条件差一些的地方,文庙的保护利用、宗祠的恢复,族谱的重新修订等并没能

---

① 杨庆堃:《中国社会中的宗教》,范丽珠、陈纳译,四川人民出版社2016年版,第276页。

得到足够的重视。所以，经济发展，乡村振兴，提高人民物质生活水平才是文化发展的前提和条件。生活富足，才能谈得上文化的富有；而文化的富有，才能让我们享受更加文明的、高质量的生活。

历史和实践发展到哪里，人的认识就会发展到哪里，人的思想观念就会发展到哪里。随着历史和实践的变化，尤其是2020年乡村振兴已经取得了重要进展，2021年在我国脱贫攻坚已经取得了全面胜利的时代大背景下，儒家文化物质载体的面貌也呈现出不一样的变化，而这些变化无疑是积极的、充满正能量的，对推进乡村文化建设，整肃村容村貌、提升文明素养都是不可忽视的潜在的柔性力量。

笔者十年前曾在浙江、福建等地调研时发现，"文化搭台，经济唱戏"是乡镇存在的一种较为普遍的现象，当时的文化被市场经济搞得不伦不类，文化沦落为商品经济的附属品，一些地方寺庙也打着文化建设的旗号，搞经济发展，这种现象在当时引起了许多学者的担忧。而今天，党在政策上把乡村旅游纳入脱贫攻坚战中，要求大力发展乡村旅游，以旅游带动经济。一些学者主张应该将"文化搭台，经济唱戏"的观念转变为"经济搭台，文化唱戏"①。只有把经济搞上去了，文化才能真正成为主角，文化建设才能真正成为目的，文化才能真正成为精神的滋养、人心的安顿之处。乡村振兴，文化同行，有了经济实力做基础，文化振兴将更加凸显其重要意义。

党的十九大明确作出了中国特色社会主义进入新时代的重要论断，并对新时代我国社会主要矛盾的变化作出了新的概括，报告提出："我国社会主要矛盾已经转化为人民日益增长的美好生活需要和不平衡不充分的发展之间的矛盾。"② 这是我们党根据时代变迁和

---

① 陈平原：《不妨"经济搭台，文化唱戏"》，《北京日报》2018年11月5日。
② 习近平：《决胜全面建成小康社会　夺取新时代中国特色社会主义伟大胜利——在中国共产党第十九次全国代表大会上的报告》，人民出版社2017年版，第11页。

国情变化对中国特色社会主义新时代我国社会主要矛盾作出的新判断，这就要求把改善人民的物质生活和精神生活放在重要位置。在政策实施上，党的十九大报告把乡村振兴战略、可持续发展战略纳入国家未来发展的"七大战略"中，指出："紧扣我国社会主要矛盾变化，统筹推进经济建设、政治建设、文化建设、社会建设、生态文明建设，坚定实施科教兴国战略、人才强国战略、创新驱动发展战略、乡村振兴战略、区域协调发展战略、可持续发展战略、军民融合发展战略。"① 党的十九大报告还把生态宜居、乡风文明纳入"乡村振兴战略"的总体要求中。通过推动乡风文明，提升农村整体精神风貌，"激励人们向上向善、孝老爱亲""开展移风易俗、弘扬时代新风行动，抵制腐朽落后文化侵蚀""完善公共文化服务体系，深入实施文化惠民工程，丰富群众性文化活动。加强文物保护利用和文化遗产保护传承"②，这一系列指示都需要我们在实际的研究工作中树立社会主义核心价值观，努力宣传和弘扬优秀的传统文化，在助力社会主义文化建设事业发展的同时，努力挖掘和发现乡村社会出现的新气象、新风尚，捕捉乡土社会提升民众基本文明素养的新方法、新途径。

2014年9月，在纪念孔子诞辰2565周年国际学术研讨会上，习近平总书记指出："包括儒家思想在内的中国优秀传统文化中蕴藏着解决当代人类面临的难题的重要启示……中国优秀传统文化的丰富哲学思想、人文精神、教化思想、道德理念等，可以为人们认识和改造世界提供有益启迪，可以为治国理政提供有益启示，也可以为道德建设提供有益启发。"③ 党和国家这一系列政策定位和精准

---

① 习近平：《决胜全面建成小康社会 夺取新时代中国特色社会主义伟大胜利——在中国共产党第十九次全国代表大会上的报告》，人民出版社2017年版，第27页。
② 习近平：《决胜全面建成小康社会 夺取新时代中国特色社会主义伟大胜利——在中国共产党第十九次全国代表大会上的报告》，人民出版社2017年版，第44页。
③ 习近平：《在纪念孔子诞辰2565周年国际学术研讨会上的讲话》，2014年9月24日，新华网，http://www.xinhuanet.com//politics/2014-09/24/c_1112612018.htm。

导向，肯定了儒家文化在新时期所处的历史地位和作用，使儒家文化的发展获得了新的契机和生长点，为儒家物质文化载体与行为文化方式的研究开辟出新的研究视角和路径。

任何文化都不能脱离现实社会的土壤，儒学要生存，就必须要适应其所处的时代要求。广大农村地区的宗庙、祠堂，或许外貌没有多少改变，但其精神内涵却紧跟时代发展，体现民众基本需要和诉求。与儒家传统有关的文庙、宗祠、族谱、牌坊、楹联，以及民俗活动等是中国传统文化丰厚物质财富和精神遗产，这些物质载体既是儒学精神的"物化"表述，又是心灵寄托的"底层"诉求。围绕着文庙、宗祠等所举办的各类民俗活动，在人们的日常生活和工作中依然发挥着不可替代的作用。

从儒学理论上看，由于孔子儒学理论本身具有的内在"二重性"，即理论儒学的人文精神和实践儒学的信仰维度。这一"二重性"理论深刻影响着广大民众对儒学的理解，并产生了认知上的"两重向度"：一方面，民众在理论上完全接受儒学的人文理念。他们学习儒家经典，诵读《论语》，遵守敬老爱幼等伦理道德规范；另一方面，在实际生活中，他们却拥有自己朴素的信仰情结。目前，全国各地文庙普遍存在保佑学生考试升学，祈求身体健康、家庭幸福、婚姻美满、工作顺利等生活愿望的实现。一些偏远地方，人们还建一些小庙供奉孔子，还有的会为孔子立一尊雕像，而他们并不介意这个雕像是否真实还原了孔子的容貌，只要是孔子，或者是只要见到孔子像，人们就习惯性地油然升起敬畏之心。研究文庙的专家认为，民间一些文庙是纪念性的，具有尊敬、敬拜孔子的意义；而普通百姓则认为，孔子是神，是与菩萨、神仙一样的神。

文庙的存在和发展几乎见证了儒家文化发展演变的历史过程，体现了孔子及儒家倡导的仁义、和谐、礼让等人文价值观的恒久魅力和意义。儒家文化是中华民族共有的精神财富。文庙、宗祠、碑碣等，作为儒家文化的物质载体和精神标识，同样也是中华民族共有的精神财富。虽历风雨和战乱洗礼，不少文庙、宗祠等都受到不同程度的毁损，多数并没有保存下来。我们说，物质载体或许毁损、实体或许消亡；行为方式的内容或许增减、形式或许改变，但深入民众精神深层的理念却融入百姓"日用而不知"的生活中，几千年来的社会生活实践已经让儒家文化融入中国人的思想意识和行为规范中，深层地积淀于中华民族的灵魂中，构成了中华民族精神的基石。人们生活条件不断改善、幸福感增加的同时，反而更重视传统文化，更需要一个文明和谐的文化环境。儒家传统文化仍然是道德教育不可替代的一部分，文庙仍然是贯彻孔子儒学教人"成人"的一个重要场所。在乡村振兴背景下，人们对传统文化依然怀有坚定的信念。传统文庙、宗祠等儒家物质文化载体所传递的思想精神依然是支撑中国人的精神信仰系统的重要因素，对调节民众日常精神生活起着不可忽视的作用。

这里必须着重提出的是，2021年7月24日，中共中央办公厅、国务院办公厅印发了《关于进一步减轻义务教育阶段学生作业负担和校外培训负担的意见》，"双减"政策的落地将重塑未来教育的格局，未来各地文庙、宗祠等儒家文化物质形式的各项功能依旧处于动态变化与重构中。

二 主要内容及基本结论

（一）以孔子为代表的儒学具有"二重性"

蒙培元曾说："孔子是从古至今不断被述说、被研究的思想家，同时又是很难'定论'的思想家，孔子的思想影响到中国文化的各个方面。"[①] 可以说，蒙先生对孔子的这一认识颇具深意。从近现代历史来看，进步、中间、落后、倒退等类型的思想家，无不同如何对待孔子学说这个问题有关。因受时代影响，宗教信仰一度被认为

---

① 蒙培元：《蒙培元讲孔子》，北京大学出版社2005年版，第191页。

是愚昧落后的代名词，而遭到批判。改革开放以来，随着思想解放、民族理性精神的开显，人们对于儒学的认识与学术评价逐渐趋于客观，孔子思想的宗教信仰维度才逐渐受到关注。通过对孔子天命观及对鬼神思想的深入研究和分析，发现以孔子为代表的儒家文化既讲人又讲神，具有明显的"二重性"，即作为理论层面的儒家具有浓郁的人文主义精神，表现为一种人文理性化进程；作为实践层面的儒家又具有强烈的信仰色彩。

千百年来，孔子创立的儒家在中国社会，客观上起了精神支柱的作用，它是中国人的精神世界尤其是思想信仰的核心内容。儒家文化既讲人，又讲神。它在本质上所倡导的是一种与神道对立的人道的观念和人道精神，其基本性质是人文的、世俗的和非宗教的。[①] 作为百姓日用而不知的"实践的儒学"或曰"生活的儒学"，早已经过敦德崇义，砥砺伦常，而真正走入乡土中国，积淀在国人的心理结构中，并在广大民众的生产、生活和精神领域中占据一定的位置。

由于儒家思想本身具有的内在"二重性"，广大百姓对儒学的理解也就具有了认知上的"二重"向度，即理论上接受了儒学的人文理念，但在实际生活中，却拥有自己朴素的宗教信仰和诉求。表现在：第一，通过朝拜孔庙、祭祀孔子，祈求升学顺利，考出好成绩；第二，通过自创的"儒家修行心法"，获得身体的感知和心灵的安宁；第三，通过信仰儒教或其他宗教神灵而表现出的心灵静修、灵魂培育等宗教行为。

（二）文庙的演变及儒家文化的民间存在形态

文庙既是祭祀孔子的神圣场所，又是儒家文化的物质载体；既是传递儒家传统价值观的"媒介"，又是儒家思想得以实现的"具象化表征"。历史上文庙经历了家庙、"国庙""学庙"的三次"进

[①] 肖雁：《儒学与以"天""祖"崇拜为核心的中国人宗教信仰系统的发展》，《世界宗教研究》2010年第5期。

阶"，明清后"遍于天下"，成为中国文化鲜明的辨识符号。自唐宋以后，文庙与学校相结合，形成"学庙一体""庙学一体"的文化格局。随着清末议停科举，许多学校将文庙改办新式学堂，"学庙分离"。近代以降，儒学已不再享有国家教育的独尊地位，失去了制度依托的文庙陷入"失语困境"，丧失了"表达力"。民国时期，文庙与博物馆结合，形成"庙馆结合"方式，以谋求发展。新中国成立后，政府对文庙的生存状态非常重视，拯救、恢复和保护了大部分文庙，那些保存较好的文庙，大都设立了"博物馆"之类的文物机构。由于技术原因，"庙馆结合"的方式对于文庙来说存在许多无法解决的问题，后"庙馆分离"，博物馆退出了文庙独立发展，文庙则又一次面临发展困境。笔者调研发现，目前我国保存较好的文庙，除了作为县级以上至国家级文物保护单位，实际上还承担了一部分社会功能，寄托着民众的信仰诉求，具有广泛的群众基础和社会支持度，依然有"活"的部分。而这"活"的部分，恰是以往研究所忽略或者研究不够深入而亟须深入探讨的地方。

1. 一切精神文化的传播，始终是以物质形式为载体

孔子祠庙的设立，缘起于祖先崇拜的古老传统。孔子由最初的家族祖先，经过历代帝王的祭祀封谥，由"不得位，穷而在下"，变成了"无冕而王"的"神"。自汉代董仲舒"罢黜百家，独尊儒术"后，儒家思想成为正统，儒学逐渐朝向神学发展，孔子被"神圣化"。此后历朝历代，不管是哪个朝代建立统治政权，都必尊孔子、尊儒术。儒家学说成为封建统治的思想基础，孔子因此也成了政治权利的"护法"。孔子所获得的"神性"带有意识形态的浓重色彩，其"神性"是出于政治上而非宗教上的需要。孔子神圣地位的确立，并不来自他是"人格化的超自然的神"，其"神圣性"并不因为他是"造物主"，是"万物之源"，而是来自他创立的一整套仁义礼智信等的伦理纲常，尊卑贵贱的社会等级制度，其理论迎合了历代封建社会统治阶级的思想，因此被纳入中国封建社会的整

体政治制度框架中，孔子儒家思想遂成为封建国家的价值理念的核心和支柱。这一套思想演变成为封建国家"治天下之大道"，"行先师之教，淑海内，恰人心"的儒家道统，成为统治阶级的主流意识形态。明清之际，孔子更是被标示成"为往圣继绝学，为万世正人心"的"最高的道德楷模"，从此，确立了孔子至高无上的"至圣先师"的崇高地位。

祭祀孔子的庙宇最初是以孔子家祠的形式存在。孔庙被称为文庙是在唐代。南北朝统一以后，隋唐统治者极其推崇儒家思想。隋代科举制度的建立，唐朝推行崇圣尊儒的教育政策，都为儒家思想及其孔子庙形式改变起到了助推作用。唐玄宗开元二十七年封孔子为文宣王，孔庙改称文宣王庙，也称文庙。[①] 由孔子旧宅而发展到以孔子为主祀、配享儒家先圣先贤的文庙，是以孔子为代表的儒家思想不断超越其地域文化概念，不断构建其文化认同，并不断被模仿、复制与传播的过程。唐宋时期，将学校建在孔庙，文庙又成为既祭祀先师孔子，又弘扬儒家学说的场所。孔庙是学校的信仰中心，学校是孔庙的存在依据。"学庙一体""教化天下"的庙祀制度使封建国家的教育充满了"神圣性"，形成了中国封建社会祭祀与教育并重的独特文化现象。而无论是以庙设学，还是因学设庙，"庙学合一"都彰显了庙学制度的另一种超越意义：学校教育需要保持对先圣先师的礼敬先行，让教育充满尊崇、敬畏与神圣感；既彰明信仰在学习中贵有的精神动力，又提升了孔子庙宇祭祀的神圣性，同时，在儒家视域中，学校不仅是知识教育学习的场所，还是针对人生所施行的"成人"之教的场所。人非学不足以成人，"学为成人"、为学之道可以说是孔子儒学的核心和基础。也正是这一多重目标，使文庙自唐始在全国地理空间上实现了普及，也成为教育实践的场所。

---

① 按：笔者采用"文庙"称谓，希望借此彰显孔子祠庙文化"进阶"后所集中体现的以孔子为代表的儒家思想文化的特征。

今天的文庙已经成为"历史文物""博物馆""爱国主义教育基地"等场所。其"文化空间"多以孔子文化、儒家文化纪念场所为正宗，并受到政府保护，其传播儒学的功能已经扩展。如果说，民国以前的各地县志中还能看到县儒学、书院、社学、义学等专门传播儒学的教育机构的记载，1949年以后这些旧式的教育机构均被新中国的新式教育机构所代替。今天还留有遗址的明伦堂、书院等也多空有旧名；另外，伴随当今社会儒家文化的复兴趋势，民众对传统儒家文化的再接受、再认同，某种程度上仰赖于文庙、书院等的重建与修葺。然而，文庙、书院等发展的好坏，受制于地域经济的发展，也同样同当地政府部门的重视程度有关，尤其是地方政府对传统文化的重视程度有关。

2. 儒家文化的民间存在形态

关于"三教"之中的"儒"是"学"还是"教"的问题，学界一直不甚明朗。任继愈明确提出，"三教"都是宗教，儒教是与佛、道一样的宗教。三者相互吸收共融，构成近千年来中国宗教史的格局。唐宋以后，直到鸦片战争，这种儒、释、道三教融合的总格局没有改变。南北朝以来，儒、释、道三教都具有辅助王化、整齐民心的社会功能，三教都是封建社会上层建筑的重要组成部分，都受到历代封建统治阶级的重视。这又反过来促进了"三教合一"思潮的发展，成为中国封建社会后期占主导地位的思潮。宋以后，三教之间相互影响、相互渗透，最后形成一个"以儒教为中心、佛道为辅翼的三教合一体制。"儒教以自身为主，吸收了佛教和道教。佛教和道教也走上了三教合一的道路，向儒教的纲常名教靠拢，共同为封建宗法制度服务。吸收了佛道修炼功夫的儒教，已经不再是儒学理论了。而也正是因为吸收佛教思想的精髓，儒家哲学才更快实现了从本体到心体，人性的探索。三教合一思潮反映了中国封建社会后期阶段的政治经济结构，适应了维护这种政治经济结构的需要。[①] 三教合一的实质是儒、释、道三种文化的融合，主要是指文化层面的相互摩擦、冲突和实现最终的融合。如果说是三种宗教的"合一"，也是指三种宗教在义理上的相互尊重、借鉴吸纳、彼此妥协和融合，而非信仰对象的"合一"。因此，我们在民间看到的"三教合一"，有时候表现为儒、释、道三种宗教的信仰对象可以共尊一堂，共享祭祀，它们之间始终保持着最大的信任和宽容。

通过调研发现，"三教合一"之儒教，有两种存在方式：第一，以实体方式存在。"庙学分离"后，离开了"学"的孔子庙有的落入民间，走了下层路线，与佛、道教一起，构成"三教合一"的民间文化现象。此类文庙以非官方文庙形式出现在民间，一般是在古城外，远离州、府县学的地方。文庙的民间存在形态是以奉孔子为主神的民间信仰形式留存于民众的宗教信仰生活中。第二，以观念形态存在。儒家思想作为精神内涵融合进释、道庙宇的思想理念中，以观念的形态实现了"三教"中"儒"之宗教的作用。

需要注意的是，由于各种宗教的汇聚，佛教的传入，道教的鼎盛，使居于官方意识形态的主流地位的儒学遭遇空前的挑战。如果说儒学或儒教是宽容的，这是因为儒学或儒教本身有着自己理论与实践上的不足，在某些方面需要释、道的补足，而儒学或儒教牢固地占据着主流意识形态的地位，虽然遭遇冲击，但是还保持自己的独立的核心理念，并为自己的生存占据了一席之地，成为今天本土文化力量强大的主要原因。"三教合一"的宗教文化结构长期以来构成中国人"三位一体"的精神结构，也成为儒学选择的一种存在方式。

（三）宗祠的时代发展方式

依托宗祠、族谱和楹联等物质文化形态，儒家文化正在以其独

[①] 肖雁：《任继愈唯物史观儒教宗教论的时代解读》，《世界宗教文化》2020年第4期。

绪 论

特的方式部分影响着中国人的生活方式。宗祠作为家族、宗族的象征和物质标志，今天依然存于我国民间社会中。尤其是改革开放以后，宗祠在广大的农村地区普遍有复兴之势。本书以海南、浙江、陕西的几处典型宗祠为考察对象，得出了如下结论：

第一，传统宗祠除了祭祖之外，还具有多重功能：首先，它是宗族存在和发展的象征；其次，是举行人生重要仪式的地点；再次，是族人的议事和社交场所；最后，是族人实施教化、惩戒族众的神圣空间。改革开放后，宗祠得到复兴。今天的宗祠在许多方面除了保持传统宗祠特点之外，还有了与传统宗祠不同的地方。江南垟宗祠在改造和发展过程中，其特征和功能发生了较大的变化，主要体现在：宗祠供奉对象有了新的变化；祠堂楹联所表征的文化要素更贴近时代精神；祠堂活动与社会文化生活息息相关；自愿捐资筹建宗祠、自助酒席等宗祠大型活动，正在成为人们联络感情、联谊宗亲，建立新型社会关系的重要方式之一。

第二，海南文昌宗祠在改造和发展过程中，在继承传统宗祠功能的基础上紧跟时代精神。主要表现为三个方面：其一，海南文昌宗祠的族规、族训、祖训在内容上与时代精神紧密结合，彰显了当今社会所倡导的文化价值观和社会伦理道德规范，同时也体现了儒家的核心思想，从而使其具有了儒家教化的功能；其二，"兴学"、"倡学"是宗祠的一项重要的传统。海南文昌宗祠利用各方捐资，积极推进族人教育，资助贫困孩子读书，调动学生学习的积极性，一定程度上推动了当地教育事业的发展；其三，海南文昌宗祠在发展过程中，承袭传统"义田养学"的方式，靠各方捐款建祠，详细制定宗祠未来发展规划，以实现宗祠的自我发展。海南文昌宗祠发展现状表明，宗祠等中国传统宗教观念和宗教活动正在主动适应当代社会发展的要求。

第三，与海南、浙江等地的宗祠相比，陕西周至的庙宇、祠堂、墓地等年久失修，非常陈旧。通过调查陕西周至、浙江江南埕、海南文昌民间宗祠的发展现状，大致可以看到：陕西一些地方的宗祠状况比较惨淡，海南宗祠在形式和内容上都继续保持了传统，相比之下，江南埕宗祠在其功能上发生的变化较为巨大，有些已经超出传统宗祠范畴，呈现多元化功能转化的趋势，因此，被一些学者批评为"不伦不类"。从宗教学角度来看，宗教作为一种意识形态，是历史的产物。在不同的历史时期，宗教必然会呈现不同的内容和特征，从而深带着它所处的那个时代的痕迹。任何一种宗教要想发挥作用，就必须和它所处的时代相结合。三地宗祠的功能和作用在今天的变化，都应该被看作是中国传统宗教观念和宗教活动主动适应当代社会发展要求的结果。因为任何一种宗教文化，只有当它们适应了社会发展的需要时，它们才能有立足之地，才能生存和发展。

（四）以道教文化形式存在的儒学

海南定安县具有浓厚的儒家文化传统。明清时期，定安人才辈出，人文蔚起，被誉为"其风俗亦与中州无异"。深厚的儒家人文底蕴并未妨碍定安具有丰富的神祇信仰和各种较具信仰特色的民俗活动。本研究通过探讨海南定安"祭祖神习俗""丧葬习俗""闹军坡"等行为文化形态背后所蕴含着的儒家文化要素，得出了如下结论：

一个时期以来，学界已经普遍认定，海南文化就是道教文化。海南宗教的主要存在形式是道教。有研究者甚至主张："海南宗教应该用道教来涵盖。"通过对海南文化的实地调研，笔者认为，从形式上看，海南确实是"处处有庙""村村闹军坡"，但是透过这些现象，发现这些物质文化形式的背后，作为其精神内核的东西却是儒家文化。譬如，招魂与超度亡灵的仪式，祭祀五代以内始祖等原本属于儒教的活动，但不是由儒生来做，而是由道士或和尚来完成。那些生动鲜活的道教仪式掩盖不了海南文化的儒家思想的内核，儒学的思想观念已"涵化"于海南的民俗文化形式中。此外，道庙中供奉孔子像,这在海南几乎是一个普遍现象。儒家思想和观念在道教小庙中的体现几乎无所不在,如"正义明道"的牌匾和"关公神像"的供奉等。因此,用道教文化来概括海南文化是不合适的。海南文化是一种儒、释、道三教融合的文化,儒、释、道三教的关系在海南文化中,在海南百姓的社会生活中并不是平行、并列的关系。在这一文化系统中,儒教居于核心的地位,起着主导的作用。儒教虽然存在于道教之中,甚至要通过"道"和"释"的形式来表现,而儒家思想却是这一文化形式的内核。① 一个地方的风土民情最能体现儒家思想的存在方式,因为它内在具有丰富的儒学文化要素。海南民俗文化活动丰富多彩,冼夫人节、军坡节等遍布海南各地的神祇信仰都体现了儒家文化精神。

(五)"儒家道坛"的信仰建构与文化转型

儒学的发展离不开理论的建构,更离不开人们社会实践活动。在这个意义下的儒教,无论是载体还是组织形式,都是一个不断适应新形势发展的过程,同时,也是一个动态的自我建构的过程。近年来,福建民间建立的"儒家道坛"是民间儒教存在形态的一个实证范例。通过考察福建民间儒家道坛的发展过程,本书得出如下结论:

1. 以孔子为主要神灵的"多神信仰大拼盘"

每年的农历四月二十八是药王的诞辰,"儒教道坛"都要举行祭祀药王仪式。祭祀仪式结束后,许多人要烧香磕头祭拜,他们之中,有许愿的,有保佑孩子考学的,有保佑身体健康的。但是道坛并不只是祭祀药王,在他们祭祀神灵的场所,有道教神仙、观音菩萨、至圣先师孔子等十几位神灵牌位,俨然一个"多神信仰的大拼盘"。

---

① 肖雁:《2010年儒教研究的理论与实践》,载《中国宗教报告(2011)》,社会科学出版社2011年版,第184页。

2. 调整理念，跟随社会发展方向

儒家道坛的管理者不断根据变化着的社会形式调整自己的理念，他们积极主动跟随社会发展方向，不断适应社会需求。他们明确提出"爱党爱国兴教、构建和谐社会"的口号，致力于恢复儒家思想文化和道德传统，他们制定了以儒家伦理道德为核心的教规、教义，希望通过有效实施，改善生存环境，改善人文环境，提升文明素养，营造敬老爱幼、民德归厚、民风淳朴的社会环境，这些措施使儒家道坛具有了更大的发展空间。

3. 助力文化强县，实现文化转型

福建民间具有丰厚的儒学文化底蕴，近年来，为助力当地文化强县举措，在政府支持下，道坛恢复、重建了消失的文庙，以谋求和实现文化转型。未来儒家道坛将如何更充分发挥自身力量，更好地起到用儒家文化教化民众，蕴化民心，转化社会风气，助力乡村振兴可持续发展，关系到儒学如何在现实社会生活中真正落地生根的问题。儒学真正与民间社会结合，与民众日用而不知的生活方式相"耦合"，对于未来社会发展，创新文化建设，构建优良文化生态，以及精神文明建设具有极其重要的现实意义。目前，道坛依然处在一个变动不居的动态建构中，未来依然需要持续跟进与加强引导。

三 基本思路和方法

本研究的主要任务就是收集、整理和研究海南、陕西、浙江等地的文庙、宗祠、族谱、民俗等基本情况，并对其进行以儒学为背景，以儒教研究为切入点的学理分析和理论阐释。研究的基本思路如下：

一是通过实地调研，主要对海南、陕西、浙江、福建、南京、四川等地的文庙、宗祠、族谱、楹联、碑碣等物质载体的历史发展和存在状况作出经验性描述和整体性概括。搜集、整理和分析相关材料，并重点对其进行以儒学为背景，以儒教研究为切入点的理论阐释，并结合文庙、宗祠、碑碣等物质载体和民俗活动的行为文化的探究，进一步认识文庙等儒家文化物质载体在当代社会尤其是乡村振兴背景中的存在现状、基本功能、地位和作用。

二是研究和揭示隐藏在文庙、宗祠、楹联、碑碣等物质文化形式和风俗民情等行为文化形式背后的思想因素，尤其是研究这些物质文化和行为文化与儒学的关系，揭示物质载体在传承儒学思想方面的重要地位和作用。

三是研究文庙、宗祠等物质文化形式和风俗民情等行为文化形式和百姓生活之间的关系，并把个案研究上升到理论一般，从而考察和探究儒学在中国社会生活中的存在状态和地位功能，探讨儒学与中国百姓生活的密切关系，力图对儒学在当代中国民众的精神信仰系统中的独特作用作出合理的揭示与评判。

本研究的主要方法包括：

1. 历史与现实相结合

历史与现实相结合，是需要我们不断回到原点，返回历史情境，与历史进行沉浸式对话，不断用历史映照现实的过程，也是"鉴往知来"、了解社会变化与传统延续的有效途径。只有做到借鉴并吸取历史的教训，才能更好为今天的社会生活服务。儒家文化的物质载体文庙、宗祠、族谱、书院、楹联等遍布全国各个地区，尤其是广大农村地区，物质载体的变化一直伴随着历史发展而发生变化；凝结着儒家文化特质的民俗风情行为文化也以民俗形式广泛存在。田野调查是理解中国社会的基础，基于实地考察，建立对国情的实际认识，才能获得一手材料。并在历史与现实相结合的基础上，力争做到有多少材料说多少话，遇到问题不去粉饰、夸大，也不去歪曲、缩小，尽可能做到客观、公正的描述与评判。

2. 理论与实践相结合

摆脱儒学研究从理论到理论的思维模式，坚持理论和实践相结合的方法，在坚持辩证唯物主义实践论和反映论基本观点的基础上，把人类的实践活动、把人类改造世界的物质文明成果看作是人的思想的对象化过程。借助人类学、宗教人类学、社会学等研究方法，通过对海南、陕西等地文庙、宗祠等物质存在形式和海南定安风俗民情等行为活动方式的实际考察，揭示出蕴含在人的社会实践活动中的儒家文化要素。从儒学理论的"二重性"视角出发，考察"民众日用而不知"的生活实践，尤其是儒学的宗教性，包括祭祀场所、祭祀仪式、崇拜方式等仪式，把握实践儒学在民间社会的存在方式。

3. 转变思维方式

现代社会是多元社会，文化也呈现多元、立体化，甚至交互式的存在。要摒弃二元对立思维，打破一维视野，树立和谐共融观念，挖掘传统文化的积极面向。新时期儒学研究已经呈现出多层次、多角度、多视野、多元化，甚至跨领域的研究态势，创新已经成为儒学发展的题中要义。只有与时俱进的儒学，只有不断创新的儒学才能继续发挥积极作用，并参与到构建社会主义和谐社会的宏大工程中来。

4. 个案研究和理论抽象实现"交互式"相结合的方式

本研究始终遵循个案研究和理论抽象相结合的方法。以个案研究为切入点，在理论抽象过程中，以搜集数据、田野调研资料、访谈等为研究方法，以个案研究为手段展开研究。因此，在写作过程中，个案研究将贯穿始终，其抽象过程也在每一章、节的标题中尽可能体现出来。每一节下面的素材和推理结论会有多样性，甚至看起来有杂乱之感，而往上推演的每一步都尽可能实现高一级的抽象，因此，目录结构基本能反映出文章的主体结构，在总体上基本确保连贯性和统一性。出于整体结构框架和逻辑连贯性考量，每个个案研究的地点也不再一一赘述。只是在论述中认为有必要时，个案研究的地点、人物会出现。总之，通过个案研究论证采用两种方式进行：第一，从个案研究中抽象出各个级层的理论框架；第二，具体在叙述话题时，个案又作为论据、证据的手段。个案研究是一种统计手段，也是样本，研究不可能考遍所有的样本，因此，"挂一漏万""挂十漏万"都是肯定的，而所挂之"一"或"十"构成本研究推理的基础。

上篇

儒家思想的二重性

第一章

人文理性的觉醒和儒学的产生

"人文",是人类文化的简称。"人文"一词最早出现在《周易·贲卦》中:"刚柔交错,天文也;文明以止,人文也。观乎天文,以察时变,观乎人文,以化成天下。"(《周易·象传》)意为观天象,以知晓天地规律;观人文,以知教化礼仪,促天下文教昌明。"人文",即重视人的文化。这种文化彰显了一种人文精神,体现为普遍的人的自我关怀,表现为对人的尊严、价值和命运的切问,及"以人为本"的价值理念。真正落实到具体的人,体现为尊重个体的自我价值,关注作为个体的人的命运。孔子通过对三代礼乐文化的反思,总结提出以"仁"为核心的理论体系,"修以安人"理论学说,追求人怎样"成人",并进而成为君子,行圣贤之道,最终"求仁而得仁"。在此意义上可以说,儒学的基本精神是以"人"的道德存在为根本进路,同时,此"人"亦非抽象的人,而是鲜活的、与社会生活具有密切关系的人。以孔子为代表的儒学在历史发展演进过程中又呈现出"理性"的特点,表现在既强调和重视理智反思,又淡化和抑制人的感性特质;但它又不会一味追求纯粹理智,也不会唯情感至上,两者之间始终保持着一种平衡和张力:既有理智反思和哲学推进,又有情感内化和宗教体验。以孔子为代表的儒学在经历了选择、整合、创新及传播的漫长发展过程中,逐渐形成并构筑起千百年来中国人特有的观念秩序和人文理性特质,涵化为儒家文化血脉的最强基因,亦是千百年来中华民族赓续不断的重要因素。

第一节 人文理性的觉醒

邹化政通过比较中、西方宗教观念后指出："在回教、犹太教、基督教的神道观念中，强调和突出的与其说是它的道，毋宁说是它的至高、至上的人格和意志本身，而它的道却是非常抽象的。与此相反，中国人在殷周之际的神道观念，强调和突出的与其说是它的那个主体——至高至上的人格或意志，毋宁说是它的道，是它主宰人伦与自然统一体的规律系统，并且把这种规律系统具体化为各种特定的礼义形式。中西方的这种差别，决定了中国人一元化的宗教意识，难以得到充分的、独立的发展，它必为有关这个天道观念的哲学意识所代替，特别是为儒家哲学意识所代替。"[1] 这一论述，为我们理解殷周时期的宗教提供了特别的视角。殷周之际将至高的"道"具体化为各种特定的礼义形式，从而展现出人文主义特质，进而决定了儒学的哲学化，凸显了儒学人文理性发展的方向。

一 殷周之际的理性生长

如果说"帝"观念代表了殷商宗教思维的最高水平，那么，周人在至上神"帝"之上抽象出"具象化""实体化"的"天"观念，形成并发展出的一套成熟的天命神学，构成了孔子思想，乃至秦汉以后整个中国文化的精神基础。周人正是因为看到了人的力量和人的主观能动作用，才从此开启了以人为主体的"以德配天"的"德行"道路。周人通过对殷商亡国的历史反思和省察，充分认识到民众的力量，认识到民心向背才是知晓天意的最终途径，也预示着人文理性精神在西周得到了最实质的体现。

---

[1] 邹化政：《先秦儒家哲学新探》，黑龙江人民出版社1990年版，第73页。

第一章　人文理性的觉醒和儒学的产生

(一)"绝地天通"的宗教变革

关于上古时期原始宗教中人神关系状况，最经典的当属《国语·楚语下》中观射父回答楚昭王的说法：

> 昭王问于观射父，曰："《周书》所谓重、黎实使天地不通者，何也？若无然，民将能登天乎？"对曰："非此之谓也。古者民神不杂。民之精爽不携贰者，而又能齐肃衷正，其智能上下比义，其圣能光远宣朗，其明能光照之，其聪能听彻之，如是则明神降之，在男曰觋，在女曰巫。是使制神之处位次主，而为之牲器时服，而后使先圣之后之有光烈，而能知山川之号、高祖之主、宗庙之事、昭穆之世、齐敬之勤、礼节之宜、威仪之则、容貌之崇、忠信之质、禋洁之服，而敬恭明神者，以为之祝。使名姓之后，能知四时之生、牺牲之物、玉帛之类、采服之仪、彝器之量、次主之度、屏摄之位、坛场之所、上下之神、氏姓之出，而心率旧典者为之宗。于是乎有天地神民类物之官，是谓五官，各司其序，不相乱也。民是以能有忠信，神是以能有明德，民神异业，敬而不渎，故神降之嘉生，民以物享，祸灾不至，求用不匮。及少皞之衰也，九黎乱德，民神杂糅，不可方物。夫人作享，家为巫史，无有要质。民匮于祀，而不知其福。烝享无度，民神同位。民渎齐盟，无有严威。神狎民则，不蠲其为。嘉生不降，无物以享。祸灾荐臻，莫尽其气。颛顼受之，乃命南正重司天以属神，命火正黎司地以属民，使复旧常，无相侵渎，是谓绝地天通。其后，三苗复九黎之德，尧复育重黎之后，不忘旧者，使复典之。"

根据观射父的叙述可知，民神相通，并不是民就可以登天。颛顼之前，人神关系最初是一幅"民神不杂""民神异业，敬而不渎"的画面。九黎乱德后，"民神杂糅……烝享无度，民神同位。民渎齐盟，无有严威。"(《国语·楚语下》)这一时期，人神不分，民神同位，两者没有分别，造成百姓轻慢盟誓，缺乏敬畏之心，祸乱灾害频仍。于是，就有了"绝地天通"的宗教改革，民神之间因此断绝了往来，神事和民事各有其司，不相侵渎，人神关系重新回到了"民神不杂"的清明状态。从此，天与人、神与民之间划定了一条界限，造成祭祀权利变成了最高权利，祭祀权利不是人人可以享有，而只属于部分成员，这就导致原始社会后期，阶级分化现象和阶级关系对立的加深。无论是神事还是民事，其权力都为上层社会把持，广大百姓则被神权和民权进行了双重控制。原始宗教从此发展成为统治阶级服务的国家宗教。尽管颛顼之后发生了一系列的权力转移事件，但并未影响"绝地天通"传统的延续。

关于夏代的历史，夏朝并没有文字直接流传下来，目前的研究只能依赖传说、史籍或文物的推测，甚至现有出土文物也还不能确切证实。《尚书·多士》载："惟殷先人有典有册"，言外之意，夏代无有典册。孔子也曾说，"夏礼，吾能言之，杞不足征也；殷礼，吾能言之，宋不足征也。文献不足故也。足，则吾能征之矣。"（《论语·八佾》）孔子自己也承认，夏代的礼仪制度，因文献不足，故也只能说一说。

关于夏代的宗教，我们也只能于史籍记载中约略推测一番。《墨子·兼爱下》引《尚书》古佚文《禹誓》说："济济有众，咸听朕言，非惟小子敢行称乱，蠢兹有苗，用天之罚，若予既率尔群对诸群以征有苗。"① 可知，墨子之引述，虽杂以时人色彩，但依然是具有可信度的。其中所谓"天"，即指天地万物的主宰，在此，天已经具有了"至上神"的意义。因此，可以推断，在夏代大约已经产生了"至上神"天的观念。《论语·泰伯》记载："禹，吾无间然矣。菲饮食而致孝乎鬼神；恶衣服而致美乎黻冕，卑宫室而尽力乎沟洫。禹，吾无间然矣。"通过孔子大加赞赏禹孝敬天地鬼神、隆重举行祭祀的行为，可知夏代也已经有了祖先祭祀和灵魂崇拜的

---

① 吴毓江：《墨子校注》，中华书局1993年版，第175页。

习俗。

　　殷墟甲骨文的发现，让我们看到殷人占卜的对象较之夏代时期有了更为细致的划分，商人卜问对象主要包括"天神""地示"和"人鬼"三大类。其中"天神"指的是人头顶上的自然现象，包括日、月、云、雨、风、雪、雷电等；"地示"，指的是人脚下的一方土地上产生的自然现象，包括土、四方、山、川等；而"人鬼"则跟自身世代有关的过往生命存在，包括先王、先公、先妣、诸子、诸母、旧臣等有关。也就是说，先人占卜的对象涵盖上天和地上的一切自然物象，以及由鬼魂崇拜而来的过世先人。而最为重要的是，在这些神祇的背后，殷人从中抽象出一个法力无边、威力无比的主宰"帝"或"上帝"。"上帝"具有最高的权威、最大的权力。"上帝"能支配自然界，能"令风""令雨""令霁"；上帝还能主宰人类祸福，能"降食""降堇""降祸"，如《尚书·微子》曰："帝其降堇"，指的就是天降灾荒；"上帝"甚至还能决定战争的胜负和政权的兴亡，除此以外，"上帝"还主管兴建土木，掌管人们的出行及日常事务。可以说，"上帝"是无所不能、无所不在的生活主管，是人类生命的保护神。人唯有虔诚祈祷、贞问、供奉丰厚的祭品来取悦上帝。

　　《礼记·表记》载："殷人尊神，率民以事神，先鬼而后礼"，描述了殷人迷信鬼神，依鬼神而治的特点。商代浓郁的宗教氛围呈现出古代宗教的早期形态，也是当时唯一的社会意识形态，并且与宗法血缘制度不可分割。尽管它是野蛮和愚昧的，但是可以起到维护宗族团结，稳定社会制度的重要作用。世上的事物都有两面性，宗教的作用亦是如此。由于人们认识水平很低，所以更加迷信鬼神，于是，统治者利用宗教治理国家，教化民众，教民服从统治者意志，宗教成为统治的手段。而最后"上帝"则变成了统治者的意志，服从统治阶级的意志就是服从上帝的意志。上帝成为统治者所把持的工具。而这一点延续到了周代。在周人看来，周取代商就是上帝的意志。如果说"上帝"观念代表了殷商人宗教思维的最高水平，实际上，就为周人在至上神"帝"之上抽象出更为"具象化""实体化"的"天"或"上天"观念铺平了道路，也奠定了基础。殷周之际形成并发展出的一套非常成熟的天命神学，构成孔子思想乃至秦汉以后整个中国文化的精神基础。

周人抽象出的"天""上天"并非空虚无所依托，一方面，"天"较"帝"更为"具象化"；另一方面，周人将天神与祖先神合二为一，天神和祖神的合一，是立法制度变革的需要。为了加强统治，周人直接把至上神"天"当作自己的祖先神来祭祀和供奉。原始氏族社会时期就有了"兄终弟及"的继承制度，如商代王位是由王弟与王子继承并用的制度，是指王位和财产由哥哥传给弟弟继承，而传弟的顺序则按照长幼顺序依次继承。夏、商时期，虽已进入了阶级社会，但"兄终弟及"的原始遗风依然保留了下来，《史记·宋世家》载，宣公病，让其弟曰："父死子继，兄死弟及，天下之通义也，我其立和。"说明春秋时期，宋国还保留有"兄终弟及"传统。随着私有制的发展，家庭成员之间关系的日益明确，"兄终弟及"的观念已经无法抵挡权力的私有欲，也越来越不适合社会发展的需要。《史记·殷本纪》曾记载："自仲丁以来，废嫡而更立诸弟子，弟子或争相代立，比九世乱，于是诸侯莫朝。"从仲丁到盘庚时期，商王室内部为争夺皇权，内部纷乱不止。而周人制定的"嫡长子继承制"，主张王位和财产必须由嫡长子继承，从而明确了继承人与被继承人的关系，有效避免了这一纷争。"嫡长子继承制"标志着宗法等级制度走向成熟，同时，也稳固了周政权的统治基础。周公本人也以自己的德行做到了这一点，武王死，成王幼，按照前朝惯例应该由周公继承王位，但周公只是辅政，等待成王长大后就还政于成王。世俗宗法制度的变革也要求宗教观念发生相应的变革。把天神视为祖神，把周廷的宗子说成是"天之元子"，是为了突出嫡长子的地位，为"兄权"披上一件神权的外衣。商代人与神没有血缘关系，人向"上帝"转达自己的祈求只能通过祖灵。周人视"天"为人之祖神，"王"可以直接祭天，向天转达自己的愿望,天神与祖神的沟通,摆脱了鬼魂对人的主宰,提高了人的地位,反映了西周人文精神的增长。

总之,随着社会生产力水平进一步发展,人们思维能力的提高,对宇宙统一性认识也在提高,人们已经不再满足于完全听命于"帝",也不再满足于对自然现象做简单的吉凶好坏的判别,而是发展出对人自我的关照。周人将"天"视为统摄一切的"至上神",这就意味着头顶上的"天"至少具有可观可感,甚至可以把握的客观实在性,此"天"相较于殷人的任性专制、喜怒无常的"帝"来得更为实在可靠。另外,周人不再单纯依靠虔诚的卜问来判断吉凶祸福,而是将"天"赋予道德内容,并使之成为人间善恶的裁判。周人认为,"惟克天德,自作元命,配享在下"(《尚书·吕刑》),殷纣王之所以丢掉大命,"惟不敬厥德,乃早坠厥命"(《尚书·召诰》),"皇天无亲,惟德是辅。"(《尚书·蔡仲之命》)有德之君才能获得天命眷顾,"明德修身""以德配天"才能永葆大命。德行才是获得天命的唯一根据。周人对天神意志的把握走上了以人为主体的"以德配天"的"德行"道路。周人看到了人的力量和人的主观能动作用,开启了天命观上的人文理性的发展方向。[①]而荀子"天行有常,不为尧存,不为桀亡"(《荀子·天论》),则把这一人文理性精神推到了极致,可以说,人文理性精神的发展某种程度上也意味着天命神学的衰微,而战国中后期诸侯争霸行为也意味着道德规范并非可以约束所有人,统一的秦王朝则将法治推向极致。

(二) 周代人文理性精神的跃进

周代是一个社会变革和宗教观念变革的时代,而之所以称西周时期是一个人文理性精神产生的时期,指的是"小周邦"取代"大国殷"过程中,周人吸取了殷商覆亡的经验教训之后,总结提

---

① 肖雁:《西汉天命神学和儒学的选择及融合》,《华中师范大学学报》2018年第6期,第128页。

出的一系列具有创新意义的理念，通过对"天命观"的改造，对"德"范畴的阐释，凸显了人的主体意识，体现了周时期人文理性精神的跃进。

首先，经过对殷商至上神"上帝"观念的反思，周人提出了在形态上更为"具象化"的"天"观念。殷人称至上神为上帝，在殷人的心目中，上帝是完全的人格神，主宰着自然与人类社会的一切事物。人们在至上神上帝面前总是怀着一种"高级的谦卑"，并且始终以最为恭敬的态度和谦卑的行为听命于帝。作为殷商的属国，周人自然承袭了殷商的文化及多神的宗教思想。"三监之乱"时，《尚书·周书·大诰》记载了周公对叛乱的商朝遗民及王室的动乱分子说的一段话："予惟小子，不敢替上帝命。天休宁王，兴我小周邦，宁王惟卜用，克绥受兹命。今天其相民，矧亦惟卜用。呜呼！天明畏，弼我丕丕基。"此话大意是说，我是文王的儿子，因此不敢放弃上帝的命令。天地嘉惠文王，才有了小小的周邦。文王通过占卜接受了上帝赋予之命。现在我通过占卜，了解上帝仍是支持我们的。臣民们，你们应该敬畏上帝的命令，加强西周的统治。周公借着殷人的上帝之命，阐发了自己的天命思想。周公所指人不可违背的帝命就是天命。天命和帝命同样具有权威性，是因为帝命与天命都是通过占卜获得。占卜是三代巫文化的共同特点，在殷商时期具有极大的权威性。殷人通过占卜可以达知帝命，周人通过占卜同样也可以知晓天命，而天命行使了帝命的职责，尊崇帝命就是不违背天命，听起来顺理成章。但周公在言语中已经不知不觉提高了天命的威严与权威性。《尚书·大诰》中又说："天命不僭，卜陈惟若兹"，意思是说，天命不会错，天命坚定不移。此"天命"已经完全遮盖了上帝的影子。这说明周人在有意无意地借用"上天"来论证自己政权的合法性。

用上天概念替代上帝观念是一个量变到质变的渐进过程。考古发现，最开始在周代青铜器铭文中，上帝、天、皇上帝、皇天上帝等各种叫法是混用的。为有别于殷人的至上神帝的观念，周代逐渐把"上帝"观念改造成了"天"观念，把至上神变成了"上天"。"上天"相较于更加抽象的"上帝"来说，"天"给人更多的是可见、可触摸、可感觉的苍茫浩渺的实体之天。这样的天观念既能涵盖浩渺无穷的自然之天，又具有一定的抽象性和概括性；既具有实体化指向，又不失其人格性，从而也就使人更容易接受天的观念。这是周人对至上神所进行的一番"具象化"的改造。

其次，阐述了"天不可信""天命靡常"，"以德配天"才是取悦天神的思想，阐述了为君者必须遵循的伦理规范，将人的主观能动性纳入伦理道德实践中。周人的"天"在取代殷人的"帝"时，殷商时人遇到的问题同样会在周时期重新演绎一遍。如果说殷商时人面对上帝是无所适从的，唯有虔诚祈祷贞问，并通过为祖神供奉丰厚的祭品来取悦上帝。而周人则看到了"帝"的问题所在。如前所述，通过对天命论证，周人对政权的转移进行了合理性论证，但是还远远不够。殷鉴不远，如果真是"天命不僭"，殷就不会亡国，周也不能取而代之。"在我后嗣子孙，大弗克恭上下，遏佚前人光在家，不知天命不易，天难谌，乃其坠命，弗克经历。嗣前人，恭明德。"（《尚书·君奭》）周公担忧的是，天命难得，天意难测，唯恐子孙后代，不能承前人之传统，他们将永远失去天命。现在我们应继承文王、武王的德业，恭敬地施行德政。不仅如此，周公更有"天不可信""天命靡常""唯命不于常"等一系列忧患意识。也正因此，引发了周公"天不可信，我道惟宁王德延，天不庸释于文王受命"（《尚书·君奭》）的感慨，意谓只有继承、弘扬文王美德，上天才会继续护佑我们。因此，"我不可不监于有夏，亦不可不监于有殷……惟不敬厥德，乃早坠厥命"（《尚书·诏诰》）。周人必须吸取夏商亡国的教训，"敬厥德""王其德之用，祈天承命。"（《尚书·诏诰》）而这就是以德配天、厥德配位的思想。"以德配天"才是获得天命的首要条件。

周公从四个方面把"德"范畴进行了一系列的阐述，完整概括出王德需要具备的德性及需要恪守的德行。

一是强调统治阶层要"明德修身",要不断加强自我的道德修养,如《尚书》提到的"克俊有德""德裕乃身""聿修厥德"等。要"秉德"正身,君臣务德,持德立业,以德治事,由德达于政。不仅如此,周公更关注实践意义上的"敏德","敏德"为"行之本"。《周礼·地官·师氏》曰:"以三德教国子:一曰至德,以为道本;二曰敏德,以为行本;三曰孝德,以知逆恶。"郑玄注曰:"敏德,仁义顺时也。"① 仁义是改造世界的一切活动所必须遵守的法则。依照四时运行,遵守宇宙规律行仁义之道,就是"敏德"。敏德是行之本,它的基本含义就是行仁义,秉德立业就是行德的目的。

二是在治理实践中,提出了"明德慎罚"的思想。将德行更多与法治实践相结合。彰明德政,谨慎使用刑罚,劝慰民众走正道。《尚书·康诰》载:"惟乃丕显考文王,克明德慎罚。不敢侮鳏寡,庸庸,祇祇,威威,显民",意谓凡我思行,皆应效法文王,既明德又慎罚。在这一意义上,徐复观认为:"周人建立了一个由'敬'所贯注的'敬德'、'明德'的观念世界,来观察、指导自己的行为,对自己的行为负责,这正是中国人人文精神的最早出现。"②

"德"是一种依靠人的信念、传统、习惯、教育和社会舆论产生作用的精神力量。其作用的实现有赖于人的内在自觉。而将德与罚相结合,明德不离慎罚,刑罚又成为实现德治的保证。明德慎罚的思想,让周人找到了一套软性的约束机制,使周人在提倡"德"的过程中,不忘记使用一定的惩罚机制来保证德性的实现,两者相辅相成。

考古发现,殷墟卜辞中并没有发现带有道德伦理色彩的文字,但是到了周代,泛道德主义已经占据了统治阶级的意识形态。德行

---

① 郑玄、贾公彦:《周礼注疏》,北京大学出版社1999年版,第348页。
② 徐复观:《中国人性论史(先秦篇)》,上海三联书店2001年版,第20、21页。

成为取悦天神的最重要的条件,并成为原始宗教向高级的人为宗教过渡的重要标志。

三是将"敬德保民"思想作为政权巩固的根本。提倡"民之所欲,天必从之""民为邦本"的民本思想,人民利益是衡量一切政治利益的标准。《尚书·泰誓上》说:"惟天地万物父母,惟人万物之灵。亶聪明,作元后,元后作父母。""以德配天"的人是大君,要作万民的父母。要能做到保惠庶民,不敢侮鳏寡。体现了周统治者对庶民百姓的体恤之情。天神是爱护民众的,天神是以民众的意志作为赏罚依据的。"天聪明,自我民聪明。天明畏,自我民明威"(《尚书·皋陶谟》)民众的要求就是上天的意志,民之所欲,天必从之。由此来看,民为邦本,本固邦宁,敬德保民,是要爱民,要以民众利益关切为重。至此,周时期人文精神已然凸显。

四是周代制度最终演化成以加强伦理道德建设来配享上天的思路。"皇天无亲,惟德是辅。民心无常,惟惠为怀",上天是否降命是跟人的道德行为密切相关,这就把天命降命取决于人的自觉能动的道德行为。使人的主观能动性得到发挥,人文理性主义精神得以增长;上天也因此具有了道德属性,"德"成为上天神性的重要组成部分。天神的意志成为人们理性把握的对象。因为我是什么样,天就是什么样;天也成为人们可以认识的对象。最终"天命""天命观念""天命信仰"也成为"知识儒学"的一部分。而当信仰对象成为可以认识的对象时,作为宗教的神学意蕴就被弱化了。因此,这样的"天"很容易走上理性化、哲学化的道路,使中国文化在对"天"的认识中存在着宗教与哲学属性不明确的状态。然而,周代提出的"以德配天"思想,把天意归于民心,认为天意在民,以民心向背,而不是以龟卜草筮来衡量天意,却是文明的重大进步,也体现了人文理性精神的跃进。对于周公的历史地位,杨向奎评价指出:"没有周公就不会有传世的礼乐文明,没有周公就没有儒家的历史渊源,没有儒家中国传统的文明可能就是另一种精神状态。"①

陈来在分析三代文化的精神气质及其演进时指出：《礼记·表记》中"子曰"把三代文化区分为夏道"遵命"，殷人"尊神"，周人"尊礼"，考虑到早期儒家去古未远，这种区分是极为重要的。夏道的远神近人是神灵观念尚未发达之故，周人的远神近人则是经过对殷人的理性否定而呈现的对夏的更高一级的肯定，是周代文化理性化进步的体系。尊礼与尊命的不同，显然体现了周人的高于夏道的人文自觉。②

《礼记·表记》在描述三代以来人与鬼神关系时说：

> 子曰："夏道尊命，事鬼敬神而远之，近人而忠焉，先禄而后威，先赏而后罚，亲而不尊；其民之敝：蠢而愚，乔而野，朴而不文。殷人尊神，率民以事神，先鬼而后礼，先罚而后赏，尊而不亲；其民之敝：荡而不静，胜而无耻。周人尊礼尚施，事鬼敬神而远之，近人而忠焉，其赏罚用爵列，亲而不尊；其民之敝：利而巧，文而不惭，贼而蔽。③

这段话包含了三层基本信息：其一，夏道尊命近人，事鬼敬神而远之。人们对鬼神有敬畏之心，但弊端在于民风乔而野，朴而不文。孔子说起夏道鬼神观时，说的是"事鬼敬神"，认为夏道鬼神的态度既恭敬又凡事供奉周到。正如他在《论语·泰伯》中赞禹说："菲饮食而致孝乎神"，说禹哪怕自己吃得很差也要把祭品办的丰盛，禹对神的恭敬态度在孔子看来已经没有什么可以批评的了；其二，殷人尊神，率民以事神，先鬼而后礼。殷人对鬼神趋之若鹜，但弊端在于，尊了鬼神，却少了对人心的关照，造成民之弊，荡而不静，人心浮躁不安宁。宋代吕与叔解释得颇为精到："殷人

---

① 杨向奎：《宗周社会与礼乐文明》，北京出版社2022年版，第123页。
② 陈来：《古代宗教与伦理》，生活·读书·新知三联书店2017年版，第268页。
③ （清）孙希旦：《礼记集解》，中华书局1989年版，第1309页。

尊神以救之，民知敬鬼神，则诚也。及其末也，求神与虚无不可知之域，则茫然不知其所安"①。殷人求神于虚无不可知之域，才茫然不知其所安；其三，周人尊礼尚施，事鬼神而远之。对于"率民以事神"的殷人来说，先鬼而后礼，过于崇尚鬼神，反而使忽略了人本身，使人心浮躁不得安静。而周人提出"尊礼尚施"，并"事鬼神而远之"的救弊方法，却使礼仪过于烦琐，使民利而巧。

在孔子看来，如果把神圣世界视为高居于世俗世界之上，超然于世界之外的绝对物，固然使得其保持至尊地位，但上天会因此远离人的世界，人就会对其可望而不可即，甚至可畏不可亲；而如果神圣世界一直就在人间生活中，神人关系过分亲密，那么神也就不可能处于尊的地位。三代之道，或亲而不尊，或尊而不亲，为避免流于一偏，孔子提出："亲而尊，安而敬，威而爱，富而有礼，惠而能散"②，孔颖达释曰："亲而尊者，有母之亲，有父之尊。安而敬者，体安而能敬……威而爱者，有威而又有爱也。富有四海而不骄，是有礼也。施惠所得，为能散也。"③ 亲切而又有尊严，体安而又恭敬，威严而又仁爱，富足而又有礼，施惠于人而散布适宜，是化解和处理人与超验世界关系的执中守正、恪守中道、坚持原则、不偏不倚、无过无不及的"中道"原则，即在人与鬼神世界的关系之间保持中道，既不以天灭人，也不因人而废天，如孔子"不语怪、力、乱、神"，主张"敬而远之"，从而避免了人对鬼神在情感上的执着和实践中的迷恋。孔子将这一"中道"原则贯穿儒学始终，也被儒家作为一般规范纳入到忠利教化的社会实践中。

我们知道，孔子对于周礼十分欣赏，他本人一生也都试图恢复周礼。如在说到周代郁郁乎文哉的礼仪制度时，孔子会肯定地说："吾从周"（《论语·八佾》）。同时，孔子也十分清醒地看到了周礼的弊端，由于周"尊礼尚施，事鬼神而远之"，周之礼仪太过烦琐，

---

① （清）朱彬撰，饶钦农点校：《礼记训纂》，中华书局1996年版，第792页。
② （清）孙希旦：《礼记集解》，中华书局1989年版，第1312页。
③ （清）朱彬撰，饶钦农点校：《礼记训纂》，中华书局1996年版，第794页。

造成鬼神与人的关系"亲而不尊",导致其民"利而巧,文而不渐,贼而蔽"。但遗憾的是,孔子自己并未真正能够做到对周礼实现彻底的简约化改造,如孔子平日极致化讲究的繁文缛节也还是为人所诟病。齐国名相晏婴说他:"尽孔子盛容饰,繁登降之礼,趋详之节。累世不能殚其学,当年不能究其礼。"① 认为孔子的这些繁文缛节,就是几代人也学不完,毕生也搞不清。可以说,生活在时代夹缝中的孔子,其思想既希望有所综合创新,但又难以逃离时代的局限。

(三)"轴心突破"标志着人类精神的觉醒

20世纪40年代末,雅斯贝斯提出了著名的"轴心期"理论。雅斯贝斯指出:"公元前800—前200年发生的精神过程标志人类历史正处于一个轴心时期,公元前500年是它的高峰期。"② 他重点指出:"轴心期是突破期。……在轴心期,众多的哲学家在世界上三个地区首次涌现,反映了人类意识的觉醒。当时,人体验到了人世的恐怖和人对外部世界的束手无策。正因为看到自己能力的限度,人类才意识到自己作为整体的存在,才去追求更高的目标,才对历史有了认识。人开始敢于依靠自己站立起来,在自己身上寻找根源,以自己的内心世界抗拒外部世界,借此又超凌于自身与世界之上。"③

雅斯贝斯指出,在"轴心期"里,最不平常的事件集中在这一时期:

> 在中国,孔子和老子非常活跃,中国所有的哲学流派,包括墨子、庄子、列子等诸子百家都出现了。和中国一样,印度出现了《奥义书》和佛陀,探究了一直到怀疑主义、唯物主义、诡辩派和虚无主义的全部范围的哲学可能性。伊朗的琐罗

---

① (汉)司马迁:《史记·孔子世家》,中华书局2000年版,第1514页。
② [德]卡尔·雅斯贝斯:《历史的起源与目标》,华夏出版社1989年版,第2页。
③ [德]卡尔·雅斯贝斯:《历史的起源与目标》,华夏出版社1989年版,第2—3页。

第一章　人文理性的觉醒和儒学的产生

亚斯德传授一种挑战性的观点，认为人世生活就是一场善与恶的斗争。在巴勒斯坦，从以利亚经由以塞亚和耶利米到以赛亚第二，先知们纷纷涌现。希腊贤者如云，其中有荷马、哲学家巴门尼德、赫拉克利特、柏拉图，许多悲剧作者，以及修昔底德和阿基米德。在这数世纪内，这些名字所包含的一切，几乎同时在中国、印度和西方这三个互不知晓的地区发展起来。①

而这个时代所关注的问题，提出的见解，产生的学派以及所产生的一切，直至今天都是我们思考问题和构建体系的普遍参照。这一时期已经成为世界历史的"轴心"，"人类一直靠轴心时代所产生的思考和创造的一切而生存，每一次新的飞跃都回顾这一时期，并被它重燃火焰，自那以后，情况就是这样，轴心期潜力的苏醒和对轴心期潜力的回归，或者说复兴，总是提供了精神的动力。② 雅斯贝斯所说的"轴心期"至今已成为人类精神之"端源"，而这一"端源"无疑为人类文化史上发生的"超越"和"突破"奠定了基础。

在文化史中，"超越的突破"和"哲学的突破"一般是作为专有名词被使用。所谓突破，从词语意义上来看，是指打破和超越。是指打开一个缺口，超越原有理念，打破旧制常规，或以现有的思维模式提出有别于常规或常人的思路和见解，造出一个前所未有的新事物，创造一个新的东西。某种意义上说，"突破"就意味着"创新"，之所以能够创新就是因为有所突破。人类在反省中觉醒，在觉醒中实现突破，在突破中创新，在创新中继续发展。而反省、觉醒、突破、创新则是源于旧秩序向新秩序的变革过程中，随着人类认识世界思维水平的提高，随着自我意识的不断增长，而通过"量变到质变"实现突破的发生。殷周之际的宗教到理性的跃进，

---

① ［德］卡尔·雅斯贝斯：《历史的起源与目标》，华夏出版社1989年版，第8页。
② ［德］卡尔·雅斯贝斯：《历史的起源与目标》，华夏出版社1989年版，第14页。

反映着中国传统人文精神的超越，以及文化世俗性的转向，这一文化跃进最终发生于"轴心时代"。某种程度上体现了人类文明进程中的某些共性，以及人类对自身的处境发生了一种系统性、超越性的反思和批判，并因此改变了旧的传统，确立了一种新的思想形态，也同时建构了"人类进行历史自我理解的框架"，从而使整个文化形态进入了一个崭新的更高的层次。

首先，"超越的突破"是人类意识到自身的有限性，并试图在"对超越存在的探询中体验绝对"。雅斯贝斯所说的在轴心时期出现的几大文明经过了"超越的突破"，通过各自文化跃迁，形成自身特殊的文化传统，同时表现出对"超越的趋近"态势。"超越"意味着对现实采取的一种批判、反思和究问的态度，从而开启一种新的视域。这种"超越的突破"，"即意识到人类自身的有限性，在对超越存在的探询中体验绝对。"① 超越意识的出现构成了轴心期主要的精神特征。

其次，"哲学的突破"即"对构成人类处境之宇宙的本质"② 进行理性的认识与反省，并从此对人类处境的本身及其基本意义获得了新的理解。轴心时代及其两个"突破"的论题，是20世纪70年代西方学术界文明史中讨论的一个热点问题。学界对于"哲学的突破"是否存在一直存有争议。陈来认为，发生于轴心时代的"超越的突破"与"哲学的突破"，一个是人类意识到自身的局限性，在超越中体验绝对性；而哲学的突破在于说明，人们对自身处境以意义的理解，对构成处境的宇宙本质的理解。总之，是对生存于斯的一种处境化理解，从而一方面从超验中体验绝对；另一方面在理性认识中理解意义。无论怎样，都是人类对生存环境和对自身局限性的理解后，所获得的对超验意义的理解和对绝对性的体验，升起的是人对宇宙起源、生死问题及人生意义等终极问题产生的系统思

---

① 陈来：《古代宗教与伦理》，生活·读书·新知三联书店2017年版，第3页。
② 陈来：《古代宗教与伦理》，生活·读书·新知三联书店2017年版，第3页。

考、深刻理解和切身体验。在关注超越经验这一问题上，哲学与宗教获得了统一，并直接促成了人类自我意识的凸显。陈来对这样两种"突破"作出的理解和阐释，把人类对于人（人自身的局限）与自然（人的生存处境）等终极问题的探询以宗教的和哲学的两种路向同时揭示了出来。

一般来说，历史上重大的"突破"，往往都伴随着一个"崩坏"的阶段为先导。中国古代的"礼乐崩坏"含有两个方面，一是社会制度的解体；一是文化秩序的崩坏。从思想史的角度说，古代中国的"哲学的突破"则是始于文化秩序的"崩坏"，换句话说，古代中国的"哲学的突破"也是对于"礼崩乐坏"的一种直接或间接的反应，一种文化秩序对于社会秩序变化的反应。是由于社会矛盾的激化，社会制度的解体和文化秩序的崩坏，而"突破"会随时发生。但每一次"崩坏"后形成的突破，则是又一次新发展的继续。

突破就是创新，创新促进发展。中国古代文明发展呈现了一种连续性特征，就连孔子自己也说过，自己的思想与夏商周三代文化有着因袭损益的关联：一方面，他继承了殷周礼乐的传统，"吾从周"说明了他思想的某种回归愿望；另一方面，他又向旧传统中贯注了某种新的精神，赋予诗、书、礼、乐以新的意义，使其继周而百世可知。不仅突破了王官之学的旧传统，其余战国百家也同样各有其突破。

最后，在突破的连续性发生过程中，文化精神的转向则凸显重要性。远古时期，绝地天通的宗教变革，使人类逐渐由对神的关注转移到趋向于对人自身的关注。周代文化从殷商"事敬鬼神"发展到"人文理性"的跃进。从殷商时期的"率民以事神"到西周的"尊礼尚施"，并不只是一个简单的文化政策的变化，而是蕴含着一种从神性转为人性的变化，确切地说，"在中国的这一过程里，更多的似乎是认识到神与神性的局限性，而更多地趋向此世和'人间性'，与其说是'超越的'突破，毋宁说是

'人文的'转向"①。周公的思想对儒家的形成起了奠基的作用；儒学就是在这种既有连续性的继承又有突破性的转向中产生。

孔子曾经清晰描述过殷周文化的精神差异：

> 殷人尊神，率民以事神，先鬼而后礼……周人尊礼尚施，事鬼敬神而远之，近人而忠焉。(《礼记·表记》)

然而，尽管他看到了这一点，却并无法割断一个连续性的文化传统，他意欲打破王官之学，希望注入新的精神，却受限于时代发展，使他的思想在产生初期就带有浓重的时代痕迹，并呈现出"二重性"：既关注人的世俗世界，张扬人的主体精神，又始终无法解释和彻底摆脱天命、鬼神的束缚；既"不语怪力乱神"，又不得不受天命、鬼神的挟制。

把人从神的控制中解放出来，从而使人成为文化的主体，标志着人类精神的真正觉醒。人类精神的觉醒和思想的解放，是自有人类社会以来，永远没有止息的过程。甚至，每一个历史时代的人们都面临这一问题。而每一次的新的觉醒和思想解放都为历史的巨大变革与社会发展提供精神动力。人类精神的觉醒，意味着人类进行自我反思能力的自觉和加强。人类"精神上的自觉"，尤其是经过对自身存在的反省而达到的精神自觉，并不是一开始就有的。不仅原始时代的人没有能达到，而且"轴心时代"以前的古代文明的人也未能达到这一点。②而当一切皆起因于人类具有了自我反思能力之后，当"意识再次意识到自身"的时候，精神的冲突才得以显现。"人们尝试了各种最矛盾的可能性。讨论，派别的产生，以及精神王国分裂为仍相互保持关系的对立面，造成了濒临精神错乱边缘的不宁和运动。这个时代产生了直至今日仍是我们思考范围的基本范

---

① 陈来：《古代宗教与伦理》，生活·读书·新知三联书店2017年版，第4页。
② [德]卡尔·雅斯贝斯：《历史的起源和目标》，华夏出版社1989年版，第24—217页。

畴，创立了人类仍赖以存活的世界宗教之源端。无论在何种意义上，人类都已迈出了走向普遍性的步伐。"① 可以说，轴心时代的产生，是人类精神觉醒的标志。

尽管儒家文化经历了一个漫长的理性化发展过程，但单纯用"理性化"整体框架并不能全面认清中国文化演进的特殊性。"从前轴心时代到轴心时代，中国文化演进的突出特色是人文性和人间性，从而，它的理性更多的是人文的、实践的理性，其理性化主要是人文实践的理性化，这在春秋时代更为明显。"② 春秋战国时期，由氏族封建时代向地主封建时代深刻演进的变革，促使这一时期社会结构发生了根本性变化。而伴随着这一巨大变化的是我国历史上第一次真正意义上的思想解放运动，著名的"百家争鸣"带来了思想上的深刻变革。儒学的产生让我们首次感受到了一种"精神的作用力"，而这一作用力自此一直发挥着它的作用。它探究人类的全部活动，赋予了历史以全新的意义。儒家第一次作为学派，作为诸子百家的主角登上了历史舞台，成为绵延千年的不断丰富发展的儒家学派。

二　儒家学派的产生

西周时期是一个人文理性精神的跃进时期，在"小周邦"取代"大国殷"过程中，周人吸取了殷商覆亡的经验教训之后，总结提出了一系列具有创新意义的新理念。徐复观指出："宗教的虔诚，是把人自己的主体性消解掉，将自己投掷于神的面前彻底皈依于神的心理状态。周初所强调的敬，是人的精神……凸显出自己主体的积极性与理性作用。"③ 而这一人文理性精神的特质也正是孔子思想产生的历史土壤。对此，梁漱溟先生评价说："孔子态度平实，所

---

① 刘家和：《论古代的人类精神觉醒》，载《古代中国与世界》，北京师范大学出版社2010年版，第9页。
② 陈来：《古代宗教与伦理》，生活·读书·新知三联书店2017年版，第12页。
③ 徐复观：《中国人性论史（先秦篇）》，上海三联书店2001年版，第20页。

以不表乐观,惟处处教人用心回省,即自己诉诸理性。而儒家假如亦有主义的话,推想应当就是'理性至上主义'"①。以孔子为代表的儒学在产生之初就带有历史文化的痕迹,既有用心反省,诉诸理性的积极一面,又有受时代限约的一面;既想创新突破的一面,又想"吾从周"的纠结思想状态的一面。

(一) 社会政治、经济和文化背景

从历史线索来看,大约在公元前12世纪末至11世纪,殷商被"小邦周"攻灭。姬姓的周人建立起中国古代的第三个王朝——周王朝。从西周开始,部落之间就发生了不断融合的过程。在这一过程中,日益壮大的周王朝,经历了鼎盛时期,也逐渐迎来了西周灭亡的时期。镐是中国历史上第一座真正意义上的城市,其规模宏大,它不仅是周礼的诞生地,也是西周政治经济和文化的中心。西周末年,私田出现,奴隶逃亡,民不堪命,社会矛盾日益激化,《诗经》曾对这一电闪雷鸣、山呼海啸的动荡时代有过这样的描述:"烨烨震电,不宁不令。百川沸腾,山冢崒崩。高岸为谷,深谷为陵。"(《诗经·小雅·十月之交》)旧贵族纷纷没落,新兴势力不断生长,社会矛盾尖锐,加快了西周覆亡的速度。直至周平王将京都迁至洛邑(洛阳),史称东周。东周时期,社会依旧处在动荡之中。周王室衰微,诸侯争霸,维护封建宗法等级制度的"周礼"遭到极大破坏。然而,这一时期代表各阶级利益的知识分子却异常活跃,并逐渐形成一只重要的社会力量,他们著书立说,应对社会问题,积极献策,开创了百家争鸣的繁荣局面,形成中国历史上第一次大规模的思想解放运动。百家争鸣有力推动了历史发展、社会进步、思想解放和文化繁荣。儒家学派正是借着这种思想空前解放的潮流破茧而出,并经历了漫长积淀、酝酿、传播过程而保存、发展和延续下来。

经济上,殷末周初时期,生产已经由半渔猎半农耕的生活转入

---

① 梁漱溟:《中国文化的命运》,中信出版集团2016年版,第62页。

了周初主要以农耕为主的生产方式。由于生产力低下,耕作的方式仍为集体协作。西周末年,至春秋时期,铁器成为新的生产工具,铁器的使用,极大促进了社会经济的新发展。扩大了人类对自然的开发的深度、广度和力度,也随之扩大了地区之间人们的往来,从而使人们有可能冲破原先的狭小活动范围,和从狭窄的视野中解脱出来。由于牛耕技术代替了人工耕作,井田以外的大量土地被开发,原有的贫富格局被打破,整个社会结构发生了重大变化。

从科技发展来看,夏、商、周时期是我国古代科学技术真正的诞生时期。随着人们认识世界和改造世界能力的提高,农业和手工业技术迅速发展起来,随着社会财富的增长,出现了脑力劳动者。商代甲骨文的发现,是我们能够见到的最早的成熟汉字。考古显示,殷商时期青铜器的制造技术达到了高峰,各种青铜武器戈、矛、刀、斧等,以及祭祀祖先所用的盛酒的尊、罍、彝、爵、献等,大量出现。河南安阳出土的司母戊大方鼎,就是商王为祭祀其母而铸造,也是现存最大的商代出土铜器,反映了那个时代人们青铜铸造的精湛技术。商后期,出现了铁的开发和利用。商王加强了对王族和贵族子弟的教育,促进了学术的研究,科学也有了新的进展。商代重视天象观测的传统,殷墟卜辞中有不少关于天象的记录。商代的历法相比于夏代更趋于完备。可以说,当时的天文学、数学、光学、力学、医学等都达到较高水准,体现了古代先人探索世界水平的进步和整体提高。

从政治上看,周平王东迁在中国历史上是一个重大事件,也是周王朝国势的转折点。意味着周天子王权衰落,及作为"共主"地位的削弱。周天子无力自保,且抗拒外族入侵需要依赖诸侯国的力量。逐渐地,王室内乱,周边外族频繁侵扰,灾害频仍,内忧外患,周天子地位不断衰落,诸侯国君大权旁落,"政令自大夫出",天下变乱。

春秋末年,晋国率先推行了变革。采取制定成文法铸于鼎上,开启了依法治国的先河。其所采取的"废弃世卿世袭制",选择贤能担任各级官员,打破了"刑不上大夫,礼不下庶人"的传统,直接导致贵族衰败,平民地位上升的趋势,同时加速了不同阶级的上下流动。《左传·昭公三年》记载了晋国大夫叔向在谈及晋国公室与贵族状况时所说的一段话:"虽吾公室,今亦季世也。戎马不驾,卿无军行,公乘无人,卒列无长。庶民罢敝,而宫室滋侈。道殣相望,而女富溢尤。民闻公命,如逃寇仇。栾、郤、胥、原、狐、续、庆、伯,降在皂隶。"原来栾、郤、胥等八大贵族的后代,至春秋末期,地位都已经降为公室的差役。这一阶级的巨大变动既意味着贵族阶级的衰落,同时也意味着战国之际平民阶级地位的上升,平民因而获得了与贵族平等的权利。

经济的发展,科技的进步,阶层之间的流动动摇了原本坚不可摧的贵族阶层的利益,政治动荡,周时期的社会结构已经发生了根本性变化。而文化领域也面临一场前所未有的变化。"学在官府""文化下移""私学讲盛",平民正在获得接受教育的权利,是这一时期文化领域的基本特征。

从文化传统上看,夏、商、周三代比较而言,西周无疑是国力最为强盛的时期。周公所创立的一系列礼乐制度,以及"经国家,定社稷"的礼制制度确立了等级社会的上下尊亲,体现了其王道政治的意图。西周的礼乐制度深入人心,从日常生活到国之大事都与之息息相关。商代尊崇主宰世界的人格神上帝,并竭力供奉它。商朝的灭亡,促使周人进行了深刻反省。周人在承认"帝"为主宰的前提下,更多使用了"天"的概念,使有血有肉的"帝"的形象开始向抽象的精神实体"天"的过渡。周人思维理性化发展,表现在有神论宗教自然观向哲学自然观过渡。如果说殷商时期把持社会文化的是巫、史、祝、卜,而到了西周时期,其文化教育秩序则主要有三个特征:

一是"学在官府",又称"学术官守"。指的是国家的规章制度、文献典籍以及学习礼仪的各种礼器等都置于官府,由官府掌握并调配,因此造成官府对教育资源的完全掌控,普通百姓无法接触。这就造成当时"惟官有书,而民无书;惟官有器,而民无器;惟官有学,而民无学"的状况。在等级森严的社会制度下,贵族子弟可以享受高等教育,他们享受特权,可以饱读诗书,而普通百姓由于生活所迫,读不起书,也逐渐没有了学习的动力和需求,这就造成贵族对教育资源以及教育活动的垄断。提高素质教育,培养封建人才针对的都是贵族阶层的事情,而与普通民众无关。

二是教师都由国家的官吏来担任,导致西周的官学教育呈现"官师合一"的特点。当时的社会只对贵族有文化素养的要求,贵族都需要到官府求学,而执教的老师是官吏。《周礼·春官宗伯》记载:"大司乐掌管成均之法,以治建国之学政,而合国之子弟焉。"大司乐是掌管国家典礼的最高官员,同时还负责国家的教育、教学任务。《周礼·地官司徒》记载:

> 师氏掌以媺诏王,以三德教国子:一曰至德,以为道本;二曰敏德,以为行本;三曰孝德,以知逆恶。教三行:一曰孝行,以亲父母;二曰友行,以尊贤良;三曰顺行,以事师长。居虎门之左,司王朝,掌国中失之事,以教国子弟,凡国之贵游子弟学焉。

师氏既要负责掌谏美善告王以佐邦国,还要辅佐教诲国子德行。当时的教师除了大司乐、师氏外,还包括乐师、保氏、宗伯、大胥、小胥、太师、小师等,名称虽异,各有执掌,但都属于当时的官吏。受社会经济发展水平所限,当时社会不可能建造很多大型的公共建筑来供各种教育活动所用。西周的学校不仅是教学的场所,还同时举办各种事务性活动,造成"政教合一"的局面。

三是贵族衰落,文化下移。春秋时期,由于周王室衰落,政局动荡,天子权威丧失,王室内乱,诸侯称霸。贵族阶级衰落,"天子失官,学在四夷"的现象打破了从前"学在官府"的局面,文化学术向社会下层传递并扩散。文化下移,私学勃兴,平民地位逐渐上升。这一时期，学术自由度极高。各个学术团体并不依附于政治，而是站在各个不同社会集团利益上，著书立说，阐述哲理，论辩时政，成一家之言。摆脱了政治的、具有独立的学术精神是诸家学说的亮点。而尤为重要的是，各学派的宗旨都是为解决当时社会的现实问题而相互论辩、学习和借鉴，而阐发自己的观点，进而形成和建立起自己的思想体系。同时，自西周以来，特别是春秋时期学术文化的发展和积累也是不可忽视的重要因素。如《诗》《书》《易》等文献典籍的流传以及孔子对古典文献的收集整理等，客观上为社会提供了一个深厚宽松的学术氛围。

（二）"士"阶层的流动与文化下移

西周至春秋战国时期的社会政治经济和文化形式，决定了儒学在产生初期就带有时代的痕迹。从孔子生长的环境和孔子思想的产生及他所从事的一系列活动来看，都无不带有时代印记。这一时代印记给儒学产生及儒家学派的产生标注了特殊性。因此，考察孔子思想的产生，不仅要关注三代以来思想发展的历史积累和发展趋向，还要考察孔子的出身以及他的生命经历，要把孔子放入他生活的那个时代，看清那个时代给予孔子的社会生活条件，所处的社会环境，以及他对社会人生的思考的展开过程，而更为重要的是，那个时代对他的人格等进行了怎样的塑造。

出身于没落贵族家庭的孔子，继承其父的社会地位，属于当时的"士"阶层。西周时期，"士"是古代贵族阶层中最低的一个集团，其地位介于大夫和庶民之间。按说"士"在西周时期出于贵族和庶人之间，孔子生活应该没有那么困难。但年少的孔子生活贫困，为了生计，不得不从事一些体力劳动。孔子自己也说："吾少也贱，故多能鄙事。"可见，孔子生活的时期，家道已经败落，整体生活水平下降已经是事实。但年幼的孔子，依然喜欢和小伙伴们摆上俎、豆等礼器，模仿大人演习礼仪之类的游戏，并经常将自己融入与身份相符的习惯中。《史记·孔子世家》记载："孔子为儿嬉戏，常陈俎豆，设礼容。"而学习、演习礼仪，在春秋时期是作为一个士族子弟必修的课程,《礼记·王制》也载:"顺先王诗、书、礼、乐以造士。"可以说,年幼的孔子,因为家道衰落,不能通过正常的学校教育获得必修课,不得已才会通过这种游戏的方式来习得礼仪。

尽管属于"士"阶层,但这一因继承而来的士身份也给孔子带来多次精神上的蒙羞经历。载:"孔子要绖,季氏飨士,孔子与往。阳虎绌曰:'季氏飨士,非敢飨子也'。孔子由是退。"(《史记·孔子世家》)意谓孔子之母丧,还在服丧中,得知鲁国执政卿季氏宴请士,孔子即前往。但到了季氏门口,却遭到季氏家臣阳虎的嘲笑与阻拦。显然阳虎对孔子的士身份根本不以为然,这让孔子颇受打击。

"士"在西周时期为贵族中最底的阶层。他们虽没有丰厚的家产,却还有机会接受以"礼、乐、射、御、书、数"为内容的贵族式教育,但他们大多是仰赖具体的职责,以操持各种具体事务为生的。但由于接受了贵族教育,他们在精神气质上与一般百姓不同。《国语·晋语四》记载晋文公对社会阶层的划分时说:

> 公食贡,大夫食邑,士食田,庶人食力,工商食官,皂隶食职,官宰食加,政平民阜,财用不匮。①

可见,"士"属于贵族阶层,但处于贵族最底层,由于士者最初所从事的职业和所"食"之田,都需要上层贵族进行分派,所以,"士"阶层又是受制于人的。由于没有土地约束,西周的"士",可以常年从事各种具体事务,并游走四方,见多识广,因此,又具有自由流动的性质。

《论语·微子》曾经记载了当时鲁国一批宫廷乐官流散四方的

---

① (三国)韦昭注:《国语·晋语四》,载《国语章氏解》第10卷,士礼居丛书景宋本,第117页。

情形时说:"大师挚适齐,亚饭干适楚,三饭缭适蔡,四饭缺适秦,鼓方叔入于河,播鼗武入于汉,少师阳、击磬襄入于海。"鲁国乃周公封国,一直坚守着完整的礼乐制度。由于周王室衰微,礼乐制度最后栖息地也不复存在。随着太师挚、二饭乐师干、三饭乐师缭、四饭乐师缺、打鼓的方叔、摇小鼓的武、少师阳和击磬的襄等宫廷乐人的出走,不仅意味着人才流失,更是造成鲁国礼乐精神的无所依托,而鲁国礼乐文化一旦散离,礼乐不再,必然意味着制度的崩溃。

韦伯在谈到这一问题时曾说过:"诸侯之间试图在挑选士时相互施加影响,挑拨离间。士们通过互通信息,变换仕途,从一国宫廷到另一国宫廷,过着像中世纪末期西方神职人员和世俗知识分子那样流浪生活,并且也像后者一样,感到自己是一个统一的阶层。"①

郝琳杰通过分析马克斯·韦伯的"礼仪的同构型"概念认为,"礼仪的同构型"是指周分封制所确立的那套从天子、诸侯、卿大夫到士的大宗小宗等级体系,基于这种家国同构的礼仪共识,贵族政治家们能够顺畅地周游列国,自由出仕。从春秋的孔子到战国的商鞅、苏秦、张仪等,都是"出仕于彼国"之人。② 因此,基于这种"礼仪同构",给贵族阶层的人们出仕他国、自由行走提供了便利环境和条件。历史上,处于贵族阶层末端的士阶层的流动出现在"幽、厉失德,周道日衰,纲纪散坏,下陵上替,诸侯专征,大夫擅政,礼之大体什丧七八矣"③之际,"君臣之礼既坏",天下才"以智力相雄长",士阶层在动荡中从贵族之末变为四民之首,游于乱世,"圣贤之后为诸侯者",社稷相继沦亡。各个诸侯国之间征伐

---

① [德]马克斯·韦伯:《中国的宗教:儒教与道教》,广西师范大学出版社2008年版,第84页。

② 郝琳杰:《游侠兴衰与儒家思想正统化的关系探析》,《宗教信仰与民族文化》2019年第1期,第56—57页。

③ (宋)司马光:《资治通鉴》第1卷,载《四部丛刊》景宋刻本,第1页。

吞并，称霸争雄，尤其是战国时期，各国政治、思想、民风已经有所不同，加之文字、车轨、度量衡等方面的差别，"礼仪的同构型"在很大程度上已经被破坏，士阶层乃至四民百姓的流动仍持续不止。可见，在春秋战国时期，贵族、平民百姓的流动已经不再受是否同构的困扰，在礼崩乐坏的乱世中，反而被推动着发生。①

实际上，"士"的自由行走，使"士"阶层在动荡的社会中，也更容易获得机会。春秋时期，原先的贵族阶层纷纷沦落到与士庶为伍，而庶民地位因此上升，贵族与庶人的界限不再清晰，流动性、交融性加强。战争频仍，社会动荡，新兴的地主阶级迫切需要大量的政治军事人才来治理国家，可以自由流动的"士""朝秦暮楚，奔走于王侯之门"，这样的环境给他们提供了一展抱负的机会，使他们更容易扩展自己生存发展的空间，并在社会上获得一定的独立地位，从而形成独立阶层。

出身于没落贵族家庭的孔子不仅可以出仕彼国，而且还能自由行走，周游列国。随着春秋后期私人讲学授徒风气日盛，孔子也加入了私人讲学的队伍，加之他坚持"有教无类"的教育方针，促使私人讲学②的社会风气日盛，知识的传授与社会实践结合，使他培养的"士"既有教养与学识，又有才干和能力，并为社会所倚重。

段干木是战国初年魏国名士。后步入儒门，师从子夏。他一生"守道不仕"，深得魏文侯信任。由于魏文侯求贤若渴，每次过段干木的家，都要扶轼以敬，表示诚意。最终感动了段干木，得以相见，最终辅佐魏文侯称霸中原。《淮南子·修务训》记载：

> 段干木辞禄而处家，魏文侯过其闾而轼之。其仆曰："君

---

① 郝琳杰：《游侠兴衰与儒家思想正统化的关系探析》，《宗教信仰与民族文化》2019年第1期，第57页。

② 关于私人讲学是否为孔子首创一说，学界尚有争议。因为，同时期私人开办讲学的至少还有少正卯，尽管杨伯峻认为："这事未必可信，少正卯之学和他的学生对后代毫无影响"（杨伯峻：《论语译注》，中华书局1958年版，第23页），但因无历史文献明确记载，故孔子是否首开私人讲学之风还需要进一步考证。在此，笔者采信孔子加入或参与私人讲学说。

何为轼?"文侯曰:"段干木在,是以轼。"其仆曰:"段干木布衣之士,君轼其闾,不已甚乎?"文侯曰:"段干木不趋势利,怀君子之道,隐处穷巷,声施千里,寡人敢勿轼乎?段干木光于德,寡人光于势;段干木富于义,寡人富于财。势不若德尊,财不若义高。干木虽以己易寡人不为。吾日悠悠惭于影,子何以轻之哉?"①

对段干木的为人,秦大夫司马庾也赞许其为"贤者"②。段干木以布衣之身,受如此礼遇,足以说明"士"阶层在战国初年已经具有极高的威望。

士阶层的兴起,标志着上下层文化可以相互交流与互动。孔子周游列国十四年,孟子则"后车数十乘,从者数百人,以传食于诸侯"(《孟子·滕文公下》),荀子十五岁就离开了家乡到了齐都。生活不再平静,各种文化因素不断激烈碰撞,为新思想的发展提供了契机。至战国时期,各国君主也一般都不拒绝纵横之士的游说达说,并且形成一种达官贵胄养士之风。(《史记·孟尝君、平原君、魏公子、春申君等列传》)这种交流和互动,孔子曾经有过描述:"君子之德风,小人之德草。草上之风,必偃。"(《论语·颜渊》)上、下层文化互动与交融是构成民族思想与文化的核心所在,所以说,社会思想实际上是一个民族人们心理结构的文化传统,是一个相对封闭的大系统。上、下层文化的互动,是社会结构稳固的重要保证之一。③ 可以说,"士"阶层的兴起,是对贵族阶层固有思想的一种冲击,在一定程度上打破了贵族与平民之间的界限,士人的自由流动,是源于社会阶级结构的变革,却也因此以另一种方式稳固了社会的政治经济和文化结构。

---

① 何宁:《淮南子集解》,中华书局1998年版,第1325—1326页。
② 何宁:《淮南子集解》,中华书局1998年版,第1326页。
③ 晁福林:《先秦社会思想研究》,商务印书馆2007年版,第12页。

（三）"儒分为八"与儒学的开放性

诸侯纷争的年代，政治的多元化为文化的多元化提供了先决条件，也为儒家学派的产生准备了社会政治思想和文化条件。"王官之学"衰落，社会上私学兴起。孔子创办私学，施行"有教无类"的方针，培养了大批儒门弟子。孔子殁后，除了子贡守墓六年，其余弟子在孔子墓旁结庐而居，守候三年后分散各地讲授和传播孔子思想，韩非子称之为"儒分为八"。早期儒家的分裂，大致通过四种不同倾向表现出来，有复旧以至于避世的，如颜氏之儒；有守旧和改良的，如游氏之儒；有革新重利倾向的，如子夏氏之儒等，还有同情下层民众的，有"容众"倾向的张氏之儒等。[①] 而儒家之所以分裂，归根到底是宗旨不同，即所谓"道不同，不相为谋"。尽管孔门弟子各持己见，但他们都"宗师于孔子"。这使他们在思想根源上有了共同的来源。儒门分裂使各派弟子的儒学主张具有更为多元的视角和多层次维度。而实际上，战国时期，不仅是儒家学派在分化，其他学派也在分化。"自墨子之死也。有相里氏之墨，有相夫氏之墨，有邓陵氏之墨"，"孔墨之后，儒分为八，墨离为三，取舍相反不同"（《韩非子·显学》）。学派的分化是理之自然，也是社会思想多元化表现，诸子百家就是"九流十家"发展分化的结果。这给儒家思想的产生及不断成熟提供了先决条件：思想在分化中集中，在互相辩驳中博采众长，在多重视角中吸收共融、各持所长，也正因此，促成了儒家学派的兴起与成长，儒家学派成为战国时期诸子百家中最为重要的一个学派。

1. "王官之学"的衰落及私学的兴起

私学是由于官学的衰落应运而生的。生产力的发展引起了政治上的巨大变革，从而导致了官学的衰落。诸侯争霸，礼乐散尽，导致礼乐征伐不自天子出，而"自诸侯出"。政治经济衰微直接导致学术的下移。

[①] 章权才：《两汉经学史》，广东人民出版社1990年版，第22—25页。

如前所述，孔子生活在一个文化变革的时代，周室微礼乐废，《诗》《书》缺。如孔子自己所说："夏礼吾能言之，杞不足征也；殷礼吾能言之，宋不足征也；足则吾能征之矣。""后虽百世可知也。以一文一质。周监于二代，郁郁乎文哉，吾从周。"（《论语·八佾》）孔子推崇周礼，却不忍见周礼之衰微。于是乎，制礼作乐，以备王道，遂成"六艺"。"六艺"指的是礼、乐、射、御、书、数，是贵族子弟从小必须掌握的六种基本技能，被纳入周代的贵族教育体系。《周礼·地官司徒·保氏》载："养国子以道：乃教之六艺，一曰五礼，二曰六乐，三曰五射，四曰五驭，五曰六书，六曰九数。"即所谓"通五经，贯六艺"的"六艺"。其中，礼乐文武兼备，射、御属于武，书、数属文，说明当时对贵族子弟除了要求一定的精神素养，要知礼仪、善乐器，还要求会射箭、能驾驭、会技术，能文能武，文武兼备。"六艺"反映了春秋战国时期教育的基本目标，也是对封建社会人的素质的基本要求。但是，这种对人的基本素质的要求仅限于贵族子弟，而平民是没有获得教育的机会的。而孔子创办私学，恰是因应这一问题的挑战而来。西周后期，官学式微，私学大盛。孔子适应了这一形势，他勤奋努力、刻苦精进，成为闻名诸侯列国的博学之人，而且，他开办的私学，普及了教育，培养了大批平民子弟，受众广泛，从而为儒家学派的产生奠定了人才基础。孔子在与弟子教学相长中，在针砭时弊中，在文化交融的乱世中，其思想愈发深刻，也就愈发具有了普遍的指导意义。

孔子主张"有教无类"（《论语·卫灵公》）的施教策略，目的是让平民有机会学习，实现教育公平。司马迁赞他："弟子三千，精通六艺者七十有二。"（《史记·孔子世家》）是对孔子教育平等思想的肯定。孔子自己"学而不厌，诲人不倦"（《论语·述而》），以教育为职志，积极推动私人讲学，可以说，突破了古代贵族教育体制，使学术民间化。自此以后，上学受教育才变成一件和平民有关的事情。"有教无类"，使老师和弟子之间，使门人之间，广泛交流成为可能,进而使儒学在产生与发展过程中带有了显著的开放性与包容性特征。

孔子办学,不分等级,不问身家,但问学生的向学之心。只要学生"自行束脩以上"(《论语·述而》),孔子都愿意收为弟子,并教以各种功课。孔子所收"束脩"之见面礼,在当时堪称最为轻薄的见面礼,这只能说明孔子看重的是学生是否有真心向学的态度,而非礼品的贵重与奢侈,这一纯粹的目的,使孔子的教学从一开始就充满了一种师徒之间的坦诚相待。实际上,当时社会游走的儒者并不止孔子一人,而是有一批人从事这类职业。这类"儒"是一种有知识、有学问的专家,他们散落在民间,以为人教书相礼为生。[①]除了教授"六艺",孔子后来还整理了古代文献典籍,形成"六经",即《诗》《书》《礼》《乐》《易》《春秋》,用以充实教育内容。

从孔子办私学,施行广泛的无差别的教育来看,他所教授的多种技能和知识,丰富、广泛而且全面,他的教学可谓涵盖了生活的方方面面。所教"六艺"涵盖各阶层,孔子之学与别家不同。别家皆注重自家之一家言,而孔子教人各种功课,即所谓的"六艺"。如冯友兰所说:"孔子虽以六艺教人,而尚未立六艺之名,亦未有总论六艺功用之言论。至战国末年,始有人对于六艺之功用,作总括普遍之理论。"[②]

从学科教育内容上看,孔子不拘泥于一"艺",也不满足于"六艺",而是更注重学生如何做人。他不是要教育学生成一家之言,而是从最基础的做人开始,教弟子"成人"。《论语·述而》说:"子以四教:文、行、忠、信",文、行、忠、信是孔子教人"成人"的四个面向,也是孔子教育的主要纲领,其内涵十分丰富。何以为文?子贡曾经问孔子:"孔文子何以谓之'文'也?"孔子答

[①] 冯友兰:《中国哲学史》,重庆出版社2009年版,第389页。
[②] 冯友兰:《中国哲学史》,重庆出版社2009年版,第326页。

曰："敏而好学，不耻下问，是以谓之'文'也。"（《论语·公冶长》）在"文"的方面，孔子要求学生把握和领会历代文献的精神实质，注重精神层面的提升，培养君子人格。主张文质彬彬，然后君子。在"行"的方面，注重切实施行，而非空谈理论。孔子尤其注重"听其言，观其行"（《论语·公冶长》），要求人做到表里如一，从而建立内心的自觉自律。他厌恶"志于道，而耻恶衣恶食"（《论语·里仁》）"匿怨而友其人"（《论语·公冶长》），甚至"色取仁而行违"（《论语·颜渊》）的人；在"忠"的方面，要求对待别人要忠心。子张问孔子："令尹子文三仕为令尹，无喜色；三已之，无愠色。旧令尹之政，必以告新令尹。何如？"子曰："忠矣。"（《论语·公冶长》）令尹子多次做楚国的令尹，并没有喜悦的表情，多次遭罢免，也没有怨怒的神情。每次工作接交时，也都会把自己的政务交代的清楚明白。对于这样的人，孔子称之为"忠"。"忠"者，本义为尽心竭力，忠心不二；在"信"的方面，他要求与人交往，信以成之，此乃君子。《论语·卫灵公》记载："君子义以为质，礼以行之，孙以出之，信以成之。君子哉！"只有做到了"信"，建立起自我与社会、自我与他人的积极联系，才能实现自身价值，才能真正成就君子人格。孔子通过教人"文、行、忠、信"，教人要不断学习、重视实践活动，要加强修养，交往守信，培养君子人格，有效达成自身的全面发展。

从孔子弟子们为人处事的个性方面来看，司马迁曾说："师也辟，参也鲁，柴也愚，由也喭，回也屡空。赐不受命而货殖焉，亿则屡中。"（《史记·仲尼弟子列传》）可见，孔子弟子即使性格各异，但都有各自的才能。

孔子弟子来自不同地域，身份地位不同，禀赋各异，而成就多元。孔子对此评论说："受业身通者七十有七人"，皆异能之士也。意谓跟着孔子学习而精通六艺的弟子有七十七人，他们都是具有奇异禀赋的人。并列举了德行高尚的是颜渊、闵子骞、冉伯牛、仲弓；擅长处理政务的是冉有、季路、宰我、子贡；有文学才华的是

子游、子夏。(《史记·仲尼弟子列传》)

孔子众多弟子，来自不同地域，地位和身份不同，禀赋和气质也多不同。对于孔门弟子的籍贯，据李零统计，孔子弟子中，"来自鲁国的有44人（其中4人或为蔡、陈、宋、晋人），齐国的有7人（其中3人或为卫人或鲁人），宋国1人，卫国5人，陈国2人（其中1人或为鲁人），楚国2人（其中1人或为卫人），吴国1人，秦国2人，晋国2人（其中1人或为鲁人），国别不明者13人。对于孔门弟子的地位和出身，李零也做了统计，其中贵族有司马耕1人，若加孟懿子和南宫敬叔则为3人，有贾人如子贡，有富裕家庭者如公西赤；其他多为贫民子弟或刑残之人。钱宾四也指出："孔子弟子，多起微贱。颜子居陋巷，死有棺无椁。曾子耘瓜，其母亲织。闵子骞著芦衣，为父推车。仲弓父贱人。子贡货殖。子路食藜藿，负米，冠雄鸡，佩豭豚。有子为卒。原思居穷闾，敝衣冠。樊迟请学稼圃。公冶长在缧绁。子张鲁之鄙家。虽不尽信，要之可见。其以贵族来学者，鲁惟南宫敬叔，宋惟司马牛，他无闻焉。"①

孔子的教学并非总是坐在书桌前，宅在房屋里，而是通过创办私学，周游列国，传布其思想，弘扬其理念，故可称之谓"流动的"户外教学。梅和乐·庆吉在《跟着孔子去旅行》一书中说孔子是个旅行家，其行迹不限于山东、河南，而且还有江苏、山西、安徽、湖北等地。孔子也是教育家，他一生都在收徒讲学。孔子讲学不局限于课堂上，而是具有很大灵活性，散步、爬山、车上、树下、河边、山冈，走到哪讲到哪。"行教"二字，真切反映了孔子讲学的特点。②

从孔子所教授的内容来看，无论从广度还是深度上，都与生活相贴近，与具体的社会实践相结合。不仅如此，孔子的周游列国，也是他传播思想主张的重要途径。历史事实证明，一种思想是否适

---

① 宋立林：《"儒家八派"的再"批判"——早期儒学多元嬗变的学术史考察》，博士学位论文，曲阜师范大学，2011年，第52、53页。

② 梅和乐·庆吉：《跟着孔子去旅行》，黑龙江美术出版社2016年版，第2页。

应社会发展，是要经得起社会生活的检验，是要经过不断改造不合适的地方，查漏补缺，从而不断充实完善。这也为儒学开放性奠定了基础，准备了先决条件。

孔子对学术集体的创建。孔子是儒家学派的创始人，他在历史上具有两项伟大创举：其一，打破官府垄断的教育局面，广开私家讲学，是使"学在民间"成为现实的重要人物；其二，以思想传承为纽带，以治国之道为目的，并不以依附于某个特定的政治势力而存在，因此，在初期具有独立的一套自成体系的理论和自由精神，从而第一次集合了相对独立的儒家集体，这一有着固定目标和宗旨的学术集体为嗣后儒家学派的建立奠定了基础。

《论语》的编纂见证了儒家学派正式形成的过程。孔子殁后，他的弟子们散布在不同的诸侯国定居讲学。这种情形虽然容易造成各自言说的现象，但从另外一方面来看，对于孔子思想的广泛传播，以及其思想进一步在社会实践中获得验证具有重要意义。孔子殁后，由于孔门无人替代，弟子编纂《论语》，标志着儒家学派的真正形成。《论语》的成书，经历了400多年才完全定型。而《论语》一书只是记载了部分孔子言论，实际上孔子的言论逸事并不少，只是记录的载体分散，如流传下来的书籍，以及陆续出土的简帛文献等也有许多孔子的言论。顾炎武曾说："《孟子》书引孔子之言凡二十有九，其载于《论语》者八。又多大同而小异，然则夫子之言其不传于后者多矣。"（《日知录·卷七》）"可知，《论语》中收录的只是一部分孔子语录，还有大量的语录散落在其他书籍当中。换句话说，当时记载孔子语录的书籍非常之多，包括很多伪造孔子言论的书籍如《庄子》《列子》等。"①

《论语》这部文献的编纂对于儒家学派的构建具有重要意义。夏德靠认为："儒家《论语》的身份嬗变，不仅是儒家经典体系的一次扩大与重构，也是一种新的知识体系与学术典范的建构。同时

---

① 邓梦军：《〈论语〉语录中的矛盾及其解释》，《原道》2015年第1期。

在深层次上，《论语》'经'的身份的塑造反映了儒门在新的形势下进行学派建设的一种努力。如果说战国时期儒门编纂《论语》主要是为了整合学派而创制经典的话，那么，汉代以降，儒门极力将《论语》打造为经学圣典，其用意显然是面向意识形态层面的。这种意识形态层面的努力意味着儒门的兴趣不再局限于本学派内部的事务，而是力图向外拓展，这是儒家学派在更高层面上对自己提出的新要求。"[1] 也就是说，儒门通过《论语》，要建立共识，加强团结，凝聚力量，尤其是凝聚儒门力量。这一任务的完成是在汉代，汉以降，通过意识形态层面的建构、加强和拓展，使《论语》身份发生了变化，从而凸显了儒家学派的重要性。

2. 儒家早期的分裂："儒分为八"

"儒分为八"是韩非子在《韩非子·显学》中提出的著名的学术史命题，也是儒学学术史上的重要范畴之一。自孔子殁后至韩非子，期间有二百余年的时间，先后产生过八大派的儒家。

> 世之显学，儒墨也。儒之所至，孔丘也。墨之所至，墨翟也。自孔子之死也，有子张之儒，有子思之儒，有颜氏之儒，有孟氏之儒，有漆雕氏之儒，有仲良氏之儒，有孙氏之儒，有乐正氏之儒。（《韩非子·显学》）[2]

但是，诸多学者经过分析认为，简单说"儒分为八"并不能真正对儒家分裂出合乎历史事实的判断。就韩非子来说，他是基于法家的立场，因此，并不能对儒家全貌作出真正公正、合理、客观的评价。对此，宋立林认为："韩非的这一说法并不能涵盖或囊括先秦时期儒家分化的全部内容。如果以此来考察先秦儒学史，将会使

---

[1] 夏德靠：《从学派经典到经学圣典——〈论语〉的编纂与儒家学派的建构》，《青海师范大学学报》2016年第4期。

[2] （清）王先慎：《韩非子集解·显学》，中华书局1998年版，第499页。

我们忽视很多重要的学术信息，无法真切全面地认识先秦儒学的面貌。且不论韩非所谓的'八儒'所指至今仍然众说纷纭，仅就其所遗漏的诸儒曾子之儒、子夏之儒、子游之儒及仲弓之儒而言，都是极为重要的儒家学派。"① 可以看出，简单就"儒分为八"来涵盖儒学的分化，是有可能丢失信息的，使我们无法得到儒学分化的全部情况，甚至丢掉某些重要的儒家思想信息。

但是，如果从社会整体背景来分析，简单地将儒家分为八派也是有违历史的事实，甚至导致我们错失了研究早期儒学性质的机会。孔子殁后，其在世弟子均在争取自己的孔门之宗的地位，都争相认为自己才是孔子真传。由于中国宗法制社会的性质，使得古代社会的一切组织形式都会被烙上封建宗法关系的印记，在这种社会背景下，所有的教育、行政关系都具有了浓厚的宗法性色彩，这种宗法性色彩又赋予家族秩序等的亲尊等级，古代师长与学生的关系，就是家长与孩子的关系。从宗法制度角度来看，吴龙辉认为："在孔子死而七十子尚存的时代，孔氏之儒的家庭式集团形式虽不存在，但孔门弟子每年祭祀先师孔子的时候，为了顾全同门之谊，仍然采取集体共祭的方式，也就是说，他们在宗法名义上仍然属于一个家族。因此，《韩非子·显学》所说的儒门八氏，既不足以反映孔子死后儒家分裂演变的全貌，也不能看作因思想差异而自然形成的学术派别，他们只是作为显学的儒家内部先后出现的最有势力的几个宗派，即显学中的显学。无论八儒也好，还是三墨也好，它们出现的根源都是为了争得所谓'真孔、墨'的地位。"② 可以想见，即使儒门分裂，也是在宗法制度下的相对分裂，儒门依然在学术和思想上倾向于归孔的，他们依然是孔门思想的真实传人。在师徒关系上，弟子依然要认可孔子作为家长的地位。

《史记》载："子路性鄙，好勇力，志伉直，冠雄鸡，佩豭豚，

---

① 宋立林：《仲弓之儒的思想特征及学术史地位》，《现代哲学》2012年第3期。
② 吴龙辉：《"儒分为八"别解》，《文献》1994年第3期。

陵暴孔子。孔子设礼，稍诱子路。子路后儒服委质，因门人请为弟子。"（《史记·仲尼弟子列传》）而所谓"委质"，古代表示献身之意。司马贞《史记索隐》云："按服虔注《左氏》云：古者始仕，必先书其名于策，委死之质于君，然后为臣，示必死节于其君也"[1]，以维护孔门师如父的关系模式。这就说明，早期的儒分为八对于儒学的发展来说，依然以阐述和传播孔子思想为己任。以后随着历史发展，宗族制的瓦解，思想渐趋多元化，儒学的真正分化，或形成各个儒门学派，都是与各派所处环境及时代发展不可分开的。

3. 儒学理论的普遍性与开放性

儒学源起于山东，但孔子思想的形成并不囿于山东曲阜，而是与以下三方面有关：首先，与孔子创办私学讲学有关。孔子办学"有教无类"，只要有心向学都可以入学受教。当时孔子拥有弟子三千，其中贤人七十二，孔子与这些来自不同地域、具有不同潜能的弟子一道，在教学相长中互动提高；其次，与孔子带领部分弟子周游列国十四年的实践活动中动态形成有关；最后，与孔子晚年修订《诗》《书》《礼》《乐》《易》《春秋》"六经"时获得体悟有关。尽管他在世时"述而不作"，并未写下自己的观点。但其弟子及再传弟子却在孔子殁后，将其言论收集、整理，编纂成《论语》。可以说，《论语》一书是孔门弟子集体智慧的结晶，凝结了孔子思想的精华，涵盖了孔子一生的社会实践经验的体悟和总结，加之其晚年修订的"六经"，更是将其思想贯彻、渗透其中，使《论语》较为集中体现了孔子的哲学思想、宗教特征、伦理精神、教育原则和政治主张等诸多方面，是研究孔子思想及先秦儒家思想的第一手资料，是儒家学派的经典著作之一，被尊为"五经之錧辖，六艺之喉衿"[2]，汉以后被奉为国家经典。

---

[1] 司马迁：《史记·仲尼弟子列传》，中华书局2000年版，第1739页。
[2] （宋）章如愚：《山堂考索·论语类》第212卷，清文渊阁四库全书，第101页。

从地域性来说,孔子生长在鲁地,但在族裔上却是殷人。但这并不妨碍孔子思想的意义超越地域空间和族裔世系,对孔子来说,一是他致力于提出一种普遍的伦理道德思想和人生指导方案,自觉继承夏、商、周以来三代文明,始终具有强烈的时代精神和使命意识,从这一点来看,"孔子本人的思想从一开始就不是曲阜的地方性知识,二是致力于继承'周文',即整个周代的礼乐文明。从这个方面来说,孔子是超越了曲阜、鲁国的地域性而作为商周以来文明整体的继承者。有些学者把儒学的历史描述为'从曲阜的地方知识到儒学的三期发展',此说法尽管仍然承认孔子思想是有着普遍意义的地方知识,但严格来说,并不恰当"①。从儒学的思想意义来看,儒学早就已经超越了其狭隘的地域,而成为一种具有普遍意义的文明传统。

开放性是儒家文化的主要特征,也是建构儒学系统时的指导原则。正如给思想以最少的限定反而能保持它的灵活性一样,也许正是因孔子"述而不作""罕言""不语"等性格特征,才成就了以孔子为代表的儒学的开放性与包容性,也正是因为儒学在不同的历史阶段不断应对和致力于解决时代问题,以肩负时代使命为己任,让儒学在几千年历史发展进程中融合其他文化和文明,而愈加凸显其丰富的、多层次的,乃至多元化发展态势的原因。在此意义上,李泽厚先生指出:"儒学之所以成为中国传统思想主干的另一原因,如同中华民族不断吸收融化不同民族而成长发展一样,还在于原始儒学本身的多因素多层次结构所具有的包容性质,这使它能不断地吸收融化各家,在现实秩序和心灵生活中构成稳定系统。"②

理论能否存活取决于能否适应社会发展的需要。儒门分化及儒家学派的产生就是适应了社会发展的需求。战国秦汉大变迁之后,

---

① 陈来:《从思想世界到历史世界》,北京大学出版社2016年版,第214页。
② 李泽厚:《新版中国古代思想史论》,天津社会科学院出版社2008年版,第248页。

儒家八个学派逐渐湮灭而无闻。儒家分裂出去的派别只有孟氏之儒和孙氏之儒，也即孟子和荀子学说生存了下来。孟氏即孟轲，其学术出于子思之门，子思是孔子嫡孙（也有人认为是孔子学生原宪的，此说得到多数学者认同）。孙氏即是荀子，荀子之学师承孔子弟子子弓与子夏。儒学的发展得益于儒家学者分别从各个方面对孔子儒学的深化和推广：如孟子和宋明诸儒，他们致力于"内圣"之学；荀子和汉代诸儒，则致力于推广孔子的"外王"之学，而他们都以"师孔子为宗"。

据《汉书·艺文志》载，"凡诸子百八十九家，四千三百二十四篇。"诸子百家思想流传甚广，而影响较大者，也即可观者，九家而已。诸子之言，其虽异殊，辟犹水火，相灭也相生。仁之与义、敬之与和，相反而皆相成也。同归而殊途，一致而百虑。孔子在总结、概括和继承了夏、商、周三代文化的基础上创立了儒家学说，并由此逐渐形成完整的儒家思想体系，成为中国传统文化的主流，至今影响深远。

其实，儒门究竟分裂为几派，众说纷纭。以韩非子所言"儒分为八"，难以涵盖儒家分裂的全部面貌，但儒家分裂的事实却是有目共睹。因此，从某种意义上说，"儒分为八"只是一种形容儒家分裂为多种学派的说法而已。"儒分为八"这一命题的提出，其意义却是巨大和深远的：说明孔子儒学思想在争辩中更加多元，在抽象层面则更加集中，因而更趋向于普适性。"分派"是由于理念不同，理念不同更容易让诸家开放自己的思想主张。但又因为都自认"宗师于孔子"，所以其思想之源流"一"也，均尊崇孔子，且能在孔子思想基础之上得到伸展与发挥，对孔子思想不断作出新的阐释，进而使孔子儒学不断得到发展。有集中才有可能进一步扩充，有分化才有更为全面的甄别与继承。

孔子殁后，其门徒散居四方，或聚徒讲学，或游说诸侯，虽"宗师孔子"，却因取舍不同，故旨趣变异，遂演变出不同派别。儒学如同一棵参天大树，枝繁叶茂，硕果累累。诸门徒的多方面努力，丰富了儒学的生命力，使儒学在发展过程中朝多重向度展开，从而构建出在中国乃至世界思想史上时间跨度可谓最长的一个学术思想派别。如果单独来看，每一派也许并不能完全代表孔子的真精神，但历代之儒对孔子思想的阐发则汇集了孔子的真精神，形成了儒家传道的脉络和传承系统，至唐韩愈始则明确提出"道统"说。

对于"儒家八派"的出现及孔门后学分化原因，宋立林认为："应当将之放在儒学发展史的宏观视野和战国时期思想学术的大背景下予以考察。不仅要弄清楚战国时期儒家分化的内因，也要考察其不得不分化的外缘。所谓内因是指孔子思想之发展性、丰富性、多歧性与孔子教学之开放性和包容性；所谓外缘是指儒家思想的传布与地域文化的渗透；先秦社会的转型与思想学术的变迁和诸子百家对儒家思想的挑战。"[①] 而最根本的原因则是思想的形成最终还是要接受社会实践的全面检验。从历史发展的纵向脉络来看，一部儒家思想发展史其实就是孔子儒家思想被不同时代诠释的历史，"以'儒家八派'为代表的先秦早期儒家正是这一阐释、诠释历程的开端，也是孔子思想得到第一次深化的阶段"[②]。

如果说孔子创办私学，周游列国，至孔子殁后，弟子编纂《论语》一书，孔门弟子最后分裂是儒家学派"内在生成"，儒家学派还有一个在百家辩难中"他者"生成的过程。"百家争鸣"时期，学派林立，言论自由开放、思想多元且繁荣。以孔子为代表儒家学派作为诸子百家之重要一派，就思想认知和治国之道等诸多方面与其他学派展开了激烈论辩，儒家学派思想因此获得多层次、多维度的阐释与释放。从社会背景来看，百家争鸣是春秋时代社会内部面临不可调和的矛盾所引起，是对当时历史背景下对宇宙人生、社会

---

① 宋立林：《"儒家八派"的再批判——早期儒学多元嬗变的学术史考察》，博士学位论文，曲阜师范大学，2011年。
② 宋立林：《"儒家八派"的再批判——早期儒学多元嬗变的学术史考察》，博士学位论文，曲阜师范大学，2011年。

历史及现实问题进行的创造性思考的产物，是解困未来社会发展模式的多重方案。当时站在不同阶级立场的诸家，纷纷提出各自的思想主张，重点围绕如何对待三代以来的文化传统问题而进行激烈的思想论辩和交锋。儒家学派更是在辩驳中凝聚和形成了自己鲜明的主张。

学术开明与言论自由为儒家思想的形成创造了外部条件。儒家与法家两大思想流派在当时堪称最具代表性，儒、法两派思想棋逢对手，势均力敌，并称为"显学"。而其他学派如墨家、道家、阴阳家、兵家等，也多有出色见解。可以说，孔子儒学在与"他者"的辩难的"外在生成"中，才真正实现了融合百家之长，汲取他者智慧和精华，逐渐形成了其思想的开放与包容性特质。

孔子儒学的开放性与包容特质还与孔子之后儒家学者从不同方面不断精研、拓展孔子思想有关。就孟子和宋明诸儒来说，他们主要发明"内圣"之学，就荀子和汉儒来说，他们主要精研"外王"之道，内外交融中，使儒学呈现了新气象。其中，汉代董仲舒另辟蹊径，他继承孔子儒学精神，运用"道往而明来者"的思维方式，体天之精微，察万物之名状，融百家之长，旁收阴阳、黄老、法家思想，发挥《春秋公羊传》的"微言大义"，以灾异符命释社会人事，建立了以"天人感应"的神学目的论为基础的儒学新形态。他大胆创新了儒家的天命学说，勇敢说出了孔子不敢或不愿说的话，真正将儒家思想从理论形态表达转向物质化、具象化形态表达，由此促成儒学在汉代实现了宗教化的转向。究其思想根源，几乎历史上所有儒者，他们的共同点，归根结底都在于"奉孔子为宗"。而正是由于后世儒者的积极努力，不断从新的角度诠释儒学，发展儒家思想，才最终使儒学获得了更加多维度、多视角、多向度的发展，从而奠定了儒学的内在生命力，形成了在中国历史上，乃至世界思想史上一个时间跨度最长、个性最为鲜明的儒家学术思想流派。

第二节　孔子思想的"二重性"

　　由孔子所创立的儒学，几千年来被历代儒者所尊崇和传播，在儒学历史发展演进过程中，不断总结和汇聚了历代儒家思想的核心精神。直到今天，儒学依然影响到中国文化的各个方面。由于历史的原因，对孔子及孔子儒学的评述一直受到时代的影响，许多代表进步的或者落后的儒家研究者无不与对待孔子的态度有关。因此，对于孔子的理解，尤其是对孔子创立的儒家思想进行全面、客观、公正的阐释，也时常被赋予了历史的色彩，致使孔子成为从古至今，不断被述说、被研究的思想家，同时又是很难被"定论"的思想家。① 改革开放以来，民族理性逐渐恢复，思想解放，学术繁荣，人们不再拘泥于历史上对孔子是进步还是倒退的理解，而是站在哲学与宗教的角度重新来看那一段历史，以及之后儒家思想发展的诸多特征与性质。就如同雅斯贝斯所说的，人类具有唯一的共同起源和共同目标。起源和目标为我们所不知，完全为任何认识所不知。我们只能在模糊的象征之微光中感觉到它们。我们的现实存在在这两极之间移动，我们可能在哲学反思中努力接近起源和目标。② 基于这一思路，本研究通过对孔子天命观及对鬼神思想深入细致的研究，发现以孔子为代表的儒家文化既讲人，又讲神，具有明显的"二重性"③，即作为哲学层面的儒学具有浓郁的人文主义精神，表现为一种人文理性化的历史进程；作为实践层面的儒学又具有强烈的信仰色彩。

---

　①　蒙培元：《孔子》，北京大学出版社2019年版，第208页。
　②　［德］卡尔·雅斯贝斯：《历史的起源与目标》，魏楚雄、俞新天译，华夏出版社1989年版，第8页。
　③　按：章权才曾提出过孔子思想具有"二重性"，但他所说的"二重性"是指孔子思想既有守旧的一面，又有改良的一面。参见章权才《两汉经学史》，广东人民出版社1990年版，第21页。而笔者所言"二重性"，指孔子思想中所固有的人文理性与宗教性之相互矛盾的两种属性。

一　孔子儒学的人文理性精神

对于儒学的研究和理解，无论是重视思想史的研究，还是注重哲学研究为取径，抑或站在宗教信仰维度上进行分析，其目的都是为了接近甚至还原一个"真实的孔子"，都是为更全面阐释儒学的方法。孔子的人文理性精神主要体现在如下五个方面：

（一）"四时生焉，百物生焉"的自然之天

三代以降，人们对世界主宰力量的认识实际上有一个逐渐演变过程。殷商人心目中最高主宰者是"帝""上帝"，周人将最高主宰者"帝"改造成了"天帝""天"。春秋时期，"天"的至上神的主宰地位逐渐受到了普遍怀疑，"怨天""骂人"社会思潮就反映了这一问题上人们的基本态度和困惑，导致"天"的人格神的色彩逐渐淡化，人的主体地位逐渐凸显。

就孔子的天道观而言，孔子主张的是自然主义的天道观，即认为天就是自然，天道是一个自然的过程，"不为尧存，不为桀亡"（《荀子·天论》）。孔子的学生子贡曾说："夫子之言性与天道，不可得而闻也。"（《论语·公冶长》）但实际上，翻开《论语》，发现孔子讲"天"的次数并不少，共出现过18次。杨伯峻认为，孔子自己所说的"天"有三个意义：一是自然之天；二是主宰或命运之天；三是义理之天。而自然之天仅仅出现三次，而且两句是重复句。[①] 其自然之天的表述包括："天何言哉？四时生焉，百物生焉！"（《论语·阳货》）"巍巍乎，唯天为大。"（《论语·泰伯》）其义理之天有："获罪于天，无所祷也。"（《论语·八佾》）"义理之天"指的是合于伦理道德的行事准则。也就是说应该如何之意，此处的"天"具有自然法则、行为规范之意。实际上，自然之天和义理之天的表述均可被认为是在天的自然物象和抽象而成的自然法则的意义上所言。可以认为，此处孔子之"天"在自然意义和规律

---

① 杨伯峻：《论语译注》，中华书局1958年版，第10页。

法则意义上所言,就已经承认或暗含了"天"的自然意义,而淡化了它的人格神色彩。从孔子言"天"的次数看,并不比他言伦理道德的次数多。似乎也在有意无意中"罕言"着什么。而且,系统考察孔子思想体系,发现孔子对主宰之"天"也在似乎都在有意无意地进行着消解。尽管如此,我们依然不能忽视孔子对"天"在自然意义上的解读。

三代以来,至上神"帝""天"观念为统治阶级思想的主流。周时期虽然提出"天命有德""以德配天"等思想主张,凸显并张扬了人文主义精神,但人类历史几千年积淀的传统鬼神信仰,依然在人们头脑中存在。即使春秋时期出现了"怨天""骂人"的普遍社会思潮,也没有真正抛弃传统意义上对"天"的信仰。作为生活于春秋时期的孔子也并不能完全抛弃或否认这个"天"。可以说,当时整个春秋乃至战国时期的思想界,都没有能够完全摆脱掉"天"观念的影响,而在"天"观念下讨论各种社会人事问题,讨论天人关系问题,是中国传统哲学最大、最基本的思维模式。①

1. 以"命"化"天",消解"天"的主宰力量

相对于自然之天来说,孔子也讲主宰之天、命运之天。如孔子去见南子,南子声誉不好,子路不悦,孔子发誓说:"予所否者,天厌之!天厌之!"(《论语·雍也》)如果我做了什么不合适的事,就让上天厌弃我吧!《论语·述而》载,孔子说:"天生德于予,桓魋其如予何?"是上天给予我这样的品德,桓魋能把我怎么样呢?孔子既承认上天是自然的现象,又是人不可违背的规律法则。但他的"天"依然具有一种神秘的力量,让人不可抗拒。但如此一来,自然之天和人格神之天就具有了矛盾性,那么孔子是如何化解和自圆其说的呢?《论语·宪问》记载,公伯寮诋毁孔子的思想主张,有人将此事告诉了孔子,孔子坦然地说:"道之将行也与,命也;

---

① 赖永海:《儒学的人本主义与天人合一》,载《儒教问题争论集》,宗教文化出版社2000年版,第296页。

道之将废也与，命也。公伯寮其如命何！"(《论语·宪问》)一种思想或主张能不能实现，都是"命"，自己说了不算，公伯寮说了也不算。这里的"命"便含有客观规律性的意义，也就是"时命"之意，后世儒家均承认"时命"的存在。时命，即是由时势、时运所决定的一种"命"，人无法抗拒，遇到了，也只能认"命"。"命"是孔子用来化解天的主宰力量的取径。

按照劳思光的分析，"命"有两种意义：一是"命令义"，二是"命定义"。"命令义"乃"命"之本义，而当"命"观念由"命令义"转变为"命定义"时，便涉及"客观限定"之观念。当"命"指"命定"之环境或条件之观念时，"命"遂可与"人格天"观念分开，而只指"客观限定"[①]。这一段话虽然读起来有些绕口，但可以看出孔子思想在其中有了一个转出，也就是说，"命令"之本义实际上传递出的是至上神"天"施行主宰的神学意义，但是，当"命令义"转出"命定义"时，整个意义就跳出了宗教神学的含义，而更多关注了"命"之环境与条件，实际上进行了一个"祛魅"的过程。也就是说，由天、帝主宰命令，而凸显了"命"之独自依存的不可违背的客观环境与外在条件的限约，也就是我们通常所说的"命运"。而当"命运"来临时，人们更多看到的是不可违背的、不能挑战的环境与条件。

孔子去见赵简子，到了黄河边，就听闻窦鸣犊、舜华被杀的消息，于是感慨："丘之不济此，命也夫！"(《史记·孔子世家》)孟子说："非人之所能为也。莫之为而为者，天也。莫之致而至者，命也。"(《孟子·万章上》)[②] 凡事不是人力所能办到的却自然办到了的，都是天意；不是人力所能招致的却自然来到了的，都是命。任何人都不能作出"僭越天命"的事情，孔子也不例外，"仲尼不有天下"就是因为没有得天子推荐，而这就是孔子的命。

[①] 劳思光：《中国哲学史》，广西师范大学出版社2005年版，第72—74页。
[②] 焦循：《孟子正义·万章上》，中华书局1987年版，第699页。

《论语·子罕》载:"子罕言利与命与仁。"皇侃疏曰:"命,天命,穷通夭寿之目也……命是人禀天而生,其道难测,又好恶不同,若逆向人说,则伤动人情,故孔子希说与人也。"①至于孔子为何会"罕言""希说",司马迁分析认为:"孔子罕称命,盖难言之也。非通幽明之变,恶能识乎性命哉?"②照以上说法,无论"罕言""希说",还是"难言",盖是未通幽明之变,故无法阐释人性和天命的道理吧。

孔子晚年更是常哀叹:"凤鸟不至,河不出图,命也夫!"(《史记·孔子世家》)尽管如此,在孔子心目中,时命不济是暂时的,也是偶然的,但他心中依然有一份信念在支撑着他,他坚信天道是公正的,会有一个终极的安排。他的"天"同时又被赋予了道德的品格。在这种信念的支撑下,孔子做任何事都能做到积极努力,不轻易放弃,他甚至说出:"知其不可而为之"(《论语·宪问》)的话来鼓励自己和他人。在孔子看来,"命"难以说清。既然如此,何不对个体生命的实际存在给予更多关注呢?这或许才是真正应该做的,而且可以做的事。以"命"诠释人的遭际,以人的积极行动诠释了生命坎坷时人的选择。因此,与其说孔子是用"命"消解主宰之天,毋宁说他是用真正的行动消解了神秘之天的主宰力量。

2."天"是否有意志,在孔子看来是个不可解的谜

若从孔子讲"天"的具体语言环境来看,孔子言"天"包含了很复杂的情绪和态度:一是发誓,体现出一种"公开承诺"的自信的态度。"天厌之"的"天"可以看作是具有主宰意识的"天",在孔子看来,是可以把"天"当作最高标准,来诅咒不合天意的事情。对"天"发誓,是孔子将"天"放在最高道德标准的地位,以对不合适的行为作出惩罚;二是自我安慰。孔子处于困境或险境中,如在匡地被围、身陷囹圄时,他无以告慰,只好听天顺命,自

---

① 程树德撰,程俊英、蒋见元点校:《论语集释》,中华书局1990年版,第729页。
② (汉)司马迁:《史记·外戚世家第十九》,中华书局2000年版,第1579页。

我安抚。孔子命运不济的情况其实与孔子内心感觉并不符合。孔子内心其实很自负，他不但自认天生德于我，桓魋拿我没办法，而且自认有"文"，既有"德"，又有"文"，生死乃天意，因此，他的自我安慰并不是消极的；三是发怒和不满。"不欺天"是孔子为人处事的底线。因此，孔子对子路的弄虚作假，违反礼节大为不满，便骂道："欺天乎"；四是孔子在不得意发牢骚时，只得说"知我者其天乎"，以解内心困惑。在这几种情绪中，我们可以看出，孔子眼里的"天"具有最高的道德力量，也体现了孔子在"天"面前的真性情，也同时体现出孔子对最高的主宰力量的一种执着，也同时有一种无奈。对此，杨伯峻认为，孔子这样称天，"并不一定认为天真是主宰，天真有意志，不过借天以自慰或发泄感情罢了。"① 孔子讲"天"到底是否只是发泄情绪，抑或聊以自慰，这种涉嫌"轻描淡写"的解释似乎缺乏足够的解释力，但无论如何，当我们在看到发泄情绪的孔子时，一个真实的、绝不掩饰情绪的"真孔子"几乎是呼之欲出。尤为重要的是，孔子对"天"的一种不可言说的复杂情绪，也是跃然纸上。

孔子思想中是包含主宰之天、命运之天的，如"五十而知天命"（《论语·为政》）"君子有三畏：畏天命……小人不知天命而不畏也。"（《论语·季氏》）孔子对"天命"的敬畏，又不免让人猜测："如果说孔子是天志论者，认为天便是人间的主宰，自会'赏善而罚淫'，那伯牛有疾，孔子不会说'命矣夫'，而会怨天瞎了眼，怎么孔子自己又说'不怨天'呢？如果孔子是天命论者，那一切早已由天安排妥当，什么都不必干，听其自然就可以了，孔子又何必栖栖遑遑'知其不可而为之'呢？那到底又是什么呢？一般有知识者看来，上天似乎有意志，又似乎没有意志，这是迷，又是个不可解的谜"。② 孟子因此说："莫之为而为者，天也；莫之致而

---

① 杨伯峻：《论语译注》，中华书局1958年版，第11页。
② 杨伯峻：《论语译注》，中华书局1958年版，第12页。

至者，命也。"(《孟子·万章上》)上天是否有意志，是个不可解的"谜"，或许，才是问题的关键。

3. 关注孔子的"行"，回避孔子的"天"

20世纪的思想史研究中，一般对孔子之"天"有三种解读，一种是"天"为自然之天，将"天"进行唯物主义的解释。如郭沫若就曾说过，孔子所说的"天其实只是自然，所谓命是自然之数或自然之必然性"[①]；一种是站在唯心主义立场，认为孔子的天命观是唯心主义的。但问题是，如果将孔子的天命观定性为唯心主义，似乎又不能全面理解和分析孔子思想，因而，又有学者认为，孔子的天命观是动摇于唯物主义和唯心主义之间，但其主要倾向是唯物主义的。这样对于孔子天命观的理解就有了一个进步：既看到孔子思想的唯物主义方面，又看到了孔子思想的唯心主义方面。但就其思想整体上来看，依然肯定其天命观的唯物主义思想是主要倾向，也就是说，依然具有积极的意义。在当时的历史条件下，唯物主义的解读才意谓着对某一种思想保持积极、肯定和可取的态度，而唯心主义的认定，则似乎更多意谓的是否定、消极和不可取。为了更全面解释孔子天命论思想，一些学者还提出了第三种方案，认为批判孔子哲学，重要的不应当只是看他说了些什么，而是要看他做了些什么，是怎样具体对待实际问题的。车离认为，"孔子是一个反天命而重人事的唯物主义者""是个'知其不可而为之'的顽强实践家"[②]，这一认识在20世纪80年代初期的历史和思想背景下是一个具有颠覆性的认识。伴随着当时哲学史上关于"知与行"问题的争论，学术界也展开了对孔子、孟子和老庄唯心主义先验论的大讨论。关注重点的重大转移，对孔子及传统儒家思想的研究无疑具有重要的引导和积极的启示意义。然而，这一研究方向的转变，从某种程度上来看，无疑又造成孔子唯心主义天命观的客观悬置。

---

① 郭沫若：《青铜时代》，中国人民大学出版社2005年版，第34页。
② 车离：《孔子·论语·羞怯的唯物主义》，《求实学刊》1985年第5期。

通过反复研究《论语》等儒家经典,仔细研读孔子的相关言论及历代诸家对孔子思想的研究,笔者发现,孔子既讲天,又讲命,还讲鬼神。只是孔子言论中经常有模糊不清的说法或回答,导致其前后思想会有差池,给后世研究孔子思想造成困惑。王治心先生曾说:"孔子的话太模棱,也不能使人明白他的真意义。"① 因此,我们需要开拓思路,改变思维方式,对孔子思想做进一步的、多层面、多视角的辨析与解读。正如蒙培元先生曾指出的,孔子的天人之学究竟是宗教学说还是人文主义,这是近年来哲学与文化讨论中经常提出而又"语焉不详"的一个问题。因此,他认为,应当突破人文、宗教、自然之间的严重对立与界限,摆脱这些近现代范式所带给我们的思维方式,回到原点,重新解读孔子。② 蒙先生的这一精准认识对于研究孔子思想,无疑具有极其重要的启发意义。

(二)"'伤人乎?'不问马"的人文情怀

对人本身的关切是中国古典哲学的特质。把人从神的权能下解放出来,以人为出发点和归宿,关注人自身,进而发现"人",是孔子对中国文化史上最大的贡献。孔子之前,思想界重点强调的是对于"帝""天"的信仰,而自孔子始,思想界的视野才开始真正转入世俗的、现实的世界,转向人自身。孔子"罕言"性与天道,他重视人事,对鬼神敬而远之,时刻把目光转向此岸,聚焦现实人生。正因为此,思想界的视角也为之改变,表现为对现实世界的探求代替了对彼岸世界的关注,对人事的探索取代了对天道的信仰。但并非说天道不再被信仰,而是人们关注的焦点更多聚焦于世俗世界的人和物。

孔子对人性的理解是其教育思想的逻辑起点。《论语·阳货》载:"性相近也,习相远也。"在孔子来看,"性"是人所固有的根

---

① 王治心:《中国宗教思想史大纲》,商务印书馆2015年版,第34页。
② 蒙培元:《孔子》,北京大学出版社2019年版,第37页。

本属性，是人之为人的根本属性。而"习"则是后天的习染、后天的教化。孔子重视教化对人性的改造。人的性情和本质首先会受家庭影响，也会受社会的熏陶，而后天的学习可以培养人的道德意识，加强人的道德修养和自律。因此，孔子所施行的"有教无类"，其本质就是不分贵贱庶鄙，所有人都是可以接受教育的。而孟子主张"人性善"，朱熹则综合孔孟思想，将"有教无类"归结到人性善层面，认为"人性皆善，而其类有善恶之殊者，气习之染也。故君子有教，则人皆可以复于善，而不当复论其类之恶矣。"①朱熹发挥了孔子人性教化论，之所以对人可以不分类别的教育，是因为人性皆有共同之处，也就是人性皆善，而其气习之染才使人有善恶的不同，故认为，教化可以使人复善，承认人是可以改造的。

从孔子的整个思想体系来看，孔子最为关心的是现实的人和人生。从思想内容上看，孔子学说的核心是"仁"。"仁，亲也，从人二。"（《说文》）孔子用"仁"来解释人与人之间的相互关系。人与人之间可以是"爱人"，可以是"己欲立而立人，己欲达而达人"，也可以是"己所不欲，勿施于人"等，无论哪种说法，所指都是人与人之间建立的一种关系。孔子的这个"人"虽然有时候是在自然人的视野下，但更多的时候是处于社会中的人，是整体性的人，即"二人以上"意义下的人，并非纯粹状态下的自然人。"人"是孔子学说的立足点，也是后世儒家学说的理论重点。如孟子着重探讨的是人性理论和仁政学说；汉儒探讨的是"道之大原出于天"；宋儒主张"宇宙便是吾心，吾心便是宇宙"；而理学家所谓"推明天地万物之原"的目的，是为了说明"人""人性"及人伦之常。在这一意义上，可以说儒学就是教人如何修身养性，如何做人，如何成圣成贤，归根结底，儒学的出发点和落脚点都是"人"。

《论语·颜渊》篇有两处问崇德、辨惑的。子张问崇德辨惑，

---

① （宋）朱熹：《四书章句集注》，中华书局1983年版，第170页。

子曰:"主忠信,徙义,崇德也。爱之欲其生,恶之欲其死;既欲其生又欲其死,是惑也。'诚不以富,亦只以异。'"孔子的回答重点说的是:一旦爱一个人就希望他活下去,而一旦厌恶起他来就恨不得他立刻死去,爱他就要他活,恨他就要他去死,这就是"惑"。而辨惑的根本就在于"崇德","崇德"就是以忠信为主,使自己的思想合于义,而这就是关乎个人的道德修养了。只有忠信为主,合义于身,才能"不惑",才能作出正确的判断。可见,在孔子内心,其为人处世的道德行为规范应该是十分清晰的。

《论语·颜渊》中又记载,樊迟从游于舞雩之下,请教孔子:"敢问崇德、修慝、辨惑。"孔子回答说:"善哉问!先事后得,非崇德与?攻其恶,无攻人之恶,非修慝与?一朝之忿,忘其身,以及其亲,非惑与?"(《论语·颜渊下》)孔子认为他问得好,先努力致力于做事,然后才能有所收获,先义后利,以德为本,这才是提高道德修养的途径。攻己恶而不攻人恶,难道不是修养德性吗?忿者遗身忘亲,因为一时的愤怒,就是忘记了自己,甚至忘记了爹娘,不是糊涂吗?让情绪主导了自己,就是忘记了自己,忘记了仁德修养,这就是糊涂。说明在孔子心目中,道德修养、理性主导,甚至敬爱孝亲才是崇德辨惑的基本标准。

孔子关注"人",其最经典的案例当属《论语·乡党》中的一段记载:"厩焚。子退朝,曰:'伤人乎?'不问马。"马棚失火,孔子退朝回来,首先问的是"伤人了吗?"而不问马的情况。孔子对人和对马的态度,充分体现了孔子对人的关注,对人生命的介怀。以人为重,坚持把人的生命放在第一位,是孔子仁学思想在现实生活中的具体体现。

孔子不仅关注个体生命的存有,更关注个体生命的成长。君子要进德修业,追求道德自觉,是孔子为人所设定的精神境界。不仅如此,人所具有的主体能动性和人的内在的崇高价值感,更是孔子所看重并着力宣扬的。"人能弘道,非道弘人"(《论语·卫灵公》),朱熹解释说:"人外无道,道外无人。然人心有觉,而道体无为；故人能大其道，道不能大其人也。"① 人外无道，人在道中；道外无人，道中有人。人可以弘扬大道，是因为道与人须臾不可分离，人道和天道融而为一，弘扬人道就是彰显天道，彰显天道就是体现人道。正是人的主体意识的能动性，是人的作为，才使天道降落于人间，流转于人世，弘扬于四海。因此，人的重要性不仅关涉"人"的个体生命属性，还在于人自觉的道德修为，还更多在于人所具有内在崇高的价值感、历史责任感和使命担当感。

（三）"不语怪力乱神"的理性取向

以往的研究，主要根据孔子"不语怪力乱神""敬鬼神而远之"等言论，探讨孔子儒学的人文理性精神。笔者认为，孔子弘扬人文理性精神的背后还隐藏着一份"不语"鬼神的无奈，是他对超验世界"留白"后对世俗世界寄予的希望。

首先，孔子对鬼神的态度始终保持怀疑。孔子身处的春秋时代，社会上鬼神信仰具有普遍性，但孔子依然保持清醒的头脑。他少谈或不谈鬼神，致使孔子所创立的儒学，始终朝向凸显人文理性的方向发展。他强调指出："未能事人，焉能事鬼？"（《论语·先进》）主张先行人事，而不轻易研判鬼神之事。他甚至告诫人们："敬鬼神而远之"（《论语·雍也》），学生也曾说："子不语怪、力、乱、神"（《论语·述而》）。作为儒家学说的创始人，实际上，孔子从一开始就在鬼神观上就展示了其鲜明立场，客观上使儒学从一开始就避免了朝宗教方向发展的可能性，进而凸显了儒学人文理性精神的主旨。一般学者因此认为，孔子本身是不赞成宗教的，他从来不承认超自然力量，因此，儒学本身就是根本否定宗教的。这种认识在20世纪中国思想史的研究中，几乎成为"共识"。而直到20世纪80年代之后，对孔子的评价逐渐趋于客观公正和冷静，孔子儒学的宗教信仰的面向才得以真正打开。

其次，孔子坚持说仁、讲人，不语怪力乱神。北宋大儒谢良佐

---

① （宋）朱熹：《四书章句集注》，中华书局1983年版，第168页。

第一章 人文理性的觉醒和儒学的产生

对"子不语怪力乱神"(《论语·述而篇》)的解释将孔子思想引向了人文理性的方向,他说:"圣人语常而不语怪,语德而不语力,语治而不语乱,语人而不语神。"① 他认为,圣人语"常"、语"德"、语"治"、语"人";而不语"怪""力""乱""神",谢氏对孔子思想评价直接将孔子儒学的精神引向人文理性发展的方向。在谢氏看来,孔子就人与鬼神相比,孔子更关注后者,而就生死相比,孔子更在意"生",孔子在意的是现世,是生,而非来世,非死亡。实际上,谢良佐的评价已经把孔子思想的宗教面向进行了"悬置"与"不语",实际上并未解决孔子是如何具体处理鬼神思想的。清人孙希旦对孔子思想的阐释也更加直接,他说:"故事鬼敬神而远之,而专以人道为教。"② 认为,孔子远离鬼神,恰是要施行其人道设教的意图。的确如此,至今,人们在讨论孔子天命、鬼神及生死观问题时,亦多探究其"神道设教"的人文主义思想意蕴。③ 彰显孔子思想的人文理性的色彩,并给以正面的"尽人事"的积极意义的时代解读。我们并无意否定孔子人文思想的积极一面,孔子时常仰望蓝天,其思维触角也时常触碰令其困惑不解却又渴望了解的彼岸世界。他脚踏此岸现实世界的土地,高扬人的主体精神。他要在此岸世界,而非彼岸世界寻找人生归宿和心灵安顿之处。从这一意义上看,孔子是一个既仁且智的人生导师,而不是大教主,孔子是人而不是神。应该说,这一研究思路具有积极的、甚至是革命性意义。但重要的问题是,如果我们只是专注孔子天命鬼神思想的人文主义目的论性质,积极阐发和弘扬其人文理性精神的主旨,而不能洞察孔子对超验之"在"的感受和领悟,忽视了他所遭遇的超验世界的体验和感受,或将最终淡化甚至丢掉孔子思想中最为宝贵的信仰精神,其弊端在于,或许导致其神圣世界"告朔饩

---

① (宋)朱熹:《四书章句集注》,中华书局1983年版,第98页。
② (清)孙希旦撰,沈啸寰、王星贤点校:《礼记集解》,中华书局1989年版,第1310页。
③ 李健:《论孔子生死鬼神观与"神道设教"的人文意蕴》,《社会科学战线》2009年第10期。

羊"、形同虚设,而割裂了其思想的完整性,和多维度、多层面性,以至于无法真正理解和还原一个真实的孔子,一个具有真情实感、情真意切的完整的"人",一个真正的"行动者"孔子。①

对孔子思想的研究并非如此直接和简单,根据孔子的几句话,就判断孔子思想核心,未免有些草率和不够全面,对孔子思想的解读,应该是在多重维度和多层面上进行分析。陈来在谈到"儒"的研究时,特别反对研究一种思想起源,把注意力集中在古文字中是否有"儒"字上,好像找到了"儒"的职业身份就找到了一种思想的根源。字源、制度、社会的因素虽然都有其意义,但思想的传承才是思想史起源研究的基点。因此,首先要关注的是思想体系的诸元素在历史上什么时候开始的,如何获得发展,这些元素如何经由文化的历史演进而演化,以及此种思想的气质与取向与文化传统的关联。② 当我们讨论孔子的天命鬼神思想时,不能仅就孔子提出了几次"天",几次"鬼神",甚至说了几次关于天命鬼神的话来评判孔子思想,不能因为出现了几句话,就以为捕捉到了他思想的核心。每个人的思想都具有时空上的复杂性和多面性。既要看到一种思想发展的历史纵向,同时,也要关照思想产生的时代背景,同时还要注意孔子思想的整体性和连贯性,以及他的思想的文化趋向和传承关系。更为主要的是,还要结合孔子的行为,他的所作所为,即他的社会实践活动进行观察和研究。我们探讨孔子的出身,探讨"儒"身份的历史形成,是因为我们已经注意到"儒"的职业性质实际上已经带给孔子思想一种深刻的历史记忆,这种记忆是孔子身上抹不去的痕迹。无论在孔子性格上、言语中,还是日常生活中,都时常表露出来,甚至在他思想中留下了蛛丝马迹。尽管孔子之后,儒学的历史一直朝向人文理性精神的方向发展,但研读孔子思想,他对天命鬼神观的"悬置",从表面上看,似乎是一种不

---

① 肖雁:《不可言说的困境与张力——孔子天命、鬼神及生死观探析》,《世界宗教研究》2019年第6期。

② 陈来:《古代宗教与伦理》,生活·读书·新知三联书店2017年版,第15页。

经意，但有时又好像刻意"留白"，实则又经常充满了前后矛盾和模棱两可，而这种态度深藏于孔子思想的精神内在，深藏和隐匿于儒学的产生和发展的历史进程中，且毋庸置疑。

由于孔子所创立的儒学，少谈或不谈鬼神，致使二千多年来儒学鬼神等信仰层面的东西都被一套学理的、概念的、伦理道德的制度仪式所遮蔽，"鬼神"某种程度上变成了形式，蕴含于其中的人与神之间的关系被人与社会关系所替代。儒学谈祭祀，主要谈论的是报本，是表达"志意思慕之情"（《荀子·礼论》），而不谈祖先神，后人因此释之为表达"怀念"，"尊敬"的感情，而完全没有神学的意义；儒学在谈论神明时，主要是在哲学层面上论及；儒学谈论祈福，向神灵祈福，是要强调行道德，做善事，才能受享福惠，故有"德福"（《国语》）之说；儒家谈祭祀礼仪，重礼仪过程而不重祭祀对象，忽视了仪式背后意义的把握，而其祭祀的过程是要来教化民众，故被墨子批评为"执无鬼而学祭礼，是犹无客而学客礼也"（《墨子·公孟》）；儒学承认"神道设教"，却忽视了没有了神道，又如何设教的问题。

值得注意的是，儒学在成为政治统治的意识形态工具以后，即取得了儒学存在的合法性依据，同时又加深了儒学本身固有的这一矛盾性。汉代奉儒学为国家意识形态之正统，唐时期，孔子先后被奉为"先圣""先师""文宣王"，孔庙称为文宣王庙。"庙学一体"的文化格局不再仅仅限于"学"与"教"，而是上升到国家利益层面，"庙行教化，学教天下"。正是历代帝王对孔子态度的转变，以及历代帝王不断为孔子封谥的行为，使儒学成为历代封建国家宣扬主流意识形态的工具。如果说汉代以前的孔子还是思想家、教育家、道德家，不是神，不是教主，汉代以后，统治阶级奉行董仲舒的"神学目的论"，则使皇权与神权结合，建立了一套适应封建大一统政治需要的新的儒家神学体系。孔子也由人变成了神，成为国家教化天下的工具。

（四）生死问题上非同一般的意志力

张岱年先生在总结儒家和道家对于生死问题的区别时谈到，儒家和道家对于生死问题实际上大同小异。儒家认为人生活一天，便要做一天应该做的事情，对于将来必至的死，不必关心，不必虑及。道家认为死生都是自然变化之迹，不必悦生而恶死。儒家的见解基于其尽人事而听天命的态度，道家的见解则基于其自然论的思想。① 可以说，儒家和道家对于死亡问题基本都持一种客观的态度。孔子基本属于前者，但又具有道家的自然主义倾向。孔子承认人之有死。他直面人生，坦言死亡，有时甚至到了根本不避讳的程度。《论语》中记录孔子说"死"38次，应该说相较于天命、鬼神而言，已属不低的频率。《论语·颜渊》记载："自古皆有死"，人之有死，是世界自然变化之必然。孔子大谈死亡，不避讳、不畏惧，有时甚至很幽默。《论语·先进》载，孔子在匡地被困整整五天，颜渊才赶到，孔子说他："吾以汝为死矣。"颜渊忙回答："子在，回何敢死！""短命"一词，在今天看来并不很符合传统伦理的表达，但孔子两次说颜回"短命"："不幸短命死矣"（《论语·雍也》），又在《论语·先进》中再次说颜回："不幸短命死矣"，孔子是在陈述一个"必死"的事实。不仅如此，孔子还说过"不得好死"之类的话。《论语·先进》记载孔子说："若由也，不得其死然。""得死"，是当时的俗语，并非诅咒，而是说"不善终"。《左传·僖公十九年》记载："得死为幸"；《左传·哀公十六年》记载："得死，乃非我"，亦此意。② 不仅是对别人的死毫无顾忌地说，对自己的儿子，孔子也说："鲤也死"（《论语·先进》）。而对自己，孔子更是自嘲："后死者"（《论语·子罕》）。对自己的"老之将死"，末日来临，也是毫无畏惧："凤鸟不至，河不出图，吾已

---

① 张岱年：《中国哲学史大纲》，江苏教育出版社2005年版，第433页。
② 杨伯峻：《论语译注》，中华书局1958年版，第112页。

矣夫!"①(《论语·子罕》)

然而,孔子并未停止对死亡的客观认识与评述。在他眼里,死亡是上天的意志,是天之所为。颜渊之死给孔子带来致命的打击,懵怛之情,令他哀叹:"天丧予!"认为这是天意,是人无法左右的天命。这样言"死",已经深深地带有一种神学的意味。在孔子看来,死亡是天命意志的体现,死并不可怕,"不欺天"、不愧对上天、不做僭越之礼才是"赴死"的原则。《论语·子罕》载:"且予与其死于臣之手,无宁死二三子之手乎!且予纵不得大葬,予死于道路乎?"古时,只有诸侯死时身边才能有家臣,而孔子是绝不会做这种僭礼之事的,这与他所说:"守死善道"(《论语·泰伯》)的思想一以贯之。然而,不愿意徒有虚名的死亡,并不意谓着怎么死都无所谓。死亡的底线是要死后入土为安,不被弃之荒野,这是亡者最底线的意愿,也是活着的人对死者最起码的尊重,而这正是孔子重视丧葬礼仪的意义之所在。《论语·乡党》载:"朋友死,无所归,曰:'于我殡'",朋友死亡,没有负责收殓的人,孔子愿意处理他的丧葬事务。

孔子坦言死亡,又重视丧葬之礼,甚至亲自去处理朋友的丧葬事务。那么,死亡究竟是什么?死亡的人到底有知无知?《论语·先进》载:"季路问事鬼神。子曰:'未能事人,焉能事鬼?'曰:'敢问死。'曰:'未知生,焉知死?'"东汉魏国陈群注曰:"鬼神及死事难明,语之无益,故不答也。"② 对于学生的追问,孔子并没有给予清晰明确的回答。他之不答,或许谓鬼神与死之事难明,语之无益而已。但是否出于有益、无益之考虑,这是后人对孔子不言死的推测,而鬼神世界与死之事难明,或许才是事情的本质。

对于一贯持"知之为知之,不知为不知"的实事求是态度看待事物的孔子来说,对于难以回答的问题,抑或一言难尽、难以告晓

---

① 肖雁:《不可言说的困境与张力——孔子天命、鬼神及生死观探析》,《世界宗教研究》2019 年第 6 期。

② 程树德撰,程俊英、蒋见元点校:《论语集释》,中华书局 1990 年版,第 981 页。

的事情，只能采取不说、少说，甚至回避的态度。《易传·系辞》有言："原始反终，故知死生之说"，这或许正是孔子"晚而喜易""韦编三绝"，希望继续探究鬼神生死之事的真正原因，正如他所说："假我数年，若是，我于易则彬彬矣。"①"假我数年，五十以学易，可以无大过矣。"（《论语·述而》）五十而知天命，以知命之年，读知命之书，可以趋吉避凶而无咎过。

（五）将有限的生命落实到对人道的追求中，借此凸显"生"的价值和意义

孔子言死，基本是站在"他者"角度。而唯独死后世界，真正彼岸世界的情状，孔子是不谈的。死亡毕竟是"他者"的体验，活着的人并没有死亡的直接经验。对于死亡的焦灼、恐惧、迷茫以及死后的世界，只有行将前往的人去面临，而活着的人面对的只能是"他逝"。而孔子所能做的，虽有不甘，却坦然接受所有的"死亡"，并以养生送死来安抚过往生命，以仁爱、孝敬、丧葬、礼仪来接纳和安顿死亡，以通过现世的自我修养和为世人遗留精神遗产来实现生命的永恒与不朽，进而把有限的生命落实到对人道的追求中，落实到现实理想的实现中，借此凸显"生"的价值和意义。作为"有限的理性存在"的人，具有"人自身"的独特意义，有时即使再努力，道德修行再完备，也会有"非人之所能为也"的困惑：一方面，天命不可违；另一方面，人又要求冲破必然性束缚，表现出对自然必然性的不甘与反抗。然而，却正是在"力所能及"的地盘，为人的主观能动性发挥准备了条件，让人的实践精神得以呈现。这或许就是孔子思想内在的挣扎，也或许是他应对彼岸世界的困惑而提出的方案吧！

因此，当子贡问："管仲非仁者与？恒公杀公子纠，不能死，又相之。"子曰："管仲相桓公，霸诸侯，一匡天下，民到于今受其

---

① （汉）司马迁撰，（宋）裴骃集解：《史记·孔子世家》，中华书局2000年版，第1559页。

赐。微管仲，吾其被发左衽矣。"(《论语·宪问》) 管仲辅佐桓公，称霸诸侯，匡正了天下，老百姓至今还享受到他的好处。如果没有管仲，恐怕我们也要披散着头发，衣襟向左开了。管仲能够一匡天下，"博施于民而能济众"，这是他的仁德，而正因为管仲没死，文明才得以传播，民到于今受其赐众，这就是管仲"生"的价值和意义。孔子所赞赏的，不是有马千驷的齐景公，而是饿死于首阳山下的伯夷、叔齐，"伯夷叔齐饿于首阳之下，民到于今称之。"(《论语·季氏》) 这是因为他们为人类留下了宝贵的精神遗产，只有这样的人才能获得后人称颂，并得到永久的祭祀，因此，"君子疾没世而名不称焉。"(《论语·卫灵公》) 而像原壤这样的人，"老而不死，是为贼"(《论语·宪问》)，久生于世，败常乱俗，害人害己。

我们说，对上帝和灵魂的崇拜构成一切宗教的实质和基础，对灵魂不朽的信仰，以及对来世生活的追求，几乎是所有宗教的特征。而世界上几乎所有宗教，大都着手于以人"死"的问题来解决人"生"的问题。奥特回应"在死亡之彼岸有对一切苦难的报偿"时认为，"这句话如一个廉价的托词，如一种廉价的敷衍，让人期待那不可见的彼岸。① 无疑，孔子没有将理想寄托于那不可见的彼岸。他坦言生死，不言死后，他强调此岸现世，而非彼岸来世，主张"事死如事生，事亡如事存"②，这些思想形塑了中国人"彼岸无所谓远近，无所谓神秘，我们到达哪里，哪里就是彼岸"的通达豪迈的生死观的同时，也造成了儒家文化缺乏死亡观教育，欠缺宗教意义上的临终关怀。而这一问题在科技迅猛发展、人的安身立命与终极关怀的需求日益凸显的今天，无疑是一个重要并亟待思考与解决的问题。③

---

① [瑞士]奥特：《不可言说的言说》，林克、赵勇译，生活·读书·新知三联书店1994年版，第24页。
② (宋) 朱熹：《四书章句集注》，中华书局1983年版，第27页。
③ 此部分参见肖雁《不可言说的困境与张力——孔子天命、鬼神及生死观探析》，《世界宗教研究》2019年第6期，收入时略有改动。

二 孔子儒学的宗教信仰属性

以往学界对孔子天命观的探讨,只看到了自然之天的规律法则的哲学层面,却遮蔽或在某种程度上消解了主宰之"天"的宗教面向。正如郑国执政者子产所说:"天道远,人道迩,非所及也。"(《左传·昭公十八年》)蔡尚思认为,儒家的天,有自然的与有意志的两种。① 傅斯年认为:"孔子所信之天命仍偏于宗教成分为多"②。冯友兰先生在总结"天"有"五义"后,又进一步肯定:孔子之所谓天,一是有意志之天,一是主宰之天。③《论语》中记载孔子提到"天"有 18 次。除了表达自然之天有 3 次,其余均在表达宗教信仰维度的主宰之天、意志之天。无论对孔子的"天"有多少种分类,"天"所包含的超验世界的信仰维度都是不可否认的。并且,孔子的天命、鬼神观是其宗教信仰思想的根本动力,是其整个思想体系中不可或缺的重要部分。甚至可以说,天命是孔子的精神信仰,是他生命的源头活水,忽视了这一点,就不可能对孔子思想有真正的理解。而对于儒学的研究和理解,无论是重视思想史的研究,还是注重哲学研究的取径,抑或站在宗教信仰维度上进行分析,其目的都是为了接近,甚至还原一个"真实的孔子"。

(一)"主宰之天"的不可言说

通观孔子对"天"的定义和叙述,发现孔子难得给"天"下一个明确定义,唯有一次与子贡论"天",还并未明确所指。"子曰:'予欲无言'。子贡曰:'子如不言,则小子何述焉?'子曰:'天何言哉?四时行焉,百物生焉,天何言哉?'"(《论语·阳货》)程树德引《经正录》曰:"前云天何言哉,言天之所以为天者,不言也。后云天何言哉,言其生百物,行四时者,亦不在言也……圣

---

① 蔡尚思:《中国古代学术思想史论》,上海古籍出版社 2013 年版,第 111 页。
② 傅斯年:《性命古训辩证》,载《中国现代学术经典·傅斯年卷》,河北教育出版社 1996 年版,第 54 页。
③ 冯友兰:《中国哲学史》,重庆出版社 2009 年版,第 53 页。

第一章 人文理性的觉醒和儒学的产生

人见道之大,非可以言说为功。"从中可见,孔子并未对"天"有一个直接的回答。"天"不语,子不言。"天"即使不说话,也照样运四时、生百物,并未影响"天"造福人类的事功。孔子对上天掌控四时与万物以"道之大"示天下的一种神圣敬畏之情了然于纸。孔子之"无言",是因为他心目中的"天",非言语所能求之,非门人所能尽晓。

就"天何言哉"、天为何不予言说一事,孟子高徒万章对此也颇感困惑,他曾问孟子:"天与之者,谆谆然命之乎?"(《孟子·万章上》)意思是说,上天把天下交给舜,是上天发出诚恳的声音告晓的吗?也就是说,上天是通过话语来指示的吗?孟子回答说:"否,天不言,以行与事示之而已矣。"(《孟子·万章上》)焦循解释认为:"天不言语,但以其人之所行善恶,又以其事从而示天下也。"① 孟子否认上天以话语告晓,认为天之意是以其"行"与"事"告示天下。在孟子思想中,天不言,却以其彰显的行为昭示人,以显现的事实告晓人。在这里,孟子明确将孔子这一思想朝宗教神学的方向推进了一步。也就是说,"天不言",却以非常人理解的言说方式昭告天下,是以外在的"行"与"事"的方式昭示天下,表达天命意志。

在这一点上,主张"天道自然"的荀子把列星随旋、日月递炤、四时代御、阴阳大化、风雨博施的自然变化看作是不见其事,而见其功的神能,对于这样一个"天",人们"皆知其所以成,莫知其无形"(《荀子·天论》),此"天地之心见于不言,寒暑代序,则不言之令行乎四时,天岂谆谆者哉?"② 这样的神天,以自然万物灿然变化昭示其"在",又何须言说?

侯外庐曾经说过:"天何言哉"一章,仅形似自然之天,而实乃为意志之天。……"天"在这里依然是有意志的人格神。③ 冯友

---

① 焦循:《孟子正义·万章上》,中华书局1987年版,第694页。
② 程树德撰,程俊英、蒋见元点校:《论语集释》,中华书局1990年版,第1581页。
③ 侯外庐:《中国思想通史》,人民出版社2011年版,第139页。

兰指出："且以天不言为一命题，即含有天能言而不言之意。否则此命题为无意义如吾人不说石头不言，棹子不言，因石头棹子，本非能言之物。"① 这一认识是对"天"具有人格化的揭示。因为只有这样的"天"才能与人的世界发生关系，否则，信仰将失去色彩，世界也就失去了意义。

就孔子思想来看，无论"天"以什么样的方式表达天命意志，天人之间的沟通才是重要的。孔子始终与上天保持一种双向互动的关系：一方面，"天"是意志之天，具有人格神的力量，并通过自然的有序性、规律性来表达天命意志，为人者必须遵守和服从；另一方面，孔子运用其"超验直觉"，透过自然之天象，领悟到"天"所具有的"非人力"、非经验层面所能感受到的超验性。

古时，人们通过"仰观天象"来把握上天实在。《尚书·尧典》载："在璇玑玉衡，以齐七政。肆类于上帝，禋于六宗，望于山川，遍于群神。"马融注曰："以璇为璇，以玉为衡，盖贵天象也。"孙星衍又引《尚书大传》欧阳氏云："璇玑谓之北极"，引《尔雅·释天》云："北极谓之北辰"②，北辰位于上天最中间的位置，永久不动，最为尊贵，是"众星之主""众神之本"。"北辰，其星五，在紫微中。"③ 马融曰："上帝，太乙神，在紫微宫，天之最尊者。""天有紫微宫，是上帝之所居也。"④ 可见，天之至尊者，因为"上帝"居于其中。殷商时期的至上神"上帝"在周时期虽然经过了人文理性化改造，也并未直接消解上帝神灵的属性。而上天之至尊所具有的神圣性应该是孔子领悟到了的，他曾以"为政以德，譬如北辰，居其所而众星共之"（《论语·为政》）来比喻政治秩序的神圣性，可为证。

在孔子看来，"天"是超越自然、超越人的经验和认知，不可

---

① 冯友兰：《中国哲学史》，重庆出版社2009年版，第54页。
② 孙星衍：《尚书今古文注疏》，中华书局1986年版，第36页。
③ 孙星衍：《尚书今古文注疏》，中华书局1986年版，第38、39页。
④ （汉）司马迁：《史记·后汉书》，中华书局2000年版，第1091页。

言说的最高存在，需要神秘的感通和领悟。他说："知我者其天乎！"只有上天理解他。不仅如此，上天还赋予他神圣使命，他要代行天道。匡地被拘，他说："文王既没，文不在兹乎？……天之未丧斯文也，匡人其如予何？"（《论语·子罕》）宋司马桓魋欲杀孔子，孔子曰："天生德于予，桓魋其如予何？"（《论语·述而》）可以说，孔子一生都是在对上天的感悟与沟通中前行。

"天"也始终是孔子心目中的最高主宰，是不可触碰的底线。不得罪"天"，不欺骗上天，是孔子对"天"基本的原则。子见南子，子路不悦，孔子发誓说："予所否者，天厌之！天厌之！"（《论语·雍也》）如果行事不符合天意，天则厌之。他说："唯天为大"（《论语·泰伯》），"获罪于天，无所祷也。"（《论语·八佾》）孔子患重病，子路使门人为臣。病间，曰："久矣哉，由之行诈也！无臣而为有臣，吾谁欺？欺天乎？"（《论语·子罕》）明明没有家臣，却偏偏要装作有家臣，这就是欺天。

孔子对上天既崇敬又畏惧，但依然心向往之。这种复杂情怀，在他的内心深处和外在行为中处处表现出来，有时甚至无法掩饰。在孔子的内心深处，他始终认为自己具有某种类似天人相通的准宗教体验。麟是孔子时代的吉瑞象征。哀公十四年，叔孙氏西狩获麟。孔子观之，曰："麟也！胡为来哉！胡为来哉！"乃反袂拭面，涕泣沾襟，并对子贡说："麟之至，为明王也。出非其时而见害，吾是以伤焉！"[①] 西狩获麟，使孔子感伤周道之不兴，嘉瑞之无应，乃以此绝笔焉。

强烈的宗教体验，不仅存在于孔子精神世界的玄想与敬畏中，而且他还将这种精神体验在日常生活中加以经验和外推。《论语·乡党》记载孔子："迅雷风烈必变。"（《论语·乡党》）《礼记·玉藻》释曰："若有疾风、迅雷、甚雨，则必变；虽夜必兴，衣服冠

---

① （宋）胡仔编，（清）胡培翚校注：《先秦诸子年谱·孔子编年》第1册，北京图书馆出版社2004年版，第210页。

而坐。"① 朱熹注曰:"必变者,所以敬天之怒。"② 《诗经·大雅》载,召穆公告诫厉王说:"敬天之怒,无敢戏豫;敬天之渝,无敢驰驱。"(《诗经·大雅》)毛亨释曰:"迅雷风烈为天之怒,则和风甘雨为天之喜。天之怒喜皆敬,则无时而不敬矣。"③ 由于古代的人对自然界发生的类似狂风暴雨、雷鸣闪电等一些自然现象的成因不甚明确,就会把这些自然现象归结为这是上"天"在对人发怒,而每逢此时,哪怕是在深夜,孔子也必兴而坐,以敬天之怒。

(二)"祭神如神在"的鬼神观

原始宗教信奉的天神、地祇与人鬼,构成古代先民原始宗教的主要信仰形态和基本面貌,标志着古人认识世界的古老方式,也寄托着先民生活的远方。孔子生活的春秋战国时期,鬼神信仰是社会普遍存在的一般观念。孔子身处那个世界,自然不能脱离那个时代的特征。在孔子看来,鬼神属于超验世界的存在,是一种不受自然法则限制的人格化的超自然存在。对于超自然存的鬼神,对于只能体验而无法言说的存在,孔子自然少说,甚至不说。如同孔子罕言天命一样,孔子对于鬼神,也没有给出过明确的解答。为此,墨家曾对儒家"执无鬼而学祭礼"(《墨子·公孟》)进行过强烈的抨击,认为"儒以天为不明,以鬼为不神,天鬼不说,此足以丧天下。"④(《墨子·公孟》)

研究分析孔子的鬼神观念,需要将孔子的日常生活联系起来。通过仔细研读孔子的言论及生活习惯,发现他的思想观念和他在生活行动中经常不一致,甚至颇多矛盾性,而这种矛盾性恰是孔子儒学中哲学与宗教思想的"二重性"使然,即孔子的鬼神观既凸显其人文主义的精神特质,又表现出在他的实际生活中敬祀鬼神的宗教生活体验。而孔子虔敬的宗教体验部分是我们研究孔子思想所不能

---

① (清)孙希旦撰,沈啸寰、王星贤点校,《礼记集解》,中华书局1989年版,第786页。
② (宋)朱熹:《四书章句集注》,中华书局1983年版,第122页。
③ (清)马瑞辰撰,陈金生点校:《毛诗传笺通释》,中华书局1989年版,第934页。
④ 吴毓江撰,孙启治点校:《墨子校注》,中华书局1993年版,第691页。

忽视的重要方面。

孔子继承夏商周三代以来的思想传统，他既讲天，又讲人；既坦言天命，又直陈鬼神，甚至重视祭祀的繁文缛节。在孔子言论中，他对天命谨慎又寡语，他对鬼神也是让人感到模棱两可。楚昭王病重，拒绝祭神，孔子赞美他"知大道"（《左传·哀公六年》）但他又说："祭如在，祭神如神在。"（《论语·八佾》）"吾不与（去）祭，如不祭。"还说："非其鬼而祭之，谄也。"（《论语·为政》）不是自己应该祭祀的鬼神，却去祭祀，这是献媚。子路又问那么死是怎么回事，孔子回答说："未知生，焉知死？"（《论语·先进》）生的道理还没有弄明白，怎么能够懂得死？子路曾经问孔子如何服侍鬼神，孔子回答说："未能事人，焉能事鬼？"（《论语·先进》）孔子承认鬼神之在，强调先弄清生的道理，再去探讨死的事情；先做好人事，再去想鬼事。孔子一系列的话语，看起来是对现实世界的"入世"态度，但不能否认，看似矛盾的话，其实，背后却隐藏着孔子内心深处的一种因"敬畏"而导致的内在"紧张"。

孔子是一个严谨的实证主义者，他对知识的来源要求十分严谨，这种谨慎的态度从他对学术文献的依据与要求上就能表现出来："夏礼，吾能言之，杞不足征也；殷礼，吾能言之，宋不足征也。文献不足故也，足则吾能征之矣"（《论语·八佾》）。孔子之所能言与不能言，在于文献是否丰富与充足，所具备的文献是否足以说明一个问题。可见，孔子所能言说的，必是有据可查，有文献可依的。正如《论语·述而》记载："盖有不知而作之者，我无是也"。故可推断，对于那些没有依据的事情，孔子是不会轻易下结论的。更何况，对于鬼神之事，生死奥秘，无从获得确切资料和依据，所以，更不能一概肯定或否定，更不敢轻易言说，妄下结论。

王肃对"子不语怪，力，乱，神"的原因从教化角度进行了解读，他说："神，谓鬼神之事。或无益于教化，或所不忍言。"[1] 认

---

[1] 程树德撰，程俊英、蒋见元点校：《论语集释》，中华书局1990年版，第620页。

为鬼神之事，无益于教化，故不忍言。朱熹则从理的角度解读了孔子之意："怪力乱神之事，非理之正，固圣人所不语。鬼神，造化之迹，虽非不正，然非穷理之至，有未易明者，故不轻以语人也。"① 怪、力、乱、神之事，非理之正，亦非穷理之至，有未易明之处，非常人所能知，故"不轻以语人"，不可轻易言说是也。言外之意，鬼神之事，是造化之迹，孔子亦非常人，故不轻以语人。

但无论作出怎样的解释，无论是"无益于教化"，还是"非穷理之至"而"不轻以语人"，孔子对于鬼神的敬畏之心和行为的诚实却是相当清楚的。孔子少言鬼神，却肯定鬼神之"在"。"乡人傩，朝服而立于阼阶"（《论语·乡党》），说的是乡里举行驱逐疫鬼的傩仪，而此时的孔子，身着朝服，心存敬畏，"立于阼阶"，并行注目礼，他此举是恐怕驱傩队伍惊扰庙里的祖先神，之所以立于阼阶，行注目礼，目的是保护祖先神，让祖先神依己而安。一般人或许无法理解孔子的做法。《论语·八佾》载，"祭如在，祭神如神在。"在孔子看来，鬼神属于超验的不可知的世界，而通过祭祀是可以把握的。他又说："吾不与祭，如不祭。"（《论语·八佾》）皇侃疏曰"神无存没，期之则在也"②，又："神不可测而心期对之，如在此也。"③《说文解字》段玉裁注："会者，合也。期者，要约之意，所以为会合也。"④ 而现代汉语中"期"字，具有期待、盼望、期求、希望得到等意。而孔子说"如在"，其实表达了鬼神是"心之期"的产物：心到，神就到；意念到，神就"在"。鬼神之"在"是心期的对象，是意念的产物，是盼望的对象。而心期与盼望必然要求心致诚敬。无疑，孔子的心是诚的，对鬼神也是极具恭敬之心的。他在《论语》中说过："敬鬼神"（《论语·雍也》）、"致孝乎鬼神"（《论语·泰伯》）、"未能事人，焉能事鬼？"（《论

---

① （宋）朱熹：《四书章句集注》，中华书局1983年版，第98页。
② 程树德撰，程俊英、蒋见元点校：《论语集释》，中华书局1990年版，第226页。
③ 黄怀信：《论语汇校集释》，上海古籍出版社2008年版，第239页。
④ 汤可敬：《说文解字今注》，上海古籍出版社2018年版，第973页。

语·八佾》)其中:"敬鬼神""孝鬼神""事鬼神",充分表明他对待鬼神心存致敬的态度。可以说,"心期",并对鬼神心存至敬,也是可以体会鬼神之"在"的。①

朱熹因此解释说:"致其孝敬以交鬼神也",又引范氏说:"盖神明不可见,惟是此心尽其诚敬专一在于所祭之神,便见洋洋乎在其上,如在其左右。""有诚则凡事皆有,无诚则凡事皆无。祭祀有诚意,则幽明便交。无诚意,便都不相接。"② 无疑,保持一颗诚敬之心,需要通过祭祀行为,才能获得对鬼神世界的感知。"吾不与祭,如不祭"(《论语·八佾》),包咸注曰:"孔子或出或病而不自亲祭,使摄者为之,不致肃敬于心,与不祭同。"③ 有事故使人摄祭,就不能致肃敬之心,不能做到心致诚,就跟不祭是一样的。

因此,孔子内心深处的内在"紧张",因敬畏之心所起,因祭祀之行而获得释放。孔子病重,子路请祷,并说"诔文曰:'祷尔于上下神祇'",子曰:"丘祷之久矣。"(《论语·述而》)但究竟有没有效果,《论语》没有记载,孔子也并未谈到。我们说,当人的生命处在一种危险状态时,甚至预感死亡即将来临时,人便会出现一种茫然与无助。生病时的孔子是茫然无助的,或许他感到了自己大限来临,他以诚敬之心祷于上下神祇,内心盼望一种"奇迹"的出现。在获得一种精神抚慰的同时,谁又能知道圣人在祈祷的过程中,在孔子最真实的、最为深层的精神世界中,究竟遭遇了怎样的、无法言说的鬼神之"在"的深刻体验?

费尔巴哈曾说:"哪里开始有宗教,那里就开始有奇迹。每一次真正的祈祷,都是一个奇迹,都是行奇迹的力量之作用。外在的奇迹不过是使内在的奇迹成为可见而已。"又说:"实际的奇迹,其实不过是宗教之充满着激情的表露,只是激动的瞬间。只有在非常

---

① 参见肖雁《不可言说的困境与张力——孔子天命、鬼神及生死观探析》,《世界宗教研究》2019 年第 6 期。本书收录时有修改。
② 程树德撰,程俊英、蒋见元点校:《论语集释》,中华书局 1990 年版,第 229 页。
③ 程树德撰,程俊英、蒋见元点校:《论语集释》,中华书局 1990 年版,第 227 页。

场合下，即当心情激动的时候，奇迹才会发生。故而，也有愤怒的奇迹。冷静清心时不会有奇迹发生。正是在激动的时候，最内在的东西就显示出来了。人并不是始终以同样的热情和力量来祈祷的。如果是这样，那祈祷就无效了。只有满腔热情的祈祷，才显示了祈祷之本质。"① 当孔子说："丘祷之久矣"，听起来像含有一些宣泄情绪的嫌疑，但此话却绝非敷衍子路，因为在他的内在最深层观念中，上天就是有意志的人格神。而当祈祷上下鬼神时，其最内在的东西便借以显示出来。而这种最内在的东西，就是在生命受到威胁时，孔子内心所产生的茫然、无助与暗自期盼的复杂心情，当然，其中包含了他对鬼神"心之期"的感受。

可以认为，鬼神世界是孔子超验世界不可或缺的部分，是他"心期"与盼望的对象，但其鬼神体验却是难以名状的。他既承认鬼神之"在"，又要在行动上"不语怪力乱神""敬鬼神而远之"，然而，却在自己的日常生活体验中对超验世界的体验不排斥，也不拒绝。孔子本人在晚年也意识到了这一问题。《论语》载："加我数年，五十以学易，可以无大过矣。"（《论语·述而》）因此，"孔子晚而喜易"（《史记·孔子世家》）以致韦编三绝，也是可以推测的。虽然孔子晚年是不是整理过《周易》，以至于《周易》是否为孔子所做的说法至今存在争议。但《周易》作为我国最早的一部讲变化之道的哲学著作，是群经之首、大道之源，对先秦诸子产生过巨大影响，是毋庸置疑的。孔子晚年对《周易》的喜爱，或许可以作为他早年对于天命鬼神"不忍说""不轻以语人""不可言说"态度的一个解释。

除了在心理、情感上保持"祭思敬"（《论语·子张》），最为重要的是，孔子还保持在行动上做到"敬、孝、事"。孔子强调祭礼的重要性，主张遵守祭祀礼仪，"非其鬼而祭之，谄也。"（《论语·为政》）他认为，祭祀不能乱来，礼序不能僭越。在处理人与

---

① ［德］费尔巴哈：《基督教的本质》，商务印书馆2009年版，第252—253页。

神的关系时，人要使自己的行为保持在一个限度里，与鬼神保持一个合适的距离，做到内心敬畏，行动远离，这样就避免了人对鬼神在情感上的过分执着和在实践中的持久迷恋。

除了对天命鬼神问题的含糊不明确解答，孔子对生死问题也是持"回避"的态度。《说苑·辨物》记载子贡问孔子："死人有知无知也？"孔子曰："吾欲言死者有知也，恐孝子顺孙妨生以送死也；欲言无知，恐不孝子孙弃不葬也。"① 对于死去的人有知还是无知，孔子并无正面的回答，且也是含糊不清的。严格意义上来说，孔子应该是"回避"了死亡的问题。"逃避"和"回避"尽管在语义上属于近义词，均有"离开"之意。但"逃"有逃走、躲避、离开之意，主要是指躲开不敢接触的人或事。实施者主观上有害怕祸及、躲之不及的故意。而"回避"尽管也有躲开、避开之意，但其主观上多为不想正面回答要害问题而躲开，内心有被迫离开的意思。而孔子内心深处并没有什么事情害怕殃及自己的，他内在的矛盾之处正是由于他对于天命鬼神问题存在诸多"无法告晓"的困惑与不解，故用"回避"似乎更贴近孔子的心态。在回避了死亡问题、没有正面回答这个问题的背后，是孔子经过理性思考后，更多提出了活着的人如何尽孝亲之道、怎样行祭祀之礼等问题，以及关涉儒家礼仪制度等"世间"秩序建立等事宜。孔子对世俗社会的关心，进而采取的对彼岸世界"存而不论"的态度，客观上"回避"了对亡者灵魂归属问题的讨论，某种程度上，在孔子思想体系中遮蔽了对"死亡"问题的探究。表面上看，孔子儒学弘扬了伦理道德和价值观，但实际上，他内心深处最真实想法，却掩盖在"不语""罕言"的谨慎与保持一种"回避"的态度中。

维特根斯坦曾说："凡是能够说的事情，都能够说清楚，而凡是不能说的事情，就应该保持沉默。"② 生活在二千多年前的孔子，

---

① （汉）刘向：《说苑》卷十九，四部丛刊景明抄本，第132页。
② ［奥］维特根斯坦：《逻辑哲学论》，商务印书馆1985年版，第20页。

其思想既有超验维度又有理性思考，但他对超越理性的部分讳莫如深，在理性不能穷尽的地方保持沉默，不予言说。就孔子本人而言，他从未无限制地扩充自己的理性，因而始终为超验世界留下了一席之地；就孔子整体思想来看，他对超验世界表现出模棱两可的态度，导致其思想呈现出"二重性"。他承认天命鬼神之"在"，却又"不语""罕言"，甚至回避问题的实质，从而给后世儒家探讨天命鬼神及生死问题留下了一个思想阐释的空间和逻辑探讨的可能性。

（三）"代天行道"的宗教体验

"天"是孔子心目中的"至上神"。他说："唯天为大"（《论语·泰伯》），"获罪于天，无所祷也。"（《论语·八佾》）孔子患重病，子路使门人为臣。病间，曰："久矣哉，由之行诈也！无臣而为有臣，吾谁欺？欺天乎？"（《论语·子罕》）明明没有家臣，却偏偏要装作有家臣，这是在欺骗上天。子见南子，子路不说，孔子发誓说："予所否者，天厌之！天厌之！"（《论语·雍也》）如果行事不符合天意，则天厌之。

在孔子看来，"天"是超越自然、超越人的经验和认知，不可言说的最高存在，需要神秘的感通和领悟。他说："知我者其天乎！"只有上天理解他。不仅如此，上天还赋予他神圣使命，他要代行天道。匡地被拘，他说："文王既没，文不在兹乎？……天之未丧斯文也，匡人其如予何？"（《论语·子罕》）宋司马桓魋欲杀孔子，孔子曰："天生德于予，桓魋其如予何？"（《论语·述而》）可以说，孔子一生都是在对上天的感悟与沟通中前行。

孔子对上天既崇敬又畏惧，还心向往之，这种复杂情怀，在他的心理和行为中处处表现出来，有时甚至无法掩饰。在他看来，"天何言哉？四时行焉，百物生焉"（《论语·阳货》），"天"的自然征象表达是不以人的意志为转移的四时运行、万物生长的客观规律，这种规律对人具有主宰作用，天命能决定人的生死寿夭、贫贱富贵及事业成败，如颜渊死，孔子说："天丧予"。子路死，孔子说:"天祝予。"孔子还认为:"获罪于天,无所祷也"(《论语·八佾》),人不能得罪上天。孔子在肯定强大的天命决定作用的同时,强调人的主观能动性:"人能弘道,非道弘人"(《论语·卫灵公》),人与道的关系在于人要主动进德修业,追求道德自觉。应该说,孔子思想更多彰显对人的关怀及道德实践的智慧,以孔子为代表的儒学"尽人事,知天命""内省""求己"的思维特质,深刻影响并奠定了儒家致力于现世生活而非彼岸世界的精神方向。

然而,孔子并非完全彻底的人文主义的倡导者,尽管他本人对天命鬼神"不语""不言",悬而不论,但他内心深处始终保持着一种不可言说的对天命神意的认同及敬畏感。在孔子的内心深处,还常有上受天命,代天行道的自我意识,如"天生德于予"(《论语·述而》),"天将以夫子为木铎"(《论语·八佾》)。孔子的内心也是认为自己具有某种类似天人相通的准宗教体验的。西狩获麟,曰:"吾道穷,吾道穷。"何诂:"祝,断也。天生颜渊、子路,为夫子辅佐,皆死者,天将亡夫子之征。麟者,太平之符,圣人之类,时得麟而死,此亦天告夫子将没之征。"① 这些都表现出孔子的这种心境。麟是孔子时代的吉瑞象征。哀公十四年,叔孙氏西狩获麟。孔子观之,曰:"麟也!胡为来哉!胡为来哉!"乃反袂拭面,涕泣沾襟,并对子贡说:"麟之至,为明王也。出非其时而见害,吾是以伤焉!"② 西狩获麟,使孔子感伤周道之不兴,嘉瑞之无应,乃以此绝笔焉。麒麟一事可以看出,孔子内心深处承认这是天命神意,并为此痛苦迷惘,甚至涕泪沾襟。侯外庐先生也曾说孔子"相信天道与人事的宗教关系"③。孔子天命思想的矛盾性,客观上造成了鬼神问题的悬置,为后世儒家探讨天命鬼神观留下了大可发挥的空间。

---

① 苏舆撰,锺哲点校:《春秋繁露义正》,中华书局1992年版,第133页。
② (宋)胡仔编,(清)胡培翚校注:《先秦诸子年谱·孔子编年》第1册,北京图书馆出版社2004年版,第210页。
③ 侯外庐等:《中国思想通史》卷2,人民出版社1957年版,第84页。

◇ 儒家文化的民间生态

在孔子心目中，天是有意志、有感知的存在，孔子始终认为，自己的生命体验和天意之间，存在一种深层默契。对上天的信仰与敬畏始终处于孔子思想的"深层维度"中。如孔子所说的"知我者其天乎？"（《论语·八佾》）"获罪于天"（《论语·八佾》）"天厌之"（《论语·雍也》）"欺天乎？""天生德于予"（《论语·述而》）（《论语·子罕》）"天丧予"（《论语·先进》）等说法就表明了内心深处与上天的默契。

瓦尔特·H. 凯普斯曾经说过："宗教，无论它是什么，它始终是一种人对生活的整体反应。"① 孔子不仅保持对至上神"天"的信仰及敬畏，而且，在日常生活中，孔子还表现出类似宗教徒般的谦恭与敬畏：他始终强调："非其鬼而祭之，谄也。"（《论语·为政》）"吾不与祭，如不祭。"（《论语·八佾》）孔子一生所慎："齐、战、疾"（《论语·述而》）；一生所重："齐必变食，居必迁坐"（《论语·乡党》）"民、食、丧、祭"（《论语·尧曰》）。他坚守着信仰的同时，也严格遵循自己教徒般的生活方式。

除此以外，尽管孔子"不语怪力乱神"，但对于鬼神却有着个人深刻的内在感受和宗教体验。如前所述，孔子对待鬼神的态度极其谨慎："未能事人，焉能事鬼？"（《论语·先进》）"敬鬼神而远之"（《论语·雍也》）、"菲饮食，而致孝乎鬼神"（《论语·泰伯》），其中，"事鬼神""敬鬼神""孝鬼神"，则表明了他对"鬼神"的态度。在他看来，鬼神祭祀行为既要符合"礼"的标准，还要表达出对"鬼神"的谦恭敬畏之心。孔子"入太庙，每事问"（《论语·八佾》），体现了孔子对祭祀礼仪的敬慎态度，更包含着孔子对神明的诚存之信与谦恭之情。

我们说，儒家经典从一开始就不是抽象的理论或单纯的说教。孔子在谈到修《春秋》的目的时谈道："我欲载之空言，不如见之

---

① ［美］瓦尔特·H. 凯普斯：《宗教学——学科的构成》，社会科学文献出版社2017年版，第52页。

于行事之深切著明也。"① 他所修的《春秋》正是不载空言，即事言理，即通过鲜活具体的事例来阐明世间道理的。也正因此，他把日常生活中的神秘体验，化作内心对天命的敬畏与信仰，主张弘扬大道，充分发挥人的主观能动性，积极作为。充分体现出他试图挑战命运，突破人的有限性的努力。他舍身求道，不忧不惧，"朝闻道，夕死可矣"（《论语·里仁》）。生死攸关之时，他坦然乐观，即使被围困五天，依然讲诵不止，弦歌不辍。

---

① （汉）司马迁：《史记·太史公自序》，中华书局2000年版，第2491页。

第 二 章

汉代儒学宗教化及儒学实践的困境

确定汉代儒学是否宗教化问题,首先需要确定儒家是否有"神"的问题。如前所述,孔子承认"神"的存在,只是他"罕言""不语",且明确主张"敬鬼神而远之"。孔子对天命鬼神的认知造成了后世儒家在诠释孔子思想时产生了困惑。蔡尚思就曾说过,儒家是相对的有神论而不是绝对的有神论。对于天,它也有自然的与有意志的两种。儒家是一种多神论,如天神、山神、人死鬼等。① 而孔子儒学是否有神,不仅在于孔子儒家思想的天命鬼神观,还在于孔子对天命鬼神具有宗教性体验,而这一部分才是决定孔子是否真正"有神"的关键。也就是说,孔子的宗教体验是其天命鬼神思想在生命践行过程中的体现。而汉代董仲舒等儒者则对疏于论证鬼神存在的孔子儒学进行了创新性改造,在理论上丰富和发展了孔子儒学,使汉代儒学呈现了宗教化转向。历史也同样见证了儒学在应对社会政治、经济和文化问题时所表现出的调整、完善和自我革新的能力。

第一节 汉代儒学的宗教化转向

如何找回天命信仰,重塑上天神圣权威,是汉家统治者致力解

---

① 蔡尚思:《中国古代学术思想史论》,上海古籍出版社2013年版,第111页。

决的根本问题。董仲舒从"人"的有限性出发,指出"必有非人力所能致而自至者"就是"天人相与之际"的"受命之符",说明人总有自己能力达不到的事情,需要借助外在的"天"来予以应瑞降祥,予以"效验"启示。天命是以"符瑞"降祥的具象化征兆表达对人开显,统摄一切的至上神"天"的意志是人力所不能及时的终极盼望。董仲舒大胆创新了儒家的天命学说,勇敢说出了孔子不能、不敢也不愿说的话。董仲舒是真正将儒家思想从抽象的理论形态向物质化、具象化形态转化的重要人物,这一转化成为汉代儒学实现宗教化转向的关键节点。

一 汉初儒学的新形态

武帝继位,举贤良对策。汉武帝刘彻,崇尚儒术,雄才大略,求贤若渴,在他的周围群贤毕集。他下令郡国立学校、修儒学。举贤良对策,欲闻大道之要、至论之极,求解"天人相与之际",探知三代之受命,其符安在?灾异之变,何缘而起等涉及天人关系、灾异符命、德行、理政及古今之变等哲学与社会现实问题。展示了汉武帝一国之君复兴王道的历史抱负。汉代大儒董仲舒十年磨一剑,三载不窥园,正赶上这个千载难逢的好时机。他针对当时社会"欲善而不治"的政治秩序和"六经离析"的文化乱象,以孔子儒学为指导,承《春秋》"奉天法古"之原则,运用"道往而明来者"的思维方式,体天之精微,察万物之名状,融百家之长,旁收阴阳、黄老、法家思想,发挥《春秋公羊传》的"微言大义",以灾异符命释社会人事,建立了以"天人感应"的神学目的论为基础的儒学新形态。其著名论断:"今师异道,人异论,指意不同,是以上亡以持一统;法制数变,下不知所守。诸不在六艺之科孔子之术者,皆绝其道,勿使并进。邪辟之说灭息,然后统纪可一而法度可明,民知所从矣。"[①] 要求统一思想、统一认识,明确法度,让民

---

① (汉)班固撰,颜师古注:《汉书·董仲舒传》,中华书局2000年版,第1918页。

有所依从，被汉武帝采纳，并以"罢黜百家，独尊儒术"的文化举措予以推广实施，进而影响了中国社会两千多年来儒家思想发展的历史进程。①

（一）儒学经学化和经学神圣化

"经学"概念见于汉代。《汉书·宣帝纪》载："丞相、御史其与列侯、中二千石博问经学之士，有以应变，辅朕之不逮，毋有所讳。"（《汉书·宣帝纪》）《汉书·儒林传》记载："诸儒始得修其经学，讲习大射乡饮之礼。"《汉书·倪宽传》记载："见上，语经学，上说之，从问《尚书》一篇。"倪宽乃西汉今文经学家，专治《尚书》。倪宽觐见皇上，与之谈论经学，皇上大悦，又再问《尚书》一篇。后倪宽被提拔任中大夫，又晋升为左内史。此处所说"经学"，是指以儒家经典为诵习和传承对象的学问，或曰经学，即解经之学。经学是儒学的主体，儒学研究离不开对经学的解读。两者之间具有较为密切的关系。

一般所言"经学"大致包含两种理解：一种是就历史发展进程而言的经学。最早写作经学史的人是晚清著名今文经学家皮锡瑞，他对经学的叙述是从孔子开始的。②徐复观认为，就经学的思想、精神方面说，始于周公，奠基于孔子。从经学的组成、形式方面说，则一直到秦始得完成。"③另一种"经学"则是通过标志性事件的出现来确定。如张立文所主张的，作为官学的经学是从汉武帝"独尊儒术"开始④。两种说法皆有道理。前一种，即是考察了经学的思想源流，如将经学传统一直追溯到比孔子更远一些的周公时期。而经学发展至汉代，则是受到了意识形态的改造而最终得以完成。汉代经学地位的变化可以说是儒学经学发展史上的一个标志性

---

① 参见肖雁《西汉天命神学和儒学的选择及融合》，《华中师范大学学报》2018年第6期。
② （清）皮锡瑞撰，周予同注释：《经学历史》第1章，载《经学开辟时代》，中华书局2004年版。
③ 徐复观：《徐复观论经学史二种》，上海世纪出版集团2006年版，第52页。
④ 周桂钿、李祥俊：《中国学术通史》，人民出版社2004年版，第92页。

事件。熊铁基先生从经学垄断地位的视角指出，经学垄断地位的形成是一个发展的过程，这个过程中有一些标志性的事件，如武帝时的"罢黜百家"、表彰六经，这些事件虽然要进行具体分析，不应夸大董仲舒的作用等，但是毕竟采取了一些实际措施，如罢申、韩、张等言之贤良，置五经博士及弟子员，兴太学并成为制度等，都是标志性的。其次又有讲论经义，有石渠阁会议、白虎观会议等，都在经学垄断地位的形成中起重大作用。①尽管熊先生是就经学垄断地位而言，但就经学在其形成过程中诸多标志性事件的出现，则是经学形成所不可或缺的。儒学经学既有一个漫长的历史形成过程，又附以显著的里程碑式的标志，才使人们能够对于西汉年间出现的儒学经学化作出一个既符合历史发展、又面向时代及诸多相关事件的立体性研判。

就历史发展来看，汉代儒家所推崇的"六艺"，由"经书"演变成"经学"，历经了二百多年的发展过程。孔子之时，周室微，礼乐废，诗书缺。《史记·孔子世家》记载，定公五年，"孔子不仕，退而修诗书礼乐，弟子弥众，至自远方，莫不受业焉。"又说："古者诗三千余篇，及至孔子，去其重，取可施于礼义，上采契后稷，中述殷周之盛，至幽厉之缺……三百五篇，孔子皆弦歌之"，"至此，礼乐自此可得而述，以备王道，成六艺。"②可见，孔子之编修整理六经文献并非空穴来风之说。至汉武帝时，更为通行的称谓是"六艺"。"六艺"是由《诗》《书》《礼》《易》《乐》《春秋》组成。由于《乐》亡于秦末战火，故实则为"五艺"。自汉代"五经博士"的设置，这些书名又被定名为"经"。"经"者，常也。五常之道，故曰五经。而所谓"常"则是常规、原则之义。此"五经"，也即《诗经》《书经》《礼经》《易经》《春秋经》，是为人之行的规律、法则、规范之义，所起的作用是"以圣人像天五常

---

① 熊铁基：《汉代经学垄断地位的确立及影响》，《秦汉研究》2007年第1辑，第5页。
② （汉）司马迁撰，（宋）裴骃集解：《史记·孔子世家》，中华书局2000年版，第1543、1559页。

之道而明之，以教人成其德也"①，也即五经具有普遍规范和教化意义，可以说，汉代将孔子所修礼乐定诗书提高到了一个普遍法则的高度，正如司马迁评价所说："儒者以六艺为法。"②

如果就思想进程来论，经学源于孔子儒学，而就经学具体来内容说，就是以孔子删定的"五艺"为蓝本，改定为"五经"。《白虎通疏证·五经》说："孔子所以定五经何？以为孔子居周之末世，王道陵迟，礼乐废坏，强陵弱，众暴寡，天子不敢诛，方伯不敢伐，闵道德之不行，故周流应聘，冀行其道德。自卫反鲁，自知不用，故追定五经，以行其道。"③ 可见，孔子追定五经，颁行其道，是因为周道衰微，纲纪散乱，五教颓坏，五常之经咸失其所。可见，孔子定五经的目的十分明确，其基本导向就是希望正纲纪，立五教。

《汉书·百官公卿表》载："博士，秦官，掌通古今。"秦至汉代的"博士"所执行的主要职责是掌管图书，博古通今，以备随时顾问之需。秦时期，设博士者七十人，诸子百家均有博士。汉承秦制，自汉武帝罢黜百家、独尊儒术后，置"五经博士"，专掌经学，传授儒家经典。博士身份也限于儒生，还为博士置弟子员，以示奖励儒术。汉武帝为巩固皇权，利用儒家学说构建了其上层建筑，"博士"成为儒家专属，儒学也真正成为官学，进而成为意识形态的独尊。如果说，先秦至汉武帝以前的"六艺"主要作为"学"，因而并不具有权威性和神圣性，而自汉武帝确立"罢黜百家，独尊儒术"之后，成为"官学"的"六经"则获得了独尊性、权威性和神圣性。

两汉时期，对经学的讨论与辩论十分普遍，由于当时儒家思想学派众多，学风传承多有不同，对于同一经的解释又各有不同的家

---

① （清）陈力撰，吴则虞点校：《白虎通疏证·五经》，中华书局1994年版，第447页。
② （汉）司马迁撰，（宋）裴骃集解：《史记·太史公自序》，中华书局2000年版，第2487页。
③ （清）陈力撰，吴则虞点校：《白虎通疏证·五经》，中华书局1994年版，第444—445页。

法，又造成了经义及版本等的分歧与争议，令学者无所适从，因此，出于政治需要，由当时的皇帝出面统一经义。尽管有学者质疑东汉时的白虎观会议并非是章帝为统一经学而召开，认为，包括石渠阁会议，它们只是"由皇帝主持的大规模的学术讨论会①，但并不影响皇权直接介入对儒学经典的是非判断——学术解释渗入国家立场"②结论的得出。

据南朝宋时期历史学家范晔记载："于是下太常，将、大夫、博士、议郎、郎官及诸生、诸儒会白虎观，讲议五经同异……帝亲称制临决，如孝宣甘露石渠故事，作白虎议奏"（《后汉书·肃宗孝章帝纪》），③亦今所谓白虎通。白虎通的内容涉及古代社会生活、政治制度、文化、伦理道德等各个方面。白虎观会议其本意是汉章帝下诏要求有关官吏及学者等在白虎观"讲议五经同异"，讲论各家经义是非，以统一看法，讨论的情况、最终的结论上奏章帝，有些议论不决的问题，上奏章帝作出最终决断。④而会议的最终结果却成为用儒学经义来解释国家政治生活和社会伦理范畴的重大问题，儒学经书除了完美论证了统治阶级的各项政治制度、法律制度及伦理规范等的合理、合法、合规性，还使《白虎通义》上升成为一部用儒家思想规范国家政治伦理生活的"法典"。白虎通会议为儒学经学跻身于封建国家思想实践的一次机遇，并成为回应和解决社会现实问题的一个标准，使儒学自此成为统治阶级确立国家指导思想的重要理论源泉。儒家的经典文献最终获得了国家意识形态的肯定，并上升为至尊地位，超然于一切学术之上、被政治权威认同的国家思想。此时的儒学和儒家经典，已经完全具备了非学术性的"经学"所专有的权威性、神圣性和不可置疑的非批判性。白

---

① 刘德洲：《石渠阁会议与白虎观会议性质新探》，《史学集刊》2010年第1期。
② 李振宏：《汉代儒学的经学化进程》，《中国史研究》2013年第1期。
③ （宋）范晔撰，（唐）李贤等注：《后汉书·肃宗孝章帝纪》，中华书局2000年版，第95页。
④ （宋）范晔撰，（唐）李贤等注：《后汉书·肃宗孝章帝纪》，中华书局2000年版，第2页。

虎观会议及其成果，从一个方面表明了儒学与皇权的完全结合，表明儒学完成了向经学转化的最后进程。① 这一转化过程，是儒学经学化到儒学神学化转向的一个关键节点。而用政权推行神权，用神权维护政权，使儒学面貌发生了根本性改变。因为，儒家经典一旦被经学化，对于儒学的思想解释权就不完全掌控在儒生的手里，所有的解经体系都必须要从稳固统治阶级地位出发，要符合当时社会政治经济的需要。在此意义上，任继愈指出："东汉《白虎通》把经学神学化、系统化。过去学者讲两汉经学多注意其师承家法传授，而不大注意其神学意义，是不全面的。"②

儒学之所以能够实现经学化，以至于神学化，从儒学内在性质来看，儒学能够适应大一统国家的长远需要，因为，儒学与中国古老的经济社会传统有着更为深刻的现实联系，它既不是一时兴起的纯理论的主张，也不是虚幻的空想。儒学中关于纲常名教，确立宗法等级秩序，以及调节各种社会关系等基本理论，有着顽强而深厚的氏族血缘宗法制的社会基础，其本身就顺应和满足了当时社会的需要。

经学的权威性和神圣性地位一经确立，就标志着儒学成为占统治地位的思想学说和意识形态。这就意味着，用儒家经学思想来维护政治统一和实现全社会思想融合便成为普遍共识。这一政策的实施则又意味着经学必将与汉代的社会生活发生最深层的联系，其影响将会渗透在社会生活的诸多方面。从儒家"十三经"的形成过程，就可以看出这一措施与社会生态之间的关系及造成的影响。自汉武帝罢黜百家，独尊儒术，设立五经博士，诗、书、礼、易、春秋"五经"就成为封建统治阶层所谓"官学"。因汉代主张"以孝治天下"，弘扬和传播封建制的宗法思想，并结合利用血缘关系作为政治利益弥合的手段，于是又将《论语》《孝经》升格并列入

---

① 李振宏：《汉代儒学的经学化进程》，《中国史研究》2013年第1期。
② 任继愈：《朱熹与宗教》，载《任继愈文集》第8卷，国家图书馆出版社2014年版，第55页。

"五经",遂成为"七经"。这样一来,既有五经的法定遵循,又介入"孝治天下"的伦理手段,使汉代经学制度既顺合天理,又符合人之常情。自唐又设置"九经",在"明经"科中设"三礼"(《周礼》《仪礼》《礼记》)"三传"(《左传》《公羊传》《穀梁传》),连同《易》《书》《诗》,即有"九经"之称,从而加大了经学具有的法定力度。宋时期,儒家重视保护宗族制度,同时提倡忠孝节烈等封建社会道德准则,于是,把《礼记》中的《大学》《中庸》抽出来和《论语》《四书》合成"四书",因它是为统治政权的稳固服务的,完全符合统治阶层的政治需要,于是《孟子》升格为经,至南宋最终形成"十三经",即:《诗经》《尚书》《周礼》《仪礼》《礼记》《易经》《左传》《公羊传》《穀梁传》《论语》《尔雅》《孝经》《孟子》,也即十三部儒家经典,其文献之丰富,内容之广博,堪称儒家思想文化的源头,为历代儒者所尊崇。

明成祖永乐十二年,胡广等奉敕撰修《五经四书大全》,并"颁行天下",用封建教条来束缚思想、匡正行为。清康熙、乾隆又将这些经书多次"御纂""钦定"。"经"成为封建专制政府"法定"的古代儒家书籍,它的扩张是随着封建专制政府的需要而日渐扩张的。[①]"十三经"成为历代公认的中华民族的经典,拥有不可动摇的神圣地位,并被视为"日月经天,江海带地"的"天地之常经",儒学经学化也最终完成了儒学经学神圣化过程。当然,也应当看到,成为"天地之常经"的儒学,在成为官方默认的思想意识形态后,逐渐失去了其作为价值的源泉和动力,逐渐由一种精神信仰蜕变为技术层面的知识,沦为历代儒生谋取功名利禄的手段,意识形态化的儒学被工具化也是在所难免的。

(二)天道至尊:重塑天命信仰

"天""天道"究竟如何,以及如何重返信仰,是汉家统治者

---

① 周予同:《经、经学、经学史》,载《周予同经学史论集选集》,上海人民出版社1983年版,第654页。

非常关心的问题。武帝继位,举贤良对策,欲闻"大道之要,至论之极",求"天人相与之际",知"三代受命,其符安在?灾异之变,何缘而起?"等涉及天人关系、灾异符命、古今之变等哲学与社会的现实问题。

如前所述,殷商甲骨文中,殷人的卜问对象分为天神、地示和人鬼。殷人卜问的对象涵盖上天和地上的一切自然物象,以及由鬼魂崇拜而来的过世先人。他们认为天、地、人鬼诸神的背后有一个法力无边、威力无比的主宰——"帝"或"上帝"。殷人的"帝"或"上帝"具有充分人格神特征,能够按照自己的意志支配自然界,令风令雨,还能降馑、降祸,决定战争的胜负,甚至主管日常生活诸事。人唯有虔诚祈祷、贞问和供奉丰厚的祭品来取悦上帝。《礼记·表记》记载的"殷人尊神,率民以事神",就是对这一时期浓厚宗教氛围的总结、概括和描述。

随着社会生产力进一步发展,人们的思维能力进一步提高,对宇宙统一性的认识也在提高,人们已经不再满足于匍匐于在"帝"的面前,听任其主宰,也不再满足于对自然现象做简单的吉凶好坏的判别,而是发展出对人的自我关照。周人将"天"视为统摄一切的"至上神",这就意味着头顶上的"天"至少具有可观、可感,甚至可以把握的客观实在性,相较于殷人的任性专制、喜怒无常的"帝"来得更为可靠。周人不再单纯依靠虔诚的贞问得出简单的吉凶祸福的判断,而是将"天"赋予道德内容,并使之成为人间善恶的裁判,周人认为,德行才是获得天命的唯一根据。周人对天神意志的把握走上了以人为主体的"以德配天"的道德修为道路。周人看到了人的力量和人的主观能动性作用,开启了天命观的人文理性主义发展方向。而荀子"天行有常,不为尧存,不为桀亡"(《荀子·天论》)则把这一人文理性精神推到了极致。某种程度上说,人文理性精神的高扬和发展意味着人的主体意识的增强,但同时也意味着天命神学的衰微,神的地位在人们心目中的下降。战国中后期诸侯争霸行为证明了道德规范并非可以约束所有人,统一的秦王朝更将法治推向极致。而施行暴政的秦王朝恰恰表现出"人"的有限性,也暴露了人以理性立法的局限性。如何重回天道,重塑天命信仰,便成为汉家统治者面临的一个重要社会问题。

汉代统一新王朝的建立,各种社会问题的集中凸显,董仲舒开始重新审视上天的神圣本质,重塑上天的神圣权威,重拾对上天的敬畏态度,试图揭示其神秘的非理性的一面,构建其大一统的宗教神学的思想体系。我们说,宗教世界的神灵是以一种超自然、超人间力量来支配和操纵自然、人和社会生活。董仲舒所构建的神学之"天"就是这样一种超自然力量。本研究将从如下几个方面来讨论董仲舒对上天神圣本质的认识:

首先,"天"是宇宙万物之造物主。董仲舒认为,"天者万物之祖,万物非天不生"(《春秋繁露·顺命》)[①] 万事万物皆由天出。"天"又为群物主,神圣而至尊,既创生万物为造物主,又以"和之""成之"的施与精神覆育万物,因此,"天者群物之祖也,故遍覆包函而无所殊,建日月风雨以和之,经阴阳寒暑以成之。"[②]

其次,"天"是人之始祖,是为人之本。"天地者,万物之本,先祖之所出也。"(《春秋繁露·观德》)天是人之始祖,由"天"所出,人之形体、血气、德行、好恶等都是变化上天而形成,"人之情性由天者矣。故曰受,由天之号也"(《春秋繁露·为仁者天》)人既是"受造"性存在,又具有"取仁于天而仁也"(《春秋繁露·王道通三》)的先天素质。基于人是"受造"的存在,董仲舒充分肯定了实施教化的可能性。

最后,社会秩序及终极价值源泉也出自"天",正如他所说:"仁义制度之数尽取之天。"(《春秋繁露·基义》)这样,"天"在董仲舒那里成为统摄一切的至上神。在董仲舒看来:"天者,百神之大君也。事天不备,虽百神犹无益也。"(《春秋繁露·郊语》)

[①] (汉)董仲舒:《春秋繁露·顺命》,载苏舆撰、钟哲点校《春秋繁露义证》,中华书局1992年版,第404页。

[②] (汉)班固著,颜师古注:《汉书·董仲舒传》,中华书局2000年版,第1913页。

其言"百神"主要包括传统以来的各种自然神灵,如山神、水神、地神,社神,以及祖先神等。事天不备,即使祭祀百神都无益。"天"是"王者之所最尊也"(《春秋繁露·郊义》),王者一年要在宗庙举行四次祭祀,只有"祭天于郊",是在"新岁之初",是为尊天之故。"天子每至岁首,必先郊祭以享天","以郊为百神始,始入岁首,必以正月上辛日先享天,乃敢于地"(《春秋繁露·郊语》),苏舆注曰:"董不取天地合祭之说,其旨尊阳而抑阴,故先天而后地"①,意谓以郊祭首之,为尊天之道。国有大丧,宗庙祭祀一概停止,唯祭天仍照常举行。父母之丧,即使哀痛悲苦,也不敢废郊祭。在董仲舒看来,"天之不可不畏敬,犹主上之不可不谨事。不谨事主,其祸来至显;不敬畏天,其殃来至暗,暗者不见其端,若自然也,故曰:堂堂如天殃。"(《春秋繁露·郊语》)不敬畏上天,与不服侍君主带来的惩罚是一样的。天降灾祸之至,其征象不一定立即效验,它的到来,可能默而无声、潜而无形。因此,敬畏上天,把祭天摆在首位,是董仲舒天命神学思想的重要根基。②

二 儒家思想的"具象化"表达

"具象化"表达可以将抽象理论变得简单或更容易被理解。儒学的"具象化"表达可以表征为多种形式、途径和方法,如通过学习文献、阅读"经"书,或者是设立各类管理机构,建立学校以学习并传播儒学等。这些表达方式,一方面可以使大众通过阅读、受教育等方式达到对儒学抽象的理论和概念的理解和接受;另一方面还能够让儒学在更广泛领域得到传播与扩散。董仲舒所要寻找的信仰,不仅是价值形态的,还是"具象化"存在形态的;他不仅要为汉代政权提供合法性论证,还把天道观念与社会上流行的阴阳、五

---

① (汉)董仲舒:《春秋繁露·顺命》,载苏舆撰、钟哲点校《春秋繁露义证》,中华书局1992年版,第392页。

② 肖雁:《西汉天命神学和儒学的选择及融合》,《华中师范大学学报》2018年第6期。

行、四时等自然观念相互结合在一起。具体而言,他是从"人"的有限性出发,指出"必有非人力所能致而自至者",这就是"天人相与之际"的"受命之符",这种具有让人可见、可感的具象化形式,旨在说明人总有自己能力达不到的事情,需要借助外在的"天"来予以应瑞降祥,予以"效验"启示。他认为,天命是以"符瑞"降祥的"具象化"征兆表达对人开显,统摄一切的至上神"天"的意志是人力所不能及时的终极盼望。

(一)"受命之符"沟通"天人相与之际"

奇迹是一种自然的需求,是民族宗教的一种表现形式。奇迹是一个被实现了的超自然主义的愿望。奇迹是用超自然的方法来实现自然的即人的愿望,而人的愿望是一种旨在趋善避恶的努力或意向。奇迹满足了属人的愿望,但又有别于属人的愿望,因为"奇迹是以愿望之本质相适应的方式、以最值得愿望的方式来满足人的愿望的。愿望根本不理会什么限制、规律、时间;它想即时三刻就得到满足","奇迹活动与通常的目的的实现不同,它不借手段而实现目的,它促使愿望及其实现直接统一起来。"① 奇迹之威力,不外就是想象力之威力。自然奇迹可以表现为一种客观规律,不以人的意志为转移;而宗教奇迹则是能行人之所不能之事,是"非人力所能致而自至者"。正如苦难中的人希望得到拯救,困难中的人希望得到支持和力量,生老病死等无法抗力事件发生时,都希望奇迹出现,神灵降临,并且人通过信奉与祷告,期待神迹显现。因此,"奇迹如此地重要、如此地自然,以至对它来说一些属自然的现象也成了奇迹,也即成了非物理意义上的,而是神学意义上的、超自然主义意义上的奇迹。"② 对于宗教信仰来说,没有什么自然观一说,一切都是属神的奇迹力的作用。奇迹的发生是与神的统治和天的意志不可分割。表现在自然秩序、目的性和合法性中的天意,并

---

① [德]费尔巴哈:《基督教的本质》,商务印书馆2009年版,第168—170页。
② [德]费尔巴哈:《基督教的本质》,商务印书馆2009年版,第252、393页。

不是宗教的天意。后者建立在自由上,前者建立在必然上,后者是无限制、无条件的,前者是有限制、依靠着千万个条件的,后者是一种特别的、个别的天意,前者则仅及于全体和类,而将特殊和个体委诸偶然。① 真正的宗教将自然、人和社会发生的一切都归属于神和天意,这是宗教的起点,涵盖全体也包含类,含纳特殊也容纳个体。

在董仲舒看来,天是至上神,上天有意志,上天的意志不仅以天命神启于人,更是以灾异与符瑞"征兆"的方式——即事物发生前的征候、迹象,"效验"未来事物的发生,并从而进入人们的生活视野。他所提出的"灾异遣告"和"受命之符"正是天命以"遣告"和"征兆"的方式表达天命意志并神启于人的一个实例。

原始崇拜时期,人们喜观天象,逐渐发展出星占传统。随着人们认识世界的水平提高,人们逐渐将星占术与人类祸福相结合,演绎出以星象变化占卜国运、王之德行以及人事变迁的传统。《易·系辞传》就有:"天垂象,示吉凶"(《易·系辞传》)的记载。顾炎武曾说:"三代以上,人人皆知天文。"② 古人相信天上有上帝管理人世间一切事,所以他们就把天文现象当作上帝对于人间事务的暗示。看见天上有一些变动,就以为人间将有某事发生,并推其将应验于人,③ 以指导社会人事活动,人们希望趋利避害,更好地满足生存欲望和追求。

天象的自然变化与社会人事究竟有怎样的关系?"在天象自然变化的具体现象中找到对于社会事变和人事祸福乃至自然灾害的具体联系,这种联系可能是因——果的,也可能是征兆——后果的"④,而董仲舒属于后者。董仲舒明确提出:"善言天者必有征于

---

① [德]费尔巴哈:《宗教的本质》,商务印书馆2010年版,第61页。
② (明)顾炎武著,黄汝成集释:《日知录集释》,上海古籍出版社2006年版,第1049页。
③ 顾颉刚:《汉代学术史略》,东方出版社2005年版,第22—23页。
④ 陈来:《古代思想文化的世界》,北京大学出版社2017年版,第76页。

人，善言古者必有验于人。"① 至上神"天"不仅以天意神启于自然、人和社会，而且以"征兆"方式，"效验"未来事物的发生，这就是董仲舒提出的著名的"灾异谴告"和"受命之符"说。

董仲舒在《春秋繁露》中多次提到自然界怪异现象的发生，如：蚀、星陨、有蜮、山崩、地震、夏大雨水、冬大雨雹，陨霜不杀草，自正月不雨至秋七月，有鹳鹆来巢等，《春秋》说这是社会悖乱由小至大、由微而显的征兆，孔子则明得失，差贵贱，主张从人自身来检讨，需反归仁义之本，以恢复天下太平。董仲舒推《春秋》，认为《春秋》之所以举之为一端，"亦欲其省天谴，而畏天威，内动于心志，外见于事情，修身审己，明善心以反道者也，岂非贵微重始，慎终推效者哉！"(《春秋繁露·二端》)就是要人认清上天谴告，敬畏上天威严，内在要有所触动警觉，外在要能发现事物之变化，修养自身，明察省身，明善心而返归正道。因此，要十分重视探查自然现象之细微征兆："天不言，使人发其意；弗为，使人行其中……天虽不言，其欲赡足之意可见也"(《春秋繁露·深察名号》)，"灾异以见天意"，何为灾异？"天地之物，有不常之变者，谓之异，小者谓之灾，灾常先至，而异乃随之。灾者，天之谴也，异者，天之威也，谴之而不知，乃畏之以威，《诗》云：'畏天之威'，殆此谓也。凡灾异之本，尽生于国家之失。国家之失乃始萌芽，而天出灾害以谴告之；谴告之而不知变，乃见怪异以惊骇之，惊骇之尚不知畏恐，其殃咎乃至。以此见天意之仁而不欲陷人也"(《春秋繁露·必仁且智》)，可见，灾与异的征兆降临部分，具有由小到大、由微至显的逻辑递进关系："国家将有失道之败，而天乃先出灾害以谴告之，不知自省，又出怪异以警惧之，尚不知变，而伤败乃至。"② 董仲舒还谈到楚庄王因天不见灾、地不见孽，害怕被上天遗忘，或担心上天要使自己犯下的罪过累计到最后，遭

---

① 班固撰，颜师古注：《汉书·董仲舒传》，中华书局2000年版，第1912页。
② 班固撰，颜师古注：《汉书·董仲舒传》，中华书局2000年版，第1901页。

遇极致回应而祷之于山川的故事。可见，灾异对个体行为也同样具有约束力。

董仲舒的"天"先是以灾异谴告社会人事，而后是以符瑞征兆表达天命意志，这就是所谓"受命之符"。"符"在先秦典籍中多指通行天下或调兵遣将的凭证。《史记·孝文本纪》载："符合乃听受之……说文云分符而合之。小颜云'右留京师，左与之。'"① 汉代许慎《说文解字》中对"符"作了衍生义解读，认为"符，信也。汉制以竹，长六寸，分而相合"② 这样，"分而合之"的"符"就建立在人与人之间的诚信基础上了。《吕氏春秋》又把"符"与"道"联系起来。《吕氏春秋·精谕》载："故未见其人而知其志，见其人而心与志皆见，天符同也。"高诱注："符，道也。同，合也。"③ 由此，经验意义上的"符"由通行天下的凭证演变为具有与天道相联系的神圣凭信物证，"符"的兆象进入了天、人彼此信任的意义视域。据《汉书·杨雄传下》载："方将俟元符"，颜师古注："符，瑞也。"④ 沈约说："夫龙飞九五，配天光宅，有受命之符，天人之应。易曰：'河出图，洛出书，而圣人则之'符瑞之义大矣。"⑤ 符瑞在汉代又成为昭示天命、彰显有德的一种吉祥征兆。可以看出，"符"在汉代已经具有了宗教神学的意义。⑥

"受命"思想具有悠久的历史传统。古代历代执掌政权的君王都具有"君权神授""君权天授"等相类似的神秘体验，也都有获得天意降临受命鼓舞的情感体验。在董仲舒看来，世间有一些事情，诸如君臣分职而治，各敬其事，争进其功等是可以通过"自然致力之术"（《春秋繁露·保位权》）达到的；但有些事却是超乎个

---

① （汉）司马迁撰，（宋）裴骃集解：《史记·孝文本纪第十》，中华书局2000年版，第299页。
② 许慎撰，徐铉等校：《说文解字》，上海古籍出版社2007年版，第217页。
③ 许维遹撰，梁运华整理：《吕氏春秋集释》，中华书局2009年版，第483页。
④ （汉）班固撰：《汉书·杨雄传下》，中华书局2000年版，第2647页。
⑤ （南朝梁）沈约撰：《宋书·符瑞》，中华书局2000年版，第509页。
⑥ 肖雁：《西汉天命神学和儒学的选择及融合》，《华中师范大学学报》2018年第6期。

人能力范围的,这就是"有非力所能致而自至者,西狩获麟,受命之符是也。"(《春秋繁露·符瑞》)"天之所大奉使之王者,必有非人力所能致而自至者,此受命之符也。天下之人同心归之,若归父母,故天瑞应诚而至。《书》曰'白鱼入于王舟,有火复于王屋,流为乌',此盖受命之符也。"① 上天作为神圣世界的主宰,其授命于人君之符瑞是"天之大显",是天命神意的征兆化表达,也是"天人相与之际"的重要环节。在董仲舒看来,君王能否得到上天降之符瑞,是由天命决定的,不是人力所能决定的。但人君又不能被动等待,唯有德行自备,方能感动于天。如果说,孔子对鬼神悬而不论,但他在内心深处始终保持了对不可言说的天命神意的一份认同及敬畏感,而董仲舒思想则冲破了儒家"不语怪力乱神"的思维定式,说出了孔子不愿说的话,将传统天命观引向了宗教神学的道路。

值得一提的是,董仲舒为人廉直,并未趋奉迎合武帝意愿而编造各种符瑞,也未详备回答武帝最想知道的"受命之符"问题,以至于武帝在第三次策问时显得有些急躁:"意朕之不明与?听若眩与?"② 由于这一问题没有得到很好解决,以至于董仲舒之后符瑞灾异说更加流行。实际上,董仲舒的灾异谴告与符瑞降祥理论之目的更多在于提示天命由天所授,人禀受天命就承担了上天所赋予的神圣义务与使命,躬行道德以期上天应瑞降祥才是应该努力的方向。

由于汉武帝采纳董仲舒主张,实施"罢黜百家、独尊儒术"的文化政策,将原本"罕言"天道、"不语"怪力乱神、"敬鬼神而远之"的孔子儒学改造成为主张天人感应和阴阳灾异的宗教神学,儒学在这一时期呈现了宗教化趋势,但儒家学说在当时依然被奉为国家政治思想的"独尊",处于封建社会思想界的正统地位,并主导了国家政治思想的主要精神方向。

---

① (汉)班固撰,颜师古注:《汉书·董仲舒传》,中华书局 2000 年版,第 1902 页。
② 袁长江主编:《董仲舒集》,学苑出版社 2003 年版,第 6 页。

西汉儒学的神学化，及天人感应观念的流行，导致东汉时期，祥瑞灾异，各种神话帝王、河图洛书以及占星望气等说法频出。谶纬神学思潮兴起于西汉哀平之际，盛行于东汉，是当时广泛流传于世的社会思潮。"谶"是方士们制作的图录隐语，"诡为隐语，预决吉凶"，是一种神秘预言，也叫"图谶""符谶"。"纬"是相对于经学而言，是以神学思想附会和解释儒家经书的。谶纬在东汉时期达到高潮，光武继位，"宣布图谶于天下"（《后汉书·光武帝纪》），《后汉书·张衡传》还描述了当时社会"儒者争学图纬"（《后汉书·张衡传》）的情景。流传的纬书中含有大量关于孔子的神化，正如冯友兰所说："孔子之地位，由师而进为王。在谶纬书中，孔子更由王而进为神。各时代思想之变，亦于此可见。"①

儒学的神学化是儒学在其发展过程中形态变化的一个重要标志，是儒学宗教化的一次具有历史意义的尝试。董仲舒所要做的，实际上强调了儒学神本主义特质，把罕言"天道""不语怪力乱神"的先秦儒学改造成为主张天人感应和阴阳灾异的儒家神学，使儒学神学化、宗教化，并创造出天与人进一步发生感应的制度机制，找出天与人能够感应的契合点，使人道的变化附着于天道变化，可以说，这是董仲舒对儒学一直以来阙如的神道与人道关系的创新、说明与论证，同时，也是对天命信仰衰微的一个解困。虽然董仲舒的思想是以维护封建统治秩序为基本出发点，是为论证统治秩序合法性寻找理论依据，但他对天神信仰人格化、神意化的理论论证，可以说，更加接近人对超验世界追求的本性。

另外，由于汉代是道教孕育和诞生的重要时期，同时又是印度佛教由西域传入内地的时期。本土宗教兴起和异质宗教文化的进入，导致当时社会弥漫着一股宗教神学的气息，尽管，两汉之际传入我国的佛教，至终汉之世规模和影响都有限，但也不能否定这一社会思潮对儒学的宗教化进程起到了助推作用。

---

① 冯友兰：《中国哲学史》，重庆出版社2009年版，第58页。

第二章 汉代儒学宗教化及儒学实践的困境

中国先秦儒家哲学构建了以人为主体通达意义世界的"以德配天"的德性进路,然而,德行能否许诺幸福、德行如何能保证道义已成为亘古追问。战国中后期,诸侯争霸、战乱频仍,乃至秦王朝极致的法治制度已经证明了道德规范并非可以约束所有人。汉代统一新王朝的建立,各种社会问题的集中凸显,儒学本身也面临着一场变革。董仲舒试图重建信仰体系,重新阐释宇宙论图景,这一大胆尝试顺应历史潮流,符合社会发展需求,具有积极意义。董仲舒认为"天"以灾异遣告和符瑞降祥的征兆表达天命意志,这一创新性阐释冲破了以孔子为代表的儒家"不语怪力乱神"的思维定式,突破了儒家天命观于人而言抽象玄虚且无可感的理论界限,使汉代儒学由此呈现出宗教化转向。谶纬神学的进一步兴起,经学谶纬化导致经学神学化,孔子被进一步渲染为神人,东汉符瑞的大量涌现,以及本土道教的产生等可以说都与此有关。然而,董仲舒对传统天命观的具象化改造,按照牟钟鉴先生所言:"并没有内在于宗教的神学体系,也没有按照神学的要求展开体系,而且经常搁置神道只谈人道,对于宗教的祭祀方式、礼仪以及宗教组织制度,都甚少兴趣,或者语焉未详,无法形成完整的宗教系统"①,实际上,董仲舒推崇孔子,已经表明了他基本的文化立场,加之他本人根本无意当教主,更无意创建一个宗教,而是将其天命神学思想贯穿于社会政治、经济和文化的实践主张中,最终鲜明指向并服务于社会实践。他尤为关注民众个体的生存状态和生命安危,并为此作出了积极努力,他的神学思想在实践层面饱含儒家现实主义的人文情怀,彰显出积极有为的实践精神,这是董仲舒思想中最具重要意义的部分。马克思认为:"社会生活在本质上是实践的。凡是把理论诱入神秘主义的神秘东西,都能在人的实践中以及对这种实践的理解中得到合理的解决。"② 董仲舒独具匠心论证的主宰并统摄一切的至上

---

① 牟钟鉴、张践:《中国宗教通史》,中国社会科学出版社2007年版,第182页。
② 《马克思恩格斯选集》第1卷,人民出版社2012年版,第139—140页。

神"天"最终可能被其大力推行的社会实践所消解；其精心建构的神圣世界终将被以人为主体的"参天地之化育"的改造世界的对象性活动所替代。可以说，董仲舒神学思想充满儒家现实主义的人文情怀和积极有为的实践精神。

（二）儒、释、道三教文化格局的形成

马克思、恩格斯曾指出："每一个企图取代旧统治阶级的新阶级，为了达到自己的目的不得不把自己的利益说成是社会全体成员的共同利益……赋予自己的思想以普遍性的形式，把它们描绘成唯一合乎理性的、有普遍意义的思想。"① 汉代儒学经历的经学化、神圣化、权威化过程充分体现了儒学被推举和打造为具有合乎理性的、有普遍意义的思想的发展过程，从这一意义上理解汉代儒学的神圣化、权威化，似乎更多带有了意识形态色彩，然而，正是因为儒学被提升为意识形态层面，具有了一定的神圣性和权威性，使儒学在维护社会秩序的稳定中起到了重要作用，这是儒学发展进程中不可否认的一面。任继愈先生指出："历代封建统治者及其思想家正是通过不断地对儒家思想加工改造，以期不断满足封建统治者需要，逐渐使它完备细密，并在一个很长时间内，进行了儒学的造神活动，通过把孔子偶像化，把儒家经典神圣化，又吸收佛教、道教的思想，将儒家变成了神学。这种神学化了的儒家，把政治、哲学和伦理三者融合为一体，形成了一个庞大的儒教体系，一直在意识形态领域占据着正统地位，对于巩固封建制度和延长其寿命，起了十分巨大的作用。"② 与此同时，为封建制度服务的各种思想体系，也与这个制度密切配合，形成了"以儒教为中心的封建意识形态"③，这种同封建宗法制度和君主专制的统一政权相适应的以儒教

---

① 《马克思恩格斯选集》第1卷，人民出版社2012年版，第180页。
② 任继愈：《论儒教的形成》，《任继愈文集》第8卷，国家图书馆出版社2014年版，第4页。
③ 任继愈：《论儒教的形成》，《任继愈文集》第8卷，国家图书馆出版社2014年版，第4页。

为中心的意识形态,有效地稳定着封建社会秩序。

从中国文化发展进程来看,魏晋南北朝时期,中国社会经历了社会大动荡,同时也产生了民族大融合及文化大交流的局面,儒学虽被定为意识形态"一尊",但不可避免地因其烦琐化而带来渐失活力的弊端,由此削弱了其权威地位的尊享。神学化的儒学受到了社会广泛流行的巫术和神仙思想的影响,反过来又为道教提供了思想滋养,也为异域传入的佛教提供了儒家文化的丰厚土壤。汉代主张的谶纬经学在民间社会广泛流传,道教兴起与佛教传入,给中国文化增添了新活力的同时,也让中国思想文化界呈现出复杂的局面。儒、释、道三教思想相互交织,也在彼此碰撞,逐渐融为一体,形成了我国历史上著名的儒、释、道"三教"文化格局。神学化后的儒学也在与其他宗教的相互影响和激荡中逐渐形成了自己独有的宗教特色。可以认为,在中国社会文化环境中,儒、释、道的宗教存在模型也是世界文明环境中宗教本体面对自然、人和社会三个本体领域的宗教存在模型的一种自然反映。

1. 儒、释、道三教本体模式的相容性

道教以宇宙论为依托,强调人的现实生存状态的存在论,主张人间今生,以追求延年益寿,得道成仙为目的。可以说道教基本上走的是民间道路,注重日常的、经验的价值取向;而佛教则主张"无生",认为现实对一切众生就是苦海。佛教注重价值反省,认为看重肉身就会引发精神困顿。佛教的本质是教人向善的、觉解的。而儒教则关心价值信念,追求存在的价值化,承认宇宙世界存在的真实性,并在此基础上勇于"入世",积极探索,且有所承担。佛教、道教与儒教彼此支撑和维系着民间生活的秩序。

就哲学逻辑发展进程来看,中国哲学与佛、道教在关注"心性论"问题上具有一致性。从南北朝到隋唐,继魏晋玄学之后,中国哲学已经逐步由本体论进入心性论,心性论是中国哲学本体论逻辑发展的必然旨趣。本体论所涉及的本末、有无、体用关系,基本上是从宏观着眼。它超越汉代的宇宙论而探究天地万物之"所以然";

"心性论"则从天人关系中,透过人的心理、生理现象,进而探究人性本质的"所以然"①。

就佛教发展来看,佛教经学以佛教的语言"佛性"来说明这一现象。"佛性"说到底,其实还是"人性"的反映。而佛性问题又反映着南北朝的社会问题、政治问题。佛教的发展,南北朝流行的四部经、三部论的主要议题为佛性问题,主要关注成佛在未来还是在现世,如果有"佛性","佛性"是"本有"还是"始有",成佛要靠外力援引,还是靠自己的觉悟和努力。到隋唐时期出现的,以从心性论探究物质世界的起源,是社会精神需求的产物。人人有佛性,人人可以成佛,是南北朝时期许多宗教流派共同关心的大问题,是社会思潮在宗教理论方面的反映。道教也不例外,道教提出的"内丹说",是一种精神的修炼,实际上也是"心性"之学在道教理论中的体现,它适应时代思潮而生。而这一时期,道教和佛教都是相互呼应,各自从自己的立场阐发心性之学。②

而就儒教与佛、道教在服务封建宗法制度上的一致性来看,佛教是一种外来宗教,它必须接受封建宗法传统思想,即纲常名教思想,才能在中国这块土地上生根。道教是土生土长的宗教,除了它的宗教修养以外,它也是以维护纲常名教为基本内容的,不得不与儒教合流。佛道二教有一套追求彼岸世界的系统的宗教理论和修养方法,为儒教所不及。儒教也必须从佛道二教那里吸收营养来弥补自己的不足。任继愈分析认为,隋唐时期,中国佛教、道教都得到中央封建政府的提倡,与儒教并列,形成三教鼎力的局面。儒教同时也认识到,佛教和道教的一些宗教思想可以辅助儒教世俗说教的不足。③

---

① 任继愈:《南北朝佛教经学的中心议题——心性论》,《任继愈文集》第7卷,国家图书馆出版社2014年版,第413页。

② 任继愈:《道家与道教》,《任继愈文集》第8卷,国家图书馆出版社2014年版,第161页。

③ 任继愈:《唐宋以后的三教合一思潮》,《任继愈文集》第7卷,国家图书馆出版社2014年版,第258页。

2. 儒、释、道三教在实践上的宽容性

从理论上看，释、道二教能够弥补儒教世俗说教之不足，儒、释、道作为三种宗教形式，不仅在理论上彼此吸纳，有所融合，在宗教实践上也彼此宽容和妥协。

首先，从终极信仰对象上看，三种宗教始终维护和保持着自己的"终极信仰"。任何一种宗教，之所以称之为宗教，都具有自己的绝对的"至上神"，虽然其"至上神"的性质都大同小异，形式不同，但是都具有自己的特点，都是关系到人的精神的终极安顿。一种宗教如果要融入另一种文化，就要在其本土化的过程中不断改变自己，使之不断适应另一种文化的要求。对于佛教是这样，道教也如此。而作为被接纳者本土儒学，则更是生出三头六臂，接受着外来文化和本土道教的挑战，从而也使自身得到创新性发展。

其次，"三教合一"的实质是儒、释、道三种文化的融合，指的是文化层面的相互摩擦冲突和最终的融合。如果说是三种宗教的合一，也是指三种宗教在义理上的相互尊重、相互吸纳、彼此妥协和融合，而绝不是信仰对象的合一。因此，"三教合一"的最终结果就是三种宗教的信仰对象可以共处一山，共尊一堂，共享祭祀，而绝不会相互干涉，它们之间相互保持着最大的信任和宽容。佛教的传入和本土道教的产生，客观上打开了本土民众的宗教文化视野，一部分士人已经不再固守以往传统理念，而能跳出传统看问题，表现之一就是对"神"的理解悄然发生了变化。在人们心目中，儒教、佛教、道教所尊奉的"对象"都可称作"神"，都能对人的心理和精神产生抚慰作用，唐大和七年《佛顶尊胜陀罗尼经幢》："咨受神咒。法师于是口宣梵旨……"，这里是将古印度宇宙万物生命的最终极实在梵之语视为"神"。刻文中还提到"一切天神恒常侍卫"，并解释说："须臾诵此陀罗尼者"，又有"天神侍卫"，便得"身口意净，身无苦痛。随其福利，随处安隐。"碑铭还讲到武帝本家后裔刘公，践行儒教伦理道德，"仕国竭忠，居家尽孝"。此刘公是"武帝后裔"，又有"先祖及考妣"护佑，还有敬造的"西方大尊胜陀罗尼经咒幢",且"经咒威力,难可称量",故有"四神捧会"一说。① 这里的"四神"把佛教、儒教之"神"都纳入其中,这说明"四神"能够和谐共处,对人的身心福报有共同的担当。正如何建明所说,在广大的地方社会里,人们对于儒、释、道三教并不作严格的宗教形态上的区分,无论是儒教,还是佛教或道教,都不过是圣人神道设教以教化天下"诸恶莫做,众善奉行",没有必要作截然的区分,信仰儒教或佛教、道教并没有本质的区别,同时信仰儒、释、道三教也并不存在矛盾或冲突。②

最后,如果说儒学是宽容的,这是因为儒学本身有着自己理论上、实践上的不足,在某些方面需要释、道的补足。因为儒学牢固地占据着封建社会主流意识形态的地位,虽然遭遇冲击,但是还始终保持自己的独特属性,并为信仰留下了一席之地,这就是儒学强大的本土文化力量之根本所在。今天的儒学看起来可谓"形散而神不散":其形散,意味着儒学的内容更加丰富,视野更加宽阔,形式更加多样;其神不散,则意味着儒学的核心价值观念和思想体系在与释、道文化的冲突和融合中依然保持着自身的基本属性。历史选择了儒、释、道文化,使其成为中国民间文化的最典型的"三教"文化并存的特征,儒学也同样在与其他宗教的相互激荡中选择了自身的存在方式。

3. "三教"中的"儒"是宗教

关于"三教"之中的"儒"是否是宗教的问题,学界一直不甚明朗。有人说"儒"是指宗教,有人主张不是,有学者在文章中"儒教""儒学"混用。我们知道,隋唐时期,儒、释、道并称为"三教",此后,三教逐渐出现合一的趋势。儒、释、道三者相互吸收共融,构成近千年来中国宗教史的格局。唐宋以后,直到鸦片战

---

① 张鸿杰主编:《咸阳碑碣》,三秦出版社1990年版,第87页。
② 何建明:《地方志文献汇纂与中国宗教史研究的新趋向》,《中国人民大学学报》2014年第3期。

争，这种儒、释、道三教融合的总格局并未发生改变。尤其是南北朝以来，儒、释、道三教都具有辅助王化、整齐民心的社会功能，"三教"都是封建社会上层建筑的重要组成部分，受到历代封建统治阶级的重视。三者在形式上服务于统治阶级，在内容上由相互诋毁进而变成相互补充，这又反过来促进了"三教合一"思潮的发展，成为中国封建社会后期占主导地位的社会思潮。宋以后，三教之间相互影响、相互渗透，最后成为一个"以儒教为中心、佛道为辅翼的三教合一体制"①。儒教以自身为主，吸收了佛教和道教。佛教和道教也走上了三教合一的道路，向儒教的纲常名教靠拢，共同为封建宗法制度服务。② 吸收了佛、道修炼功夫的儒教，已不再是纯粹的儒学理论学说了。而也正是因为吸收了佛教思想的精髓，儒学哲学才更快实现了从本体到心体、人性的探索。"三教合一"思潮反映了中国封建社会后期阶段的政治经济结构的形式，也适应了维护这种政治经济结构利益的需要。

思想是现实生活的反映。有什么样的生活，就有什么样的思想。理学产生于封建社会后期，这一时期封建国家遭遇了变法还是不变法的困境，哲学上也遇到了来自佛教和道教的威胁。儒家哲学面临的思想危机，和变法的形势一样迫切。政治上的变法与思想上应对危机的调整，都是哲学与宗教对当时社会现实问题的回应。经历了汉末社会的尖锐危机，统治政权的分裂瓦解，社会大乱之后，必有"人心求治"的要求。这也是中国历史上经历了民族的、文化的、思想的融合、交流之后，出现的新形势，也是历史发展的潮流和大趋势。

4. "三教"文化格局中的"神"观念

对于当时的中国社会来说，这种被渗透进了异质文明的文化局

---

① 任继愈：《〈林兆恩与三一教〉序》，载《任继愈文集》第1卷，国家图书馆出版社2014年版，第255页。
② 任继愈：《佛教与儒教》，载《任继愈文集》第7卷，国家图书馆出版社2014年版，第410页。

面实际上彻底打开了中国人的宗教文化视野,很大一部分人已经跳出原有的文化观念,不再固守传统理念,而学会去发现"他者"文化的不同。在这一过程中,人的观念开始发生变化。从对释道文化充满偏见且不屑一顾,到能够尊重各个宗教的信仰对象。如唐开元二十五年《无畏不空法师塔记》记载:"自大教东流,诸僧间以神异助化。……要其大归,不过祀鬼神,驱邪妄,为人禳灾释患而已。……名比丘自外国来,挟术惊愚,有所谓罗汉法者,正幺麼挟术下劣之技,亦犹道家雷公法之类也。"①(《无畏不空法师塔记》)可以说,这段话充满了对佛道的不屑。然而,唐大和七年《佛顶尊胜陀罗尼经幢》,②则记载了人们对佛道思想认识的转变。碑文提到:"咨受神咒。法师于是口宣梵旨……",这里是将古印度宇宙万物生命的最终极实在梵之语视为"神"。刻文中还提到"一切天神恒常侍卫",恶漳消灭,为人所敬。还说:"须臾诵此陀罗尼者",又有"天神侍卫",便得"身口意净,身无苦痛。随其福利,随处安隐。"

值得注意的是,碑文还讲到武帝本家后裔刘公,践行儒教伦理道德,"仕国竭忠,居家尽孝"。此刘公是"武帝后裔",又有"先祖及考妣"护佑,还有敬造的"西方大尊胜陀罗尼经咒幢",且"经咒威力,难可称量",故有"四神捧会"一说。这里的"四神"把佛教、儒教之"神"都纳入其中,这说明"四神"能够和谐共处,对人的身心福报极有好处。因此,也逐渐有一些修习儒家思想者纷纷归佛。儒学毕竟是思想文化的平常修炼,是一种无声的精神浸润,即使皈依佛门,隐遁于世,也不可能丢掉血脉中流淌的传统文化基因。

---

① 按曰:"多数金石学家疑此碣非唐人原作,乃宋人重刻。"参见张鸿杰主编《咸阳碑碣》,三秦出版社1990年版,第72页。

② 张鸿杰主编:《咸阳碑碣》,三秦出版社1990年版,第87页。

第二节 儒学经典的内在矛盾性

对于孔子思想的复杂性或矛盾性,以及此后儒学内部思想出现的诸多分歧,是儒学研究经常面临的一个难点。李零指出:"孔子一生有多面性,他既有道德追求,也有事功考虑。……他更关心现实问题、世俗问题,而不是宗教问题、哲学问题,这不能说是虚构。但他的思想还是包含了多种发展的可能。"① 张践从宗教学角度来看这一问题,认为在孔子身上表现出一种极为矛盾的现象,尽管他对宗教观念执一种存疑态度,但对宗教礼仪和活动却倾注了极大的热情。孔子一方面对鬼神存疑;另一方面又主张大搞宗教祭祀活动,因而难免陷入"执无鬼而学祭礼"(《墨子·公孟》)的尴尬处境。② 毋庸讳言,孔子儒学确实存在较多的宗教观念,但是这些宗教观念并没有发展成为一种真正意义上的宗教。③ 一方面孔子儒学既承认天命鬼神的存在,却又自始至终对鬼神保持一种"敬而远之"的态度。悬置鬼神,"存而不论";另一方面却在行为中处处体现鬼神之"在",且处处恪守祭祀鬼神的忠诚原则。这使孔子儒学既彰显了人文理性主义色彩,引导人们关注现世而远离彼岸世界;同时从一开始就规避了儒学是否宗教的问题,也使儒学避免走向宗教道路的可能性。孔子内心对鬼神态度的模棱两可,造成孔子鬼神观的模糊性、矛盾性,致使后世儒家在处理儒家哲学思想与儒家宗教问题上陷入困惑,及造成行动上无法弥合的尴尬处境。

一 孔子思想矛盾性体现:《论语》

《论语》是孔子弟子们为记录孔子言行而编辑的语录文集,成

---

① 李零:《重见"七十子"》,《读书》2002 年第 4 期。
② 张践:《儒学与宗法性传统宗教》,载《儒教问题争论集》,宗教文化出版社 2000 年版,第 268—269 页。
③ 肖雁:《儒学与以"天""祖"崇拜为核心的中国人宗教信仰系统的发展》,《世界宗教研究》2010 年第 5 期。

书于战国前期,前后历经了 400 多年的历史才得以完全定型。《汉书·艺文志》载:"《论语》者,孔子应答弟子时人及弟子相与言而接闻于夫子之语也。当时弟子各有所记。夫子既卒,门人相与辑而论纂,故谓之《论语》。"①(《汉书·艺文志》)

  邓梦军在其《〈论语〉语录中的矛盾极其解释》一文中,分析了《论语》一书存在的大量矛盾之处。他分析认为,《论语》中除了重复的五条语录外,还存在大量的矛盾地方。主要表现为三个方面:一是孔子言行之间的矛盾;二是孔子与弟子言行之间的矛盾;三是弟子言行之间的矛盾。此处主要提及他对孔子关于"天"与"神"之间矛盾性的观点。作者首先关注到的就是孔子言行之间的矛盾,主要关于孔子对待同一事件的看法上。如在天命鬼神方面,孔子一方面否认天命鬼神的主宰性,认为,孔子所说的"天何言哉!四时行焉,百物生焉,天何言哉!"(《论语·阳货》)"巍巍乎,唯天为大"(《论语·泰伯》)在作者看来,这里的"天"都是自然之天,没有丝毫的主宰性可言。而孔子对鬼神存在则持怀疑态度。如:"祭如在,祭神如神在。"(《论语·八佾》)祭祀鬼神好像鬼神真的存在,实际上是说它并不存在;但另一方面,孔子又承认天命鬼神的主宰性。如他说:"获罪于天,无所祷也。"并且认为自己背负着天所给予的使命,如:"天生德于予,桓魋其如予何?"(《论语·述而》)"天之将丧斯文也,后死者不得与于斯文也;天之未丧斯文也,匡人其如予何?"(《论语·子罕》)因此,孔子在对待天命的态度上,要"畏天命"(《论语·季氏》)"敬鬼神"(《论语·雍也》)。②所言极是。在天与神的问题上,孔子天命鬼神观的矛盾性显而易见。当然,孔子思想的矛盾性实际上不限于对天命鬼神的肯定与否定的矛盾性,而在孔子与弟子之间、孔子弟子之间,也是存在诸多争论与矛盾的。

---

① (汉)班固撰,(唐)颜师古注:《汉书·艺文志》,中华书局 2000 年版,第 1361 页。
② 邓梦军:《〈论语〉语录中的矛盾及其解释》,《原道》2015 年第 1 期第 25 辑,第 172、173 页。

第二章 汉代儒学宗教化及儒学实践的困境

《汉书·艺文志》在介绍《论语》成书经过时曾说："《论语》者，孔子应答弟子、时人及弟子相与言而接闻于夫子之语也。当时弟子各有所记。夫子既卒，门人相与辑而论纂，故谓之《论语》。"吴龙辉认为，根据这段话可以知道《论语》成书经历了两个阶段，一是孔子生前"弟子各有所记"的阶段；二是孔子死后，"门人辑而论纂"的阶段。也就是说，前一阶段完成于孔子"弟子"之手，而后一阶段则出自孔子"门人"之手。由于弟子与门人是有所区别的，弟子指的是亲身受教于孔子的人，而门人的范围则广一些，除了以各种形式受教于孔子的人，还包括受业于孔子弟子的人。①可以看出，《论语》的成书是在孔子弟子各有所记的材料基础上，由门人相互讨论的结果，是获得了儒门的支持及社会认可的结果。② 其成书过程是一个经过不断讨论、修订与认可的过程。作为孔子言行记录的典型代表作的《论语》，即使经过了历代儒者的锤炼和打造，依然存在众多显而易见的矛盾和冲突之处。邓梦军认为，在《论语》编撰定型过程中，"对待天命鬼神上，《论语》中将孔子看似矛盾的语录收进去，也是后世儒者在这方面的分歧所造成的"③，这种认识的分歧，正是源于孔子思想最深刻的矛盾性所造成。

无论是"儒分为八"后"门人相与辑而论纂"著《论语》，还是分裂后的儒者各自皆形成自己的思想主张，需要重新整合、调和统一不同流派儒门的思想矛盾，都是源于孔子天命鬼神观的矛盾性和模棱两可性为后世提供了一个可供讨论和探索的空间。而《论语》看似"矛盾"迭出，对同一问题常持有不同见解，也恰恰又体现了孔子儒家思想的开放性与包容性，这也许是《论语》一书流传千年影响至今而不衰，世代儒者殚精竭虑、孜孜以求而不息的真

---

① 吴龙辉：《〈论语〉的历史真相》，《湖南大学学报》2008 年第 5 期。
② 邓梦军：《〈论语〉语录中的矛盾及其解释》，《原道》2015 年第 1 期第 25 辑，第 176 页。
③ 邓梦军：《〈论语〉语录中的矛盾及其解释》，《原道》2015 年第 1 期第 25 辑，第 180—181 页。

正原因吧。

就如何看待孔子思想的矛盾性而言，或许还因为《论语》中记载的孔子的话，出自不同人之口，加上历经久远、口口相传等原因，而无论什么原因，孔子思想中的矛盾性是得到共识的。基于这一基本认识，对孔子思想的研究就务必注意对其思想的整体性、系统性的研究，将其思想尽量放到更广大的思想领域中去考察，放到其思想产生的历史背景中去研究。蔡尚思曾经评价孔子说话的"两面性"问题时指出，从世界思想来看中国思想，从中国思想来看某一派的思想，从某一派的思想来看某一个人的思想，从某一个人的整体思想来看其某一方面的思想，这样多所比较，才能看清某人某一思想究竟有什么特色。因此，"对于孔子这样一位历史人物的思想，必须认真进行系统的而不是零星的研究。"[1]不仅要将孔子思想放置于思想史的大背景中，还要注意放到历史传承中去，由文化的历史演进而观察其历史演化。固然，对于一种思想的发生而言，字源、制度、社会的因素都有其意义，而"思想的传承才是思想史起源研究的基点"[2]。如果我们深陷于经典中说了几次话，用了多少次词语，而断定某种思想的实质，这种做法是有失偏颇的。恩格斯曾经指出："判断一个人当然不是看他的声明，而是看他的行为；不是看他自称如何如何，而是看他做些什么和实际是怎样一个人。"[3]用这一原则来分析孔子思想，看清孔子思想的矛盾性也同样是适合的。

二 以"人道"方式阐释"神道"：《礼记》

儒学在处理人道与神道问题上的模糊和不确定性还体现在儒家祭祀经典《礼记》中。成书于汉代的《礼记》是中国古代重要的

---

[1] 蔡尚思：《中国古代学术思想史论》，上海古籍出版社2013年版，第137页。
[2] 陈来：《古代宗教与伦理》，生活·读书·新知三联书店2017年版，第15页。
[3] 恩格斯：《德国的革命和反革命》，载《马克思恩格斯全集》第8卷，人民出版社1961年版，第94—95页。

典章制度汇编。同时，也是一部包揽先秦儒家的哲学、政治、文化、教育、宗教等思想的极具丰富内容的资料库。从内容上看，《礼记》主要分为，一是关于郊社宗庙及丧葬制度的礼仪规定，如祭典规定："天子祭天地，祭四方，祭山川，祭五祀，岁遍。诸侯方祀，祭山川，祭五祀，岁遍。大夫祭五祀，岁遍。士祭其先。"（《礼记·曲礼下》）"有天下者，祭百神。诸侯在其地则祭之，亡其地则不祭。"（《礼记·祭法》）等；二是关于这些宗教祭祀和丧葬制度和礼仪的文化意义上的说明及评论。既然是说明和评论，就有了发挥和理想化改造的可能性，也从而为我们今天重新研读《礼记》有了新的视角。

在总结《礼记》的内容时，牟钟鉴先生认为，《礼记》最精彩的部分之一，是对于宗教祭祀和丧葬制度所作的文化价值上的评论。这些评论集中体现了儒家的宗教观，主要表现在有条件保留神道，从人道的角度去阐释神道。主要包括了"礼重丧祭论""报本反始论""功烈纪念论""事死如生论""敬主敬诚论""祭为教本论"六个方面，并从这六个方面论述《礼记》如何以人道对待神道，从而彰显人道的。其中，礼以丧祭为重心，符合古代实际生活。《祭统》说："凡治人之道，莫急于礼，礼有五经，莫重于祭。"丧以送终，祭以追远和敬天。《礼记》所说的祭祀的用意并非求天神之佑，鬼灵之报，而是让人不忘所出而生报德之心，正如《礼器》所说："礼也者，反本修古，不忘其初也。"本源则出于《郊特牲》所说："万物本乎天，人本乎祖，此所以配上帝也，郊之祭也，大报本反始也。"儒家认为，天地乃万物之本源，先祖是人生之本源，是人类的生存和发展所依靠的资源和行为示范，所以要尊天祭祖，而祭祀便是表达人们尊敬和感恩的重要方式。天与祖不是畏惧的对象，而是感恩的对象，不是超然的主宰，而是实在的源头。尤其是《祭法》中说："夫圣王之制祭祀也，法施于民则祀之，以死勤事则祀之，以劳定国则祀之，能御大灾则祀之，能捍大患则祀之"，此段话凸显了祭祀的文化意义，而减弱了其宗教意义。

"事死如生论",则教人把现实人间和鬼神世界贯通起来,从心理情感上把生与死、人与鬼看成一体,"事死如事生,事亡如事存,孝之至也"(《中庸》),从而提升孝道的文化意义。"敬主敬诚论",既然祭祀的意义不在于讨好鬼神,而在主体情感的需要,那么,行祭祀者必须有诚敬的态度,不要专注于仪节形式。"祭为教本论",则凸显祭祀的教化意义和功用,将祭祀推向教化人心,显扬人道的文化意义上。①

可以说,儒家祭祀经典《礼记》对儒家鬼神之说,进行了有选择的"减弱宗教意义",甚至,客观上的一种"祛魅"方法,通过对人文理性的提倡、弘扬、彰显、阐发等功能性指向,以"人道方式阐释神道","以神道彰显人道",突出儒家思想以人道阐释祭祀礼仪系统的特色。因此,在论及孔子宗教观时,牟钟鉴明确指出:"孔子宗教观的特点是淡化宗教的成分,增强人文的意义,把神道归属于人道……孔子对鬼神不知可否的态度,绝不是一个宗教信徒应有的态度,只能动摇宗教信仰的基础,形成没有宗教信仰对象却要求保持宗教活动的深刻矛盾。"② 这一深刻矛盾,对儒家思想的影响可谓是深刻而久远的。

可以说,《礼记》虽然整理了古代祭祀典籍,但它的宗教理论的主体是人文主义的,所以并不能真正给宗法性宗教提供一种独立的神学,因为神学必须以神为本位才能形成。于是一种特别的文化现象出现了:"《礼记》在典制规定上是宗教性的,而在理论说明上是人文性的;两者本来并不一致,但在礼乐文化体系中又自然地融合在一起,这本身说明中国汉代的礼乐文化是宗教性与非宗教性的统一,换句话说既无强烈的宗教性,又不强烈地排斥宗教,并包含一定的宗教性。"③ 儒家主流思想以遵循孔子《礼记》人文精神为主,重视祭祀却远离鬼神,以人道精神阐释神道的历史传统由此

---

① 牟钟鉴:《中国宗教通史》,中国社会科学出版社2007年版,第183、184页。
② 牟钟鉴:《试论儒家的宗教观》,《齐鲁学刊》1993年第4期,第50页。
③ 牟钟鉴:《中国宗教通史》,中国社会科学出版社2007年版,第185页。

可以得到理解。

　　儒家"三祭",是指祭祀天地、祭祀祖先以及祭祀圣贤。谈到儒家"三祭"之礼,韩星先生指出,儒家的"三祭"体现了中国文化的基本特征,在历史上发挥了积极的文化功能。"三祭"之礼渊源甚早,有着鲜明的人文指向,体现出独特的人文精神,这种人文精神具体表现为敬鬼神、承大祭的"神道设教";质性情、形文饰的中和精神;慎始终、厚民德的道德教化;祖有功、宗有德的人文意蕴;别远近、序尊卑的伦理秩序。韩星先生更为明确指出,在中国历史上,儒家具有宗教性和人文理性的双重品格:一方面儒家具有安身立命、终极关怀的宗教精神;同时也具有容忍尊重、兼容并包的包容精神,因此,不仅不排斥宗教,反而可以涵盖宗教,可以与宗教相通融。儒家的这种品格,使儒家不会产生宗教迷狂,其以人为本的伦理道德还可以为宗教狂热降温。① 可以说,儒家"三祭",既体现中国文化的基本特征,又彰显了儒家宗教性与人文理性的"双重品格"。也就是说,这一既有宗教精神又有开放包容的理性精神的"双重品格",是通过祭祀天地、祖先、圣贤体现出来。这一认识对儒家《礼记》经典中的宗教祭祀内容及其人文主义的意义指向进行了更为清晰的评判和说明。

　　综上,《礼记》在处理儒家的宗教思想时,既如实面对了祭祀礼仪的宗教事实,同时又通过对祭祀进行人文意义的解读和说明减弱了其宗教神秘主义内涵,使《礼记》真正成为一部以人文主义思想阐释古代宗教祭祀系统的典籍。应该说《礼记》这种"特别的文化现象",或许正因为以孔子为代表的儒家思想在天命鬼神问题上的模糊与不确定性,导致了儒家后学在处理人道与神道问题上特别重视人文理性意义的阐扬,也因此使嗣后儒家不断"回望"原始儒学以焕发一种文化激情,不断重新探讨儒家人、神关系的新意,以及为研究儒学所包含的更为丰富的多重面向留下了可延展及讨论

---

① 韩星:《儒家"三祭"之礼的人文精神》,《杭州师范大学学报》2015年第1期。

的空间。

第三节 儒学思想的实践困境

儒学理论上的矛盾性，必然会表现于实践中的两难处境。孔子内心对鬼神态度的模棱两可，造成孔子儒学鬼神观的模糊性、矛盾性，致使后世儒家在处理儒家哲学思想与儒家宗教问题上陷入困惑，及造成行动上无法弥合思想观念的尴尬处境。

一 无法调和的世界观与认识论：张载

关中大儒张载的思想具有典型性，他的唯物主义世界观与其唯心主义认识论之间存在着矛盾。一方面，张载认为："神，天德；化，天道。德其体，道其用，于一气而已。"（《正蒙·神化》）神（天德）是气之本性，化是气之本性表现于气化过程（天道）中，他说的"神化"，其实就是一个气的变化，也就是"气化"，而气外别无他者的推动和主宰。而这个"神化"具有客观规律性和可知性，这是张载哲学的唯物主义世界观的表现；另一方面，张载在认识论上又有新的阐发。他认为，在人的"耳目内外之合"的感性认识之外，人心还有"天德良知""德性所知"，《正蒙·大心》载："见闻之知，乃物交而知，非德性所知；德性所知，不萌于见闻。"人的认识除了依靠感性，还有一部分是通过"周知万物""尽物穷理"的认识。这部分认识则需要"大其心"去"合天心"，直接把握无限的宇宙总体。而"圣人有感无隐，正犹天道之神。"（《正蒙·天道》）这里"天"又是以拟人化形式出现，成为"天神"。可以说，张载在认识论上又陷入神秘主义。最终，张载又不得不将自己所解释的"神"神化起来，使"天""神"都变成被神化的对象，以至于张载在世界观和认识论上陷入了悖论。而且，张载承认生而知之的圣人存在，所谓"上知下愚，习与性相远既甚而不可变者也"（《正蒙·诚明》），则是与其神秘主义认识论具有一致性。

《礼记·礼运》记载："人者，天地之心"，张载的"为天地立心"同样给本来冥顽无知的宇宙自然赋予了目的性，自然或许就是以文化道德的人为目的的。如果从纯粹的客观目的论上讲，"天地之心""为天地立心"，很容易走向宗教有神论。李泽厚分析认为，张载的"为天地立心"所指向的最高境界即是主观心理上的"天人合一"，到了这个境界，"万物皆备于我""人能至诚则性尽而神可穷矣"（《正蒙·乾称》）：人与整个宇宙自然合一，即所谓尽性知天、穷神达化，从而得到最大快乐的人生极致。而此"极致"并非宗教的而毋宁是审美性的。① 也许可以理解为，"境界论"是化解张载的世界观与认识论上矛盾性的一条途径。

一贯奉行躬行践履儒家传统道德的张载，始终把祭祀当作儒家礼仪的一个重要方面，他认为："祭接鬼神"，祭祀是要接通鬼神的，"今人之祭，但致其事生之礼，陈其数而已，其于接鬼神之道则未也。祭祀之礼，所总者博，其理甚深，今人所知者，其数犹不足，又安能达圣人致祭之义！"② 对于陈其数的事情，那是祝史干的事，而礼之所尊，要尊其义，至于接鬼神之道，只有圣人才能体会。张载是站在哲学和道德的角度讨论祭祀观念的，对于鬼神也是站在无神论立场上予以批判的，但是他又不得不承认祭祀背后所具有的终极意义，这使他的理论在世界观和认识论上产生了无法自圆的矛盾。因此，周赟指出，张载的鬼神观念"立足于传统原始本质的鬼神，并在此基础上赋予了义理化的内涵，从而发明了义理与祭祀相统一的鬼神观念。"③ 张载的鬼神观念最终走上了一条哲学化的道路。

二 儒者的宗教生活体验：韩愈

韩愈既认同孔子"祭鬼神而远之"的思想，坚守儒家道统，坚

---

① 李泽厚：《新版中国古代思想史论》，天津社会科学院出版社2008年版，第247页。
② 《经学理窟·祭祀》，《张载集》，章锡琛点校，中华书局1978年版，第294页。
③ 周赟：《论张载鬼神观念及其在无神论史上的贡献》，《科学与无神论》2011年第2期。

定排佛,却又坚信鬼神存在,在生活中笃信鬼神,"祈祷实频",表现出思想和行为的内在矛盾性。唐代著名思想家韩愈,终其一生,"崇儒排佛",他在儒学式微、释道盛行之际,甚至一些儒者转而信了佛、道教,面对力辟佛老,致力于复兴儒学,儒家本位思想非常明显。在宋儒眼中,孔、孟之下,便是韩愈。韩愈出生于儒学家庭,三岁丧父,养于长兄韩会。韩会重视儒学,提倡古文。韩愈从小读书习作,均受到了长兄韩会的影响和熏陶。而当时的社会风气,"老佛显行,圣道不断如带"(《新唐书·韩愈传》),正如他在《原道》中所说:"其言道德仁义者,……不入于老,则入于佛,入于彼,必出于此;入者主之,出者奴之;入者附之,出者污之。"在这种氛围中,自然会产生一种抵触排斥的态度。《原道》可谓韩愈鲜明排斥佛老为主旨的重要文章。韩愈在《原道》中批评到"周道衰,孔子没,火于秦,黄老于汉,佛于晋、宋、齐、梁、魏、隋之间。其言道德仁义者,不入于杨,则入于墨;不入于墨,则入于老;不入于老,则入于佛。"① 实际上他是批评那些口言儒家仁义道德之人,那些说孔子"吾师之弟子也"的"入老者"和说孔子"吾师之弟子也"的入佛者的荒诞言论,认为他们不坚持自己的儒家立场,而最终入墨、入老、入佛。在韩愈看来,"生人以来,未有如孔子者,其贤过于尧舜远者"②,并以此表明自己坚定的儒者立场,并以此建立起一套儒家道统论作为自己思想的理论基础。

(一) 韩愈的天命论

天人关系是先秦思想家关注的重要问题之一,也是汉代儒家经学最为关心的命题。《原人》是韩愈哲学思想的总纲。《原人》提出了"天道""地道""人道"的最高范畴"道",并提出了对天人关系的基本看法:

---

① 韩愈:《原道》,《昌黎先生文集》第11卷,宋蜀本,第80页。
② 韩愈:《处州孔子庙碑》,载屈守元、常思春主编《韩愈全集校注》,四川大学出版社1996年版,第2430页。

第二章 汉代儒学宗教化及儒学实践的困境

> 形于上者谓之天，形于下者谓之地，命于其两间者谓之人。形于上，日月星辰皆天也；形于下，草木山川皆地也；命于其两间，夷狄禽兽皆人也。曰："然则吾谓禽兽人，可乎？"曰："非也，指山而间焉，……故天道乱，而日月星辰不得其行；地道乱，而草木山川不得其平；人道乱，而夷狄禽兽不得其情。天者，日月星辰之主也；地者，草木山川之主也；人者，夷狄禽兽之主也。主而暴之，不得其为主之道矣。是故圣人一视而同仁，笃近而举远。"（《原人》）

"道"是韩愈思想中的最高存在。首先，"道"体现在天道、地道和人道之中，贯通于天、地、人等古往今来的整个宇宙秩序之内；其次，认为人存在于天地之间，由"道"而贯通，人与天、地、自然万物是一个整体，而人是其中占据主导地位的存在；最后，天、地、人各分其有、各施其"道"，并在各自的范围内发挥作用，而人的作用显然更为重要。基于此观点，韩愈进一步认为：

> 古之时，人之害多矣。有圣人者立，然后教之以相生养之道。为之君，为之师。驱其虫蛇禽兽，而处之中土。寒，然后为之衣，饥，然后为之食。木处而颠，土处而病也，然后为之宫室。为之工以赡其器用，为之贾以通其有无，为之医药以济其夭死，为之葬埋祭祀以长其恩爱，为之礼以次其先后，为之乐以宣其湮郁，为之政以率其怠倦，为之刑以锄其强梗。相欺也，为之符、玺、斗斛、权衡以信之。相夺也，为之城郭甲兵以守之。害至而为之备，患生而为之防。（《原道》）

以往研究一般认为，韩愈把教人民相生养的生活和世代延续的历史归结于圣人的出现，甚至认为，古之无圣人，人之类灭久矣。圣人创制立法的"圣人"史观是韩愈唯心主义形而上学观点应用到社会历史方面的必然结果。① 然而,张跃却看到了问题的另一面,他指出:虽然韩愈错误地把历史的发展主要归功于圣人,但在韩愈的叙述中,韩愈显然认为,是人的创造性活动战胜了来自自然的危害,建立和完善了社会秩序和生活规范,使社会成员能够安居乐业。如果按此逻辑地推论下去,那就是人之道可以不受天之道的制约,人可以凭自己的力量取得进步和发展。② 然而,社会生活往往并不尽如人意,从韩愈的角度来看,他的天命观与他自己的生命体验产生了冲突。在当时的社会政治旋涡中,韩愈更深切地感受到凭借一己之力难以把握天命,实现理想抱负。命运的坎坷使韩愈不得不发出"似不在我""存乎天"的疑问。在《与崔群书》里,他感慨地说:"自古贤者少……得贤者虽得卑位,则旋而死,不肖者或至眉寿,不知造物者意竟如何",又说:"天之与人,当必异其所好恶无疑也。合于天而乖于人,何害?"(《与崔群书》)③ 在这里,韩愈的"天"已经成了有意志的人格神。于是,他只好解释说:"凡祸福吉凶之来,似不在我""贵与贱、祸与福存乎天。"(《与卫中行书》)④ 而这显然又与他所说的"命之穷通,自我为之"(《与卫中行书》)相矛盾,无奈,他只能摇摆于天人之间。在批判道教的虚妄时,他可以说:"人生处万类,知识最为贤,奈何不自信,反欲从物迁。"(《谢自然诗》)强调人要自信,反对奉求超验的外物;但有时又说:"人生由命不由他"(《八月十五夜赠张功曹》),把人事的失败又归结为冥冥之中的天命,正所谓"得失固有天命。"(《上考功崔虞部书》)表现出面对生活无常时内心的无力感。韩愈思想中的这种自然论与天命论的矛盾不是哲学史的孤立现象。⑤

(二) 韩愈的鬼神观

从韩愈发出的贵与贱、福与祸"似不在我"的疑问,并得出

---

① 萧萐父、李锦全:《中国哲学史》,人民出版社1982年版,第470页。
② 张跃:《唐后期儒学》,上海人民出版社1994年版,第56页。
③ (唐)韩愈:《与崔群书》,《昌黎先生文集》,宋蜀本,第131页。
④ (唐)韩愈:《与卫中行书》,《昌黎先生文集》,宋蜀本,第132页。
⑤ 张跃:《唐后期儒学》,上海人民出版社1994年版,第57页。

"在乎天"的结论,我们就已经窥视到他内心深处的矛盾与困惑。如果说孔子因此提出"天命不可违",而韩愈呢?多次被贬,命运艰辛,难道只能顺命?与之坚持儒家立场相反,韩愈笃信神明。塞长春曾说,韩愈以谏佛骨黜为潮州刺史,路过岳阳时,到黄陵庙去做祷告,祈求神灵保佑他早日遇赦回朝。次年,他果然遇赦移回京,于是,他认为这是祈祷的应验,是"蒙神之福,启帝之心",为报答"神之大庇"(《祭湘君夫人文》),他作了祭文,且派使前往祭奠,还捐资"私钱十万",重修黄陵庙,并为此特作《黄陵庙碑》。① 这恰表明他认为祈求神灵保佑是灵验的,而客观上说,祭祀鬼神也给予了他心灵的安顿,舒缓了他思虑中的困顿。

支持韩愈顽强生活的原因,并非对思想本身的探索,而是历史文化的使命和社会风教的担当,在韩愈看来,能行君道才是儒者最高愿望的实现。对于排佛,韩愈坚持捍卫历圣以来的中国传统文化,斥责"事佛求福"是一种迷信夷狄之法,而忘记自己祖宗传统的人。他甚至还在《论佛骨表》中,明确拿出孔子"敬鬼神而远之"之说作为原则和标准。在思想上承认天命、鬼神的存在,告诫人们"敬鬼神而远之",但在生活中却一边质疑天命,一边笃信天命;一边承认鬼神存在,崇信敬祀鬼神,一边又要远离鬼神,其行为可谓与孔子同出一辙。韩愈在行为中祭拜祈祷鬼神,希望得福佑,明显具有功利性质。但是,宗教意义上祈祷鬼神就是护佑自己。孔子生病不是也祈祷鬼神吗?而且"祷之久矣",只能说韩愈比孔子更坚信鬼神的力量。

韩愈祭祀鬼神,与他遭际坎坷的人生存在一定关系。众所周知,韩愈仅仅活到57岁就因病去世,白居易痛惜韩愈辞世,说他"不过中年"。从韩愈年谱上看,元和十四年正月正是他谏迎佛骨,贬潮州刺史之时,紧接着黜移至袁州刺史,其大部分祭神作品发表在这一时期。如《论佛骨表》《祭鳄鱼文》《与大颠和尚书》等,

---

① 塞长春:《论韩愈》,《西北师大学报》1975年第4期。

集中反映了这一时期韩愈思想的动向。元和十四年的韩愈已经52岁了，如果说他57岁病逝，那么也是到了他学术生涯的晚年。大力宣扬儒家道统精神的韩愈，十分崇信鬼神，相信"神其降监"（《潮州祭神文》），神可以"闵人之不幸"（《潮州祭神文》），他相信神爱人，"非神不爱人，刺史所失职也"，"神聪明而端一"，以及感谢神恩的心情："惟神之恩，夙夜不敢忘怠""懒神之德，夙夜不敢忘"（《潮州祭神文》）。人与神的关系是："神之所依者惟人，人之所事者惟神。"（《袁州祭神文》）

（三）韩愈的祭祀行为

韩愈在生活中不乏祭祀行为，尤其在他司职京邑，更是"祈祷实频"① 除了祈祷，韩愈被贬潮州、袁州期间，写了不少祭神文章，如《潮州祭城隍神文》《潮州祭界石神文》《潮州祭太湖神文》等，祭祀的对象分为两类：一类是自然神灵，如《潮州祭神文》中记载的"大湖神之灵""城隍之神""界石神之灵"；《祭竹林神文》中提到的"竹林之神"，《曲江祭龙文》中的"青龙之神"，《袁州祭神文》中提到的"城隍神之灵""仰山之神"，以及《南海神庙碑》中记载的海神等；还有一类是民间鬼神，如《衢州徐偃王庙碑》中说的"徐偃王神"、《祭湘君夫人文》中的"湘君、湘夫人二妃之神"等。韩愈笃信鬼神，肯定天地神祇、社稷山川河岳之神灵，认为鬼神能为人带来好运，还能保佑一方百姓。韩愈祭祀鬼神非常虔诚，必"拜庭跪坐""斋洁以祀""躬斋洗"（《潮州祭神文》），"作神之象，斋戒祀祷"（《曲江祭龙文》），尤恐"思虑不能专一，冠衣不净洁"（《潮州祭神文》）而亵渎了神灵。可以说，韩愈对鬼神的态度和行为与孔子敬鬼事神的做法是一致的。

可以看到，韩愈一方面认同孔子"敬鬼神而远之"的思想，坚守儒家道统，坚定排佛；另一方面，却坚信鬼神的存在，他笃信鬼神，撰写祭神文祭祀鬼神之灵，在鬼神问题上表现出深刻的内在矛

---

① （唐）韩愈撰：《贺雨表》，《昌黎先生文集》，宋蜀本，第257页。

盾性。实际上,很多学者对韩愈既排佛、又祭鬼神,晚年又与僧侣来往的行为表示不好理解,如潘链钰曾提到过:"韩愈也有着一边排佛重儒、一边笃信释道的矛盾心理。"① 对于如何诠释韩愈撰写祭神文的原因分歧也较大,有人质疑,韩愈多次祭祀地方神祇,是否只是迎合风俗,勉而为之? 韩愈的祭神行为,与他所持守的道统观念有何关系? 这些问题尚未得到圆满解决。②

韩愈宣传儒家道统,却又迷信鬼神的行为曾遭到宋儒的批评,如王安石就批评韩愈的思想未能摆脱神秘主义的影响,不是醇儒。韩愈骨子里是一个忠诚保守的"民族文化主义"者,所以他的清晰(旗帜鲜明地排斥佛道)而又矛盾(不相信佛教的生死轮回和道教的修炼成仙,却又崇信鬼神)的世界观,是历史使然。③可以认为,韩愈思想内在始终保持对儒学文化理性的坚守的同时,又不得不受到当时社会广泛流传的鬼神观及神秘主义思潮的影响,韩愈鬼神观的矛盾性正是孔子儒学"二重性"在韩愈身上的集中体现。

韩愈积极实践儒家祭祀主张,祭文也多次强调神明鉴察人心,赏善罚恶,甚至因固守儒家礼乐、祭法的立场,运用儒家祭祀范式,把唐代不载入祀典的地方神祇纳入儒家社稷之神和山川河岳之神的畛域。如在《曲江祭龙文》中,韩愈谨以香果之奠,敢"昭告于东方青龙之神","乃于甲乙之日,依准古法,作神之像,斋戒祀祷,神其享佑之,时降甘雨,以惠兹人。"④ 冯志弘认为,韩愈所说的"古法",很可能就是源自董仲舒《春秋繁露》所记:"春旱求雨……以甲乙日为大苍龙一,长八尺,居中央。为小龙七,各长四尺,于东方。皆东乡(向)。"正好吻合韩愈所说"甲乙之日……作神之像"的描述。说明韩愈思想也受了董仲舒神学思想的

---

① 潘链钰:《论中唐的御"文"统"经"——以元白韩柳为中心》,《浙江师范大学学报》2018年第5期。
② 冯志弘:《鬼神、祭礼与文道观念——以韩愈〈潮州祭城隍神文〉等祭神文为中心》,《河北师范大学学报》2016年第4期。
③ 王东峰:《韩愈宣扬儒家道统的鬼神信仰者》,《中国社会科学报》2015年5月4日。
④ (唐)韩愈:《曲江祭龙文》,《昌黎先生文集》,宋蜀本,第170页。

影响。儒家祭祀典籍本身就并非纯而又纯，也是在其发展完善过程中，广泛吸收古代祭祀文化传统的产物。① 韩愈通过将祭神的文化目的纳入国家祀典，来论证其祭神鬼神的合法性，是对传统儒家"敬鬼神而远之"的人文理性精神的弘扬。

任潮州刺史的韩愈撰写祭神文时更是颇为用心：《潮州祭神文》载，韩愈"谨以柔毛、刚鬣、清酌、庶羞之奠，祭于城隍之神"，明显有意征引唐代祭神文罕见的先秦儒家祭物名称，因为唐代用柔毛、刚鬣献祭，仅见于天子亲祭社稷之神的祭文。韩愈还多次使用唐代祭神文罕见的祭物用语，论证其"符合儒家祀神观念"，有时候，不得不令人联想其"偏执"儒家传统，"异于时人的个性"②。

赵吉惠在谈到韩愈思想的矛盾性时曾说，韩愈的政治思想渊源于儒家，但又不是谨守孔孟门墙的"醇儒"。他继承孟轲、董仲舒的儒学传统，推尊尧、舜、禹、汤、文、武、周公、孔、孟之道，用儒家的道统去反对佛教的法统及其神权迷信，主张"人其人，火其书""人其人，火其书，庐其居"(《原道》)；同时承袭董仲舒的观点，提出"性三品说"，反对佛家"灭情见性"的出世观点。却又迷信天命神鬼，相信天有目的意志，能赏善罚恶，并同僧道交往，过从甚密。作为中唐古文运动的领导者，企图用古文来宗经明道，达到尊儒排佛、尊王攘夷的目的。他虽以儒家道德继承者自居，在宋儒眼里却是个杂驳的文人。③李珺平也评析过矛盾的韩愈，"韩愈以唐代的孟轲自许，坚决捍卫儒学且攘斥佛、老，但思想行为却与佛教和道教密切纠结。韩愈与道教的纠结，渗透在生活方式、创作和思想等各个层面；韩愈与佛教的纠结，表现在喜游佛寺、喜与僧道交往，以及在学术上的援佛入儒等方面。"④ 可以认

---

① 冯志弘：《鬼神、祭礼与文道观念——以韩愈〈潮州祭城隍神文〉等祭神文为中心》，《河北师范大学学报》2016年第4期。
② 冯志弘：《鬼神、祭礼与文道观念——以韩愈〈潮州祭城隍神文〉等祭神文为中心》，《河北师范大学学报》2016年第4期。
③ 赵吉惠、郭厚安主编：《中国儒学辞典》，辽宁人民出版社1988年版，第48页。
④ 李珺平：《论一团矛盾的韩愈》，《美与时代》2015年第4期。

第二章 汉代儒学宗教化及儒学实践的困境

为，韩愈思想的矛盾处恰是表现在其思想理论的指导与其自身行为实践之间的无法弥合。

(四) 韩愈与佛僧交往

张籍是韩愈的至交好友。作为儒门人物，张籍也是一生服膺儒家，其所交游，大多也是儒门之士。但张籍在生活困顿之时，心情较为郁闷之际，时不时会有超脱现实及出世的思想，而这种思想在张籍晚年时尤为明显。晚年的张籍与僧道交往相当频繁。据焦体检统计，张籍交往的僧人和道士有三十余位。而且，从姚合《寄主客张郎中》、贾岛《张郎中过原东居》等诗中可知，张籍晚年亦有服食丹药的经历。可见，张籍的思想虽以儒家"入世"思想为主，但也常有出世想法，并杂有道、佛仙心。张籍还经常向僧人，如高闲、安法师等请教苦空之道，贾岛学通释儒，张籍也曾经向他请教佛法之理，以求获得心灵的片刻休憩。① 韩愈与张籍交往密切，志趣相投，交流也甚多，可以大概估计他们思想观念应该具有一致性，思想交流也必有相融合和弥补之处，彼此也能相互理解和宽慰。

韩愈和张籍的交往，应该与当时儒、释、道趋向合一的社会思潮有关。熊铁基先生在谈到王重阳创立全真道的社会大的思潮背景时也提到这一问题，他指出，唐宋时期有一股发展中的儒、释、道三教合一的思潮，各教人物之间存在非常频繁且密切的交往，各自对儒、释、道经典进行学习和吸收。儒家学者中即使力排佛老的人，也会与佛道人士来往，更重要的是从佛、老著作中吸收有深意的思想；佛教人士一如既往是从儒、道中寻找支持和传播的力量；道教徒也在不断改变自己，以适应发展的需要。他还提到了王重阳的"儒门释户道相通，三教从来一祖风"②，认为"王重阳与僧人多有交往，也常有相互之问难，因而也要作各种阐释。"当然，即

---

① 焦体检：《张籍研究》，河南大学出版社2010年版，第91、101页。
② (金) 王喆：《孙公问三教》，《重阳全真集》，明正统道藏本，第4页。

使王重阳认为三教关系"如三足鼎立",但毕竟他的重点是讲释、道之相通。即使三教是"一家""一树三枝""一祖风",但归根结底是"不离真道",而"真道"就是他的全真之道。① 可见,即使王重阳认为"三教从来一祖风",实际上还是有彼此相互吸收、借鉴的过程。即使儒者与僧人往来,也是在比较视野下完成各自理论的消化、补充和阐释。中唐时期,社会思想较为开放,文化也相对活跃,儒者与僧、道交往,成为一种习尚,而不是秘密。如果说韩愈晚年思想发生变化,或许就与他善于借鉴佛、道教理论有关。

韩愈晚年与大颠和尚的交往,以行动证明他接受佛教徒,可以与他们交流,甚至可以为友,为此,他还聆听了大颠和尚讲授佛经。事实上,初识大颠和尚,给韩愈的印象并不算差,尽管有传说韩愈还嘲笑过大颠和尚的大龅牙。但联想到韩愈曾经迎佛骨之时,对佛教的痛恨,并斥之为异端之学,恨不能"人其人,火其书,庐其居"(《迎佛骨表》),强迫僧尼道士还俗,焚烧佛老典籍,佛寺道观改为民居,认为唯有如此,才可以禁绝佛老,复兴儒道。这样想来,韩愈嘲笑和尚的故事似乎可以为真。然而这就更加难以解释韩愈和僧道密切往来的行为。因此,在得知韩愈与僧道的往来,自然会引起外界风波。的确如此,据说,当时韩愈与僧人交往,曾经引起轰动,消息迅速从潮州传遍岭南,甚至传到京城。宋人陈善说他:愈辟佛老而事大颠,流入异端而不自知者。②

通过与大颠和尚的交流,韩愈认为他"颇聪明,识道理,远地无可与语者,故自山召至州郭,留十数日,实能外形骸,以理自胜,不为事物侵乱。与之语,虽不尽解,要自胸中无滞碍;以为难得,因与来往。"(《与孟尚书书》)司马温公《书心经后》曰:世称韩文公不喜佛,尝排之。予观其与孟尚书论大颠云:能以理自胜,不为事物侵乱,乃知公于书无所不观。盖尝遍观佛书,取其精

---

① 熊铁基:《试论王重阳的"全真"思想》,《世界宗教研究》2008 年第 2 期。
② (宋)陈善:《韩愈流入异端》,《扪虱新话》卷 3,民国校刻儒学警悟本,第 47 页。

粹而排其糟粕耳，不然，何以知不为事物侵乱为学佛者所先耶？①从这段话中得知，韩愈至少是认同大颠和尚的佛教理论的，而且，韩愈也一定是对儒家理论存有一些困惑和不解的问题。之所以与大颠和尚交谈，是希望自己能做到胸中无滞碍，无想不通之事，以期圆融他的理论，这也是韩愈所追求的心理状态。这说明韩愈的理论胸襟是开放的，他的理论是可以不断接受新的信息，补充或弥补自身理论的匮缺。还有一点也可以肯定，韩愈一定是有些问题不甚明白与清晰的。所以，韩愈尽管仍然坚持自己的固有思想观念，还要表示跟佛教划清界限，甚至还辟谣说自己没有信佛，甚至对天地鬼神发誓："仰不愧天，俯不愧人，内不愧心""天地鬼神，临之在上，质之在傍，又安得因一摧折，自毁其道，以从于邪也？"（《与孟尚书书》）关于给大和尚送礼一事，也要解释一番，说："乃人之常情，非崇信其法。"（《与孟尚书书》）

朱熹在研读韩愈文集后指出："然考其（韩愈）平生意向之所在，终不免于文士浮华放浪之习，时俗富贵利达之求。"②他认为韩愈一心追求外部世界，内心是无法获得安宁平静的，言外之意，韩愈内心不宁静，所以无法接受佛道熏染。而即使他想改善自己内心的状况，但他偏执固执的思维习惯、对其他思想流派的过度排斥，终使得他在践习人生观的过程中，无法达到自己期望的圆融状态。③把韩愈不信佛道，归结为他的性格和思维习惯，以及他对利益的追求，或许失之偏颇。因为这样理解韩愈，会降低他笃信儒学的真诚，而这恰不是儒者所希望看到的。

韩愈不仅与大颠和尚来往，而且与虔诚的佛教徒孟简也往来，从中可以看出，韩愈也是接受孟简为人的，至少在世界观上与其并

---

① （唐）韩愈撰，（宋）廖莹中注：《东雅堂昌黎集注》卷18，清文渊阁四库全书本，第288页。
② （宋）真德秀：《文中子令学》，载《读书记》卷30，清文渊阁四库全书本，第741页。
③ 高玮：《从碑志看韩愈的人生观》，载王德保主编《韩愈研究》第8辑，中国社会科学出版社2016年版，第227页。

不冲突。这更说明韩愈的开放胸怀、与人为善的品格。至于韩愈给孟简回复的信中,阐明自己坚守儒家立场的决心,与此也并不冲突。有学者认为,韩愈一方面排斥佛老,主张采取严厉手段对待他们,另一方面又常利用机会,跟僧道交往,是因为韩愈要相机进言,劝其还俗。诗人贾岛,原是僧徒,就是听从韩愈之劝而还俗的。① 实际上,如果真正皈依了佛、道教的人,是很难被人劝说就轻易还俗的,而且,此说似乎并没有可靠的事实佐证。

韩愈精神上主张排佛,但在生活层面上又与僧人密切交往,看起来似乎是一种矛盾。但这种矛盾的产生,如果放在当时社会历史文化背景中予以分析,或许可以得到理解。当时佛教对中国社会的影响是从宗教和哲学两个层面上产生的,佛教的本土化完成首先是在儒家文化宽容开放的文化胸襟中展开的。身处其中的韩愈在这一过程中的内心感受和体验也是强烈的,作为这一时期极为活跃的儒家知识分子,韩愈的所作所为自然会引起更多的争议。

有唐一代,思想活跃,鬼神信仰盛行,民间信仰极为发达。人们已经开始探讨各种呼唤神灵并与神灵沟通的方式,这一思潮的出现以及盛行,与儒家主张的祭神传统本来就缺乏足够的解释力有关。韩愈晚年心态和思想发生的变化,鬼神信仰或在其晚年思想世界中成为不可或缺的补救。由此,造成一些儒者在接受儒家思想的同时,在行为上又存在背离儒家人文理性精神的可疑性,造成在天命鬼神信仰方面,在"说"与"做"上的矛盾性和无法弥合性。而这一矛盾性如果放在孔子儒学的"二重性"理论框架下予以分析,或许就得到了答案。

三 "以德配天"的实践困惑

"天命"是千年来在中国人的精神信仰系统中发挥核心作用的宗教观念。殷商时期,古代宗教就完成了由"多神论"到"一神

---

① 罗联添:《韩愈研究》,天津教育出版社2012年版,第191页。

论"的转化,在一个庞大的诸神系统中抽象出统领支配一切的至上神"上帝",产生了天命或类似的观念,如卜辞所见:"恪谨天命""我生不有命在天"等。"殷人尊神,率民以事神"(《礼记·表记》)就是对当时整个社会浓郁宗教氛围的生动描述。周人继承了殷人的宗教思想,称上帝为天,把"至上神"属性赋予"天",并认为"天命不僭""天命靡常""天难堪""惟命不于常",但同时又认为:"天命惟德""惟德是辅",人们要"以德配天","以德行事天",以德行沟通人与神之间的关系。以孔子为代表的儒学承继三代以来"至上神"的普遍观念,承认天是有意志的最高主宰,人的寿夭祸福都由天命决定。在孔子看来,"唯天为大",人必须具有敬畏天命的宗教情感,要"畏天命",否则"获罪于天,无所祷也"。他甚至认为:"天生德于予",说自己是天命的承担者,孔子的天命观依然具有神学特质。笔者将以咸阳碑碣为例,通过分析梳理所搜集到的咸阳碑碣约384通刻文中"天"的含义,分析中国传统儒学所提倡的天命、鬼神观念在实际生活中令人困惑之处。

(一)"受命承天"的主宰之天

天命神学的根本意义在于承认天命是一种超人间、超自然的力量,赋予人类一切本性能力,并干预、支配和操纵人类生活。这一点在咸阳碑碣中多有记载。如北周《孤独浑贞墓志铭》说:"以为天授";唐《兰公(辅)墓志铭》载:"道符天授";唐《薛公(元超)墓志铭》上说:"上天有命";大周《庞府君(同本)》载:"谤稽天命";大周《于府君(遂古)墓志铭》载:"再纡天旨";唐《永泰公主(李仙蕙)志石文》:"天命惟新";唐《雍王(李贤)墓志铭》:"受命承天";《贾公(季卿)墓志文》:"何天之不予";唐《尹尊师墓志铭》:"属天夺哲人";唐《张公(仲晖)墓志铭》:"受禄于天""天合人合""天难预虑";唐《第五府君(玄昱)墓志铭》:"号天以哀";唐《顺陵残碑》:"上应天心";唐《顺陵残碑》:"学标天纵""天纲既纽""孝级天经""天垂革命之符""终天靡及"等等。

通过碑碣刻文可知，人们认为人的德性禀赋也来自上天的赐予：如西魏年间《侯僧伽墓志》载："孝友为性，明敏自天"；唐《樊方墓志铭》也有："英灵天发"；唐《张公（仲晖）墓志铭》："天合人合"；唐《熊夫人（休）墓志铭》："天付内则"；唐《李公（广业）神道碑铭》："生得天爵之贵"等。

不仅如此，人们认为，上天还具有赏善罚恶的作用。唐《于君（志宁）碑》载："恭行天罚"，唐《薛公（元超）墓志铭》："天之将丧"；唐《燕国公（李谨行）墓志铭》："预戡翦于天罚"，大周《庞府君（同本）》："惠流天眷"；唐《太子（李贤）墓志》："天未悔祸"；唐《刘府君（孝节）墓志铭》："天爵贻赏"；《顺陵残碑》："暗积扪天之贶""扪天集祉"；宋《元府君（迅）墓志铭》："天必报"等。

任何宗教观念都旨在说明其宗教信仰。碑碣文献中表达的天命观念，旨在说明作为至上神的天在人们心目中具有至高无上的神圣地位，人们相信上天不仅掌管着人生旦夕祸福，还具有施行赏善罚恶的道德裁判权，而且不必经过谁的同意，也不受谁的控制，就可以任意剥夺这一切。

（二）"哀毁灭性"以"合天意"

汉代董仲舒承继三代以来的宗教观念，更加强调上天的至上性和权威性，并把"以德配天"的思想改造成天命在社会秩序和伦理规范上的体现，使封建社会的纲常名教具有了神学依据。在天命的绝对权威与威严下，人们信天，敬天，依天命而行，并以自身道德净化与提升来获得上天的恩赐。从咸阳碑碣文献中，我们可以看到人们依天命而行，战战兢兢、如履薄冰地践行着敦德重义的伦理道德要求时的精神状态："履孝践忠"（唐《孟孝立墓志铭》），"克致代天之也""顿洽于天步"（唐《郭公（顺）墓志铭》），以证成天命。唐《钟陵熊夫人（休）墓志铭》说志主熊夫人："诞于德门……六月即孤"，曰："天纵之，不在于他人必矣。"即使熊夫人龆龀之时便"精诗礼，尊尚典法"，"好学尚文，天付内则"，又承天之所予，可就是这样一个福善辅德之人，天命最终还是没有眷顾她，撰者写道："呜呼哀哉！孰与其德，孰夭其寿？予问无从……固福善辅德，神其食言耶！"原来天神也会食言，于是哀叹："天漫漫兮冤欲诉谁"，唯有长日号悲，唯有"擗厚地而诉高天"。（唐《太子（李贤）墓志》）

在一般人心目中，天神既然具有主宰性，就该耳聪目明，无所不知，无所不能，可事实似乎并不完全如此。唐《张公（仲晖）墓志铭》："天合人合，得之张公"，张公"受禄于天"，按理说"生得天爵之贵"了，可他还是不幸去世。撰者无奈感慨："天难预虑"；唐《贾公（季卿）墓志文》说志主："才因汉荣，得大传之美"，但年纪轻轻就过世，于是叹曰："何天之不予，逢罹乎斯殃"，为兄等人也只能"福惊神□之欺，祸注天伦之戚"；唐《府君（玄昱）墓志铭》说志主："怀道处厚，抱谦牧卑，俭而中礼，仁而能断。"又戎马生涯，平安史之乱，曾"孤城坚守，三月不拔"。可就是这样一个人，竟然不到中寿即病终于私第，撰者感慨："天道福谦，吾其惑也。"不仅如此，还有的甚至奉献一生名节来成全道德之无憾，但最终还是没能得到上天的眷顾。

值得指出的是，唐代"以德配天"的道德践履有时走到了人性的极端。如唐《于公（德芳）碑》说道："至孝之情，几将灭性"。明代《阎公（本）墓志铭》中说阎公："解组西归，罄余禄以事父母，为欢五载，慈孝备全"，当父母相继过世时，"哀毁几灭性"。阎公"平生诚一不伪，节俭不奢，谦顺不矜"，"以养民为本"，使"天下阴受其赐"，可就是这样的人也被夺去性命。可见，孝道尽于此，依然不能感受天命的眷顾。

疑天怨天，甚至骂天的社会思潮在西周末年就已形成。如《诗经·小雅》云："天之抗我"（《正月》），"受天之祐"（《信南山》），"天命不又（祐）"（《小宛》）……如果说，天命神学的根本意义在于承认天命是一种超人间、超自然的力量，赋予人类一切本性能力,并干预、支配和操纵人类生活,那么从西周时期,天的神圣性与权威性就已经产生了动摇。可以想见,天的神学主宰作用一直以来是备受质疑的,也是人们精神困惑的主要根源。仔细研读咸阳刻文,发现竟有大量记载人们无奈叹怨"天之不眷""神食其言"的疑天、怨天之情。而这种怨天、疑天的情绪以唐时期为最多,并且,这种情绪一直持续到元代。怨天、疑天情绪的产生实际上开启了人们思考生命问题的理性之维,也同时为人们能够走出天命的困惑打开了一扇大门。

(三)哲学反思及人文理性精神的开显

"绝地天通"后,祭天权力被执政者上层所把持,作为最广大的祭祀主体民众没有祭天的权力,这就意味着民众无从对天命产生亲近和依赖的"宗教感情",也无法产生对神圣天命的特殊感受与直接体验,也就无法达成人与神的直接遭遇、相会、一致、甚至合一,结果导致天命于人而言,遥远且玄虚。而人所能做的,就是践履道德要求,"尽人事听天命",有时甚至作出一些"毁性""灭性"行为,以期"证成"天命,合天意,取悦天神。然而即便如此,人们依然不能体察天意,无法与天命神意进行交流沟通,表达致意情思,当最终带着诸多遗憾步入生命终结时,困惑无奈的人们又陷入了宿命论,如何走出这种疑惑和困境?

此处可回顾一下《论语·述而》的一段记述:"子疾病,子路请祷。子曰:'有诸?'子路对曰:'有之,《诔》曰:祷尔于上下神祇。'子曰:'丘之祷久矣'"。从对话中我们可以看出,孔子信天命,也会在思虑之中祈祷天地神祇,但又表现出不置可否、模棱两可的态度。再看孔子的天命观,他既承认"唯天为大",同时又认为:"道之将行也与?命也;道之将废也与?命也","不知命,无以为君子",其天命思想又带有强制性和决定性,具有自然法则和规律的含义,包含着理性主义因素。追根溯源,天神观念的产生在很大程度上决定了中国文化中世俗哲学占主导地位的走向,因为这种天神的观念很容易被泛化为"天命""天数"或"天道"等哲学观念。① 而天道毕竟是一个抽象的概念，民众无法具体、形象地感受"天"是如何实行奖善罚恶的。② 诸多因素都决定了天命信仰于民众而言，遥远且玄虚。儒学的天命神学观与现实生活的背离和矛盾性让不甘于生命现状的人们在对天命怀疑、抱怨和不满的同时，开始进行哲学的反思，而这种反思与以孔子为代表的儒学对天命鬼神的人文理性意义的弘扬方向是一致的。

魏《张府君（宜）墓志铭》记载了性道坦荡的张府君，他"临危有轻命之节，御勇有折冲之气"，"平定寇乱"，"奋不顾命"，可谓战功卓著。生活中的他"敦性忠纯，慈和在物"，颇合儒教伦理道德规范。但"俯仰从命，非其所好"，刻文说他"虽身游荣耀，而志存山水，托疾辞官，养素丘园，远修静果，不以浮荣屈怀"，志主虽然最终选择了"心崇佛果，乐道遗荣"的生活，崇尚自然，放弃名利，可他仍未得到上天的眷顾。撰者不由感慨："天不报德，歼此良哲"，"吁嗟上天，歼此英哲。"刻文反映了人们内心已经开始对传统天命观进行挑战，愿意接受当时看来是"异端"的释、道文化。唐《刘初墓志铭》说志主刘初："遂归心内典，批寻释教。"一些人开始到佛教中去寻找精神慰藉。隋唐碑文既表达了人们对永恒精神的诉求，同时又暴露了时人内心的困惑与挣扎。

如何平复这种内心的挣扎？明代咸阳碑碣刻文中就出现了这样的文字：明《阎公（让）恭人刘氏合葬墓志铭》言其母："庄懿平和，得之天赋"。其母仙逝，"天与数与，盉多盉寡。天也数也，人胡能假。"明《阎闇墓志铭》说英年早逝的墓主是："天道不予悯而鉴焉"，是因为"命不可移，理不可发"。天就是数，就是命，天命不可违。人的生命是天命必然性中的一个偶然，人不能违背天命。明《阎公（本）墓志铭》说："天下有可必之理，亦有不可必之数。可必之理，义在人也；不可必之，命在天也。君子行义以听

---

① 牟钟鉴、张践：《中国宗教通史》，中国社会科学出版社 2007 年版，第 87 页。
② 徐朝旭等：《儒家文化与民间信仰》，人民出版社 2013 年版，第 357 页。

命,但能全人以循当然之理,而不能违天以脱偶然之数。"明《王南沣墓志并盖》中,南沣复叹曰:"嗟乎!事之成败在天,人之出处有命",人们终于在经历了漫长对天命由完全信赖到怀疑,而走向"命定论"的无可奈何。

值得注意的是,明以后人们已经不再怀疑和抱怨天命,类似"天夺之速"(明《许澹庵(瑾)自撰墓志》)的说法只见一处。而民国以后,咸阳碑碣文献中言"天"的情况更少见。人们对"天"似乎已经失去了信心。①

我们说,宗教观念一旦通过语言和文字表现出来,它就超出个人体验和内在信仰的范围,从而可能具有社会意义,成为一种社会文化形式和宗教传道的工具。就碑碣文献的撰书者来看,大部分都是当时熟悉"四书""五经"的士族阶层或民间文化人,他们的思想观念和情感认知往往真实反映了当时社会的普遍思想,折射出当时社会人们的精神面貌和社会发展状况。他们把所理解的儒家思想诉诸碑碣文字,在内容上不出国家主流意识形态之矩,在形式上又能传布于民间,使碑碣文献成为"上通下达"的传播媒介,又成为表达思想、抒发情感、追溯遗风、寄托信仰,能化育民众的"精神道场",最为重要的是,碑碣文献能够让我们看到当时人们信仰观念的变化,及与时俱进的精神面貌。

儒家文化和西方宗教文化的一个很大的不同就在于,它既具有浓郁的人文主义精神和理性意识,又具有宗教文化的许多特性。儒学的这一特点是在它漫长的历史发展过程中形成的。以孔子为代表的儒家文化的宗教观念并不明显,甚至具有两重属性。然而,作为观念形态的本有,哲学与宗教二重性,自殷周之际人文理性精神的高扬,"以德配天"的德性系统的建立,并经过孔子的改造,成为"德政"传统,至孟子改造为"仁政"政治。同时期的墨子,尽管

---

① 此部分参见肖雁《天命信仰与诸神崇拜》,《世界宗教文化》2016年第6期。本书收入时有改动。

主张"天志"论，并与儒家互相辩驳，但墨家并未在百家争鸣后持续发展，最后甚至"销声匿迹"。尽管孔子在一种神秘的超自然力量面前始终保有一份敬畏和谦卑，并表现出与超自然力量的亲密关系及使命担当感，但他"述而不作"，亦并未清晰阐发过任何有关于天命鬼神的系统思想，更别说形成体系。孟子虽然将孔子天神观念有所推进，如他解读孔子所说的"天何言哉"时认为，"天"之所"言"，是以"行"与"事"的方式昭示天下、表达意志，但孟子思想也未朝向宗教思想方向发展。汉以后，以董仲舒为代表的儒家重塑天命信仰体系，将原本罕言"天道""不语怪力乱神"的先秦儒学改造成主张天人感应和阴阳灾异的儒家神学，儒学在这一时期呈现了宗教化趋势。董仲舒认为，天命不仅有意志，而且是以灾异遣告和符瑞降祥的"征兆"方式效验未来事物的发生。而这种"效验"方式，依然充满了朴素唯物主义气息。但他对天命论的具象化改造，尤其是他提出的"符瑞降祥"，却为汉代统治阶层勾画出对神秘力量的无限想象。这无疑已经跃出了孔子"不语怪力乱神"的思想境界，说出了孔子不想说，也不愿意说的话，彻底将儒家思想中的宗教观念朝向宗教神学方向推进了一大步。但由于"受命之符"等问题并未得到很好的解决，以至于董仲舒之后符瑞灾异说更加流行。东汉以后，谶纬神学的兴起，经学谶纬化导致经学神学化，孔子被进一步渲染为"神人"，东汉符瑞的大量涌现，以及本土道教的产生等可以说都与此有关。

  儒学在以后的发展中依然朝向人文主义理性方向行进，但其思想系统中的宗教观念并未因为朝向人本理性方向推进而被消解。宗教是人类心智的产物，在哲学意义上来说，人性与神性具有至高的契合度，当儒学的宗教面向一旦被普遍关注及被揭示出来，就瞬间为我们打开了一个具有多元化、多角度、多维度的全新的"儒学"。这一"儒学"不仅具有内在多层次的丰富性，而且也具备了一个外在的、具有多重"物化"形式的儒学。

下篇

儒家文化的民间生态

第三章

文庙和"学庙一体"的历史文化发展

现实的物质生活是思想传统得以形成和延续的前提和基础。中国思想传统的形成依靠内、外两种传统为其筑牢根基：一是文化心理结构；二是物质载体标识。李泽厚认为，由孔子奠基并创立的一套思想文化系统"没有把人的情感心理引导向外在的崇拜对象或神秘境界"，没有引向宗教信仰对象，去建立一个"神学信仰大厦"，而是逐渐引向并融入"日用而不知"的社会生活中，使其"更平实地符合日常生活，具有更普遍的可接受性和付诸实践的有效性"①，以及逐渐确立了一套可操作性的动力机制。以孔子为代表的儒家文化早已渗透在广大民众的观念、行为、信仰和思维方式中，或隐或显、自觉不自觉地成为民众处理各种日常事务及社会关系的指导原则和基本方针，历史地、现实地积淀和转化为一种"文化心理结构"。尽管经历了时代变迁，依然保有了某种形式的结构稳定性，使古老的氏族传统的遗风余俗、观念习惯等长期地保存、积累下来，成为一种极为强固的"文化结构和心理力量"。在此基础上产生并发展的儒学几乎成了中国文化的代名词。在整个中国文化思想上、意识形态上、风俗习惯上，儒家印痕到处可见。② 这种"儒家印痕"还表现在，于稳定的文化心理结构基础之上，人们还创造

---

① 李泽厚：《孔子再评价》，《中国社会科学》1980年第2期。
② 李泽厚：《新版中国古代思想史论》，天津社会科学院出版社2008年版，第237—238页。

出了丰富的儒家物质文化生活,文庙、宗祠、碑碣、楹联等儒家文化物质载体成为一道道具有鲜明特色的儒家文化的多彩风景,并被纳入了儒家文化的伦理价值观谱系,成为儒家文化鲜明的标识,满足了不同人们心灵的需求,最终被重组为以文庙为代表的祭祀与教育并重的文化体系,明确指向了"教化天下"的文化意向。

第一节　祭祀传统与庙制发展

有宗教信仰观念的存在,就必然具有宗教观念的外在表达。出土的原始氏族村落遗址,是早期人们宗教活动的场所。临潼姜寨的母系氏族村落遗址,考古发掘出的五处住房,其中每一处都有一个方形的"大房屋",据说是氏族聚会和进行宗教活动的场所;辽宁东山嘴红山文化大型祭坛的发掘,可以推知祭祀的对象大约有山川之神、生殖女神和土地神。祭祀附近并无居住遗存,可能是部落或部落联盟公共的用于宗教祭坛的场所;良渚文化的余杭瑶山祭坛遗址,位于瑶山山顶的西北部,里外三重,约四百平方米,最里层是红土台,平面略成方形,被认为是祭天祀地的地方。尤其是,良渚古城遗址还出土了大量的玉琮、玉璧等玉质礼器,玉琮是最具代表性的玉器器类,其形状内圆外方,表述了"天圆地方"的原始宇宙观图景,玉琮上还刻有神人兽面图案,是神灵崇拜的重要载体。古代宗教专有祭祀器物的出土,已经证明了原始宗教由低级向高级宗教发展过程。[①] 尽管,当时制造的祭祀器物水平精湛高超,但鉴于当时生产力并不发达,资源财力十分有限,而他们却将十分有限的人力、物力和财力大部分都用于建造祭祀器物和祭祀场所,可见当时人们的宗教观念的浓厚性,及原始宗教思想表达的共性。

---

① 牟钟鉴、张践:《中国宗教通史》,中国社会科学出版社2007年版,第52—53页。

第三章 文庙和"学庙一体"的历史文化发展

一 "国之大事,在祀与戎"的庙祀传统

作为一种宗教文化的物质载体,"庙"是古代宗教思想的物化表达方式,也是古人在长期的宗教生活中"行宗教祭祀之事"时所需要的神圣场所。《左传·成公十三年》用"国之大事,在祀与戎"来形容古人以祭祀为主要内容的社会生活。远古时代,民神杂糅,思想统一,神人各司其职,社会稳定,人民生活富足。而后来的"九黎乱德"导致人人皆可为巫师,家家都能与天神沟通,从而降低了神的权威,社会秩序因此混乱。从"民神杂糅"到"绝地天通"的宗教改革,使中国古代原始宗教实现了向古代国家宗教的过渡。正是因为个人不能直接与天神沟通,宗教的中介、宗教的仪规、宗教的秩序才借以产生。

(一) 宗教观念的产生

中国古代宗教的主要观念在商代已经形成。商代的宗教信仰系统主要包括天神、地示和人鬼。殷墟卜辞时期,上帝与殷王并没有血缘关系,人们也不会称殷王为"天子",当时的习俗是"商不祀帝",祭祀的祖先不包括上帝。陈梦家曾指出:"卜辞并无明显的祭祀上帝的记录"[①],也就是说,殷商时期祭祀的对象中没有上帝。而只有死后的殷王"宾于帝",才能享受祖先祭祀。殷王与上帝的关系是间接的,是通过"祭祖"来实现的。人们祭祀祖先是为了让上帝高兴,是为了取悦上帝,可以说,上帝才是人们最终要讨好的对象。也就是说,只有现世的殷王通过祭祀去世的殷王,才能让上帝高兴,并发挥作用。所以说,人们并不是直接祭祀上帝,尽管祭祀上帝和祖灵的行为也许同时发生,但目的不同。祖先崇拜是上帝崇拜的重要环节,随着统治阶级权力的加强,从某种程度上说,祖先崇拜也成为上帝崇拜,于是就发展出祭祀上帝、祖先的传统。

殷商时期宗教祭祀模式主要是以祭祖为主,而祭祖是为取悦上

---

① 陈梦家:《殷墟卜辞综述》,中华书局1988年版,第577页。

帝，在目标上，上帝为最高。殷人心目中上帝是具有人格神力量的，能够主宰自然、社会与人的一切事物的至上神。而周人继承了殷人的至上神观念，并将殷人的"上帝"进行了转化，将天神看作是"至上神"。陈梦家先生认为，西周的天帝观念与殷不同，殷的帝是上帝，而"天"观念是周人提出的，而且，还进而提出了天子、天令的观念，而在西周时期的金文中还多以"王"称。殷人的先王要"宾于帝"，在帝左右，而周为天之子，故为配天。① 陈梦家从天之观念的发生，到天子之称谓的出现，展示了在称谓上人祖对天神的僭越过程。② 周时期，祭天与祭祖合而为一，祭天配祖体现了先祖之灵与天神的直接合一。较殷人之"宾于帝"在帝左右、帝还要通过先王之灵降福人世而言，周人的祭祀方式要简单、直接得多。

  如果说殷人的上帝形象是主宰一切的至上神，是完全的人格化的神，周初对至上神由"帝"而"天"的称谓则是一个渐进过程，经历了一个可谓"多元"发展过程，如周代青铜器铭文中，就有"上帝""皇上帝""皇天上帝""皇天王""天"等称谓。这说明，随着周代殷，人们对至上神的称呼开始发生悄然变化，"帝"之称谓不再具有唯一性，而是可以有多元化表达，都是称呼内心那个最高的权威。从"帝"改称"天"，既需要时间的积累，也得益于周人的努力。他们希望以周代殷，至少在最高存在上应该有所别称。这实际上也表现了古人对宇宙统一性认识的深化。如果说殷人只是从万物有灵中构想出一个"帝"，作为统摄一切的至上神，而周人将"帝"改称"天"则更多赋予这个至上神以外在的"物化"形态，有了"具象化"的形象，让人可观、可感，而不再感到抽象与虚无。对人来说，上天是天象运行的规律，是日、月、风、雨、雷、电等自然现象形成的根源，是自然施加于人的一切灾难祸根，

---

① 陈梦家：《殷墟卜辞综述》，中华书局1988年版，第581页。
② 张一兵：《明堂制度源流考》，人民出版社2007年版，第21页。

同时，又是给予人们阳光、空气和水的幸福源头，因此，人们对"天"更多包含了极为复杂的情感、欲望和体验。更为重要的是，经过周人的努力，上天的形象看起来比殷人的上帝更具有情感属性和人格神性。这个上天不再像上帝那样喜怒无常、不分青红皂白，而是依照人的德行好坏来施展降福临祸的功能。而此"天"才是能与人共情的"天"，才称得上是"天神"。

"天子"一词出现在西周初期稍晚时。西周初期金文，多称"王"而没有"天子""天令"，在当时的使用中，"帝"还是同时共存的。而西周初期稍晚些时候，才有了"天令"，即"天命"，"王"与"天子"并称。如《大盂鼎》载："丕显文王受天有（佑）大命……故天翼临子，法保先王……畏天畏……盂用对王休。"此器作于"佳王廿又三祀"，约为康王廿三年。此虽仍称王，但已有了天子的观念，已有天佑之大命和畏天威的观念。①《尚书·召诰》载周公说："呜呼！皇天上帝，改厥元子，兹大国殷之命。"（《尚书·召诰》）人乃"天"之子，而"王"是"天"的嫡长子，因此，替天行道、主宰万民是"王"的责任和义务。当初，暴虐万民的殷纣王也曾说："我生不有命在天？"（《尚书·西伯戡黎》）仗着自己天命在身，而骄横淫逸。而周公认为，既然大家都是上帝的儿子，上帝就有权除掉无道的纣王，而把天命降临给"小周邦"。

（二）庙祀传统

有了古代的祭祀观念，就有了为人们的祭祀活动提供的场所，从而也就有了"庙"。"庙"之名为后起。从发生学角度上看，最早的甲骨文随着殷亡而消逝，代之而起的是金文。"庙"字始见于西周晚期金文中，且出现的频率很高。金文是研究殷商、西周、春秋、战国文字的主要资料。甲骨文中没有"庙"字。古代"庙"主要是指宗庙、土地庙、孔庙、关帝庙；也指王宫的前殿、朝堂，如庙堂、廊庙；还指已故皇帝的代称，如庙号、庙讳。"庙"的主

---

① 陈梦家：《殷墟卜辞综述》，中华书局1988年版，第581页。

要功能是古代帝王、诸侯祭祀、供奉祖先神位的场所,亦称"祖庙""宗庙"和"寝庙",即《诗经·大雅·思齐》所称"肃肃在庙"之"庙"。

古代的"庙"主要表达了四层含义:一是如果最初的草棚算作最简单的早期"庙"建筑的话,它就具备了早期祭祀建筑的基本样式,具有发展成完整建筑的可能;二是"庙"为人们见面交流及参事议事提供了场所、场地和空间条件;三是祭祀的功能;四是朝庙的功能。随着庙形制的完善和庙地位的变化而成为官方议政的场所。

古人祭祖必在宗庙举行,古代宗庙不仅是祭祀祖宗和宗族内部举行礼仪的处所,而且是政治上举行重大典礼和宣布决策的地方。商周时期,周天子册命大臣、发布命令以及祭祀祖先都在庙。[①]金文中记载的庙主要功用是周天子册封大臣、发布命令和祭祀祖先。也就是说,周天子要在"庙"里,既祭祀祖先,又商讨国之大事。西周至春秋时期,宗庙制度已经形成。到战国时期,政治上的重要典礼都移到朝廷举行,重大决策都在朝廷上宣布;[②]至此,随着"庙"的发展演变过程,"庙"已经具有了特定的政治、文化的含义。从今天对文庙载体等的具体考察来看,对建筑神圣空间的讨论,对祭祀场所的社会功能的研究,以及对朝庙的社会功能和含义等的研究,都属于"庙"制研究的题中应有之义。

周公宗教改革以后,古代宗教国家逐步走向了人文理性化道路,对宗庙的概念进行了人文理性主义的阐发,如东汉何休所说:"庙之为言貌也。思想仪貌而事之,故曰:'斋之日,思其居处,思其笑语,思其志意,思其所乐,思其所嗜。祭之日,入室,僾然必有见乎其位。周旋出入,肃然必有闻乎其容声;出户而听,慨然必

---

① 刘正:《金文庙制研究》,中国社会科学出版社2004年版,第34页。
② 杨宽:《中国古代陵寝制度史研究》,上海人民出版社2003年版,第174页。

有闻乎其叹息之声,孝子之至也。'"① "庙"者,《说文》云:"尊先祖貌也。""庙,貌也,先祖形貌所在也。"② 汉郑玄笺:"庙之言貌也。死者精神不可得而见,但以生时之居立宫室、(像)貌为之耳";"为立宫室,四时祭之,若见鬼神之容貌如此。"③ 言为亡者立宗庙,像生时之宫室容貌。古人认为祖先虽已去世,但其神灵仍然存在,仍然会影响现世,并对子孙产生影响,故设宗庙以祀先祖,以庙类生人之室,祭则想见其容。可见,儒家宗法思想统治了宗庙祭祀活动后,对"庙"的理解就发生了变化。

"庙寝"制度体现了古人的生死观。"庙寝"是指宗庙的前庙和后寝。从营造次序上看,"庙""寝"相连,清人陆耀认为:"古者庙寝相连,神人互依。"④ 从庙与寝的位置上看:"宗庙之制,古者以为人君之居,前有'朝',后有'寝',宫则前制'庙'以(象)朝,后制寝以(像)'寝'"⑤。庙在寝前,乃"庙是接神之处,其处尊,故在前"(《说文》),《郑玄注》云:"前曰庙,后曰寝。庙是接神之处,尊,故在前;寝,衣冠所藏之处,对庙为卑,故在后。"⑥ "神"在词源意义上具有"神灵"含义,是指人死后的神灵,作为"接神之处"的"庙",处尊,故在寝前,既凸显宗庙之尊贵,又从观念层面赋予"庙"有别于"寝"的超验意义。而从功能上看,庙、寝殊途:"庙"中安放神主牌位,定期祭祀;"寝"中陈列祖先衣冠和生活用品,如同祖先在世时一样侍奉。故王者何以立宗庙?"生死殊路,故敬鬼神而远之。缘生以事死,敬亡若事存,故欲立宗庙而祭之。"⑦ 生死殊途,遵循侍奉活人的道理

---

① (汉)何休解诂,(清)徐彦疏:《春秋公羊传注疏》,(清)嘉庆二十年南昌府学重刊宋本十三经注疏本,第69—70页。

② (清)郝懿行撰:《尔雅义疏》,中华书局2017年版,第494页。

③ (汉)郑玄笺,(唐)孔颖达疏:《毛诗注疏》,清嘉庆二十年南昌府学重刊宋本十三经注疏本,第1132、1133页。

④ (清)陆耀撰:《切问斋集》,清乾隆五十七年晖吉堂刻本,第56页。

⑤ (汉)蔡邕撰:《独断》,《四部丛刊》,三编景明弘治本,第11页。

⑥ (清)郝懿行撰:《尔雅义疏》,中华书局2017年版,第494页。

⑦ (清)陈立:《白虎通疏证》,中华书局1994年版,第567页。

去侍奉死去的祖先，以追孝继养之理，引申为儒家"慎终追远"的宗教情怀和文化主张。

《孟子·滕文公》曾说："昔者孔子没，三年之外，门人治任将归，入揖于子贡，相向而哭，皆失声，然后归。子贡反，筑室于场，独居三年，然后归。"① 云："场，道也。"（《尔雅·释宫》）《说文》云："场，祭神道也。"颜师古（据《汉书·郊祀志》注，此为颜师古曰，非臣瓒注）注云："平地为场"，"灵场为鬼神之坛祠也"②。盖于冢墓之南，筑地使平坦，以为祭祀。后人竖碑于此，谓之神道碑。神道在冢前，所筑之室在偏左或偏右靠东。《孔丛》曰："夫子墓茔方一里，在鲁城北六里泗水上。诸孔氏封五十余所，人名昭穆，不可复识。有铭碑三所，兽碣具存。"③ 可见，就子贡的"筑室于场"的守墓行为，后人注解中强调了其神性的意义，从而使早期的孔子家祠具有了神圣因素。

二 礼制建筑的意识形态化：明堂和辟雍制度

明堂是古代帝王颁布政令，接受朝觐、祭祀天地诸神和奉祀祖先的神圣场所，是"宗祀文王于明堂以配上帝"的地方，也是祭天、祭祖的物化标志和具体实现，属于儒家礼制建筑的范畴。明堂从建筑实体到功能实现和展性完备，是一个不断发展的过程。随着明堂建筑的规模越来越大，其建筑格局也越来越复杂。至周人发展出的明堂制度，体现出周文化的特殊气质。这种特殊的文化统领当时社会精神文明的一切领域，形成了集宗教、政治、教育等一体的意识形态化的"明堂制度"。

（一）明堂的起源、发展与演变

关于"明堂"的起源及演变的历史，情况极为复杂，异称多，

---

① （清）焦循撰，沈文倬点校：《孟子正义》，中华书局1987年版，第421页。
② 汪荣宝撰，陈仲夫点校：《法言义疏》，中华书局1987年版，第207页。
③ （南北朝）郦道元撰：《泗水》，《水经注》卷25，清武英殿聚珍版丛书本，第335页。

争议也多。《大戴礼·盛德》载："明堂者，古已有之。"《礼记·月令》记载："天子居明堂，以时尝谷之始。"《淮南子·主述训》描述得较为细致，称："昔者，神农之治天下也……岁终献功，以时尝谷，祀于明堂。明堂之制，有盖而无四方，风雨不能袭，寒暑不能伤。"① 作为祭祀性物质载体，明堂应该属于农耕时期的产物，是古人进行宗教祭祀活动的场所。受当时生产力水平所限，当时的"明堂"也仅仅是一个"有盖而无四方""有顶而无墙""有柱而无墙"的四面开放的简易建筑。目前，关于明堂的前身，基本有两种说法：一是"大房子"说；二是"中心聚落"说。

人类学家认为，普遍存在于世界各地原始部落社会的"大房子"就是明堂的前身。② 近年来，我国各地考古发掘出一批远古时期大型房屋遗址（俗称"大房子"），学者对这些"大房子"的形制及用途进行了考证。汪宁生认为，西安半坡原始村落遗址中发现的长方形大房子，在房子中间有四根大柱，柱子上端可能利用树杈自然形状以架横梁，周围有"附壁柱"以支撑屋顶，屋顶上或盖有茅草。我国陆续出土的大房子遗址的建筑用途，约分为五种：公共住宅、集会房屋、男子公所、首领住宅等，③ 尽管这些大房子的用途还不能准确认定，但至少可以推断，在当时社会它们的用途是明确的，这也就说明当时的这些建筑是有计划、有目的建造的，基于这一认识，汪宁生认为，这种"大房子"不包括原始村落中偶尔出现的大型房屋。

"中心聚落"与大房子或许有着直接的关系。考古学家近年来的考古发掘和研究表明，"中心聚落"是西周时代"明堂"的原始形态。新石器时代晚期出现的如龙山文化、大地湾一期文化等聚落遗址，标志着中国由史前文明向早期国家演化的社会组织形式"中心聚落"或"神庙聚落"，这是部落的祭祀中心和行政中心，是集

---

① 何宁：《淮南子集释》，中华书局1998年版，第610页。
② 汪宁生：《中国考古发现中的"大房子"》，《考古学报》1983年第3期。
③ 汪宁生：《中国考古发现中的"大房子"》，《考古学报》1983年第3期。

祭祀、行政、天文观测、教化和娱乐等多功能为一体的神圣场所。因此,"中心聚落"就是西周时代的"明堂"的原始形态。①

有学者根据民族志的记录认为,仰韶文化的"大房子"并非一般的居住空间,而是社群的公共议事场所,是对整个社群重大事务进行集体商讨和决议的地方。通过利用微体植物遗存的鉴定和分析,研究者推测,在仰韶文化的"大房子"里,可能发生了集体的宴饮行为。因此,集体权力的行使可以说是仰韶文化社会组织活动的一个重要特征。②

总之,认为明堂起源于史前时期的"大房子"的结论,直接把明堂的历史推向了更为久远的新石器时代;而"中心聚落说"则基本确定了明堂所具备的祭祀与行政功能。从人类学上将原始部落时期的祭祀场所与后来的明堂制度连接了起来,使周代的明堂不再是一个断续的、孤立的文化事件。

春秋战国时期的《考工记》是我国第一部手工艺技术典籍,记录了官营手工业各工种规范和制造工艺的文献。明堂作为一种成熟的建筑工艺技术被正式载入史册。《考工记》将"明堂"的历史追溯至夏代。《周礼》载:"夏后氏世室……殷人重屋……周人明堂。"(《周礼·考工记·匠人》)"夏后氏世室",汉郑玄注曰:"世室者,宗庙也。鲁庙有世室,牲有白牡,此用先王之礼。"孙诒让疏曰:"世室者,即夏之明堂。"③又:"殷人重屋",重屋者,王宫正堂若大寝也。孙疏曰:"殷人重屋者,亦殷人之明堂也";"周人明堂",明堂者,明政教之堂。④可知,"明堂"之称谓在夏代为"宗庙",殷代为"大寝",至周才正式出现"明堂"称谓。《周礼正义》引戴震云:"王者而后有明堂,其制概起于古远,夏曰世室,

---

① 韩高年、马睿:《人类学视野中的明堂与周代礼文政典的传播》,《西北民族研究》2019年第2期。
② 张盖伦:《仰韶文化:孕育华夏文明核心基因》,《科技日报》2021年10月22日。
③ (清)孙诒让:《周礼正义疏》,中华书局1987年版,第3430页。
④ (清)孙诒让:《周礼正义疏》,中华书局1987年版,第3443、3449页。

殷曰重屋，周曰明堂，三代相因，异名同实。"世室、重屋、明堂三者，皆为明堂不同形制，且皆具有祭祀及明政教之功能。

从字源意义上看，"堂"是祭祀的土台子。汉代许慎《说文解字》中有篆文"坣"字，并说是"古文堂"。"堂"，"殿也"，后人释"堂"通用此解。"殿""堂"均指四周高于地面的台基，前面有可供上下的台阶。《尔雅·释宫》曰："室中谓之时，堂上谓之行，堂下谓之步。"即所谓人行走至室中时，堂上和堂下的步履都有所不同。这说明此室内的构造必定有一个高出地面的隆起的台子。从"坣"之古造字本义看，低下的"土"字当是一个土台子，是祭祀的物品象形。可见，古时"坣"具有祭祀的功能。"明堂"最初的意思应是祭祀神祇的土台子。① 按照郑玄的说法，明堂是祭祀祖宗的场所。《礼记·祭法》载："有虞氏禘黄帝而郊喾，祖颛顼而宗尧"，郑注曰："祭五帝五神于明堂曰祖宗"，是则明堂为祭祀祖宗之所。

明堂建筑工艺技术的成熟同时意味着其社会、文化功能的不断健全与完善。蔡邕认为："明堂者，天子太庙，所以宗祀其祖，以配上帝者也。夏后氏曰世室，殷人曰重屋，周人曰明堂。东曰青阳，南曰明堂……《易》曰：'离也者，明也，南方之卦也。圣人南面而听天下，向明而治，人君之位莫正于此。'"② 认为明堂者，为天子太庙，宗祀祖先，以配上帝，其意识形态功能也同时凸显。

张一兵认为，"明堂"是一大群礼制建筑的总称，其中有一部分叫作"世室"，即所谓"夏后氏世室"，还有一部分功能是其他礼制建筑所不能代替的，即以特定方式祭祀祖先的功能。③ 这说明，夏代的"世室"其实就是后来明堂的一部分，担负着祭祀先祖的功能。就这一意义上来说，明堂中的世室与完全作为宗庙的"世室"

---

① 张一兵：《明堂制度源流考》，人民出版社2007年版，第16页。
② （汉）蔡邕：《明堂月令论》，载《蔡中郎集》第11卷，四部丛刊景明活字本，第45页。
③ 张一兵：《明堂制度研究——明堂制度的源流》，博士学位论文，吉林大学，2004年。

有着本质的区别。"世室"作为"明堂"代称的条件,是因为世室是明堂中面积最大、位置最为核心、作用最为重要的一个"室"。没有"大室"的明堂,不能称为"世室"。世室并不完全是明堂,而是处于由夏代的"宗庙"向殷代的重屋和周代的祖庙与明堂等多个方向发展过程中的一种形制。① 明堂制度的产生,是出于对神灵崇拜的需要,初为扫地而祭,发展为坛、祭台、(早期的)"灵台"(或类似的祭天台),后与祭祖功能合并而为夏之世室,与祭天功能合并为商代明堂而称重屋,与朝觐功能合并而为周代明堂。其发展的总体趋势是,形制上越来越高,功能越来越复杂。② 但是,祭天、祭祖以及朝觐的活动构成明堂最基本的功能。

明堂不仅用来祭祀神祇,而且也是天子施行教化的圣所。惠栋说:"明堂为天子之大庙,禘祭、宗祀、朝觐、耕籍、养老、尊贤、乡射、献俘、治历、望气、告朔、行政,皆行于其中,故为大教之宫。"③ 在惠栋看来,明堂首先是天子的太庙,而太庙是天子的祖庙,是天子祭祀先祖、处理行政事务、施行教化的中心,具有听证、施教、祭祀的功能。"大庙、大学、辟雍皆统于明堂之法。"④ 蔡邕亦认为:"取其宗祀之貌则曰清庙;取其正室之貌则曰大庙;取其尊崇则曰太室;取其堂则曰明堂;取其四门之学则曰大学;取其四面周水圜如辟则曰辟雍;异名而同事,其实一也。"⑤在蔡邕看来,清庙、大庙、太室、明堂、大学、辟雍,本就是一回事,只是名称不同。原本是相对独立的太庙,主要用来祭祀先祖,而当太庙成为明堂的一部分时,才称为清庙。由于古文字中"大"通"太","大庙"也称"太庙"。清庙与太庙的关系可以理解为太庙是基础,清庙是在太庙基础上形成的带有特殊意义的别称。而太庙

---

① 张一兵:《明堂制度研究——明堂制度的源流》,博士学位论文,吉林大学,2004年。
② 张一兵:《明堂制度研究——明堂制度的源流》,博士学位论文,吉林大学,2004年。
③ (清)惠栋:《明堂大道录》,清经训堂丛书本,第1页。
④ (清)惠栋:《庙学同处异处皆统于明堂》,《明堂大道录》,清经训堂丛书本,第3页。
⑤ (清)惠栋:《庙学同处异处皆统于明堂》,《明堂大道录》,清经训堂丛书本,第5、6页。

与明堂的联系来自二者都具有祭祀祖先的功能,但是太庙是专门祭祀祖先的庙宇,没有其他功能;明堂主要是祭天场所,附带有祭祀祖先的功能,而且一定是把祭祀祖先作为天神的附庸来祭祀。凤阁侍郎王方庆也说:"明堂,布政之宫,所以明天气,统万物也。汉儒以明堂、太庙为一,宗祀其祖,而配上帝。取宗祀曰清庙,正室为太室,向阳为明堂,建学为太学,圜水为辟雍,异名同事,古之制也。"①

阮元《明堂论》说:"明堂者,天子所居之初名也:是故祀上帝则于是,祭先祖则于是,朝诸侯则于是,养老尊贤教国子则于是,飨射献俘馘则于是,治天文告朔则于是,抑且天子寝食恒于是,此古之明堂也。"② 可见,明堂就是古代天子宣明政教、祭祖、养老尊贤教国子的地方,可谓功能齐备。

尽管如此,明堂之内的建筑空间则是彼此独立的。明堂是西汉重要的祭祀场所,至汉时,明堂已经具有了各自独立的建筑。《汉书·平帝纪》载:"安汉公奏立明堂、辟雍。"《汉书·王莽传》载:"是岁,莽奏起明堂、辟雍、灵台,为学者筑舍万区,作市、常满仓,制度甚盛。"据考古发现,目前已知有确切遗址,并有文献证实的,是位于汉长安城南郊的西汉平帝四年,王莽执政时在长安兴建的明堂,即西安"大土门遗址",而西安"大土门遗址"就是汉末"元始明堂"③。通过对东汉洛阳郊礼制建筑遗址的发掘勘探,发现它们是各自独立的建筑。这说明,至汉代时,明堂与辟雍、灵台、太学等已经有了各自明确的功能:明堂用于按月颁布政令,辟雍用于宣布教化,灵台用于望气占星,太学用于讲经习射。④《汉书·王莽传》载:"初献新乐于明堂太庙",又"祫祭于明堂太

---

① (宋)欧阳修、宋祁撰:《新唐书》,中华书局 2000 年版,第 4352 页。
② (清)阮元撰:《揅经室》,《四部丛刊》景清道光本,第 35—36 页。
③ 刘瑞:《西安"大土门遗址"为汉末"元始明堂"论》,《秦汉研究》2007 年第 1 辑,第 151 页。
④ 王世仁:《北魏平城明堂形制考略》,《中国建筑史论汇刊》2009 年 10 月,第 4 页。

庙",说明当时即使是各个建筑体独立布设,明堂太庙之功能也是混为一体的。如明堂兼有太庙的功能,使当时天子行使各项职能时,能够清晰且实施各项功能。《史记·司马相如列传》中记载:"登明堂,坐清庙"之说,应是与明堂中祭祀上帝的行为有关。可推知,汉代明堂至少是集明堂、辟雍、太庙三位一体的建筑。

我们知道,"庙"是提供祭祖活动的场所,后来国君与大臣商议国事也在庙里举行。实际上,庙在历史发展演变过程中,其含义基本没有变化,而在庙中举办的仪式和活动,却因性质不同,而有"太庙""祖庙""宗庙"等别称。古人祭祖必在庙里举行,祭拜死去的祖先,便要建造专门的场所来供奉其牌位,身份不同其庙制不同。从名称上看,普通百姓的庙称之为"祠庙""家祠""祠堂";达官贵人的庙可称之为"家庙";古代天子和诸侯祭祀祖先的庙则称为"宗庙"或"太庙"。可见,宗庙或太庙的祭祀对象是明确的,而且,并非所有人的庙都可以称为宗庙或太庙。

由于"商不祭帝",宗庙主要就是用来祭祖。而随着周王朝祭天配祖,祭天与祭祖合一,使宗庙祭祀空间的功能逐渐发生分工与细化。宗庙不仅用来祭祀祖宗,而且也开始处理宗族内部的礼仪,并成为天子举行重大典礼和宣布决策的地方。故《孟子·梁惠王下》载:"夫明堂者,王者之堂也。"最终,明堂布政功能从宗庙祭祀活动中分离出去,形成"明堂"自身独特的形制和明确的祭祀功能。

对此,张一兵认为:"'明堂'最原始的功能是祭祀,后来又衍生出布政的功能,而《大戴礼·孔子三朝记·少间篇》更明确指出布政功能是在殷商初期进入明堂礼的。"[①] 从以"祭祀功能"为主,到以"布政能力"为主的转化,将以宗庙祭祀为主的空间实现进一步的功能细分,是随着社会生产力不断发展,社会分工愈加细密,国家机构内部结构愈加复杂,人的思维能力不断提高而造成

---

① 张一兵:《明堂制度研究》,中华书局2005年版,第267—268页。

的。从一个简陋的"有盖而无四方"的棚子,只为"天子居明堂,以时尝谷之始",发展到形制较为完备的"明堂",成为"法天而治"的象征,是意识形态化的明堂制度在实践层面具象化的过程。

明堂可用来祭天、祭祖及处理一切行政事务,但初期时,其中的空间界限并不清晰。清代学者秦蕙田《五礼通考·吉礼二十四·明堂》中说:

> 明堂之制,详于《考工记》……十二月布政,见于《月令》;负扆朝诸侯,见于明堂。然则明堂者,祀天享亲之所,而布政之事、朝诸侯咸在。[①]

祭祀神祇之地朝觐诸侯,有借天之神圣威灵来展示自己王位合法性、权威性的目的,有震慑、威吓、制服、怀柔诸侯的作用,与祭天配祖的目的是证实自己王位合法性、权威性,有异曲同工之妙。因此,祭天配祖是明堂礼制的核心内容。在古史传说时代,这两大祭祀系统并没有完全清晰地区分开来,其界限往往比较模糊,有时甚至搅在一起。[②] 伴随着两大祭祀系统的模糊,也造成物理空间界限的不清晰,但明堂所具有的诸多功能分野,也是造成后人难以详尽定义的原因。

阮元《明堂论》对古今明堂的论述尤为详尽:

> 明堂者,天子所居之初名也:是故祀上帝则于是,祭先祖则于是,朝诸侯则于是,养老尊贤教国子则于是,飨射献俘馘则于是,治天文告朔则于是,抑且天子寝食恒于是,此古之明堂也。黄帝尧舜氏作,宫室乃备,洎夏商周三代,文治益隆于是,天子所居,在邦畿王城之中,三门三朝,后曰路寝,四时

[①] (清)秦蕙田:《明堂》,《五礼通考》,清文渊阁四库全书本,第448页。
[②] 张一兵:《明堂制度源流考》,人民出版社2007年版,第17页。

> 不迁，路寝之制，准郊外明堂，四方之一，乡南而治，故路寝犹袭古号曰明堂。若夫祭昊天上帝，则有圜丘，祭祖考则有应门内左之宗庙，朝诸侯则有朝廷，养老尊贤教国子献俘馘则有辟雍学校。其地既分，其礼益备，故城中无明堂也。然而圣人事必师古，礼不忘本，于近郊东南别建明堂，以存古制，藏古帝治法册典于此，或祀五帝，布时令，朝四方诸侯，非常典礼乃于此行，以继古帝王之迹……此后世之明堂也。①

这一段话把古今明堂制度分别得很清楚，可见，古代事务简单，凡一切关于政治、宗教、教育，都于明堂举行；后世人事渐渐烦琐，明堂的各种功能便分为若干独立的部分。②

韩高年、马睿将明堂演变作了系统梳理，他们将"聚落"或"大房子"的早期明堂形式纳入三代明堂发展演变的历史中，③ 呈现出表3-1所示的发展演化过程：

纵观明堂发展的三个时期，每一时期都会形成一种"凝聚性结构"，这种凝聚性结构通过一个共同的经验、期待和行为空间将人与人之间的关系连接起来，从而构建出一个"象征意义体系"，这种象征意义系统实则"创造了人与人之间的相互信任并为他们指明了方向"④。韩高年评价认为，阿斯曼所说的"凝聚性结构"常常需要一个地点或物的空间，以承载族群的"文化记忆"，或作为民族文化记忆的唤醒者。而周代的明堂就是具备上述条件的一个空间。⑤ 通过下表可以清晰看出，这种文化记忆的演变过程是一个礼

---

① （清）阮元：《明堂论》，《揅经室集》，《四部丛刊》景清道光本，第36页。
② 王治心：《中国宗教思想史大纲》，商务印书馆2015年版，第47页。
③ 韩高年、马睿：《人类学视野中的明堂与周代礼文政典的传播》，《西北民族研究》2019年第2期。
④ ［德］扬·阿斯曼：《文化记忆：早期高级文化中的文字、回忆和政治身份》，金寿福、黄晓晨译，北京大学出版社2015年版，第6页。
⑤ 韩高年、马睿：《人类学视野中的明堂与周代礼文政典的传播》，《西北民族研究》2019年第2期。

乐传统不断丰富完善的过程,也是三代以来国家典制不断规范化的过程。

表3-1　　　　　　　　　明堂演变示意

明堂演变	产生时期	社会文化背景	明堂主要功能
"聚落""大房子"	新石器时代	原始宗教时期,巫政合一、神灵主宰一切的时代	巫术仪式 部落集会
"世室"	夏代,国家产生	神灵崇拜与英雄崇拜并存的时代	祭祀祖先、颁布月令、论功行赏、颁行贡赋、教化娱乐
"重屋"	殷商时期	祭祀文化与祭政合一的时代	祭祀天神、祭祀祖先 占卜吉凶、颁布月令 行使政令、教化娱乐
"明堂"	周时期	礼乐文化、行礼即行政。神道设教,理性觉醒	明堂:祭祀五帝、祭祀先王、行月令、行政施令 辟雍:教国子、养三老、行军礼 太庙:祭祀先王、祭祀五帝

(二) 辟雍的形成与演变

目前,"辟雍"的研究仍然处于相当初级的阶段。其难度之大和有关资料的混乱程度,使人们难以确定它的功能与形制,以及辟雍与明堂的关系。[①] 一般研究大多主张"明堂辟雍一体论"。蔡邕曾说:明堂、辟雍异名而同事,"其实一也"[②],大司徒马宫也曾奏:"明堂辟雍,其实一也"[③]。王治心先生从历史发展的眼光来看待这一问题,他认为:"明堂是教育道德之所,大学辟雍尤为特立

[①] 张一兵:《明堂制度研究》,中华书局2005年版,第64页。
[②] (清)惠栋:《庙学同处异处皆统于明堂》,《明堂大道录》,清经训堂丛书本,第6页。
[③] (清)陈寿祺:《五经异义疏证》卷3,清嘉庆刻本,第58页。

的教育部分,这种制度原为古代相传的成法,至周而大备。"①

殷周社会大变革之际,中国社会正处于向封建社会过渡的阶段,人们的思想观念也朝向理性化方向发展,周天子将国家的政治、宗教及教育的权力紧密结合在政治统治基础之上,形成了意识形态化的"明堂制度"。这一制度的实现,意味着掌握教育的权力、培养封建社会需要的人才变成了执政的关键要素。而当教育、教化成为执政的重要组成部分和手段时,"辟雍"就被纳入"明堂"的整体框架和结构中,成为明堂制度下教育手段得以实现的重要出口。"辟雍"则无疑成为国家教育、教化的象征性符号。

商以前,人类社会处于氏族社会时期,必然没有现代概念意义上的学校教育形式。《孟子·滕文公上》载:"设为庠序学校以教之。庠者,养也。校者,教也。序者,射也。夏曰校,殷曰序,周曰庠。学则三代共之。皆所以明人伦也。"(《孟子·滕文公上》)在孟子眼里,上古时代的学校尽管名称各异,但教育的宗旨皆在于教习礼乐、教化于民。朱熹认为:

> 庠以养老为义,校以教民为义,序以习射为义,皆乡学也。学,国学也。共之,无异名也。伦,序也。父子有亲,君臣有义,夫妇有别,长幼有序,朋友有信,此人之大伦也。庠序学校,皆以明此而已。②

天子诸侯皆有国学、乡学,而国学、乡学又各有称谓,"庠"皆是乡学(小学),"学"则是国学(大学)。乡学的名称可以不同,但大学的名称却是不变,而教授的内容则都是"明人伦"。

在教育内容上,不仅以"明人伦"为核心,而且视养老为教育的重要部分。《礼记·王制》载:

---

① 王治心:《中国宗教思想史大纲》,商务印书馆2015年版,第50页。
② (宋)朱熹:《四书章句集注》,中华书局1983年版,第258页。

第三章 文庙和"学庙一体"的历史文化发展

有虞氏养国老于上庠,养庶老于下庠。夏后氏养国老于东序,养庶老于西序。殷人养国老于右学,养庶老于左学。周人养国老于东胶,养庶老于虞庠:虞庠在国之西郊。郑玄释曰:"上庠、下庠、东序、西序、右学、左学,皆在国之大学也。"①

"上庠""东序""右学"是大学名称,"下庠""西序""左学"三者是小学名称。大学即国学,所以养国老;小学即乡学,所以养庶老,就此分贵贱之礼。《玉海》载,《三礼义宗》天子养老有两义:一以"尊年敬德";二以"乞言修治"②。周朝的政见是以"孝悌之道"维系社会稳定和人心安宁,以父兄之礼奉养天下老者,即以教天下的人民讲孝悌之道,且上行下效,教育的宗旨十分明确。

当教育被统治阶层作为政治手段所垄断时,即所谓"天子命之教,然后为学。小学在公宫南之左,大学在郊。天子曰辟雍,诸侯曰泮宫"。郑玄注曰:辟雍、泮宫,天子诸侯大学之异名也。王氏安石释曰:"天下不可一日无教,是诸侯未有不命之教者,所谓命之教,然后为学者,何也?曰:教不可不资之天子,资之天子,道德所以一也。"③ "天下有道,礼乐征伐自天子出",只有天子命之教,诸侯才可以办学校。尽管取址方位不同、名称各异:小学在王宫东南,大学设在郊外;天子的大学叫辟雍,诸侯的大学叫泮宫。但由天子所出,才意味着天下道德一统于王朝。故《白虎通·辟雍》说:"辟之言积也,积天下之道德;雍之为言壅也,天下之为则,故谓之辟雍也。"④ 所以说,"天子立辟雍何?辟雍所以行礼

---

① (清)孙希旦撰,沈啸寰、王星贤点校:《礼记集解》,中华书局1989年版,第385页。
② (宋)王应麟撰:《养老》,载《玉海》第74卷,清光绪九年浙江书局刊本,第1436页。
③ (清)孙希旦撰,沈啸寰、王星贤点校:《礼记集解》,中华书局1989年版,第332页。
④ (清)陈力撰,吴则虞点校:《白虎通疏证》,中华书局1994年版,第259页。

乐，宣德化也"，所以制辟雍何？乃教化天下也。《白虎通·辟雍》又载："辟者，璧也。象璧圆，以法天也。雍者，雍之于水，象教化流行也。"① 可以看出，至汉代，辟雍依然延续了三代古之"明人伦"、实施政治教化的意义。

辟雍和明堂都属于礼制建筑。就辟雍的名目与形制的产生来看，大概辟雍比明堂要早一些，直至周代，辟雍还可能是完全独立的机构与建筑。周代以后，辟雍朝向学校和射宫发展，明堂则增加了布政等行政事务。东汉以后，历代皆有辟雍，除了北宋末年，作为太学的预备学校（亦称"外学"）外，多为祭祀所用。宋时期，明堂与辟雍都是分别独立的。明代的国子监将明堂、太学、辟雍合为一所，一身而兼三任。明以后，明堂礼的大部分功能进入郊祭礼，少部分功能或进入太学，或进入太庙。今天，北京的国子监内设辟雍，为乾隆时造，主要为皇帝讲学使用。可见，历史上辟雍和明堂的关系分分合合，即使辟雍，也在不同历史阶段有不同功能和作用。辟雍、明堂、太庙、宗庙之间关系随着历史的发展，随着儒家礼制的不断深化发展，以及它们相互之间不断磨合的关系，使它们各自的功能逐渐由混杂、纠缠而至清晰和独立。

牟钟鉴先生认为，西周达到鼎盛阶段的重要标志，就是形成了宗教、宗法、政治、教育的紧密结合，意识形态一体化的"明堂制度"。东周以后，随着社会政治制度的变革，宗法血缘体制的瓦解，建于其上的意识形态的大厦——"明堂制度"也随之崩溃了。到战国诸子百家争鸣之时，已无人可以准确说清明堂的形式及功用了。只是在《周礼》的《考工记》；《礼记》的《月令》《明堂位》；《大戴礼》的《盛德》等古籍中，还保留了一些关于明堂建筑格局、体制制度、社会功能等方面的只言片语。②张一兵亦认为，在古代礼制活动的实践中，"辟雍"不是一般的礼制建筑，进入近代以

---

① （清）陈力撰，吴则虞点校：《白虎通疏证》，中华书局1994年版，第259页。
② 牟钟鉴、张践：《中国宗教通史》，中国社会科学出版社2007年版，第114页。

来，由于古代社会及其文化系统的逐渐解体，和古代礼制在实践中的迅速消失，"辟雍"问题也逐渐被人们淡忘了。①

从形式上看，明堂是联系人间与神界相通之礼仪；深层原因则是人们自我意识的觉醒，周代正是人类自我精神意志觉醒的时期，人们要力图掌握自己的命运。历代统治者为维护其统治秩序和稳定社会格局，往往又不遗余力地修建明堂，设法恢复和加强人和神之间的联系，宋元以来社会上务实的风气越来越浓，对于鬼神的依赖越来越少，无论如何倡导，明堂制度终趋式微。

而问题是，从政治而不是从宗教目的出发建立的明堂制度，是否能够真正恢复和实现人与神的沟通？通过政治手段能否达到宗教控制民心的目的？这是一个值得思考的问题。但有一点可以明确，明堂制度的基本功能，是融国家的行政枢纽、国家的教育机关及宗教祭祀三者于一体的场所。国家正是通过对这类有形的物质载体的政治掌控，布政兴教，确保国家主流意识形态的明确传播，从而达到维护封建社会的稳定，凝聚民心，推进社会发展的目的。尤其是自汉代以来，儒家文化被意识形态化，儒家教化制度得到巩固和加强，礼制建筑的教化功能越来越明显，通过祭祀实现尊君、抑臣、治民的意图也越来越明确。于是，大享明堂、释奠孔子等行为越来越受到帝王重视。

如果说"明堂"是周代鼎盛时期礼制文化的代表，是融政治、宗教、教育三位一体的意识形态化的一种制度。那么可以认为，明堂建筑体现了周时期国家意志，明堂制度就是周代整个国家政治、宗教、教育的精神寄托。殷周之际人文精神的觉醒，意味着人的力量从此凸显出重要意义。这样看来，"明堂制度随之崩溃"，"辟雍也被人们逐渐淡忘了"，这两个结论实际上颇具深意：明堂、辟雍为何迅速式微？又是什么最终取代了明堂、辟雍意识形态的位置？统治阶层进而又选择了什么样的文化以构筑其精神寄托？

---

① 张一兵：《明堂制度研究》，中华书局2005年版，第62页。

第二节　文庙在历史发展中的三次"进阶"

"庙"的建立是源自祭祀祖先的古老传统，完备的宗庙祭祀制度是从原始的祖先崇拜中发展而来。孔子祠庙的设立缘起于"灵魂崇拜"和由此演变而来的祖先崇拜的古老传统。孔子由最初的"祖先"、家族祖先，经过历代帝王的祭祀封谥，由"不得位，穷而在下"，变成了"无冕而王"的神。自汉代董仲舒"罢黜百家，独尊儒术"后，儒家思想成为封建社会主流意识形态。东汉时期，儒学逐渐朝向宗教化方向发展，孔子被神圣化了。此后不管是哪个朝代建立统治政权，都必尊孔子、尊儒术。但儒学并未朝向宗教方向发展。明清之际，孔子被标示成"为往圣继绝学，为万世正人心"的"最高的道德楷模"，确立了孔子"至圣先师"的基本定位。而祭祀孔子的庙宇则历时性经历了：孔子家祠、家庙时期，汉代"国庙"时期和隋唐以后"庙学合一"的庙学格局的三次"进阶"，明清以后"遍于天下"，成为儒家文化的特殊现象。文庙既是祭祀孔子的神圣场所，又是儒家文化的物质载体；既是传递儒家传统价值观的"媒介"，又是儒家思想得以实现的"具象化表征"。中国历史上文庙的存在形态是由儒家学说的宗教、思想、哲学性质决定。无论哪种形态或性质，儒家学说在中国文化形成和发展的历史进程中都起到了举足轻重的作用，构成了中国传统文化的核心内容，成为中国文化的鲜明辨识符号。

祭孔的文庙产生于传统祖先崇拜观念。人们敬畏孔子，仰慕他的学说，习染他的思想。有汉一代，儒学成为意识形态主流，文庙的官方修复与重建，标志着孔子的身份早已跃出了曲阜阙里孔子家庙的祖先神。而至东汉时期，孔子跻身为国家的神，奉国家祭祀的神。孔庙的发展历程，也同样应属儒学研究的题中应有之义。儒学与孔庙的关系是随着历史发展进程而呈现出的儒学文化的特色。孔子以前，庙制发展呈现为原始宗教的祭祀场所，而孔子以后，随着汉代孔子地位的国家化、神圣化,孔子祠庙也成为"国庙",配享儒家圣贤,这就是意味着文庙代表着儒学,文庙成了儒家思想的外在物质化表现形式,是儒学精神及思想的具象化表达。至唐以降,"庙学一体"的建构,文庙又成为儒学、学宫。儒家思想正是通过文庙、宗祠等物质载体的形式推行着"神道设教"、教化天下的国家法则。

一 孔庙的祠庙、家庙时期

孔庙也称夫子庙、仲尼庙、孔圣庙、先圣庙、先师庙、圣堂、圣祠、圣庙等。后世统称为孔庙或文庙。孔庙和文庙的说法,仔细区分,两者还是有所不同。孔庙源于祭祀孔子的家庙,文庙是由孔庙发展而来,其外延更多是指以孔子为代表的儒家思想文化的含义。孔子庙称为文庙,是指唐代封孔子为文宣王开始,孔庙被称为"文宣王庙",元明后通称"文庙"。本研究采用"文庙"称谓,希望借此彰显孔子祠庙文化扩展后所集中体现的以孔子为代表的儒家思想文化的特征。

如前所述,祭祖在古代是国之大事,"国之大事,在祀与戎"(《左传》)。古人祭祖必在宗庙举行,宗庙不仅是祭祀祖宗和宗族内部举行礼仪的处所,而且是政治上举行重大典礼和宣布决策的地方。到战国时代,政治上的重要典礼都移到朝廷举行,重大决策都在朝廷上宣布;[1] 商周时期,周天子册命大臣、发布命令以及祭祀祖先都在庙。[2] "庙"的主要功能是祭祀、供奉祖先神位的场所,亦称"祖庙""宗庙"和"寝庙"。"庙"者,"尊先祖貌也"(《说文》)。"庙,貌也,先祖形貌所在也。"[3] 郑玄笺:"庙之言貌也。死者精神不可得而见,但以生时之居立宫室、(像)貌为之耳";

---

[1] 杨宽:《中国古代陵寝制度史研究》,上海人民出版社2003年版,第174页。
[2] 刘正:《金文庙制研究》,中国社会科学出版社2004年版,第34页。
[3] (清)郝懿行撰:《尔雅义疏》,中华书局2017年版,第494页。

"为立宫室，四时祭之，若见鬼神之容貌如此"①，言为亡者立宗庙，像生时之宫室容貌。古人认为祖先虽已去世，但其神灵仍然存在，仍然会影响现世，并对子孙产生影响，故设宗庙以祀先祖，以庙类生人之室，祭则想见其容。

"庙寝"是指宗庙的前庙和后寝。从营造次序上看，"庙""寝"相连，清人陆耀认为："古者庙寝相连，神人互依。"② 从庙与寝的位置上看："宗庙之制，古者以为人君之居，前有'朝'，后有'寝'，宫则前制'庙'以（象）朝，后制寝以（像）'寝'。"③ 庙在寝前，乃"庙是接神之处，其处尊，故在前"（《说文》），《郑玄注》云："前曰庙，后曰寝。庙是接神之处，尊，故在前；寝，衣冠所藏之处，对庙为卑，故在后。"④ "神"在词源意义上具有"神灵"含义，是指人死后的神灵，作为"接神之处"的"庙"，处尊，故在寝前，既凸显宗庙之尊贵，又从观念层面赋予"庙"有别于"寝"的超验意义。而从功能上看，庙、寝殊途："庙"中安放祖先神主，定期祭祀；"寝"中陈列祖先衣冠和生活用品，如同祖先活着的时候一样侍奉。故王者何以立宗庙？"生死殊路，故敬鬼神而远之。缘生以事死，敬亡若事存，故欲立宗庙而祭之。"⑤ 生死殊途，遵循侍奉活人的道理去侍奉死去的祖先，以追孝继养之理，引申为儒家"慎终追远"的宗教情怀和文化主张。

"庙"本体所具有的丰富而深刻文化底蕴，使阙里孔子家祠承载了多重意义。《史记·孔子世家》载：孔子死后，"弟子及鲁人往从冢而家者百有余室，因命曰孔里。鲁世世相传以岁时奉祠孔子冢，而诸儒亦讲乡饮大射于孔子冢。孔子冢大一顷。故所居堂、弟

---

① （汉）郑玄笺，（唐）孔颖达疏：《毛诗注疏》，清嘉庆二十年南昌府学重刊宋本十三经注疏本，第1132、1133页。
② （清）陆耀撰：《切问斋集》，清乾隆五十七年晖吉堂刻本，第56页。
③ （清）蔡邕撰：《独断》，《四部丛刊》，三编景明弘治本，第11页。
④ （清）郝懿行撰：《尔雅义疏》，中华书局2017年版，第494页。
⑤ （清）陈立：《白虎通疏证》，中华书局1994年版，第567页。

子内，后世因庙，藏孔子衣冠琴车书，至于汉二百余年不绝。"① 置孔子平生衣冠琴书等遗物于寿堂中，以岁时祭祀，成为鲁国世世相传的传统。儒生们也在这时来这里讲习礼仪，行乡学业考校的饮酒礼，以及比射等仪式。这其中还透露出四个重要信息：其一，"鲁世世相传以岁时奉祀孔子冢"，说明孔子死后，对孔子的祭祀已经不仅仅限于孔氏家族了，而是已经超越家祠的意义，成为一种地域文化现象，只是当时以孔子为代表的儒家思想还没有成为国家思想；其二，将孔子生平衣冠琴书等遗物置于寿堂内，成为世界上第一所"名人博物馆"②；其三，家祠内诸儒可行乡饮大射之礼，说明最初的孔子家祠就具有为儒家礼仪提供场所的功能；其四，"后世因庙"。据清人段玉裁推测，"古者庙以祀先祖，凡神不为庙也。为神立庙者，始三代以后。"（《说文解字注》）尽管孔子旧宅何时建为庙的具体时间尚有争议，但第一座孔子庙是由阙里孔子旧宅改造而成是没有异议的。

汉高祖刘邦建立政权后，深知以马上得天下而不能以马上治天下，故于"过鲁"之时，"以太牢祠焉"（《史记·孔子世家》）。用牛羊猪三牲俱全的太牢祭祀孔子，首开帝王祭祀孔子的记录，并封孔子九代孙孔腾为"奉祀君"，专职祭祀孔子。从此，对孔子的祭祀礼仪逐渐仪式化并宗教化。祭祀必献祭品于神。祭品有献牲的，也有不献牲的。无牲而祭曰荐，荐而加牲曰祭。加牲有等级，分为太牢和少牢。牛、羊、豕三牲全备为"太牢"，少牢只有羊、豕，没有牛。古代祭祀所用的牺牲，在行祭前需要先饲养于牢，故这类牺牲称为牢。由于祭祀者和祭祀对象不同，所用牺牲的规格也有所区别，天子祭祀社稷用太牢，诸侯祭祀用少牢。原因在于，鲁国是周朝的同姓诸侯国之一。公元前1046年，周武王杀纣灭商后不久，即封周公姬旦于鲁，定都曲阜。周公旦因辅佐天子，未能就

---

① （汉）司马迁：《史记·孔子世家》，中华书局2000年版，第1565页。
② 孔祥林等：《世界孔子庙研究》，中央编译出版社2011年版，第1页。

封，乃由嫡长子伯禽前往就封。伯禽，即位为鲁公。鲁国的第一代国君是周公旦的儿子伯禽，是周朝宗室。鲁国因其始祖周公旦有功于天下，周成王特赐天子礼乐祭周公，所以，鲁国得以享天子之礼。故有孔子"禘自既灌而往者，吾不欲观之矣"（《论语·八佾》）的感叹。而诸侯、卿大夫、宰相一到任，常是先去拜谒孔子墓，然后才去就职处理政务。可见孔子的政治思想在当时也是颇具影响力的。《史记·孔子世家》载，孔子弟子三千，名声广博，夫子去世，弟子皆以种树祭之。太史公曰："诗有之：'高山仰止，景行行止。'虽不能至，然心向往之。余读孔氏书，想见其为人。""孔子布衣，传十余世，学者宗之。自天子王侯，中国言六艺者折中于夫子，可谓至圣矣！"由此可见，不仅孔子祠庙已经具有了神圣性，而且孔子在世人心目中的地位已经异于常人而被称为"圣"。

意义的传承被转化为象征形式。由孔子旧宅发展到以孔子为主祀、配享儒家先圣先贤的文庙，是以孔子为代表的儒家思想不断超越其地域文化概念、不断进阶与传播的结果。在此意义上，孔庙具有"家庙"特征，又超出了一般"家庙"的性质。①

二 孔庙的"国庙"时期

汉高祖重祭祀，"过鲁，以大牢祠孔子"，开启了历代帝王祭孔先河。武帝时期，摒弃"黄老"，举贤良对策，欲寻找新的理论支撑。在理论上，采纳董仲舒建议，实行"罢黜百家、独尊儒术"，使儒学成为官学。作为意识形态独尊，儒家思想主导了国家思想的精神方向；在实践上，为弘扬儒学，立五经博士，兴太学、置名师，初步建立了国家统一管理体制下的地方级层教育体系，至东汉时，郡县遍设学校。儒学在汉代得到了有力推广与进一步传播。

"表彰儒学"带动了孔庙的发展。经过后世的建设，孔子庙不仅在建筑数量上大大增加，而且其规模和品级也有很大提高，最终

---

① 杨朝明主编：《曲阜儒家碑刻文献辑录》第1辑，齐鲁书社2015年版，第42页。

成为帝制国家设立的礼制庙宇，实现了由"家庙"向"国庙"的转变。平帝元始元年，平帝追孔子为"褒成宣尼公"，并派遣守庙官，守庙官的确立，表明孔子庙的管理由孔子后裔的个人行为改变为国家行为，进一步确定了孔子庙在国家政治生活中的地位。①

汉代是道教产生和佛教传入时期。面对异质文化的进入，原本"罕言天道"、"不语怪力乱神"的先秦儒学被改造成主张天人感应和阴阳灾异的儒家神学，这一时期的儒学呈现宗教化趋势。谶纬神学思潮盛行于东汉，光武继位，宣布图谶于天下，"儒者争学图纬"②，流传的纬书中含有大量孔子神迹，孔子由最初的家族祖先，经过历代帝王的祭祀封谥，由"不得位，穷而在下"，变成了"无冕而王"的神。正如冯友兰先生所说，"孔子之地位，由师而进为王。在谶纬书中，孔子更由王而进为神。各时代思想之变，亦于此可见。"③

虽然并没有证据表明汉代设立孔庙和儒学宗教性之间具有必然联系，但一个间接的事例至少可以证明当时民间孔子庙的存在形态。曲阜之外建造的孔子庙最早出现在老子故里（今河南鹿邑县）老子庙东侧。《水经注》载："水又北径老子庙东。庙前有二碑，在南门外，汉桓帝遣中官管霸祠老子，命陈相边韶撰文碑。北有双石阙，甚整顿。石阙南侧，魏文帝黄初三年，经谯所勒。阙北东侧，有孔子庙，庙前有一碑，西面，陈相鲁国孔畴建和三年立。"④据孔祥林先生考证，从陈国相国孔畴立碑来看，此庙很可能就是孔子十七代孙孔畴于建和三年所建，这是目前已知曲阜以外建造最早的孔子庙。⑤如果说，东汉明帝永平年间建立的郑州文庙，是全国

---

① 杨朝明主编：《曲阜儒家碑刻文献辑录》第1辑，齐鲁书社2015年版，第21页。
② （宋）范晔撰，（唐）李贤等注：《后汉书·张衡列传》，中华书局2000年版，第1291页。
③ 冯友兰：《中国哲学史》，重庆出版社2009年版，第58页。
④ （南北朝）郦道元撰，（清）赵一清注：《水经注》，清武英殿聚珍版丛书本，第309页。
⑤ 孔祥林等：《世界孔子庙研究》，中央编译出版社2011年版，第22页。

仅次于曲阜孔庙的第二古老文庙，是官方在鲁地之外建孔庙之始。①而出现在老子故里老子庙东侧的孔子庙则是目前可考的、晚于郑州文庙所建的第一座民间形态的孔子庙。尽管孔祥林先生认为，此类孔子庙属于"纪念性庙宇"②，但若从汉代儒学神学化背景来看，此类庙宇应该还有更可挖掘的深意。

值得进一步说明的是，此孔子庙"北侧老君庙，庙东院中，有九井焉。又北，涡水之侧，又有李母庙。庙在老子庙北，庙前有李母冢"③。东汉时期，道教已经出现。可以推断，当时郦道元发现的孔子庙是与老子庙、道教老君庙等建在一起，可以想见，孔子在民间已经被看作与道教神主一样的地位。无独有偶，东汉灵帝建宁二年，有鲁相史晨"复礼孔子宅，拜谒神坐"，又"依依旧宅，神之所安"④。可知在观念层面上，此时的孔子已经不仅仅是家族祖先了，而是具有了神学含义，明时期孔子还被称作"圣而神者也"⑤。笔者调研发现，许多地方民众私下称孔子为"孔神人"，陕西周至楼观台将孔子奉为"文财神"来祭拜。孔子的社会功能已经远远超出了"至圣先师"的称号。

儒学宗教化并未影响国家层面对文庙的建设。从汉代到魏晋南北朝时期，是文庙大发展时期。北魏孝文帝在位时，下诏令郡县各学孔子与周公同享。北魏人郦道元记述，黄初元年，"文帝令郡国修起孔子旧庙，置百石吏卒"⑥。实际上，官方孔庙修复和重建工作

---

① 广少奎：《斯文在兹，教化之要——论文庙的历史沿革、功能梳辨及复兴反思》，《河南大学学报》（社会科学版）2017年第5期。

② 孔祥林：《孔子庙创建时间考》，《孔子研究》2007年第6期。孔祥林提出："后人为了表示对孔子的怀念，在与孔子有关或曾经活动过的地方建造了许多孔子的庙宇，我把这类庙宇称为孔子纪念庙宇。"

③ （南北朝）郦道元撰，（清）赵一清注：《水经注》，清武英殿聚珍版丛书本，第309—310页。

④ （东汉）《史晨前碑》，载杨朝明主编《曲阜儒家碑刻文献辑录》，齐鲁书社2015年版，第31页。

⑤ （明）方弘静撰：《千一录》，明万历刻本，第23页。

⑥ （南北朝）郦道元撰，（清）赵一清注：《水经注》，清文渊阁四库全书本，第404页。

从未停止,据统计,从汉高祖开始,相继有12位皇帝20次亲临曲阜孔庙祭祀,有近百位皇帝派遣代表196次到此代祭。两千多年来,曲阜孔庙历经15次大修,31次中修,百余次小修和随毁随修,从未废止。[①]

祭祀孔子的祠庙或孔庙被称为文庙是在唐代。唐玄宗开元二十七年(739)封孔子为文宣王,孔庙改称文宣王庙,亦称文庙。明永乐八年,诏命全国孔庙都称文庙。与祭祀关羽、岳飞的"武庙"并立。明清时因掌管祭孔和教育生员的教谕(学官名称)设置于文庙,故又称为学宫。除此而外,历史上的孔庙还有其他几种名称:至圣庙、宣圣庙、夫子庙、先师庙、鲁司寇庙(孔子的家乡在鲁国,官职司寇)、儒学庙、学宫、黉学等。在这一意义上,孔庙有时专指孔子故里曲阜孔庙。

就孔庙的基本性质来看,可分两类:家庙和学庙。家庙是孔子的后代祭祀自家祖先的庙堂,主要是曲阜孔庙,还有一个就是南宗孔庙。南宗孔庙是在南宋政权迁都杭州时,孔子的嫡系后裔也随之南迁,并在浙江衢州建立了祭祀列祖列宗的祠堂祭祀先祖孔子。这就是今天的南宗孔庙。衢州作为孔子后裔的第二故乡,素有"东南阙里""南方圣地"之称。

就孔庙建制来讲也有两类:一类是朝廷建立的,它设在国子监(太学)内,是官方祀孔的地方。具体来说,是皇帝、地方官员、乡绅和民众祭祀孔子并以办学为主的地方,是由国家的力量倡导和推行儒家思想理念、规定国家祭祀的内容和等级等,文庙成为国家民族的礼仪、文化、道德和教育的中心;另一类是民间建立的孔庙,即各地官办学校,也称书院中的孔庙。这类孔庙因学校而设,庙学一体。孔庙设在学校中,故又有"学庙"之称。这部分学庙是各地方官员、乡绅和民间百姓祭祀孔子的地方。到清末,全国已有这类孔庙1560多座。

[①] 《世界遗产之中国档案:孔庙·孔府·孔林》。

E. M. 罗杰斯（Everett M. Rogers）认为，"扩散是一种特殊类型的传播，涵盖了有计划性的传播和自发性传播两层含义"①。从阙里孔子庙的建造，到东汉年间的郑州孔庙，再到元代北京孔庙的建设，这一过程看起来像是单向的、有计划性的政令输出的结果，而实际上涵盖了具有计划性传播和自发性传播两种含义：一方面，当孔子庙不再只是孔子家庙，而是上升到国家层面的"国庙"时，文庙就因此获得了某种内生的神圣动力，推广建设文庙就成为国家礼制要求；另一方面，随着国家政策的推动，儒学所承载的伦理道德和价值观念浸入社会生活各个层面，为祭祀孔子而修建文庙获得了地方政府和民众普遍认同，也为民间建孔子庙提供了合法性依据，这种非正式传播的、面向大众开放的"小传统"内的文庙建构基本上是一种自发性的过程。至今，民间留存的孔子小庙，数量难以具体统计。

三　文庙的"学庙"时期

"学庙"就是"因学设庙"，就是把祭祀孔子的庙宇设在学校，宋人称之为："即庙设学"，后人称之为"庙学合一"。孔庙修建以前，祭祀先师先圣是在学宫举办，汉时祭祀孔子是在辟雍进行，至东汉时，尽管阙里祭孔的皇帝多了起来，但文庙并未与"学"联系起来。

蜀自汉兴。西汉时期，文翁办学提供了地方政府创办学校、传布儒学的成功经验。"至武帝时，乃令天下郡国皆立学校官，自文翁为之始云。"② 西汉文翁所建石室最初是讲学之地，后成为地方政府主办的教育机构，以传播儒学为主要内容。汉孝文帝末，文翁为蜀郡守，"仁爱好教化"，并修学官，建石室讲堂，招各县弟子，传教令，学徒麟萃，民见而荣之，以至于"蜀学比于齐鲁"③，文翁

---

① ［美］E. M. 罗杰斯：《创新的扩散》，中国工信出版集团2016年版，第8页。
② （汉）班固撰，（唐）颜师古注：《汉书·循吏传》，中华书局2000年版，第2689页。
③ （晋）常璩著，刘琳校注：《华阳国志新校注》，四川大学出版社2015年版，第118页。

兴学，巴蜀文化同被中原之风，降及建武之后，"文化弥纯，道德弥臻"，儒家思想渗透于社会生活中的各个层面。

尤为重要的是，高眹守蜀，重建周公礼殿，为以周公、孔子为代表的历代圣贤及儒林人物开辟了一处祭祀场所，这就是"周公礼殿"。"周公礼殿"内陈列历代圣君圣贤画像，也绘有孔子及其弟子等儒家著名人物，岁时祭祀，供人敬仰，是当时蜀学的精神家园，也是中国古代庙学合一的最早范本，[1] 是将儒学传播与祭祀圣贤、祭祀孔子相结合的先行典范。"周公礼殿"的设立极大促进了文庙与学校的尽快结合。

推动学校建孔子庙，完成"庙学合一"文化格局的是唐朝。从唐代开始，规定政府官办的地方学校中必须建立孔庙。唐太宗贞观四年，诏各州、县学皆立孔子庙以后，各地开始在官学中建孔庙，因孔庙建在学校中，庙、学不分，故也被称为庙学。庙学因所在朝代的不同而有不同的级别和名称，一般有府、州、县三级，它由供师生祭祀先师的孔庙和教学、住宿的学校两大功能区组成，其中的孔庙是学校的信仰中心，学校是孔庙的存在依据。唐时期推崇儒学教育，颂赞孔子。唐高祖于武德二年，诏"国子学立周公、孔子庙，四时致祭"。"贞观二年，停以周公为先圣，始立孔子庙堂于国学"[2]，贞观四年，"诏州县学皆作孔子庙"[3]，孔子在教育史上的独尊地位由此确立。"自唐以来，州县莫不有学，则凡学莫不有先圣之庙矣。"[4] 官方这一系列举措，将庙学结合的模式推向全国。各地方文庙也是各朝各代按照地方行政区划建设的孔庙和学宫，是封建社会的官学，一般分为府学文庙、州学文庙和县学文庙。地方文庙创始于唐代，发展于宋代和元代，全面普及和定型于明、清两代。

---

[1] 舒大刚、任利荣：《庙学合一：成都汉文翁石室"周公礼殿"考》，《四川大学学报》2014年第5期。

[2] （五代）刘昫：《旧唐书》，清乾隆武英殿刻本，第5、2480页。

[3] （宋）欧阳修：《新唐书·志第五》，清乾隆武英殿刻本，第153页。

[4] （宋）马端临：《文献通考·学校考四》，中华书局2011年版，第1270页。

由此，文庙还承担了另一种重要的政治身份，作为对孔子的尊崇、对儒家学术的敬仰，文庙成为儒家学说和道统意识的载体和化身，代表着儒家文化的世代传承，文庙作为传统社会文化力量与政治力量的交汇之处，位于道统和治统之间，而学校则是平衡道统和治统的有力武器。①

值得关注的是，文庙作为一种历史记忆载体，它的发展与传播离不开孔氏族人的推广和努力：孔子后裔村建成文庙是功德无量的事，孔氏后人希望除了每年祭祖，还应该做些有利于文化传播的事情。②大川孔庙的庙管们希望家祠传统能够影响更多人，"大川孔庙不仅是一个祖祠，还是文化教育的公共场所"③。诸如此类的文化传播动议是基于历史事实而进行的具有创造性的合法性建立。也正是基于传播想法的不断衍生，孔子祠庙才能超越其有限的建筑空间，而在更为宏阔意义上使儒学的弘扬与传播具有了可能性。儒学传播推动了庙学发展，庙学发展又带动了地域风气的变化，正如杨炯所说："东南西北之人，混风声而一变。"④庙学的发展，让儒家思想不再只是停留在理论层面，而是进一步落实到社会生活层面，影响并改造了乡土民风。

有汉一代，谶纬神学、超自然观念流行，置身于此的儒家学说不可能是一种纯粹的理性学说。而庙学就是一种"儒家文化和信仰传播的重要方式"，是"以教学的形式推动信仰和文化的传承以及传播"⑤，清人郑兼才说："考古学制之兴，先有学而后有庙。唐以后诏州县立孔子庙，自是有庙因有学，而学必附于庙。"⑥ 因学以

---

① 黄进兴：《优入圣域：权力、信仰与正当性》，陕西师范大学出版社1998年版，第108页。
② 杨莉：《当代文庙重建与复兴现状研究报告》，《宗教蓝皮书·2015》，社会科学文献出版社2016年版，第183页。
③ 景军、吴飞译：《神堂记忆——一个中国乡村的历史、权力与道德》，福建教育出版社2013年版，第75页。
④ 唐杨炯：《遂州长江县先圣孔子庙堂碑》，《盈川集·卷四》，四部丛刊景明本，第26页。
⑤ 卢国龙：《唐代庙学与文化共相》，《世界宗教研究》2013年第3期。
⑥ （清）郑兼才：《六亭文选》，《宜居集·卷二》，清嘉庆间刻本。

祀，学依庙而建。无论是以庙设学，还是因学设庙，"庙学合一"都彰显了庙学制度的另一种超越意义：学校教育需要保持对先圣先师的祭祀先行，让教育充满尊崇、敬畏与神圣感：既彰明信仰在学习中贵有的精神动力，又提升了孔子庙宇祭祀的神圣性，同时，在儒家视域中，学校不仅是知识教育学习的场所，而是针对人生所施行的"成人"之教的举措。① 正是这一多重目标使文庙自唐始在全国地理空间上实现了普及，也成为教育实践的场所。

随着清末废除科举，许多学校文庙改办新式学校，"庙学分离"。近代以降，儒学已不再享有国家教育的独尊地位，儒学命运衰微，失去了制度依托的文庙更是丧失了"表达力"。民国时期，文庙进入与博物馆结合的"庙馆结合"时期。较早改称的是1919年太原文庙改辟为山西省图书博物馆；1944年，以西安碑林为基础成立的陕西省历史博物馆，接收了西安孔庙。新中国成立后，政府对文庙的生存状态非常重视，拯救、恢复和保护了大部分文庙，那些保存较好的文庙，大都设立了"文庙保管所""文物管理所""博物馆"之形式的文物保护机构。但是，把文庙改造成博物馆，收藏、陈列和展示文物，对文庙的纪念功能和文化价值仍难以进行充分的发掘和保护。如安徽桐城文庙博物馆一直把大成殿作为主要展陈场所，文庙只是徒有虚名。加之，文庙古建筑等一些自然环境因素并不能适合博物馆的文物收藏和陈列展示。于是，北京首都博物馆率先退出了国子监孔庙，山西博物馆本部也退出了太原府城文庙。② 作为典藏人文自然遗产等的文化教育机构，博物馆为社会提供免费开放的公益服务，面向的是更为广泛的受众群体，因此发展态势迅猛。而文庙则又一次面临发展困境。作为儒家"精神标识"的文庙如何在困难中寻找先机，在创新中赢得未来，依然是学界和

---

① 刘振佳：《民族文化信仰的神圣殿堂——孔庙建筑及遗存的文化信仰内涵琐谈》，《第七届世界儒学大会学术论文集》，文化艺术出版社2016年版。
② 唐红炬：《文庙的保护与利用：应在冲突中寻求和谐》，《中国文物科学研究》2007年第2期。

社会关注的时代课题。

作为儒家文化物质载体的文庙从阙里孔庙始,它就不只是孔氏家族祭祀的延续,而是更多承担了以孔子为代表的儒家思想的传播和发展的功能。甚至说,儒学盛则文庙兴,文庙的兴衰沉浮,更多反映出儒家思想的时代命运和文化归向。今天,作为儒家文化物质载体的文庙早已从孔庙家祠的狭义文化思入更为广阔的文化空间,并被纳入人类文明发展视域中。儒家文化与其物质载体的思想表达本就是"二而一"的关系,儒家思想更应该是一个既有理论体系,又有外在表达的、具有实践属性的动态发展过程。文庙多元化模式的时代发展因应了当今文化融合发展的趋势。"知来者往",文庙发展将往何处去,将关涉如何更大限度运用已有文化资源,构建国家文化软实力的范畴。

第三节 祭祀与教育并重的文化格局

历史上最早的文庙是以孔子家庙的形式出现的。随着儒学在汉代被奉为官学,孔庙建设的规模不断扩大,唐宋开始出现了"学庙一体"的文化格局,呈现"左庙右学""西庙东学"的建制。文庙既是祭祀先师孔子,又是弘扬儒家学说的地方;既是学校的信仰中心,又是孔庙的存在依托。祭祀与教育并重的独特文化现象是"庙学"存在的重要方式。

一 "学庙一体"制度下的教育理性

"释奠礼"是古代学校的祭祀典礼,是一项入学的仪式,属于"三礼"中的"君师"礼,即春、秋、冬三时都要释奠于先圣先师。故释奠礼最早可追溯至周代。商周时期我国就已经有了官学的设置。周代礼制分国学和乡学两类:国学设于都城,称为辟雍、泮宫;乡学设于地方,称为庠、序。周代的官学中都有释奠先圣先师的礼仪。《礼记·文王世子》云:"凡学,春,官释奠于其先师,秋冬亦如之，凡始立学者，必释奠于先圣先师。"周礼中有释奠礼、释菜礼和释币礼等名目。释奠礼是设俎馈酌而祭，有音乐而无尸；释菜礼是以菜蔬设祭，为始立学堂或学子入学之仪式；释币礼则是有事之前以告祭，并以币（帛）奠享。"释奠者，设荐馔酌奠之，不迎尸也。"所谓"释奠"，具体是指向先师之位陈设祭奠的饭食、酒品等。凡是天子使诸侯立学的，一定要先释奠于先圣先师。等到行礼之时，一定以奠币。这就是天子命诸侯兴教化、立学官。① 此外，释奠菜释礼最初所祭祀对象并无明确固定所指。《礼记·文王世子》曰："凡释奠者，必有合也，有国故则否。"如果国家没有先圣先师的，所释奠者应当与邻国相合。国有先圣先师的，譬如唐虞有夔龙、伯夷，周有周公，鲁有孔子，则不与邻国合祭。鉴于孔子在教育事业上的卓越成就，释奠的对象渐以孔子为主。

《后汉书·礼仪志》载，汉明帝永平二年，"上始帅群臣躬养三老、五更于辟雍。行大射之礼。郡、县、道行乡饮酒于学校，皆祀圣师周公、孔子、牲以犬。"这大概是辟雍祭祀周公、孔子的最早记载。曹魏齐王正始七年，诏令太常以太牢祭祀孔子于辟雍。晋武帝于泰始三年，诏太学和鲁国四时备三牲祭祀孔子，皇太子释奠于太学，此时的孔庙只是太学的一座庙堂。晋成帝重建太学，孔庙释奠遵从旧制。隋代，于国子寺内兴建孔庙释奠先圣先师。唐高祖于武德二年，尊孔子为先师，诏国子学立周公、孔子各一庙，孔庙和国学合一，形成"左庙右学"的庙学格局。北宋时期兴学、兴庙，庙学合一。至南宋，形成"左学右庙"，以右为上的庙制格局。辽、金、元建庙设学成为常态。明代定都南京后，创建太学，左庙右学，孔庙建在太学东部。至清时，或设太学或设国子学（国子监），或者两者同时设立，名称不一，制度也有变化。但不管外在形式如何变化，太学或国子学均为传授儒家经典《诗》《书》《礼》《易》《春秋》和教授王公贵族子弟的最高学府，而在这里就学的

---

① 常会营：《北京孔庙祭孔礼仪研究》，北京燕山出版社2019年版，第85页。

生员皆称太学生、国子生。明、清设国子监，为教育管理机关兼具国子学性质。太学、国子监、国学均指代国家的最高学府，进行国家祭祀，传授儒家经典。

辟雍制度是古代明堂中行使教育功能的特立部分。殷周社会大变革之际，整个中国社会正处于向封建社会过渡的阶段，人的主体意识的凸显，人们的思想观念也朝向理性化方向发展。周天子将国家的政治、宗教及教育的权力紧密结合在政治统治基础之上，形成了意识形态化的"明堂制度"。这一制度的实现，意味着掌握教育的权力、培养封建社会需要的人才变成了执政的关键要素。而当教育、教化成为执政的重要组成部分和手段时，"辟雍"就被纳入"明堂"的整体框架和结构中，成为明堂制度下教育目的得以实现的重要出口。"辟雍"则无疑成为国家教育、教化的象征符号。龚鹏程先生认为，古代的大学"辟雍"，向来与宗庙"明堂"结合在一起，州府所办的学校，一定是连着孔庙、私人书院，建筑中一定有先师殿、先贤祠、魁星阁之类。也就是说，古代的大学"辟雍"身兼二任，既是教育场所，又是祭祀中心。春秋两季举行的"释奠""释菜"礼，或供奉先贤，兼祀土地，均体现了其神圣性。故其教育本身，就具有神圣的色彩。马一浮先生曾说："古者射飨之礼于辟雍行之，因有燕乐歌辞燕飨之礼，所以仁宾客也。……食三老五更于大学，必先释奠于先师，今皆无之。(《泰和宜山会晤合刻》附录)"纵观现代学校，在建筑上放弃了文庙、先贤祠等的祭祀系统，等于割断了祭祀与教育的联系，改以行政体系为建筑中心，还曾一度以政治人物代替先师先贤的地位。① 现代学校里已经没有了祭拜先圣先师的空间和场所，如果一些学校原来就设在孔庙里，现在也仅仅是保留孔庙的建筑遗址，最多再设立一座孔子雕像，一是用来展示至圣先师的历史足迹；二是用来表达人们对以孔子为代表的儒家文化的崇敬之意，基本上已经不具备古代祭祀先圣

---

① 龚鹏程：《生活儒学的新路向》，《社会科学战线》2008年第2期。

先师的信仰意义。祭祀孔子与现代教育已经不再有关系。今天学校里教授的主要内容早已不再是国学，而是现代科学，面向的是与国际接轨的现代教育体系。国学的科位早已隶属于中国历史或者中国哲学史。

古代学校有着严格的定制，唐开元初年，皇帝下诏"各州、县皆立孔庙"。庙的修建、守护、供应等逐渐成了国家和官府的事。自隋代科举制度施行以来，县有县学，州有州学，府有府学，国有太学，都叫学宫，统称儒学。如今天全国许多地方的文庙直接被称为"学宫"或"儒学"。学宫内"府设教授，州设学政，县设教谕，皆设训导佐之"，并按级别规定，分别举行院试、乡试、会试和殿试。学宫的性质属于官学，以科举入仕为官作为主要目标。学宫的修建须经过报请批准，严格按规制建盖。各地教育长官由朝廷直接任命，不隶属于地方行政当局。这种地方教育独立于地方行政的体制，也反映出国家对教育的高度重视，牢牢把握着培养和选拔封建人才的大权。明清时期，每个州、府、县治所在地都有文庙。清时期，更是把孔子尊崇到无以复加的崇高位置，康熙还亲自到曲阜孔庙去行叩拜礼，雍正时期，只有帝王宫殿建筑才能用的黄色琉璃瓦破格准许用在了孔庙建筑上。

以庙学合一的体制推进儒家文化和信仰传播是封建社会国家教育实践的重要手段。古代的"庙"因祭祀而设，因祭祀而学。"学"与祭祀始终紧密结合在一起。有汉一代，谶纬神学、超自然观念流行，置身于此的儒家学说不可能是一种纯粹的理性学说。而庙学就是一种"儒家文化和信仰传播的重要方式"，是"以教学的形式推动信仰和文化的传承以及传播"[1]，清人郑兼才说："考古学制之兴，先有学而后有庙。唐以后诏州县立孔子庙，自是有庙因有学，而学必附于庙。"[2] 因学以祀，学依庙而建。无论是以庙设学，

---

[1] 卢国龙：《唐代庙学与文化共相》，《世界宗教研究》2013年第3期。
[2] （清）郑兼才：《六亭文选》，《宜居集·卷二》，清嘉庆间刻本。

还是因学设庙,"庙学合一"都彰显了庙学制度的另一种超越意义:学校教育需要保持对先圣先师的礼敬先行,让教育充满尊崇、敬畏与神圣感;既彰明信仰在学习中贵有的精神动力,又提升了孔子庙宇祭祀的神圣性,同时,在儒家视域中,学校不仅是知识教育学习的场所,还是针对人生所施行的"成人"之教的举措。人非学不足以成人,孔子提倡"学为成人",为学之道就是《论语》乃至整个儒学的出发点和基础。① 也正是这一多重目标使文庙自唐始在全国地理空间上实现了普及,也成为教育实践的场所。

二 尊孔崇儒、"教化天下"的文化意向

中国古代有谥号传统。《白虎通》云:"谥者,所以别尊卑,彰有德也。"② "先王谥以尊名"(《礼记·表记》),所谓"谥号",是古代帝王、贵族、大臣或其他有地位的人死后被追加的带有褒奖意义的称号。《孟子·万章下》载:"孔子之为集大成。集大成也者,金声而玉振之也。"《史记·孔子世家》载:"自天子王侯,中国言六艺者折中于夫子,可谓至圣矣。"明嘉靖九年,奉孔子为"至圣先师",清顺治十四年,封孔子为"大成至圣文宣先师"。通过分析历代帝王对孔子追谥的历史,可以看出孔子地位的演变、发展过程,也可看出国家尊孔崇儒,教文化天下的文化意向。

孔庙最初是为祭祀祖先神孔子而立的祠庙,属于家庙。东周时期,周敬王四十一年(前479),鲁哀公称孔子为"尼父";汉高祖刘邦,用太牢祭祀孔子,开帝王祭孔之先河。汉武帝采纳董仲舒建议,采取"罢黜百家,独尊儒术"的统治政策,儒家思想成为封建社会思想正统。此后历朝历代,不管是哪个朝代建立统治政权,都必尊孔子,独尊儒术。儒家思想已经成为封建统治的基础。汉平帝元始元年,封孔子为"褒成宣尼公",首开加封追谥孔子先例;东

---

① 韩星:《理论周刊·文史》,《北京日报》2020年7月15日。
② (清)陈立撰,吴则虞点校:《白虎通疏证》,中华书局1994年版,第73页。

汉光武帝刘秀过阙里，命司空祭祀孔子，十四年后恢复孔子后裔奉祀的爵位；皇帝尊崇孔子，地方官也开始注意保护孔庙，并派专员管理孔庙，并给以祭祀经费。东汉末年，天下大乱，孔庙残毁，祭祀中断。

魏晋时期，政治变动频仍，玄学之风兴起，佛道盛行，两汉儒学（经学）受到极大挑战，儒学地位相对下降，但儒家在维护社会统治方面仍然发挥着重要作用，孔子依然受到尊崇。魏文帝曹丕即位后，诏诰天下，《诏诰》赞誉孔子：

> 昔仲尼禀大圣之才，怀帝王之器，当衰周之末而无受命之运。在鲁卫之朝，教化乎洙泗，至栖栖焉，皇皇焉，欲屈己以存道，贬身以救世。于是王公终莫能用，乃退考五代之礼，修素王之事，因鲁史而制《春秋》，就太师而正《雅》《颂》，俾千载之后，莫不崇其文以述作，仰其圣以成谋。兹可谓命世大圣，亿载之师表者已。①

由于天下大乱，百礼堕坏，旧居之庙，毁而不修，褒成之后，绝而莫继。阙里不闻讲诵之声，故魏文帝以孔子之二十代孙议郎孔羡为宗圣侯，邑百户，奉孔子为祀，并令鲁郡重修孔子庙，派卒立守候，在孔庙外建屋舍，供学者居住，以兴盛儒学。有学者分析，当时魏文帝发布尊孔诏书，重修孔庙，只是停留在话语层面，而二十年后魏齐王则是身体力行实践了尊孔读经的政治文化宗旨。表现在齐王曹芳每讲经后，虽不亲自行礼，但会让太常释奠先圣先师于辟雍。② 这足以说明，尽管魏晋时期朝局动荡，但历代帝王依然重视孔子为万世立法、教化天下的作用，进而推进孔庙建设。

西晋泰始二年，晋武帝司马炎命太学及鲁国四时备三牲祭祀孔

---

① （明）陈镐：《诏诰》，《阙里志》卷7，明嘉靖刻本，第112页。
② 常会营：《北京孔庙祭孔礼仪研究》，北京燕山出版社2019年版，第93页。

子。孝建元年，孝武帝刘骏下诏，赞扬孔子"仲尼体天降德，维周兴汉，经纬三极，冠冕百王。"① 北魏孝文帝太和十六年，孝文帝元宏封孔子"文圣尼父"；梁太平二年，敬帝萧方智诏赞孔子："立忠立孝，德被蒸民，制礼作乐，道冠群后。"② 北周大象二年，静帝封孔子为"邹国公"；隋开皇元年，开国皇帝，隋文帝杨坚封孔子"先师尼父"，州、县学以春秋释奠。开皇五年，隋文帝亲临释奠礼活动，并听取讲经辩论。隋代提倡儒学，推行科举制度，儒学的正统地位得到加强。

唐武德二年，高祖李渊诏赞孔子："道济民生"，并与长安国子监立周公、孔子庙各一所，四时致祭，仍博求其后。武德九年十一月，太宗李世民继位即下诏，赞颂孔子："以大圣之德，天纵多能，王道藉以裁成，人伦资其教义"③；唐贞观二年，唐太宗封孔子为"先圣"；唐贞观四年，"诏州县皆立孔子庙，四时致祭。"④ 唐贞观十一年，唐太宗封孔子为"宣父"；乾封元年，唐高宗李志祭泰山，过曲阜，亲幸祠庙，认为，"宣尼父孔某兹大圣之才，属衰周之末，思欲屈已济俗弘道……因获麟而兴感，于是垂素王之雅，则正鲁史之繁，文播鸿业于一时……行大道于天下"⑤，正月辛卯，追赠孔子为"太师"；武周天绶元年，武则天封孔子为"隆道公"；开元十三年，玄宗李隆基祭泰山，过曲阜，命礼部尚书祭孔子墓。玄宗赞孔子："弘我王化，在乎儒术。发挥此道，启迪含灵。自生民以来，未有如孔子者也。"⑥ 唐开元二十七年，玄宗李隆基追谥孔子为"文宣王"，自此以后，两京国子监孔子像位于殿中，面南而坐，着王者衣冠。天下诸州亦准此。

宋朝大中祥符元年，宋真宗赵恒过曲阜亲拜孔子庙，祭以太

---

① （金）孔元措：《历代崇奉诏文》，《孔氏祖庭广记》，清光绪琳琅秘室丛书本，第10页。
② （清）孔继汾：《阙里文献考》，清乾隆刻本，第78页。
③ （明）陈镐：《诏诰》，《阙里志》卷7，明嘉靖刻本，第114页。
④ （宋）欧阳修：《新唐书·志第五》，清乾隆武英殿刻本，第153页。
⑤ （明）陈镐：《诏诰》，《阙里志》卷7，明嘉靖刻本，第114页。
⑥ （明）陈镐：《诏诰》，《阙里志》卷7，明嘉靖刻本，第114页。

牢，并赞颂孔子为"人伦之表，帝道之纲"①，为彰显"崇儒重道，启迪化源"，追谥孔子为"玄圣文宣王"，五年改谥"至圣文宣王"。北宋末年，金兵南下，建炎年间，火烧曲阜孔庙，"庙宇与书籍俱为灰烬。后二十余年，或见于士大夫家皆无完本，甚可惜。"②金天会五年（1127），睿宗为右副元帅，驻燕京，戎马未息，首建太学，修国子监。七年，大军入山东兖州，坚壁而守，是时睿宗为都元帅，下谕："以祸福戒军士，以夫子所生之地，不得剽夺"，紧接着退师，并召见曲阜知县，检讨建炎年间群寇火烧圣庙至皆为灰烬一事，遂"登杏坛，望殿火奠拜"，并将军队里掘圣墓者十二兵士，带至庙南十余里"尽杀之。"③这一举措充分体现了高层统治者对孔子思想的重视。

女真族占据北方后，更加意识到崇儒的重要。金朝自熙宗尊孔，皇统元年二月，熙宗拜谒文宣王庙，奠祀北面，再拜谓儒臣，曰："为善不可不勉。孔子虽无位，以其道可尊，使万世高仰如此"④金章宗幼习儒家经典，认为是"圣贤纯金之道"，即位第二年，对侍臣说："昔夫子立教于洙泗之上，有天下者所当取法"⑤。章宗下诏修建孔庙，各州县建孔庙，设立文院译写儒经，并命学官讲解，儒风因此大盛。

元成宗即位，昭示天下曰："孔子之道垂宪万世，有国家者所当崇奉"⑥，并下令修建孔子庙。他们认为："孔子之教非帝王之政不能及远，帝王之政非孔子之教不能善俗。教不能远及，无损于

---

① （明）陈镐：《礼部覆》，《阙里志》卷12，明嘉靖刻本，第283页。
② （金）孔元措：《崇奉杂事》，《孔氏祖庭广记》，清光绪琳琅秘室丛书本，第18页。
③ （金）孔元措：《崇奉杂事》，《孔氏祖庭广记》第3卷，清光绪琳琅秘室丛书本，第19页。
④ （金）孔元措：《学庙亲祠》，《孔氏祖庭广记》第4卷，清光绪琳琅秘室丛书本，第25页。
⑤ （金）孔元措：《重建郓国夫人殿记》，《孔氏祖庭广记》第11卷，清光绪琳琅秘室丛书本，第73页。
⑥ （明）陈镐：《重建至圣文宣王庙碑》，《阙里志》第9卷，明嘉靖刻本，第174页。

道；政不能善俗，必危其国。"①元武宗即位后，加封孔子为"大成至圣文宣王"，盛赞孔子。有汉以来，凡有天下者，皆是以孔子仁义纲常训浃人心，故要崇奉其教。"盖闻先孔子而圣者，非孔子无以明，后孔子而圣者，非孔子无以法，所以祖述尧舜，宪章文武，仪范百王，师表万世……父子之亲，君臣之义，永唯圣教之尊，天地之大，日月之明，奚罄名言之妙。尚资神化，祚我皇元。"②除却崇奉其教，训以纲常，祈求孔子的神灵，以保佑元朝统治则是蒙古统治者最高的期盼，为此，蒙古贵族不惜耗费巨资，重建被焚毁的孔庙。

明王朝建立后，明太祖朱元璋即位之初，就推尊师重道，其"武功未戢，已事俎豆"，在指导思想上欲"行先师之教，淑海内，恰人心，崇德报功"③，因此，明时期重视孔庙的重建、扩建和维修，奠定了现存孔庙的规模。明成祖朱棣对孔子之道"深有所望"，他盛赞孔子："参天地，赞化育，明王道，王彝伦，使君君臣臣、父父子子、夫夫妇妇各得以尽其分"④，并将汉唐有为之君能治理天下的原因归之为能"表彰"孔子思想。

成化四年，明宪宗朱见深推崇孔子，认为天下一日不可无孔子之道，有了孔子之道，方能正纲常而明伦理，万物各得其所。他认为："孔子之道，即尧、舜、禹、汤、文、武之道，载于六经者是已。孔子则从而明之，以诏后世耳。故曰，天将以夫子为木铎。使天不生孔子，则尧、舜、禹、汤、文、武之道，后世何从而知之。将必昏昏冥冥，无异于梦中，所谓万古如长夜也。由此观之，则天生孔子，实所以为天地立心，为生民立命，为往圣继绝学，为万世开太平者也。其功用之大，不但同乎天地而已。"⑤而且，尊崇孔子

---

① （明）陈镐：《代祀阙里孔子庙碑》，《阙里志》第9卷，明嘉靖刻本，第178页。
② （明）陈镐：《诏诰》，《阙里志》第7卷，明嘉靖刻本，第116页。
③ （明）陈镐：《重修古圣庙记》，《阙里志》第10卷，明嘉靖刻本，第193页。
④ （明）陈镐：《御制孔子庙碑》，《阙里志》第8卷，明嘉靖刻本，第137页。
⑤ （明）陈镐：《御制重修孔子庙碑》，《阙里志》第8卷，明嘉靖刻本，第138页。

之礼,"愈久而愈彰,愈远而愈盛,观于汉魏以来,褒赠加封可见矣。"在他看来,孔子之道如布帛粟菽、民生日用,不可暂缺,"其深仁厚泽,所以流被于天下,将何以报之哉,故新其庙貌而尊崇之。"①

明孝宗朱祐樘承先祖尊师重道之传统,立庙以崇祀孔子。弘治十二年,六月十六日夜,孔庙遭遇火灾,几乎主要建筑全部被毁,灾情报到京城,皇帝征调各地财力、人力重修,用时四年,重建了被焚的建筑,维修了幸存的建筑,并在此基础上,扩建、增建了奎文阁、仰高门等建筑,奠定了现存孔庙的规模。② 明朝嘉靖九年,明世宗封孔子为"至圣先师",更定孔庙祀典。

清朝统治者以"崇圣学"为要策。顺治元年,山东抚臣方大猷奏报皇帝言:"先圣孔子为万世道统之宗。本朝开国之初,一代纲常培植于此",认为尊崇孔子,"可卜国脉灵长,人文蔚起。"③ 清顺治二年,追封孔子为"大成至圣文宣先师",十四年改为"至圣先师"。

康熙以崇儒重道为国策,积极又虔诚地敬拜孔子。康熙二十三年,皇帝到曲阜孔庙祭祀孔子,亲行三跪九叩大礼,题匾额赞颂孔子为"万世师表",悬于殿中,并在碑文中盛赞孔子"为往圣继绝学,为万世正人心",要求"凡我臣民,瞻仰宫墙……敦崇德义,砥砺伦常,以不负朕尊师重道之意。"④ 雍正元年,孔子被追封为五代王爵,雍正、乾隆更是亲自参与祭孔;雍正对孔子态度更是前所未有,雍正二年,衍圣公凑报阙里文庙大火,雍正悚惕不宁,自责不已,并亲自拜谒太学,命大臣等督工建修文庙,凡殿庑制度规模,以至祭祀器物等,皆令绘图呈皇帝亲阅指授,遴选良工,动工

---

① (明)陈镐:《御制重修孔子庙碑》,《阙里志》第8卷,明嘉靖刻本,第138页。
② 孔祥林:《曲阜孔庙修建述略》,《孔子研究》1986年第2期,第117页。
③ (清)孔继汾:《世系第一之十》,《阙里文献考》第10卷,清乾隆刻本,第57页。
④ (清)孔继汾:《艺文第十二之一》,《阙里文献考》第32卷,清乾隆刻本,第254页。

兴造。修建后的文庙"巍焕崇闳，坚致壮丽，纤悉完备，粲然一新。"① 维修后的文庙，大成殿改为黄色琉璃瓦，大成门、两庑、寝殿也改为黄色琉璃瓦镶砌。从此，以黄色琉璃瓦镶砌成为文庙尊享皇家规格的象征。光绪年间，西太后赞颂孔子"德配天地，万世师表"②，将孔庙祭祀规格由"中祀"升为"大祀"。

自此以后，直至清末，孔子的封谥号未再更动。至民国年间，一切封谥号皆废置不用。可以说，清前期，极力推崇孔子和儒学，重新将孔子定为大成至圣文宣先师，立文庙，加强祭祀，神话了孔子。清后期，祭孔仪式更加正规，规模更加宏大，敬天、祭孔、祭祖等活动已经具有了明显的国家意识形态和宗教的色彩，也充分体现了统治者上层尊孔崇儒、教化天下的文化意向。

孔子思想集古代先贤之大成，对历代政治和文化都产生了深远的影响。他的教育思想影响了历代教育理念，堪称最伟大的教育家；他所创立的儒家学说，经过历代大儒的不断发展完善，其博大精深，对中国乃至世界都产生了极其深远的影响。孔子一生，言行一致，立德立言，为后世之榜样，被尊为至圣先师、万世师表；孔子对中国文化的巨大贡献，使中国文化在整个形制方面打上了儒家学说的印记，儒家学说成为历代帝王治国执政要道，成为代代相传的一套思想道德和价值观念。从历史发展的过程来看，如果没有历代皇权对于孔子的认可与追封，孔子就只能是尼山孔家祠堂里的祖宗神，儒教也就不存在了，或者就是另外一种情形了。③

---

① （清）孔继汾：《林庙第二之二》，《阙里文献》第12卷，清乾隆刻本，第73页。
② （清）端方：《礼部议覆孔子升为大祀典礼折》，《大清光绪新法令》，清宣统上海商务印书馆刊本，第1775页。
③ 李向平：《信仰但不认同》，社会科学文献出版社2010年版，第55页。

第 四 章

文庙、宗祠、楹联和碑碣等民间文化存在

文庙、宗祠、楹联、碑碣等作为儒家文化最具代表性的"物化"标识，是儒家文化具体而又极具代表性的物质载体。汉代以降，儒学获得独尊地位，跻身于封建国家意识形态的主流地位：一方面，儒家思想备受历代帝王与儒生的重视；另一方面，标识儒家思想文化的文庙通过历代修建和扩建遍于天下。从孔子作为祖先神的家祠祭祀，到举国家之力奉祀孔子，复建孔庙，孔子的社会地位不断提高，祭祀孔子庙宇的规格也不断提升。孔子儒家思想观念和以文庙为代表的儒家思想物质载体表达"合二而一"，成为儒家精神的重要文化标识，也成为中国传统文化的重要组成部分。文庙不断修缮、完善与成熟，象征着儒学在实践层面的不断加强与提高。

第一节 文庙与儒学

文庙在历史上是中国封建社会主流文化意识形态儒学的代表。以曲阜孔庙为中心的各地乃至台湾孔庙，无论其建筑样式精致与否，都遵循曲阜孔庙最基本的建制模式。只是文庙建制的级层不同：最高一级是中央管辖的国家孔庙，国子监，其次是州、府一级的文庙，最后是县级文庙。在位置上，几乎所有的文庙都是坐

北朝南，照壁、棂星门、泮池、大成门（戟门）、东西廊庑、大成殿、崇圣祠、明伦堂、尊经阁等建筑，自南向北依次分布在中轴线上。孔庙的建筑风格和建筑设计，一砖一瓦、一池一水、一门一匾，几乎每个环节都体现建庙人的儒学理念，贯穿了儒生的儒学学养。

一 海南文庙的历史与现状

作为儒家文化重要标识的海南文庙，基本都是宋代始建。海南文庙历经风雨，至今依然有很多保存较好。还留有遗址的，基本上也已作为"文化传统"被修复和保护起来。从历代方志看，民国以前的海南县志中都能看到海南省各个县、市建立的县儒学、书院、社学、义学等专门传播儒学的教育机构。1949年后，这些旧式的教育被现代教育机构所代替，明伦堂、书院等基本上已经空有其名。就文庙来看，传播儒学的功能业已淡化。海南原为琼州府，海南一府三州十县，共有文庙十四座。据《道光琼州府志》记载，当时的"儒学"包括：府儒学：琼州府儒学；州儒学包括：儋州儒学、万州儒学、崖州儒学；县儒学包括：琼山县儒学、澄迈县儒学、定安县儒学、文昌县儒学、会同县儒学、乐会县儒学、临高县儒学、昌化县儒学、陵水县儒学、感恩县儒学。[①] 如表4-1所示：

表4-1　　　　　　　　　清代海南儒学文庙

海南文庙/海南孔庙/海南学宫/海南儒学					
府儒学	琼州府儒学				
州儒学	儋州儒学	万州儒学	崖州儒学		
县儒学	琼山县儒学	澄迈县儒学	定安县儒学	文昌县儒学	会同县儒学	乐会县儒学
	临高县儒学	昌化县儒学	陵水县儒学	感恩县儒学		

本章将重点择取海南省现保存较为完整且修复较好的、至今仍

---

① （清）明谊修，张岳崧纂：《道光琼州府治》，海南出版社2004年版，第309页。

被海南人津津乐道的"海南四大文庙":文昌文庙、临高文庙、崖城文庙、澄迈文庙等为重点,分析海南文庙的历史与现状。

(一)海南文庙的基本情况

海南文庙在清代县志中,基本上是以三种方式予以收录:一种是列入"建置志"中的文庙;一种是列在"学校志"中的文庙,主要作为"学"的建制出现,如学宫;还有一种是归入文化类"古建筑"中的文庙,作为"文物"和"人文景观"予以收录。这种收录方式,与今天县志有所不同。如前所述,"庙学分离"后,文庙作为"学宫"、作为教育机构已经成为历史,而文庙作为"文物""古迹"则标明其基本物质属性。近代以来,文庙的归属问题一直不甚清晰和明确,这一点在海南文庙中体现尤为明显。如文昌文庙在清代时,主要是以"学宫"和"古建筑"方式归类;当代编纂的县志中,文昌文庙则被收入"文化设施"和"文化古迹"类;而今天的定安文庙,则是作为"文化体育"项下的"文物胜迹",同时又作为"附录"列入"已毁的庙宇寺庵"中,与民间宗教信仰场所归在一起。

1. 文昌文庙

文昌文庙也称孔庙、圣殿、学宫,是当今海南修复保存最好的一座文庙。康熙《文昌县志》是目前所能看到的文昌最早的方志,也是文昌最具代表性的志书。据《康熙文昌县志》记载,汉武帝平南越,"置珠崖、儋耳郡,督于交州。领县五,中有紫贝,即文昌之故名也。"① 紫贝,便是文昌之前身。唐高祖武德五年,改平昌,属崖州。唐太宗贞观元年,改为文昌。

康熙年间,文昌文庙被列入"建置志"项下,这是因为,古之建置志,是辑一国之所需,而有建与置。建置志,是为表封域、重民治所置,皆为关乎民生、国政、重民治等问题而设。其中,以崇祈报的坛祠,以昭激扬的坊表,属儒家思想文化的考察范围。将坛

---

① (清)马日炳纂修:《康熙文昌县志》,海南出版社2003年版,第21页。

祠、坊表等列入"建置志",是因其规制所列可考,虽历年既久,代有废兴,也说明时人已经认识到坛祠、牌坊等物质文化载体对于国家治理的重要性。民国时期的《文昌县志》,将文庙、学校也收入"建置志"中。其载:"邑必有建置,城池、公署而外,则学校、书院、设学、坛庙典之钜者也。"① 这是因为,民国时期,文庙、学校数量增多,规模宏钜,已关乎民生、国政及民治大事。为维持整顿之道,变通调剂之下,将文庙、学校列入"建置志",足见其重要性。

文昌孔庙,也称作文昌学宫。《康熙文昌县志》将文昌孔庙归类于"学校志",旨在强调学校教育的重要性,其载:"文之先哲以文章、德业光昭史册,班班可考。然昔也济济多士,今则落落晨星。"②《周礼·天官》曰:"以贤得民者师,以道得民者儒",郑玄注曰:"儒,诸侯保氏,有六艺以教民者"③,学校为首善之地,兴贤育才,仰赖司教化者。说明封建社会国家注重教育,尤其重视儒家思想的教育和传播。而孔庙作为重要的儒家文化物质载体,无论从建制规制还是从建筑形式来看,抑或是附着其上的教化理念、规范的儒家祭祀礼仪等,都契合了这一政治需要。

作为学宫的文昌文庙,其兴办教育的历史源远流长。据《新唐书》记载,唐代官员王义芳被贬为儋州吉安县丞,于是,他就在当地"召集首领,预选生徒,开陈经书",传播儒家文化。此一时期,该县也以"偃武修文"之意,将平昌县改为文昌县,旨在停止武备,传扬文教,文昌县文化随之兴盛起来。宋庆历年间,海南兴办琼州府学之后,该县就在旧县署和文庙所在地,创办了第一所儒学——文昌县学。元时期,儒学随着县署和文庙迁至今址。元时期,由于政治原因,文昌教育受到制约,使文庙这个办学场所,"空有圣域之名,而无弘道之实"。一些被贬官员,隐姓埋名,聚徒

---

① 李钟岳监修,林带英纂修:《民国文昌县志》,海南出版社2003年版,第101页。
② (清)马日炳纂修:《康熙文昌县志》,海南出版社2003年版,第87页。
③ (清)孙诒让撰,王文锦、陈玉霞点校:《周礼正义》,中华书局1987年版,第109页。

讲学，宣传中原文化；不少失意文人，退居乡村，创办私学，或当私塾教师，儒学在乡村教育中依然保持一份生机。明时期，政治环境大为改观，文昌县学焕发活力，并逐渐形成"儒学、社学、书院、所学、医学"的办学网络，这一时期是文昌历史上教育鼎盛时期。① 据《文昌县志》载："明清两代考中进士16名、举人104。"②文昌学宫既是古代教育的摇篮，也是近现代文昌教育的发祥地，相继孕育出文昌小学、文昌中学、文昌侨中等名校。

文昌孔庙布局严谨，左右对称，殿宇成群，规模宏大，其建筑结构及装饰手法都极具海南传统建筑的特点和神韵。据史料载，明时期，文昌孔庙有了较大发展。洪武三年，知县周观仍在旧址修建，使文庙具有了相当的规模：文庙三间，两庑各五间，戟门三间，棂星门三间。明伦堂在文庙左，三间。东、西二斋亦各三间，东曰进德，西曰修业。次进贤楼。射圃设于学西北；十年，重修明伦堂；成化八年，迁明伦堂于文庙之右，成左庙右学格局；十年，立棂星石门。明期间，数次修殿庑、明伦堂、棂星门、泮池等。清马日炳纂修的《康熙文昌县志·艺文志》中依然保存有历代"修明伦堂记""重修大成殿记""重修明伦堂记""重修学宫记""募修圣宫记"等数十篇碑记文字，为我们研究文昌文庙及儒学文化传播和发展提供了宝贵资料。

关于文昌孔庙的来历还有一段神迹传说。据文庙的管理者说，明代这里刮了一场龙卷风，把县衙的大梁刮到文庙这个地方，于是，人们便认为这是一块风水宝地，便在这里的左边建学宫，右边建县署。关于此事，《康熙文昌县志·灾祥》也有记载："明，二十九年，飓风大作。官廨、民舍尽毁，惟文庙独存。"③《文昌县志》亦载："明万历三十三年（公元1605）琼北大地震后，附近庑廊斋

---

① 《文昌县志》，方志出版社2000年版，第588—589页。
② 《文昌县志》，方志出版社2000年版，第889页。
③ （清）马日炳纂修：《康熙文昌县志》，海南出版社2003年版，第196页。

舍、官邸、民房俱塌，唯文庙独存。"①

笔者今天所见到的文昌孔庙，占地面积约3300平方米，布局严谨，庭院宽广。庙的中轴线上分布有棂星门、泮池、状元桥和孔子塑像。整个古建筑群呈东西走向，东侧建礼门，西侧开义路。黄色的礼门旁边有一座石碑，上写："文武官员到此下马"，凡是路过或者进入孔庙的人，文官必下轿，武官必下马，以示对先师孔子的崇敬，以及人们对孔庙的敬畏。

由于孔庙紧挨着文昌公园，孔庙的第一道石坊便在喧闹的市区凸显着它的独特的色彩及其建筑个性（见图4-1）。进入孔庙的第一道石坊，满眼看到的是停留的汽车、来往的三轮车、自行车，和穿梭的人群。这一幅繁华和喧闹的市井图，一时间似乎掩盖了文庙的宁静古朴和庄重。与石坊正对着的是文昌孔庙的正南门。这是一面黄色的宽阔的墙壁，中间已经被一块雨布遮住了。而这一面墙应该被称作"万仞宫墙"（见图4-2）。"仞"是古代的计量单位，"一仞"等于七尺，此墙缘于《论语·子张》所说："夫子之墙数仞，不得其门而入，不见宗庙之美，百官之富，得其门者或寡矣！"这就是久负盛名的文昌孔庙。

图4-1　闹市区文庙　　　　　图4-2　万仞宫墙②

① 《文昌县志》，方志出版社2000年版，第667页。
② 按：本书所有图片、表格引用他人提供照片、表格时均作了标注，未作标注者，均为笔者本人拍摄。以下同。

第四章 文庙、宗祠、楹联和碑碣等民间文化存在

文昌孔庙是中国唯一不开南大门的孔庙。据说是因为老文昌人曾立誓：若文昌未出状元，孔庙就不开大门。文昌一直没有状元，孔庙至今没有大门，只有一左、一右两个侧门，现在只留东门、"礼门"可以进。"礼门"，意味着孔子的思想核心是"仁"，表现形式是"礼"。进入东边的"礼门"，也就意味着进入了孔子博大精深的儒家思想宝库，以"广居安宅，义路礼门，培基于忠信，树坊于廉洁，臻之广大精微之域"（《重修学宫记》）。① 一进"礼门"，首先看见孔庙里面的售票人员，虽然里面没有像公园一样人潮涌动，但还是不断有散客前来。问了一下售票人员，她们说，这里平时总有人来参观，到了孔子圣诞，人就更多。

一进去孔庙，就能看到桥边的一口古井，名曰"圣泉"。据说泉水清甜，数百年从未干涸。此井深5米，水深2米，经过海南地质局中心实验室化验，这水属于难得的优质矿泉水。通过对泉水的鉴定，海南大学的有关专家得出了如下结论：在这口井边的状元桥下，有一个很大的磁场，泉水是通过磁场进入其中的。因而，经过磁化后的泉水，不但清澈甘甜，而且能治肠胃等各种疾病。每年中考、高考时节，学生们前来祭拜孔子，祈求金榜题名之时，都来喝口"圣泉"的水，以求文章流畅，答题顺利。此外，附近的干部居民也常取"圣泉"之水，以求延年益寿。

文昌学宫的主体建筑位于中轴线上，整体布局严谨，讲究左右对称。中轴线起点的地方是一道由四条白色石柱构筑成的"棂星门"。此门"文革"中被破坏，1992年重建。棂星，亦名天田星，主稼穑，汉高祖祭天时，先祭的就是棂星。孔庙内建棂星门，取祭孔如同祭天之意。据文昌学宫里的工作人员介绍，棂星即天镇星，修建"棂星门"意在说明庙内供奉的孔子，可同在天上施行教化、广育英才的天镇星相比。

紧接着的是前庭。前庭内修有一半圆形水池，称为"泮池"。

---

① 邢祚昌：《重修学宫记》，《康熙文昌县志》，海南出版社2003年版，第249页。

池上建有文昌最古老的石桥,即"步云桥"。"步云桥"具有六百多年历史,其意为读书做官平步青云。后又叫"状元桥",古代只有中了状元的人才能从桥上行走。现在,即将参加考试的学生从桥上走过祭拜孔子,意味着学习进步,考中"状元"。"泮池"是儒学建筑的主要特征。依古制,国家级的学校,也就是天子之学,也称辟雍,四周环以圆形流水。而诸侯之学,环有半圆形流水,称泮池或半璧池。泮池上修筑一座桥,称为"状元桥",孔子塑像被安放在状元桥的正对面。

大成殿之名出自《孟子·万章下》:"孔子之谓集大成"一语。文昌学宫的主建筑为大成殿,里面的结构如圆柱、牌匾以及各种精美的雕刻等,均是明清时期的建筑。殿中悬挂着刻有清代康熙皇帝玺印的"万世师表"、嘉庆皇帝玺印的"圣集大成"、咸丰皇帝玺印的"德齐帱载"、光绪皇帝玺印的"圣协时中"四块涂金描红的匾额。正殿设有孔子神龛、神像、神案、神位。左右两侧为四配十二哲之神位。这个庭院,从地上石板到台边上的石雕都是明清时期的产物,中间有一长方形铺石,此乃祭天专用,两边的建筑物叫东庑、西庑。东庑悬挂着文昌书法爱好者的作品和文物摄影图片,西庑为孔子七十二弟子图谱和孔子圣迹展览厅。

文昌文庙最有特色的是大成殿里写着"圆梦"木制架子,左边竖版上写着"拜先师凤冠贤科",右边竖版上写着"敬孔圣龙登金榜"。上面挂着很多红色玉牌,上面写着各种祈愿,孔庙墙上还挂着各种锦旗,上面写着"圣恩永存""有求则应""扶助学子,有求则应""神恩感德""泽被莘莘""求学有成""感恩赐福,求之得应"等字样。正中是孔子牌位,右边正中,是圆梦牌。左右两边是孔子弟子神位。

近年来,海南省文体厅、旅游局和省、市人民政府多次拨款修葺、社会各界人士也慷慨解囊支持孔庙。1993年重新修复对外开放,被誉为"海南第一庙";1994年恢复了祭孔活动,举办"文状元""理状元""少年文状元"大奖赛,重振兴教助学之风;1999

年，市人民政府又拨款拆迁孔庙前后民房，修建孔庙大门、大道和停车场，使孔庙成为海南孔子文化重要的旅游景点。目前文昌孔庙已经基本恢复原貌，并增添了孔子七十二图谱、孔子圣迹图、先师孔子行教像、铜钟、宝鼎、文昌明清进士碑、捐修孔庙芳名碑、圣公签诗、旅游纪念品、圣泉饮料、论语碑林、中华儒文化书画摄影展、清光绪年间日本教师川口五郎纪念碑等项目。2005 年 10 月 16 日，文昌市政府邀请国内外各界人士在孔庙举行了一次海南历史上规模最大的祭孔活动，前来参加活动的嘉宾达五千多位。"一里三进士"曾是文昌文庙的历史写照，今日文昌，民风质朴、尊师重教传统依然浓厚。现在的文昌人已经愈发认识到孔子儒家思想对构建一个文化文昌的重要作用。文昌孔庙是海南省文物保护单位，是文昌博物馆所在地，也是"海南省文昌市文庙管理处"所在地。

今天的文昌孔庙，被方志列入"文化"篇，归入"文化设施"类。文昌市文化馆、文昌市博物馆均设在文昌孔庙管理处内。同时，文庙还作为"文物"被列入古建筑类。①

2. 临高孔庙

海南临高孔庙，亦称文庙、圣殿、大成殿，位于临高县临城镇长堤东路 39 号，是海南省仅存的规模最大的文庙之一。《康熙临高县志》是目前所能见到的该县最早的县志。临高文庙原名叫"儒学"，或"学宫"，这里曾是全县的最高学府。明督学胡荣说："我国家建学育才，立庙崇祀，自内达外，遐迩一体。"②《康熙临高县志》中将文庙直接以"儒学"称谓，并列入"学校志"中。临高人认为古者治之盛衰，视学校之兴废，因此，加强了对"学"的重视。明、清时立庙崇祀，自内达外，"庙学合一"。清光绪《临高县志》可以说是海南县志里阐发儒家思想最多、最为精致的一部志书，引征宏富，不仅补写了前志之后一百多年的事，而且扩充了前

---

① 《文昌市志（1996—2010）》，方志出版社 2020 年版，第 926 页。
② （明）胡荣：《重修庙学记》，《康熙临高县志》，海南出版社 2004 年版，第 215 页。

志原有的部分条目，容量也增加了近一倍多。

明嘉靖二十五年（1546），临高始建书院。至乾隆三十年（1765），共兴建了澹庵、通明、鹅江、临江书院。清末，教谕高拱寰于临江书院设立临高融通图书馆。至民国十九年，藏书量计有经、史、子、集及科学书籍12320册。1939年日军侵略后，图书馆被毁。[1]

1949年之前，临高没有专门的文化艺术管理机构，1949年之后编纂的《临高县志》，将文庙归入"文化"类，文化类项下包括：文化艺术、教育、科学技术、卫生、体育。而文庙被排在"文物古迹"项下的"其他古迹"项下，还不在"名胜古迹"之列。"教育类"里不再出现作为"儒学"的文庙，而是列入书院、义学、社学和私塾。从这种分类可以看出，当教育与文庙分离后，文庙的归属并不明确，虽然将文庙列入文物古迹项下，也符合文庙属性，但具体定位不清楚。将离开了"学"的文庙划归为古迹类，实际上已经趋向于将文庙看作物质文化形态的存在。

"临高之有学宫，始于宋，毁于元，建于明之洪武。"[2]《临高县志》载，孔庙，亦称文庙、圣殿。位于县城沿江路。始建于南宋，毁于元朝。明清两代及现代均有重修。明、清皆有知县募捐修建。至民国初年，又有绅士谭鸣鸾等人集资大修，使孔庙面貌焕然一新。重修后的文庙为木石结构，仍保留了明代的布局结构。面积有2200平方米。大成殿的神龛和神台，分数层安装，每层刻有浮雕人物、花草、飞龙走凤，金碧辉煌。1949年之后，孔庙多次遭到破坏，建筑物残缺不全。[3]临高文庙在20世纪90年代初期，由中央、省级有关部门拨款，地方各界人士捐款共同出资进行了维修，现已被列为省级重点文物保护单位。

---

[1]《临高县志》，广东人民出版社1990年版，第11、14页。

[2]（清）聂缉庆、张延主修，桂文炽、汪瑔纂修：《重建临高县儒学记》，海南出版社2004年版，第481页。

[3]《临高县志》，广东人民出版社1990年版，第385页。

第四章 文庙、宗祠、楹联和碑碣等民间文化存在

今天看到的临高文庙，坐北朝南，布局严谨，左右对称，殿宇成群，包括戟门、东西庑殿、大成殿（见图4-3）、东西厢房和明伦堂等建筑，总建筑面积1320平方米。临高文庙的主体建筑由大成殿、大东门、东庑、西庑、名宦祠、乡贤祠等组成。大成门前原有棂星门（见图4-4）、泮池、金水桥、东斋、西斋等。是临高县著名的旅游胜迹，为海南省现存较完整、规模最大、历史较久的大型古建筑群。

图4-3 临高文庙大成殿　　　　图4-4 临高文庙棂星门

据考，正门入口处原有一砖墙影壁，左右开厢门，左称礼门，右名义路，中轴线上布有棂星门，入门为前庭，正中为泮池。过了前庭便是七开间宽、高6.85米的戟门，戟门中间三个开间的四榀屋架为两跨的中间穿梁、两端梁头用瓶形蜀柱支承檩条的金字木结构屋架。穿过戟门后为一大四合院，院两侧为各宽五开间的东西庑殿，明、次间为高5.09米、三跨的抬梁式金字木结构屋架，两端为砖砌山墙。四合院正中与戟门相对的是大成殿。大成殿为五开间宽、高9米的两层坡屋面建筑，中间屋架为雕有花草百兽的抬梁式六跨金字木结构屋架，殿前有月台。穿过大成殿为后四合院，院两侧为东西厢房，正中是明伦堂，中间屋架雕有双龙戏珠等图案的抬梁式五跨木结构屋架。梁枋檐板和门窗隔扇等构件上均雕刻与彩绘有祥龙彩凤、花鸟虫草、狮子瑞兽的图案，刻绘精湛，造型精美，

具有很高的艺术水准。

《光绪临高县志》将文庙列入"学校类"中的"释奠"部分，说明当时国家振兴文教，敕令天下郡邑修学崇儒、祭祀孔子及儒学圣贤的风气。岁试合格后，文庙读书的生员，"望圣人之居既尊，受圣人之教必谨"，在社会上具有较高地位。在封建社会，入文庙读书一直被历代学子文人视为提高自己社会地位和进入仕途的必由之路。据临高文庙管理人员介绍，临高文庙是临高人民祀祭孔夫子及儒学先贤的公共庙宇。每逢祭孔之日，临城万人空巷，人们争相前往祭拜孔子，体现了临高人崇尚儒学、尊敬先贤的美德。

临高文庙由创建到民国时期，一直是发展教育、培养人才、振兴临高文化的最高学府，培养出众多才子贤能。宋代出了戴定实、王良选两位举人（全省仅13人）。考取举人的明代有20人，清代有8人；考取贡生的明代有164人，清代有303人，其中，禀贡7人，拔贡16人，临高历史上出了一大批文人学士和省内外社会各界名流。

民国中期，新学勃兴。文庙改为临高乡村简易师范，也就是现在临高中学和临高师范之前身，随后，各乡镇纷纷效仿，创办学校。因县学皆源于文庙，故凡有学校就必有大成至圣先师孔夫子神位，供村民祭拜。祭拜孔子的传统一直延续到今天。临高孔庙平时还是民间娱乐场所，人们在那里举行木偶戏、渔歌赛、书法比赛、摄影比赛等各种文娱活动。政府或社区也会出面举办一些与当地文化习俗相关的活动。

今天的临高文庙被列入"文化"类项下的"文物""遗址"部分，[①] 与临高县30多座庙、祠、堂、宫列在一起，是将文庙看作民间信仰的范畴。

3. 崖城文庙

崖城文庙也称崖城学宫、崖州学宫，原称崖州儒学、义学，亦

[①] 《临高县志（1986—2010）》，方志出版社2020年版，第883页。

名孔庙。位于三亚市崖城镇，崖州故城中南部。始建于北宋庆历四年（1044），为古崖州最高学府，是中国最南端的古代学宫。历经宋、元、明、清诸朝代，经十几次迁徙、增建、重修。清道光二年（1832）迁建今址。崖城学宫占地20多亩，建筑面积1200平方米。是迄今为止保护和修复程度最好的一座中国最南端的祭祀孔子的庙宇，堪称"天涯第一圣殿"。

崖城文庙的主体建筑有大成殿、谒台、崇圣祠、东西庑、大成门、乡贤祠、名宦祠、忠义祠、节孝祠、明伦堂、棂星门、昆明池、泮桥、礼门、义路、文明门上的尊经阁及宫墙等。祀典释奠完备，学制、学规健全，是实行国家祀典礼制的中国最南端州级孔庙，为明清两朝海南岛最南端的最高学府。崖州历代士民依托崖州孔庙，尊孔崇儒，兴学敷教，仁风和畅，善俗日兴，贤才辈出，古崖州因之享"海外邹鲁"之誉。民国时期，孔庙不再具备旧时功能，兵灾复劫，建筑群多有圮废，礼乐器具散尽，且百年失修，毁损剥蚀，残缺不全，渐失原貌。

古代崖城学宫雄踞崖城，坐北朝南，取鳌山（南山）为拱向，开"文明门"为正门，文明门是现在崖州古城的南门。清道光三年（1823），崖城古庙迁至今址，开孔庙前城墙筑"文明门"。"文明门"曾取《周易》"其德刚健而文明"之意命名。寓倡修学宫兴文明，崇儒学旺礼仪之邦。崖州文明门是三亚古崖州城的南门，因位于学宫前而得名。文明门经过修复后呈拱形，赭红色，并添建有一座两层亭式城楼，上有"尊经阁"。拱门上方的"文明门"三字字迹清晰，据说为清代磨石碑刻。

文明门是古代由城外进入孔庙的正门，沿中轴线布局，形成宫殿式建筑群。穿过"文明门"（见图4-5），就是"少司徒"牌坊（见图4-6）。"少司徒"牌坊为户部右侍郎的别称，是表彰明代南京户部右侍郎钟芳暨子进士钟允谦、举人钟允直的坊表。"少司徒"牌坊在"文革"中被毁，2006年重新修建。"少司徒"牌坊后面，就是外墙写"德侔天地"、内照壁著"道贯古今"，赞孔子德与天地齐、孔子学说古今无二的万仞宫墙。照壁，又称"影壁"，正对大成门，意喻孔庙吸取日月精华，又喻孔子道德文章与日月同辉之意。

进庙第一碑依然是"文武百官至此下马"禁碑，以示孔庙庄严。礼门和义路，是比喻正人君子和做道德修养的人的必经之门，必由之路。《孟子·万章下》载："夫义，路也；礼，门也。惟君子能由是路，出入是门也。"故儒家认为，"礼"为仁人出入之门，"义"为志士必由之路。唯有仁人志士才能入此门、走此路。遵循孔子的道德文章，只有"礼义"才是正路。从崖州孔庙的形制来看，东面是明伦堂，西面是关帝庙，清代时候祭孔，文官在东"礼门"列队进入，武官在西面"义路"列队进入，可以说是这一思想的具体实现。

图4-5　文明门 　　　　　　　图4-6　少司徒

棂星门是孔庙中轴线上的第一道大门，是孔庙规定制式。崖城孔庙棂星门始建于北宋年间，明成化七年（1471）重修，明正德十年（1515）重建。清道光三年（1823）始迁入今址，清同治年间重修增高。民国时期毁圮。2006年在原址上重建，为四柱三间清石坊。中门横眉上刻着"棂星门"三个大字（见图4-7），为清代乾隆皇帝手书。崖州孔庙建棂星门，意在突出孔子的地位，喻尊孔如尊天，祭孔如祭天。以棂星门命名孔庙首门，亦喻文士集学于此，

第四章 文庙、宗祠、楹联和碑碣等民间文化存在

贤才辈出,国家有"得主之庆"。

穿过棂星门,就是泮池和跨越泮池的石拱桥——泮桥。唐初朝廷诏令各府、州、县建孔庙,必须建有泮池和泮桥,从而形成了孔庙的建筑形制。泮桥也称状元桥,生员入学跨上泮桥,就意味着人生从此迈上登科入仕之路。

大成门是孔庙的正门,亦称"仪门""戟门",是孔庙的主体建筑之一。因孔子对中国文化做了"集大成"的贡献,故取"大成门"命名,赞颂孔子达到了"集古圣先贤之大成"的至高境界和至善至美的程度。大成门还具有仪门的功能,在古代,一般时候仪门关闭,只准从"掖门"出入,以示对孔子的尊敬,每逢春秋仲月祭孔大典的时候,大成门才开启。今天崖城孔庙"大成门"匾额,是清雍正皇帝手书。

图4-7 崖城文庙棂星门　　**图4-8 崖城文庙大成殿**

穿过大成门,进入大成殿(见图4-8),大成殿是孔庙正殿,是孔庙建筑的核心,也是祭祀孔子的主要场所。大成殿在唐代时又称文宣王殿,宋崇宁三年(1104),宋徽宗尊孔子为"集古圣先贤之大成",下诏更名为"大成殿"。经过重修后的崖城孔庙大成殿,重置神龛,重塑孔子圣像(见图4-9),复祀四配、十二哲,匾额,楹联亦复制一新。礼乐祭器及仪物一应俱全。孔子像安坐在流金溢彩的神龛内,更显睿智圣仪。孔子像上面有匾书"万世师表"。

◇ 儒家文化的民间生态

图 4-9 孔子圣像

大成殿内以"四配""十二哲"配祀孔子。"四配"坐像位于孔子像前,东西相对。东边供奉的是复圣颜回、述圣子思;西边是宗圣曾参、亚圣孟子。"十二哲"牌位位于殿内两端,东位是闵损、冉雍、端木赐、仲由、卜商、有若;西位是冉耕、宰予、冉求、言偃、颛孙师、朱熹。重新复制的礼乐器物为:编钟、编磬、香炉烛台、尊、爵、俎、豆、簋、铏、筐、麾、戟、钟鼓等。

位于大成殿后面的是奉祀孔子父母及五代先祖的祠堂,重建后为"孔子生平与儒家文化"展览馆。孔庙东侧是"明伦堂",为"庙学合一"的"学"的部分,是生员们读书授业的地方。

1988年5月,三亚市获得政府资金支持,对孔庙主体建筑大成殿、大成门和东西庑进行维修,这是新中国成立后的首次维修。1994年11月,孔庙被列为海南省第一批文物保护单位。以后陆续开始对孔庙毁损建筑进行了复原维修。2004—2009年,三亚市人民政府拨款修缮了崇圣祠、大成殿、东西庑、大成门、泮池泮桥、棂星门、万仞宫墙等建筑,重新展示了孔庙原有的历史风貌。[①]

崖城文庙既是祭祀至圣先师孔子的地方,也是激活三亚传统历史记忆、充分展示三亚文化的场所。重修后的庑、祠、廊,被辟为

---

① 《三亚市志》,方志出版社2020年版,第1136页。

崖州历史文化展室,举办了"崖州历史文化展览"。在忠孝祠、节义祠、东庑、西庑分别开设"崖州郡主冼夫人""传灯法师鉴真和尚""崖州织女黄道婆""岭海巨儒钟芳"4个崖州历代名宦官专馆;东西庑北段开设40名"历代贬官、历史名宦"和"历代名贤"历史人物展馆;前东西庑廊宫墙制作两幅青石板雕图卷,其中前东庑廊雕刻崖州古地域图、崖州古城池图、崖州历代沿革表、珠崖风景水南村石版画;前西庑廊雕刻"崖州古城"景观图。

4. 澄迈文庙

澄迈文庙位于澄迈县老城镇中心小学内。始建于南宋咸淳元年(1265),宋朝将领李才卿由原学堂扩建而成,用于供奉孔子。元大德间,教谕黄梦祥始置本县学宫祭器。元皇庆间,知县牛某恢扩学址,兴工修建。明洪武三年,知县刘时敏因旧址创建殿庑、棂星门、戟门、明伦堂、东西斋匾作"时习""日新"。万历年间,训导宅久废,权寓东斋。饶慜学重修,久废。永乐间,知县孙秉彝重建馔堂、神厨、库房,训导谢秉初周砌垣墙,夹道植树。正统八年,知县黎献重建大成殿。景泰元年,县丞魏春重建明伦堂。先在殿东,继在殿后,今在殿西城隍庙后。天顺年间,知县余常重建两庑、棂星门、戟门,主簿伍细佐重建两庑、馔堂[①]。明时期,澄迈文庙礼经数次修建、改建、重建,成化十一年,东立兴学坊,西立育才坊,增造祭器。嘉靖九年,知县朱鸾有志改图未逮,只造祭器。至崇祯十三年,共对文庙迁建、修建达二十余次。澄迈县有志始于明代。据载,明嘉靖年间,闽县林勘始修澄迈县志,该志已佚。[②]清代尚文教,重道崇儒。认为学校储人才,能端风化,故崇庙貌,隆释奠。清时期关于祭器、射器、义学及书院等的记载颇为详备。《康熙澄迈县志》将文庙称作"学宫",并列入"学校志"中。建置志不列。顺治十年,由于自然灾害,飓风大作,正殿顷为平

[①] (清)高魁标纂修:《康熙澄迈县志》,南海出版社2010年版,第134页。
[②] (清)陈昌齐撰:《(道光)广东通志》334卷,清道光二年刻本,第2421页。

地。知县王学典、教谕蔡嗣襄、署训陈佳捐募重建文庙,并修明伦堂,后又经十余次的捐修、重修。直至康熙五十一年,学宫修整如新。

由于历代战火天灾,屡毁屡建,澄迈文庙现仅存的戟门、东西庑和大成殿,为清代中晚期遗迹。今天的澄迈文庙大成殿毁损严重。庑廊已成老城镇中心小学的教师宿舍。《澄迈县志(1999—2010)》中,澄迈文庙作为"澄迈学宫"予以定名,2009年已被列入省级文物保护单位。

5. 定安文庙

定安文庙位于定安县人民中路28号。定安文庙的建造历史可追溯至明洪武二年,《康熙定安县志》载,定安学宫在县治南,正枕龙脉,前对文笔峰。明洪武二年(1369)知县吴至善创建定安文庙大成殿,并"覆以茅",以茅草盖顶。永乐三年(1405)知县吴定实重建。成化八年(1472)副使命涂棐命知县勾永升扩建。成化十六年(1480),知县傅霖又拆旧重建。明至清乾隆五十年,大成殿的增补、修复十余次。[①] 至清乾隆年间的最后一次扩建才具有琼岛之最的规模。定安文庙中建有乡贤祠,祀县中历代贤达。王弘诲、张岳崧等牌位也被奉祀于此。先贤先儒祠,祀孔子之高徒七十二贤人及历代先儒牌位。大成殿,建筑宏伟,重檐回廊,庑殿式顶。内祀至圣孔子、亚圣孟子、宗圣曾参、复圣颜回、述圣子思等牌位。启圣殿,祀孔子祖父母、父母之牌位。藏经阁楼,为藏存图书的地方。

《光绪定安县志》将文庙列入建置志中的"学校"。国家之盛,系乎人才,而人才之兴,本乎学校。学校是乐育而成就之地,因此,学宫的地位关乎国家之兴衰。定安具有悠久的儒学传统,培养了一大批志士贤人。定安名人张岳崧、王映斗、吴履泰、莫谟、莫景环、莫景瑞等都曾参与过文庙的修缮。

---

① (清)张文豹纂修,梁廷佐同修:《康熙定安县志》,海南出版社2006年版,第55页。

清时期，定安县除官办的儒学和私办的书院外，各地还设立社学、义学等。自元代至清末，定安县人才辈出，培养了进士12人，举人93人，嘉庆年间还出现了明清两代唯一的探花张岳崧。

文庙自明清以来，一直是神圣的教育机构；新中国成立后改为定安中学校舍。"文革"期间，全部拆毁。庙内存有很多匾额、牌刻、藏书等文物，多被破坏散失。今残柱、断础散置校内。并在其旧址上建起教师职工宿舍。①"学庙分离"后，文庙作为遗址，已经无踪迹可寻。今定安文庙已无。

今天的定安文庙在《定安县志》中是作为"文化体育"项下的"文物胜迹"，被收入附录："已毁的庙宇寺庵"中。

6. 儋州儒学

儋州儒学于宋庆历四年建于城东。至大己酉，军判任元忠建明伦堂。元末毁于兵。明洪武三年，知州田章重建。正统年间，州同陈应及知州陈铎重修明伦堂。② 明清时期，皆有修葺和重建。儋州社学17所，今仅存其名。书院（书馆）16所，今仅东坡书院保存尚好，已被列入全国重点文物保护单位，供游人参观。

7. 陵水儒学

陵水儒学始于宋代，建于那亮乡。元代，县屡迁，学亦随之。明代重新修复重建，清康熙七年、二十三年两次倡导士民捐造。乾隆年间曾六次捐修、重修棂星门、泮池、明伦堂等。③《陵水县志》记载："清代末年，县学被废，城乡兴办私塾。"④ 书院、私塾成为陵水县办学的主要形式。1949年前，陵水县还有一定数量的私塾存在，1949年初期至1952年间，县人民政府对小学教育进行统筹，创办了公立学校，私塾被公立学校所代替。

---

① 《定安县志》，海南出版社2007年版，第915—916页。
② （清）韩祐重修：《康熙儋州志》，海南出版社2004年版，第113—114页。
③ （清）潘廷侯、瞿云魁纂修：《乾隆陵水县志》，海南出版社2004年版。
④ 《陵水县志》，方志出版社2007年版，第702页。

8. 昌化县儒学

昌化县儒学始于宋大观年间，立于旧县，明正统间，随县迁于所城。正德七年，知州陈衮建大成殿、明伦堂；十二年，知县蓝敏建戟门、两庑、棂星门、东西斋房。康熙二十五年，奉旨敬书"万世师表"匾额赍送文庙。① 明代曾经历约15次重建、改建和捐修。康熙年间，经历了约7次修复。咸丰七年，仅存正殿两庑，② 今旧址已难寻。

9. 感恩县学宫

感恩县学宫始建于宋代，置于县之左。元代因之。明洪武三年，知县黄忠信仍旧址创建。③ 明、清至民国时期，至少有13次重修、重建的历史。今天的"感恩学宫"，被《市志》归入"文物"类，位于东方县感城镇原城粮所内。此"感恩学宫"为1929年所重修之遗存。1986年8月，被列为东方县重点文物保护单位。2009年5月，被公布为海南省文物保护单位。④

10. 万州学宫

万州学宫也叫万州儒学，也称万州学馆。位于万城演胜街，今万城小学校园里。始建于宋。后经历代迁移次修建、重建。明崇祯三年，知州顾斌复迁旧址，即学宫，现在是万城小学。至清道光元年，学宫地基已有18.6亩，正殿前为舞台，左右为两庑，次为大成殿，外为棂星门，有围墙，左右列为礼门和义路门。还有启圣祠、明伦堂、名宦、乡贡祠等。正殿先后悬挂奉颁御书"万世师表""生民未有""与天地参""集大成"等匾额。万州儒学收藏钦颁经典书册22部，计200多册。⑤ 万州学宫，今仅存大成殿前的石

---

① （清）方岱修，（清）璩之灿重修：《康熙昌化县志》，方志出版社2016年版，第40页。
② （清）李有益纂修：《光绪昌化县志》，海南出版社2004年版，第157—158页。
③ 周文海重修，卢宗棠、唐之莹纂修：《民国感恩县志》，海南出版社2004年版，第109—110页。
④ 《东方市志》，方志出版社2020年版，第1152—1153页。
⑤ 《万宁县志》，南海出版公司1994年版，第595页。

栏杆，① 被列入文物类中的"古建筑物"。《万宁市志》亦将学宫列入"文物"类。

11. 琼山文庙

琼山文庙，位于琼山县城镇文庄路南25米，系县文物保护单位。《琼山县志》载，县孔庙始建于宋代，原设在海口浦，历经多次迁移，后置于今址。内设棂星门、泮池、明伦堂、考古台及大成殿、后殿等古建筑群，为琼山县历代儒学教育机构要地之一，其范围甚大，"直五百尺，横一百二十八尺，面积六万四千方尺"②。由于人为破坏，今仅存大成殿。

（二）海南儒学的民间文化底蕴

海南省位于中国最南端，地理位置十分重要。海南岛的历史可以追溯到旧石器时代晚期至新石器时代早期。由于海南岛曾与大陆相连，所以海南岛存有相当一部分的人类早期重要的遗产。大约在人类出现的第四纪，由于地壳断裂才与大陆分离，其间形成15—30千米宽的琼州海峡，从此，海岛孤悬于中国南海域中，四面临海，全地一岛，得名"海南岛"。

唐虞之世，海南岛属"扬越南境"，古文化从中原人类文明的集结地为中心向四周扩散。春秋时期，越国建立，战国时期，越国进一步往南方扩展，越之南为东越（瓯越、闽越）、扬越、骆越。秦大一统时期，全境分置三十六郡。秦汉之交，海南归属南越国管辖。"汉承秦制"，依然推行郡县制。汉武帝元鼎六年，派伏波将军路博德平定南越，于元封元年（前110）在海南岛设珠崖和儋耳2个郡，辖16县。《汉书·武帝纪》载："遂定越地，以为……珠崖、儋耳郡"，从此海南岛正式归入中国的政治版图，隶属珠崖郡，成为后世统一皇朝在海南建置的范例和建置发展的依据。此后，建置沿革迭有变更，至唐宋时期，海南岛逐渐形成东南西北四州格局，

---

① 《万宁县志》，南海出版公司1994年版，第586页。
② 郭克辉：《琼山县文物志》，中山大学出版社1990年版，第65页。

成为历代行政建制的基础。明初升琼州为府，以儋、万、崖为属州，改隶广东省。清代海南建制仍沿袭明代，置琼崖道。领儋、万、崖三州和十县。民国初，仍置琼崖道。后废道设公署，改行政督察区、特别行政区，仍隶属广东。1950年5月1日，海南解放。之后，海南改为行政区，隶属于广东省人民政府。1988年建制升格为省，称"海南省"，简称"琼"。

海南历史悠久，但作为省级行政建制，却是一个年轻的省份。海南建省至今，虽然只有短短34年时间，却有着浓郁的儒家文化氛围。其与内陆中原文化的往来，早在秦之前就已经开始。当时的海南就已经与中原商周王朝以及长江流域的吴、越、楚等国发生了经济、政治和文化的联系。海南孤悬海外，尽管据省治窎远，看起来宜不受正朝簸荡。"然考诸成事，则每当省局动摇，本岛即随之变化。"① 实际上，海南岛的任何变化，都与中央政权的更迭变化息息相关。纵观海南建置的历史沿革，也足见中央政权对海南的重视。尤其是中原文化在海南的传播，各朝代设置海南府、州、县学，以及历代王朝不断加强对海南文庙的修建、重建和保护，更足以看出，儒学文化对海南岛文化的深层浸透。以下三个历史事件标志着中原文化在海南本土的真正扎根：

1. 平定南越

西汉元鼎六年（前111），汉武帝派遣伏波将军路博德等讨战吕嘉，平定南越，于元封元年（前110），设珠崖、儋耳2郡，辖16县。海南岛从此开启了被纳入中华版图的历史。历朝历代正是通过对海南的行政建置，将中原文化源源不断地输送到海南大地。西汉末年，王莽曾采用迁徙内地流放者与雒越人共同生活，"颇徙中国罪人，使杂居其闲，乃稍知言语，渐见礼化"。东汉初年的锡光、任延等地官员致力于文化推广，"建学校，导之礼义"，乃有

---

① 陈铭枢总纂，曾骞主编：《海南岛志》，海南出版社2004年版，第511页。

"岭南华风,始于二守焉。"①

2. 冼夫人感召

隋朝时期,海南之所以能够重新纳入中央版图,应当归功于冼夫人的感召。冼夫人,是6世纪我国岭南越人的后裔,古高凉郡太守冯宝的夫人。南朝梁武帝大同年间,陪高凉郡太守冯宝领兵渡海征伐海南"黎蛮"的冼夫人,在冯宝征战连续败阵进退两难的时候挂帅出师,实行"安抚"策略,宣传民族平等,和睦相处。冼夫人的扶黎决策深得民心,很快就使千余峒的黎民归附朝廷。冼夫人忠于朝廷,恤爱百姓,岭南诸郡一致拥护冼夫人为保境安民的"圣母"。历代皇帝对冼夫人亦有多种封赠,冼夫人仙逝后,隋高祖谥为"诚敬夫人",立祠奉祀。冼夫人最早属于国家的有功之臣,她一生致力于维护祖国的统一、民族团结,传播中原文化,"每劝亲族为善,由是信义结于本乡",并改革旧风陋俗,革除越人"好相攻击"、互相残杀之陋俗,"由是怨隙止息",南越出现了空前的稳定,黎汉两族和睦相处,友好往来,人民安居乐业,大大加速了南越民族的汉化。据20世纪30年代陈铭枢总纂的《海南岛志》一书估计:唐代以前,自中原大陆迁徙海南岛的移民不超过二万人,而入唐以后激增至七万人。冼夫人号召黎民向汉人学习文化科学知识,"使从民礼"和"尽力事农"。冼夫人对促进海南社会安定,推进经济文化的发展,作出了卓越的贡献,海南人一直视伏波将军和冼太夫人为始祖。至今,祭祀伏波将军和冼夫人已经成为海南人民重要的民间信仰。

唐时期,自贞观以后,崖州、儋州、琼州、万安州州县所在地,均立县学。由州县司吏儒师掌管,置博士一人,以王义方吉安为例,讲明经义,开明六经三传之旨,通经院监察院按年贡学。中宗以后,乡社均设小学(即学馆),讲明经义外并旁及章句疏义,直至晚唐以后,蔚然成风,《舆地纪胜》卷一百二十四《景物下》

---

① (宋)范晔撰,(唐)李贤等注:《后汉书》,中华书局2000年版,第1664页。

载有"明伦堂、在郡学",明人唐西州谓"文教盛于唐宣宗",即指此事。①

3. 宋时期的中央集权对海南的控制

北宋时期,加强了大一统的中央集权控制。首先,北宋开宝四年二月,灭南汉。海南岛开始归属宋朝统治。在结束了割据与混乱的局面之后,宋代又一次实现了政治上的统一。为了加强社会凝聚力,形成有利于统治阶级实现统治的社会秩序,仍然从重整伦理纲常,重建道德理想入手,以达到"一道德"局面,宋代统治者在海南布下了完整细密的教化模式和手段,加强对海南文化的控制,在海南岛设置了众多的统治机构或官职。宋时期,也是文庙大规模发展时期,海南文庙基本上都是在这段时间建立的。这一时期,孔子庙普遍增加了两庑,出现了棂星门、泮池和祠堂等建筑物和构筑物。②海南文庙在明清时期做了多次维修、重修或重建,标志儒家精神和传播儒家思想的文庙、书院、社学等在海南各地的建立,使海南从此更具丰厚的儒学文化底蕴,也成为儒学在海南广泛传播、发展的重要环节。

其次,自宋始,由于儒学开始在海南设立,各种官办、私办学校逐步普及,并开始接收普通人家子弟入学,教育得到了发展。由于海南古为蛮荒之地,教育落后,在隋、唐两代,将近326年的历史中,海南没有出过一个举人或进士。然而,海南从宋代开始,历经元、明、清各朝,在科举中人才辈出,不断涌现出举人或进士。

最后,海南流放人员逐渐增多。据史料记载,自汉代在海南设置郡县后,中原就曾向该地流徙过罪人,但这些流放人员的姓氏很难考证。目前可以知道的第一人是隋代的杨纶,而海南岛也是从这时起成为我国第一个堪称辟为流放地点的、"生渡鬼门关"的岛屿,杨纶可称是我国第一个可以明确姓名的海南岛流放人员。《隋书·

---

① 周伟民、唐玲玲:《海南通史》,人民出版社2017年版,第250页。
② 孔祥林等:《世界孔子庙研究》,中央编译出版社2011年版,第184页。

列传第九》曾载:"大业七年,亲征辽东,纶欲上表,请从军自效,为郡司所遏。未几,复徙朱崖。及天下大乱,为贼林仕弘所逼,携妻子,窜于儋耳。"①

唐、宋两朝可以说是流放人员到海南岛最多的时期,元、明两朝便基本结束了向海南岛流放罪人的历史。海南著名的"五公祠"为清代光绪年间朱采主持修建,被誉为"海南第一楼",祠内供奉着唐、宋两代被贬来琼的唐代李德裕,宋代李纲、赵鼎、李光、胡铨五位历史名人,俗称"五公"。"五公祠"内修建的"观稼堂"就是曾经教化当地百姓、思忆先贤丰功伟绩的地方,而学圃堂和五公精舍,则以兴办学堂,讲学明道为其宗旨。据说,晚清著名学者郭晚香曾在学圃堂讲学,他来时带了八千多册文献书籍。中原文化书籍的传入,深刻影响了海南的本土文化。

海南岛的历史既是一个岛屿的自然史,又是汉代在海南行政机构的建置史,更是一个汉、黎文化的融合史。海南文化自秦朝大一统时期开始,就进入了一个文化的浸染与逐渐转型的过程。汉武帝时期,海南重新回归汉王朝,其文化进一步受到汉文化的侵浸。自此,海南文化与汉文化再次进入了一个全面性融合时期。作为悬居海外具有特殊性质的地域文化,海南文化再一次被纳入大一统的汉民族文化系统中。此后的两千多年里,海南一直与中原文化同命运、共发展。其实,对于海南来说,从归属于中央版图的那个时刻起,其区域文化的形成过程就是一个不断被汉文化浸染的过程,是汉文化和海南黎民文化融合统一的过程,更是作为封建国家的主流意识形态的儒学在海南的扎根、发展和不断传播的过程。

今天的海南文庙之所以能够保存下来,且有些文庙修缮良好,还能供人参观游览,与政府的重视和民间的支持密切相关,文庙的发展也同当地经济的发展状况紧密相连。

以下是笔者摘录的 LG 宗教局 F 局长的讲述:

---

① (唐)魏徵撰:《隋书·列传第九》,中华书局2000年版,第816页。

> 当年临高在海南算是富裕的地方，临高人固守着自己的土地，精耕细作，出去打拼的人不多。而文昌不同，当年的文昌贫瘠，人们生活不富裕，所以出去打拼的人多，在海外的文昌华人也多，现在他们在海外挣钱了，就回来投资，从而带动了文昌经济的发展。
>
> ——摘自2011年笔者赴海南实地调研笔录

LG文庙的H馆长也认同这一看法：

> 现在临高区域经济的落后发展阻碍了文庙的发展。孔庙占据临高的风水宝地。当年四川5·12大地震时，孔庙屋顶上只掉下了一些瓦。现在政府对文庙保护力度不够，感觉愧对先圣。孔庙现在属于文化局管，政府虽然也有投入，但还是苦于资金不足。海外华人也有曾经来这里看过的，答应投资建文庙，但是回去后便没了音讯。经济发展很重要，文化发展更重要。人家因为你穷，就不想投资。解放海南时，随着到台湾的临高人也很多，但回来投资的很少。文庙对当地人思想影响很大，希望政府更加关注文庙，尽快打造临高孔子文化。
>
> ——摘自2011年笔者赴海南实地调研笔录

文庙发展的好坏，得益于经济的发展，还得益于政府的重视程度，尤其是政府对文化的重视程度。文化需要以理论形式传播和发展，也需要以物质形式的承载来彰显。伴随当今儒家文化的整体复兴，对孔子儒家文化的再接受、再认同，某种程度上仰赖于文庙的重建与修葺。

二 陕西文庙的历史与现状

陕西是中华文明重要的发祥地之一，是中国历史上文化荟萃之地，也是儒家文化繁荣发展的地方。"自唐以来，州县莫不有学，则凡学莫不有先圣之庙矣。"[①] 唐朝官方这一系列举措，将庙学结合的模式推向全国。孔庙与学校相结合的"庙学合一"制成为祭祀孔子、传播儒学、教化天下的重要途径。陕西作为"庙学"文化发源地，陕西文庙历史悠久、内容丰富，颇具特色，为陕西儒学文化的传播、发展提供了"中介"作用，新时代陕西文庙的多元化发展将助力陕西政治、经济、文化的发展。

（一）陕西历史文化特色

陕西省南北狭长，地形复杂。北山和秦岭把全省分为陕北高原、关中平原和陕南山地三大自然区。陕北高原基本是以黄土高原为主，而关中平原又称渭河平原或关中盆地，位于秦岭以北，渭河两岸。这里有著名的"八百里秦川"，也有一望无际的平畴广野。陕南山地又称秦巴山地，秦岭和大巴山在此平行相处，形成一片大而崎岖的山岳地带。夹在秦岭和大巴山之间的汉江谷地，有著名的汉中盆地、安康盆地，土壤肥沃，气候温润，农业发达，有着"鱼米之乡"之称。

陕西历史源远流长，文化遗产资源数量丰厚，民族文化闻名遐迩。这里是人类祖先的摇篮，灞河两岸曾经繁衍孕育了"蓝田猿人"；考古学家研究表明，半坡村的墓葬和陶器上的图案显示了当时已经有了对天、地的敬畏和对神灵的崇拜；周族，是姬姓部落，发祥于关陇地区。武王伐纣，周朝建立。随着社会生产力水平进一步发展，人们思维能力和抽象概括能力极大提高，对宇宙统一性也有了新的认识。这一时期的人们已经不再满足于匍匐在"帝"的面前，完全听命于帝，也不再满足于对自然现象做简单的吉凶好坏的判别，而是发展出对人的自我关照。周人将"天"赋予道德内容，认为"惟克天德，自作元命，配享在下"（《尚书·吕刑》），"皇天无亲，惟德是辅。"（《尚书·蔡仲之命》）认为"有德之君"才能

---

① （宋）马端临：《文献通考·学校考四》，中华书局2011年版，第1270页。

够获得天命眷顾,"明德修身"才能永天葆天命。周人对天神意志的把握走上了以人为主体的"以德配天"的"德行"道路,标志着人文理性精神的觉醒,这一理性精神深刻影响了陕西文化的主导方向。陕西曾是历史上十三个王朝的政治、经济、文化的中心,这里也是中华民族历史文明最早走向世界的地方,著名的"丝绸之路"就是西汉张骞出使西域时开辟的以古长安(今西安)为起点,经过关中平原、河西走廊等地直接连接地中海各国的著名的陆上通道。这里更是现代中国革命的红色圣地,为人类文明发展作出了积极的、重要的贡献。

  陕西宗教文化底蕴深厚,五大宗教多元并存、和谐相处。佛教、道教、伊斯兰教、天主教、基督教等各种宗教文明在这里汇聚。佛教的"八大祖庭"中有六个在西安,如三论宗祖庭草堂寺,唯识宗祖庭大慈恩寺,律宗祖庭净业寺,净土宗祖庭香积寺,华严宗祖庭华严寺,密宗祖庭大兴善寺;这里有八大道教名山,如白云山、华山、太白山等;有十大著名道观,如始建于宋元时期的白云山道观、创始于西周时期的楼观台道观、张良庙、重阳万寿宫是全真道祖庭、华山脚下的西岳庙是历代帝王祭祀华山之神的要地等。宗教和谐相处在陕西体现得尤其明显,如位于"八百里秦川"腹地的陕西省咸阳市泾阳县,境内就有天主堂、基督教堂,同文化历史厚重的泾阳文庙一地并存,和谐共处。

  历史上的陕西一直是中国佛教的中心。早在西汉末年,佛教由印度传入陕西。魏晋南北朝时期是宗教大发展时期,至隋唐五代,随着政治逐渐稳定,国力日趋加强,经济蒸蒸日上,加之,唐政府又实行了宽容开放的文化和宗教政策,使有唐一代各种宗教达至隆盛。在两千多年的历史长河中,长安一直是汉传佛教活动的中心。有唐一代,佛教大盛。唯识宗、华严宗、禅宗、律宗、净土宗和密宗在这一时期盛行并传播,并越来越多地吸收了中国文化的精神,其中,禅宗堪称是一个被彻底中国化了的佛教宗派。唐武宗会昌五年灭佛,祸及一切外来宗教,其中景教遭毁灭,祆教被禁绝,摩尼教被镇压,当时唯有伊斯兰教未被取缔,且流传了下来。被打击后的佛教、摩尼教混迹于社会下层,秘密流传于民间。宗教信仰的下移,使民间宗教在宋代开始繁盛,至明始,民间宗教进入最为活跃的时期,其传播的思想对社会有着广泛而深远的影响。

陕西是中国道教的发祥地之一。东周末年老子讲授《道德经》的周至县楼观台,被誉为道教第一福地。魏晋之际,有道士梁堪隐居陕西周至楼观台修道、传道,逐渐形成楼观派。唐宋时期,道教鼎盛一时。唐初时,道教还被列为三教之首。唐高祖武德三年,改"楼观"为"宗圣观",敕令扩建庙宇,自此,楼观在唐代成为北方著名的道教大丛林。《陕西省志》载:"唐高祖武德八年,高祖规定:三教参与国家重要典礼、公开活动场面时,其排列、站位次序为道教居先、儒教为次、释(佛)为末。"[①] 陕西人终南山刘蒋村的王重阳,名哲,字知明,号重阳子,曾在终南山修道,后去山东建立了"全真道",他所主张的"三教合一"思想流布于民间。位于陕西省鄠邑区祖庵镇的重阳宫是道教全真派祖庭,在国内外道教信众中有着广泛影响。

伊斯兰教在初唐传入中国。《旧唐书·大食传》记载:"永徽二年,始遣使朝贡。"唐永徽二年(651)阿拉伯遣使朝贡,标志着伊斯兰教正式传入中国。明嘉靖年间著名经师胡登洲是陕西省咸阳市渭城胡家沟人,他在陕西开创了经堂教育制度,是中国伊斯兰教经堂教育的奠基人。他自幼习儒,成年后潜修波斯文、阿拉伯文及伊斯兰教经籍。他改革了伊斯兰教口头传授经文之法,开创了经堂教育,以清真寺为中心,结合中国传统的私塾教学,形成独特的教育方式,成为我国伊斯兰教育"陕西学派"的开创者。

天主教的传播可以追溯到明朝天启五年(1625),泾阳县人王徵邀请西班牙人金尼阁到三原一带开教,并为其家人洗礼,并于家中开设了教堂,自此,天主教在泾阳县开始传播。清道光年间,天

---

① 《陕西省志·宗教志》,陕西人民出版社2012年版,第292页。

主教在山、陕两省势力发展壮大。

景教是古代基督教中的一个派别,在初唐传入中国,时称"大秦景教"或"大秦教"。唐贞观九年,基督教聂斯托利派传教士阿罗本从波斯来到中国唐都长安(今西安),并受到很高的礼遇,唐太宗曾派宰相房玄龄亲自率队迎接。唐太宗年间,准许阿罗本在长安公开传教,基督教由此正式进入中国。现存西安碑林博物馆馆藏文物《大秦景教流行中国碑》,为唐德宗建中二年所立,碑文详细记载了景教教义、礼仪,以及传入中国的过程。

儒学在陕西有着极其深厚的根脉。汉武帝在长安实行的"独尊儒术"的文化政策影响了中国两千多年的文化进程和政治结构;这里还是秦朝推行法家统治的中心,传统儒家文化在这里受到过"扫荡性"的打击。《史记·儒林列传》记载:"及至秦之季世,焚诗书,坑儒士,六艺从此缺焉。"西汉史学家司马迁,左冯翊夏阳(今韩城市)人,曾经撰写了我国第一部"通古今之变"的《史记》,也是中国古代第一部纪传体通史。司马迁死后葬在今天陕西省韩城市南司马坡。

隋唐时期,陕西是唐朝都城所在地,是国家政治、经济和文化的中心,因此,陕西也是当时儒家文化传播的中心。唐代发生了和儒学有关的许多大事件。唐武德二年,诏"国子学立周公、孔子庙各一所,四时致祭。""贞观二年,停以周公为先圣,始立孔子庙堂于国学。"① 贞观四年,"诏州县学皆作孔子庙"②,确立了孔子在教育史上的独尊地位。自唐以来,州、县均设学,而凡学莫不有先圣之庙,将"庙学合一"模式推向全国。孔庙与学校相结合的"庙学合一"制度成为祭祀孔子、传播儒学、教化天下的重要途径。

唐太宗重视儒学教育,他数次临幸国子监,征召天下名儒学者为学官,讲论经典,命国子监祭酒孔颖达讲授《孝经》。据《资治

---

① (五代)刘昫:《旧唐书》,清乾隆武英殿刻本,第5、2480页。
② (宋)欧阳修:《新唐书·志第五》,清乾隆武英殿刻本,第153页。

通鉴》记载，祭酒孔颖达讲《孝经》时，"增筑学舍千二百间，增学生满三千二百六十员……四方学者云集京师，乃至高丽、百济、新罗、高昌、吐蕃诸酋长亦遣子弟请入国学。升讲筵者至八千余人。上以师说多门，章句繁杂，命孔颖达与诸儒撰定《五经》疏，谓之《正义》，令学者习之。"① 训诂学家颜师古，京兆万年（今西安市）人。太宗曾"以经籍去圣久远，文字讹谬"，诏颜师古于秘书省考定"五经"，师古多所厘定，即成。"太宗复遣诸儒重加详议"，而师古依晋、宋以来的古今传本，应对疑问，随言晓答，援据详明，令诸儒莫不叹服。② 于是，太宗颁行师古所定"五经"于天下，令学者习之。

历史上，陕西还出现过著名的儒学大师，北宋哲学家张载就是今天的眉县横渠镇人，其创立的学派称"关学"，堪称理学四大派之一；思想家周至人李二曲、文学家眉县人李柏、教育家富平人李因笃被称为"关中三李"。其中，明清之际的哲学家李二曲因在理学上的造诣，被称为"海内大儒"；清代关学著名思想家王心敬，也是陕西鄠县人。可以说，陕西儒学的发展代有传承。

陕西具有浓重厚的"三教合一"宗教文化底蕴。两汉时期，儒家定于一尊。汉末道教兴起，佛教始盛。南北朝时期，儒、道、佛渐成鼎足之势。可以说，佛教的传入与本土道教的兴起，一方面，给中国文化增添了新的活力；另一方面，也让"独尊"的儒学遭遇了空前的来自异质宗教文化与本土宗教文化的挑战，居于官方意识形态主流地位的儒学因此呈现出独特的精神面貌。就文化发展角度来看，之所以能产生三教合一文化结构，这其中固然有儒家文化自身发展的内在原因，但是外来文化的强力渗透，本土道教文化的发展，释、道文化和儒家文化经过不断磨合最终达到多元并存、和谐相处，则更是不可忽视的外在因素。

---

① （宋）司马光：《资治通鉴·唐纪十一》，《四部丛刊》，景宋刻本，第2162页。
② （后晋）刘昫等：《后唐书·列传二十三》，中华书局2000年版，第1752页。

(二) 陕西文庙的存在现状

从地理位置上看，陕西位于华夏腹地，有利于聚合多元文化，形成文化中心，同时，也更容易向天下四方扩散和传播。都城长安是唐朝国家政治、经济和文化的中心，尤为重要的是，这一时期，确定了文庙的各项规制，包括文庙祭祀和奉祀制度，"庙学合一"向全国的推广，使文庙在全国地理空间位置上实现了普及，扩大了儒学教化的实验场所，增强了儒家思想文化教育的执行力。

1. 陕西文庙概况

陕西文庙属于数量较多的省份之一，而且能够追溯的历史甚为久远。西安孔庙是现存古代学宫孔庙中历史最为久远者，其历史源头可以追溯至唐贞观初年建于长安国子监中的孔子庙。历史上的西安孔庙在宋代历经数次搬迁，最终文庙、碑林和府学合为一处，迁建于现址，目前是西安碑林博物馆所在地。陕西现存孔庙始建于唐代的有四处，分别是西安孔庙、蒲城孔庙、渭南孔庙、临潼孔庙，这在全国来说绝无仅有。就数量而言，现有孔庙遗存38处，在全国属于较为集中且保存数量较多的省份，在布局与建筑组成上体现了文庙建筑的传统定制，同时，在选址、梁架题记、建筑风格上也凸显了陕西的地域文化特色。陕西孔庙由于建造时代早、价值高、数量多，而且建筑极具地方特色，在全国尊享无可替代的独特地位。[1]

陕西省各级政府历来重视文庙的保护，高度关注陕西文庙的现存状况。2012年，陕西省社科院课题调研组推出"陕西儒家历史文化资源现状研究报告"[2]，重点介绍了以文庙等为代表的陕西儒家历史文化遗存现状、地位和作用以及开发、利用和保护状况；2014年，在国家文物局支持下，由陕西省文物局牵头，由西安碑林博物馆选派业务骨干对陕西省40个市县的、现存38处孔庙遗址进行了

---

[1] 裴建平主编：《陕西孔庙》，陕西人民出版社2017年版，第2页。
[2] 《陕西文化发展报告·2012》，中国社会科学出版社2012年版，第199页。

大规模实地调研，调查发现，陕西各地孔庙古建都不同程度得到了维修保护。尽管如此，仍有多数孔庙古建保护修缮和主体建筑恢复重建受到资金制约，面临坍塌、毁坏危险。此次调查是文物系统内首次对全省孔庙文化遗产进行的全面专项的普查，具有开创性意义，为陕西文庙的保护、利用和进一步研究打下了基础，提供了重要史料价值。此次调查分析认为，陕西各地区孔庙大致分为四种：一是孔庙建筑格局相对完整或有主体建筑大成殿的29处（未含新建的镇安孔庙）；二是孔庙仅有个别辅助建筑遗存的（如照壁、牌坊、棂星门等）5处；三是孔庙建筑全无，仅有遗址、碑石、石雕或古树名木等遗存的3处（未含长武孔庙）；四是孔庙仅有文献记载，但无任何遗迹遗存的52处。[①] 包括"未含"的2处孔庙，此次调研一共考察了91处孔庙。

目前，陕西孔庙共有31处文庙得到了很好的保护，其中，有国保单位6处，省保单位15处，县保单位10处。全国重点文物保护单位的文庙包括：西安文庙、合阳文庙、韩城文庙、府谷孔庙、耀州文庙、咸阳文庙；省级重点文物保护单位的孔庙包括：泾阳文庙、鄠县文庙、蒲城文庙、礼泉文庙、汉中文庙、旬阳文庙、汉阴文庙、洛南文庙；有5处仅存大成殿的文庙：兴平文庙大成殿、旬邑文庙大成殿、渭南文庙大成殿、华县文庙大成殿、富平文庙大成殿、铜川文庙大成殿、安康文庙大成殿；县级文物保护单位的文庙包括：米脂孔庙大成殿、绥德孔庙尊经阁和五龙壁、洛川孔庙大成殿、乾县孔庙古柏三棵、凤县孔庙大成殿、城固孔庙大成殿、阳县孔庙大成殿、镇安孔庙、西乡孔庙、商州孔庙棂星门。[②] 除了政府予以保护的孔庙，还有一些孔庙状况堪忧的，如千阳孔庙。孔祥林曾经意识到这一问题，他曾在广泛考察的基础上指出："陕西省现在辖区内原有府、州、县、乡学校文庙94所，现在还有32所文庙

---

① 裴建平主编：《陕西孔庙》，陕西人民出版社2017年版，第207页。
② 裴建平主编：《陕西孔庙》，陕西人民出版社2017年版，第227页。

有建筑遗存，但保存情况不是太好。"① 学者王长坤对陕西孔庙也有较为详尽的研究，他通过实地考察指出："陕西省现存孔庙遗址41处"，尤其重要的是，在此基础上，他还考察出5处新建孔庙：即周至县侯家村镇五泉村孔庙、榆林无量寺孔庙，镇安孔庙迁建新修一处，岐山周公庙景区2009年新修孔庙一处。②

尽管，诸多学者对陕西孔庙数量调查结果不同，但他们的研究为我们提供了陕西孔庙现遗存状况的同时，还提供了对陕西文庙进行动态发展研究的宝贵的新材料。本章将在诸多前辈、学者提供的史料和研究结论的基础上，结合笔者实地调研的结果，择取几处较具特点的文庙，分析陕西文庙的历史与现状。

2. 陕西文庙的现存状况

（1）具有"三绝"之一称谓的府谷文庙。府谷县位于陕西省最北端，其历史悠久，是陕西历史文化名城。早在7000多年前就有先民在这里繁衍生息，至西汉时设置富昌县，公元910年，即五代后梁开平四年改设府谷县，迄今为止，已有2000多年的历史。府谷文庙坐落于府谷县府谷镇城内村府州古城内的一座山顶处（见图4-10），是目前榆林地区规模最大、保存最好的一座孔庙。《大清一统志·学校》记载："府谷县学在县治南，明洪武十四年建，本朝顺治八年、康熙二十四年、乾隆三十四年重修。"③ 始建于明洪武十四年，清乾隆三十四年重修，光绪二年至光绪八年续修。此后逐渐扩充为一处以大成殿为中心的轴对称群体建筑。内有圣时门、泮池、状元桥、棂星门、大成殿及两庑、假山、喷泉、明伦堂、崇圣祠、文昌寺、古戏台、六角凉亭等建筑多处，广场还立有大型石刻浮雕"九龙壁"一座。

府谷文庙的建制布局是"前庙后学"式。主体建筑大成殿坐落

---

① 孔祥林：《世界孔子庙研究》，中央编译出版社2011年版，第359页。
② 王长坤：《陕西孔庙遗存及其文化价值研究》，科学出版社2017年版，第19页。
③ （清）穆彰阿：《大清一统志》，四部丛刊续编景旧抄本，第4749页。

第四章　文庙、宗祠、楹联和碑碣等民间文化存在

于文庙的中轴线上，面阔五间，进深三间，单檐九脊歇山式，门楣横额正上方悬康熙帝亲书"万世师表"四字（见图4-11）。W主任颇为自豪地告诉我们，大成殿屋顶上铺有皇家至上的黄色琉璃瓦，府谷文庙享皇家建筑的最高规格。蓝底黄字的匾牌，配屋顶彩色琉璃瓦，让大成殿看起来熠熠生辉。大成殿内供奉着孔子及"四配、十二哲"塑像。大成殿北面是明伦堂。明伦堂在古代为私塾，亦即学堂，府谷文庙的明伦堂现在是文物展览室，门外正上方悬挂着黄色匾牌："府州英华——府谷历史文化陈列"，室内展陈府谷境内各个历史时期的实物遗存、名胜古迹图片，还有府谷县重要文物微缩景观分布图，让人能一眼览尽府谷文化遗存的布局和方位。

图4-10　府谷文庙　　　图4-11　府谷文庙大成殿

府谷县历史上各种庙宇众多。府谷县在明代时期被称为葭州，清乾隆元年，改属榆林府。民国时期，为府谷县。据雍正年间的《陕西通志》记载，当时的葭州，南有社稷坛；东南有风雨雷电山川坛；州治南一里有文庙，雍正元年改"启圣祠"为"崇圣祠"，追封孔子五代王爵；城外南山下有先农坛；州南二百步有关帝庙；州治南有文昌阁；其他还有南边的八蜡庙、州治东街的城隍庙、州城西北的州万坛等。"名宦祠"在学宫左，"乡贤祠"在学宫右。"忠义孝弟祠"在学宫内，[①] 等等。可谓庙宇众多。今天的府谷县还保留有关帝庙、吕祖庙、观音殿、娘娘庙、千佛洞等民间信仰庙

---

① （清）沈青锋：《（雍正）陕西通志》卷29，清文渊阁四库全本，第1211页。

宇。因此，府谷县民间信仰传统颇为浓厚，儒家传统历来也受到重视。

府谷有"三绝"：城墙、孔庙和书院，而且这三处均为全国重点文保单位。府谷有明长城的陕西起点遗址，有文庙贤韵的儒学圣地，还有古韵犹存的"荣河听涛"。府谷文庙位于府州古城内，坐落于一处高山上，因为府谷县是黄河流经陕西的第一县，所以站在文庙广场外，就能俯瞰黄河两岸秀美风光。沿西侧深沟而下，城南偏西脚下，就是著名的"荣河书院"。书院建于半坡之上，占地面积为3500平方米，依山顺势，错落有致。现如今，"荣河听涛"已成府谷胜景。北宋正和五年，曾赠府州为荣河保成军。乾隆三十四年，在原义学基础上设立书院，故名荣河书院。光绪三十二年，改荣河书院为府谷县高等学堂，是府谷培养学生应试科举的最高学府。据传，乾隆四十年（1775），刘鼎国、阎廷林两位考生科举考试连捷陕围登科，绅士们甚为兴奋，于院前自发建了一座魁星阁楼，甚宽敞，成巨观。自从有了这所书院，府谷人文日蔚，贤达层出，不愧为府谷县"一绝"。《府谷县志》载，荣河书院继承历代教育思想，仍以儒家思想教育生员，其办学目的是："养成贤才，以供朝廷之用"。主要课程以四书五经为主，还有修身、读经等。①

府谷文庙的修缮和保护历来受到政府重视。1981年，府谷文庙被县政府列为重点文物保护单位，1993年列为省级文物重点保护单位，1996年又被国务院公布为全国重点文物保护单位。可见，府谷文庙因其规模和保存较好，已经越来越受到政府及国家文物单位的重视。府谷文庙，现为府谷县文物管理委员会所在地。但随着国家文旅部的成立，2020年，府谷文庙的大门口已经悬挂上了"府谷县文物保护和旅游服务中心"的白色牌子，墙上还贴出了"保护历史文化，共创旅游文明"告示栏。

现任府谷文庙的管理人员G先生，告诉我们，他热爱传统文

---

① 《府谷县志》，陕西人民出版社1994年版，第592页。

化，尊崇孔子，更喜欢孔庙的幽雅环境，希望以后一直守护文庙，安静地生活。关于文庙以后的经营模式，他说，文庙对外不营业，也不挣钱，只有一点香火钱，一年也就是几千块钱吧，都用来小维修了。文庙的经费来源主要来自政府拨款，主要用于文庙日常的维护管理。香火钱也主要用来文庙日常的维护，和付给工作人员的工资。

当我们问到府谷文庙以后开展文化旅游活动有何打算时，G先生说："现在是让我负责管府谷文庙文化旅游这块，还不知道咋弄，有点难。大门口的牌子也就是刚刚换上，具体怎么办都还没展开。先挂上牌子，然后再想办法。"

看来，国家出台的以旅游促经济、以文化带发展的文旅政策，犹如春风，已经吹到了陕北最北端。据文庙负责人介绍说，实际上，他们已经接待过来文庙研学的中学生。2013年9月28日上午，府谷中学在文庙大成殿前举行祭孔典礼，纪念孔子2564周年诞辰。在祭祀典礼上，200多名师生向古代至圣先师孔子敬献花篮、行礼敬拜，优秀教师代表诵读祭文，在场师生齐诵"三人行，必有我师焉；择其善者而从之，其不善者而改之……"等《论语》经典名句。2018年，府谷上榜"2018中国幸福百强县"；2019年，府谷县还成立了国学学会，以国学为载体，旨在通过学习弘扬中华优秀传统文化，开展传统文化教育、培训、展示，提升人民群众的文化道德修养，以此推动府谷县经济、文化的繁荣和发展；2020年府谷举办了第二届乡村旅游文化节，并依托各种传统节日开展民俗活动，着重挖掘府谷传统文化民俗项目。

2011年，府谷县人民政府授予府谷文庙"府谷县中小学德育教育基地"。将文庙的德育功能与府谷县中小学的德育教育紧密结合在了一起。2014年5月共青团榆林市委又授予府谷文庙"榆林市青少年爱国主义教育基地"。文庙如何更好发挥它的教育、教化作用，充分体现培育"成人"的圣所功能，这就需要得到文庙、学校和地方政府部门的联合推动。相信未来文庙将有更多机会展示自身的传统文化魅力。

府谷文庙面临着工作人员新老接替的问题。目前，府谷文庙只有三名工作人员。一名是 G 先生，管理文庙主要工作；还有一位日常维护人员，分管打扫卫生；另一位就是府谷文庙 W 主任。W 主任在文庙已经干了 15 年。他主要负责讲解文庙的历史，分管日常事务。他业务精到，对文庙的历史非常清楚，对孔庙里的一草一木都如数家珍，甚至每块有造型的石头都有可以娓娓道来的故事。问他以后如果退休谁来接替，他说他的讲解并没有传人，至于以后怎样还没想好。

（2）一座与道教庙建在一起的文庙：木瓜镇文庙。木瓜镇属于府谷县管辖。因木瓜镇政府所在地为木瓜村而得名。木瓜镇历史悠久，人杰地灵，文化底蕴非常丰富，这里有"九庙两寺两楼一洞"，即吕祖庙、真武庙、观音庙、龙王庙、文庙、关帝庙、城隍庙、三官庙、娘娘庙、龙泉寺、红门寺、玉帝楼、魁星楼、朝阳洞，成为当地文物保护和旅游开发的重点。尤其是吕祖庙，每年农历四月十五庙会期间，香火极盛。木瓜古镇以其自然景观和人文景观融为一体，一直是香客、游客向往的旅游胜地，现为府谷重点文物保护单位。因为百度地图上显示木瓜镇有文庙，所以，尽管天色渐晚，但我们的调研小组还是赶往木瓜镇。进山的路总也走不到头的感觉。到了村头，看见路边悬挂着"不忘初心，砥砺前行"的标语牌，竟然有种亲切感和安全感。村头路边上，聚集着三四个中老年人，抽着烟，靠墙蹲在台阶上，他们之间用笔者听不太懂的话闲谝着。得知我们是奔着文庙而来，他们几个嘀嘀咕咕，说是拿钥匙的人不在，有人去喊，然而，来的是一位 G 姓男子，70 多岁。他带着我们爬上了南面一座山顶，上去一看，并不是文庙，而是"木瓜娘娘庙"。娘娘庙又名北岳庙，始建年代不详，娘娘庙坐落在木瓜堡对面南山之巅，占地 8 亩。庙围墙仿照长城建筑特点，结构坚固，雄宏厚实，墙体上刻有"二十四孝"图文并茂的典故。整个围墙像一座雄鸡，山门为鸡头，面向西北，意为向西北天求子，东西台为鸡脯，西南扇形围墙是鸡尾。娘娘庙正殿神龛中供奉着三位送子娘娘，有神篷楼一座，戏台一座，每年农历三月十八是娘娘圣诞，有庙会文化活动。娘娘庙由来已久，风格独特，意义深远，是远近闻名的文物古迹，现为府谷县重点文物保护单位。

这里还挂着"木瓜文管会"制作的两个银色铝制的牌子，一个牌子上面写着木瓜娘娘庙的值班表：值班时间为上午7：30—下午5：00。而我们上去的时候显然早已过了上班的时间。另一个牌子上写着"本界会首"，有四位。更为引人注目的是，这里还高高悬挂着"宗教场所管理制度"的牌子，洋洋洒洒有十六条规定，但却没有落款。不过，看起来，木瓜人已经把这里当作民间宗教信仰场所，其管理应该说还是非常正规的。"二十四孝"图可以说明娘娘庙合乎儒家传统孝道思想。

下山离开了娘娘庙，我们在村文管会成员L姓老人家的带领下，又来到了北面山上，山路陡峭，但不是很高，很快就能上去。这里的文庙让我们很吃惊。因为府谷县志里并未收入此文庙，如果不是百度地图搜索显示这里有文庙，我们是不知道这里还有个文庙的。后经查，陕西省碑林博物馆承担的"陕西孔庙调研项目"报告中未提到过此文庙，王长坤先生的专著《陕西孔庙遗存及其文化价值研究》中也未曾提及。然而，此文庙确实就处于此山上的面向南突出来的位置，文庙三面墙下就是深沟断崖，仿佛整个文庙独立高悬于山顶向南凸出部位，多少有点惊险的感觉（见图4-12）。文庙外面门口墙上挂着一个标识牌，上面写着：

> 文庙始建于清顺治（1644）年间，位于木瓜堡官井之阳，巨崖之上，石崖形似龙头，水出龙口，川流不息，终年不断，取名为文泉水，正殿供奉着"万世师表"孔子的塑像，东西殿供奉着七十二贤人，墙壁绘画，描绘孔子励志求学，周游列国，收徒讲学的治学经过。正殿南是四面挑角凉亭，四柱支撑，享亭玉立，工艺精制。

◇ 儒家文化的民间生态

图 4-12　木瓜镇文庙

　　墙上还并立挂着木瓜镇政府的导览图，足够详细地标出了文庙所在木瓜镇的具体位置。（见图 4-13）文庙入口处，两边门楣写着："道德文章传万世""诗书礼乐第一人"。进门有一个小门廊，两边各有一张长方形的陈旧的桌子，桌子上面放着一些被褥和生活用品。据介绍说是平时有人值班。进去文庙，院子不大，大成殿坐北朝南，木制墙体早已被风雨剥蚀，图案、字体漫漶，色泽陈旧。但隐约能看清：右边立柱上写的是："诸贤继世仰文明"，左边立柱上写的是："一圣开天传道脉"。大殿里供奉的是至圣先师孔子神位，色泽鲜艳。院子里有一口井，据说还有水。文庙后面就是祖师庙古建群，是府谷县重点文物保护单位。里面有吕祖庙、观音庙，应属于民间信仰场所范围，这里还有村民值班。

　　顺治年间所建的这个文庙与道教小庙建在一起，这种建构方式实际上有过先例。如前所述，曲阜之外建造的孔子庙最早出现在老子故里（今河南鹿邑县）老子庙东侧。《水经注》载："水又北径老子庙东。庙前有二碑，在南门外，汉桓帝遣中官管霸祠老子，命陈相边韶撰文碑。北有双石阙，甚整顿。石阙南侧，魏文帝黄初三年，经谯所勒。阙北东侧，有孔子庙，庙前有一碑，西面，陈相鲁

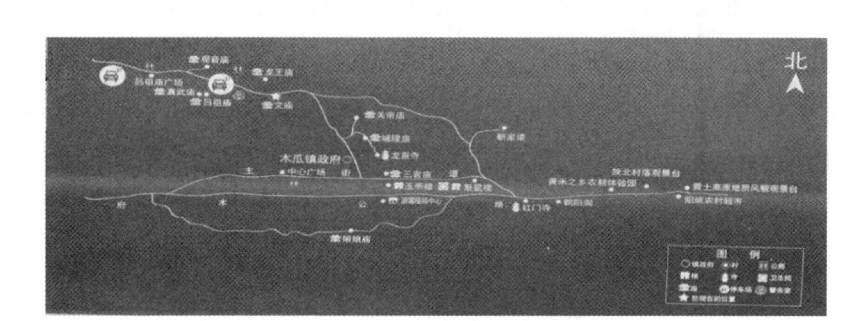

第四章 文庙、宗祠、楹联和碑碣等民间文化存在

图 4-13 木瓜镇文庙位置

国孔畴建和三年立。"① 据孔祥林先生考证，从陈国相国孔畴立碑来看，此庙很可能就是孔子十七代孙孔畴于建和三年所建，这是目前已知曲阜以外建造最早的孔子庙。② 而出现在老子故里老子庙东侧的孔子庙则是目前可考的第一座民间形态的孔子庙。③ 此孔子庙"北侧老君庙，庙东院中，有九井焉。又北，涡水之侧，又有李母庙。庙在老子庙北，庙前有李母冢"④。东汉时期，道教已经出现。可以推断，当时郦道元发现的孔子庙是与老子庙、道教老君庙等建在一起，可以想见，孔子在民间已经被看作与道教神主一样的地位。汉代以后，孔庙的建设除了单向的、有计划性传播的一面，还有自发传播的一面。如前章所述，一方面，当孔子庙不再只是孔子家庙，而是上升到国家层面的"国庙"时，文庙就因此获得了某种内生的神圣动力，推广建设文庙就成为国家礼制要求；另一方面，随着国家政策的推动，儒学所承载的伦理道德和价值观念浸入社会生活各个层面，为祭祀孔子而修建文庙获得了地方政府和民众普遍认同，

---

① （南北朝）郦道元撰，（清）赵一清注：《水经注》，清武英殿聚珍版丛书本，第309页。
② 孔祥林等：《世界孔子庙研究》，中央编译出版社2011年版，第22页。
③ 按：尽管孔祥林先生认为，此类孔子庙属于"纪念性庙宇"。但若从汉代儒学神学化背景来看，此类庙宇应该还有更可挖掘的深意。这一"深意"，笔者认为就是文庙的民间宗教存在形态。
④ （南北朝）郦道元撰，（清）赵一清注：《水经注》，清武英殿聚珍版丛书本，第309—310页。

也为民间建孔子庙提供了合法性依据，这种非正式传播的、面向大众开放的"小传统"内的文庙建构基本上是一种自发性的过程。至今，民间留存的孔子小庙，数量难以具体统计。那么，木瓜镇文庙属于哪一类？

《道光榆林府志》记载，当时的木瓜镇叫"木瓜堡川"①，地点在府谷县北五十里。知县麟书所撰《府谷县志》②中有关于木瓜镇文庙的记载。当时记载的木瓜镇叫木瓜堡，文庙列在祠祀第一。所记载的文庙在县治南，正殿五间，前为戟门，泮池，跨以石桥，桥前为棂星门。明洪武十四年知县齐翔建，天顺五年，知县修，范学颜等相继修。《大清一统志》载："府谷县学在县治南，明洪武十四年建，本朝顺治八年、康熙二十四年、乾隆三十四年重修。"③上述记载建文庙的时间均是明洪武十四年，应是府州古城内的府谷文庙，而《府谷县志》接下来又说："而本朝顺治八年"，知县魏震、龚荣、举人刘无邪、知县杨许玉二十四年、知县徐恒继修。"顺治年间"，时间是对上了，但是并未记载木瓜镇文庙的具体位置。后又查询到《府谷县志》里面有一节"府谷遗址"，其载："东有文庙、城隍庙、明伦堂、崇圣祠、文昌祠、魁星楼、鼓楼，西有关帝庙、祖师坛、观音殿、二郎庙等。北有上帝庙，南有南寺。"④这里的记载，在地理方位上指向县治以"西"，方位大概是对的，但值得注意的是，这里有一个"等"字，令人遐想。其他寺庙定位准确，而唯独这里有个"等"，或许是，如果当时发现有这个文庙的话，民众也不知道如何归类？

从木瓜镇文庙的选址来看，文庙是建在府谷城外偏西的黄土丘陵的沟壑区，但这里地形梁峁起伏，山路崎岖，并不适合私塾、学堂所选位置，即使要选，也应该选在山下的平原处，这种选址倒是

---

① （清）李熙龄修：《道光榆林府志》，《中国地方志集成》卷38，1841年，第190页。
② （清）麟书：《府谷县志》，乾隆四十八年，本衙藏版4册。
③ （清）穆彰阿：《大清一统志》，四部丛刊续编景旧抄本，第4749页。
④ 《府谷县志》，陕西人民出版社1994年版，第689页。

符合道教依山而建的规律。

私塾是封建社会最为基层的学校设置,凡是求学的儿童,都必须先入私塾就学。《洋县县志》记载:"私塾(俗称书坊),明、清两代本县私塾较多,平坝几乎每一个自然村有1所,丘陵或山区1村或几村有1所。其办学形式,一为家塾,是富豪官绅延请儒士入家教子;二为馆塾,一些学行较著名的塾师在家设馆授徒;三为联塾,由几家、一村或相邻两村合办的私塾,多设在祠堂、庙宇,如清乾隆三十八年,戚氏乡宋宏恩设在小庙的私塾。"① 可见,清时私塾也有建在"小庙"里的。当时即使丘陵或山区也是有私塾的,只是多少而已。如《府谷县志》说"民国以前,全国私塾普遍兴办"②,说明私塾普遍兴盛是民国以前社会普遍现象。所以,木瓜镇文庙也许是原来的私塾,如果确定是私塾,后来便演变成了民间祭祀的小庙也是合情合理的。

社学是元、明、清时期政府在农村设立的公立学校。元朝时,50家为一社,并选择通晓经书者作为教师进行教育。在淡季,孩子们进入学校学习儒家经典,如《孝经》《小学》《大学》《论语》和《孟子》等。明代,各府、地、县都建立了以教育为主要任务的社学,教育内容比元代更为广泛和深入,包括冠、婚、丧、祭等礼仪,以及经史历算等课程。清朝时,府、州、县都以乡为单位设立社学,每个乡设立一所学校。社学是一种乡村启蒙教育形式,具有义学特征。这种社学通常设于文庙中。

因此,可以认为,木瓜镇文庙在清时期或许是私塾,或许是社学,而历经朝代变化,社会变迁,现在属于文庙的民间宗教存在形态。目前看来,此文庙是非实质性的私塾或学堂,而是人们精神上的"学庙";同时,这里又是祭祀孔子的宗教场所,孔子在此文庙内就是"神人",是儒教教主。文庙与吕祖师庙、观音庙建在一起,

---

① 《洋县县志》,陕西人民出版社1996年版,第591页。
② 《府谷县志》,陕西人民出版社1994年版,第592页。

"三教"在建筑形式上合一、共存，共同承担着这一方水土上民众的精神信仰诉求。如果说儒、释、道三教在民间形成了一种文化格局的话，木瓜镇文庙、吕祖师庙、观音庙就是"三教合一"文化形式具象化的存在方式。

榆林地区地处边塞，民间盛行"三教合一"，崇尚道教，各类道教宫观、佛教寺庙很多。地方志上也多有记载。虽然与释、道相比，儒家在生死观与天命鬼神观上的解释力量略显薄弱，但以民间宗教形式出现的文庙，倒是为儒学宗教化增添了一抹更具有说服力的色彩。设想一下，假如没有民间文庙的宗教形式出现，民众的儒、释、道三教信仰可能就会缺失一角。如果按照有些学者的说法，儒、释、道中的"儒"是"学"，不是宗教，那么可以想象，在旧中国，不是每个人都能进得去私塾，进得了学校读书。大众对儒家思想的知识性理解总是抽象的，以至于他们可以不去问为什么，而直接以最简洁而具体的形式，为孔子造一座庙，烧一炷香，世代供奉。民间大众是富有创造力的，普通民众对儒学的信仰完全可以以民间喜爱的或认同的各种方式进行，完全可以以他们的思维方式去学习儒学、信仰儒学、抚慰心灵，甚至在佛、道教盛行的时候，也会坚守儒家立场，不忘记千年来儒家文化的悠久传统。民间儒教信仰对每一个人的精神支撑或许就来自文庙的宗教道场的生动而具象化的实在。在此意义上，文庙的宗教化存在形式，作为民众精神上的"学庙"，或许同样能起着"一圣开天传万世"的效果吧！

（3）一座建在寺院里的文庙：无量寺文庙。无量寺坐落在榆林古城东门外，是一座集儒、释、道三教为一体的寺院。明清两代，因无量寺一直供奉释、道，并以佛为主，故寺庙称为寺。驼峰路以东，坐东朝西，依山势而建，占地六十余亩，是佛道合一的寺观庙宇，堪称榆林第一福地。据《榆林府志》记载，康熙年重修，创建于明代。1947年8月毁于兵燹，1986年广大信士功德主集资在原址上复建，逐年完善，楼亭殿阁，碧瓦朱甍，远胜当年，始成今日

第四章 文庙、宗祠、楹联和碑碣等民间文化存在

之规模。寺以地名而命，取洪福无量之意。今天的无量寺建筑群，已经形成了以山门、九龙壁、五龙宫、戏台、真武殿、玉皇殿、观音楼、大雄宝殿为中轴线，以财神宫、东岳庙、药师殿、娘娘庙、五祖殿、关帝庙、七真殿、罗汉殿为两翼的格局。

仔细分析无量寺的布局发现，文庙①处在东北角，道教东岳庙等处于西边位置，而大雄宝殿等佛教建筑则沿着中轴线布局，大雄宝殿坐落在中轴线的最顶端。这一布局，完全是以佛教为主（无量寺原本就是一个寺庙）、儒道为辅、以儒为最高的结构。真正在建筑形式上体现出"三教合一"文化格局，及佛教实现本土化的意图。可见，原本以为最容易被忽略的位于无量寺东北角的文庙里的孔子，实际上并非如此，东北角所建文庙实在有其深刻的内涵。

无量寺里的文庙所处位置其实特别不显眼。因为我们调研小组一行是从无量寺后门进来的，所以第一站就看到了红色的"文庙"标识。如果从无量寺正门进来，庙所在位置应该是无量寺的东北角，是整个寺院最靠后的，但也应该是寺里地势最高的地方。尽管文庙所占无量寺东北一角的一个小小的书画院里，但也可以说明它的必要性，由此可进一步推测出建造者们的想法。

书画院大门敞开着，不用进去就可见淡黄色的孔子雕像正对着大门。门口两个石狮把守，两边的门楣上左右各刻写着"榆林无量寺书画院"和"榆林老年书画学会"绿色字样。左上方悬挂着国家宗教事务局监制的"宗教活动场所无量寺"的牌子。右边上方是榆阳区宗教活动场所两级责任公示牌，上面有两位负责人的姓名。进去院子里，孔子像立在院子中央，三面平房围绕（见图4-14）。左边一排是住家，灶房，右边有会计室、管理办公室，有人出出进进，估计是工作人员，还有的出来洗菜准备午饭。四周观察了一下，这里好像并没有实质意义上的"孔庙"，只有孔子雕像竖立在

---

① 按：据王长坤考证认为，此文庙是"榆林文庙"，于明成化九年，由巡抚余子俊在城西北隅儒学宫西建成。乾隆十六年孔庙南移重建（在今榆林市军分区院内）。1986年开始在原址重建。

◇ 儒家文化的民间生态

院子正中央（见图4-15）。雕像前面是香炉，香烟缭绕，有燃香的痕迹。书画院办公室位于孔子雕像的背后。给人的第一感觉就是孔子雕像是文庙的符号化象征，某种程度上就代表了文庙。画院门外墙上挂着的宗教场所的牌子，里面却供奉着孔子塑像。可以理解为，找一处场所，立一座孔子像，就可以称之为文庙。只要有孔子像就是文庙道场，就有人来祭拜。笔者在这里看见了一个中学生模样的学生在这里上香祭拜。

图4-14　书画院与孔子像　　　　图4-15　孔子雕像

走出文庙，遇见庙里敲钟的老汉，他是佳县来此打工的，73岁，没上过学，来无量寺三年。他说来这里挣钱多，一个月能挣到600元，还管吃、管住，他还有自己的一间房子住。庙的南侧是一片菜园子，平时还可以采摘。跟他同来的老乡有七八个，有的在其他寺院。他告诉笔者说，后面有文殊菩萨，笔者纳闷怎么没看到，于是，他引我们来到孔子雕像前，并指着孔子像说，这就是文殊菩萨。笔者奇怪地问，这不是孔子吗？他显然迟疑了一下，说："也是文殊菩萨。"或许，这才是民间普通百姓对孔子的真正理解。

靠近正门左边不远的地方，有一座孙思邈的白色雕像（见图4-16），雕像貌似质量并不高，一些部位都已经斑驳开裂，也许还没有完工，雕像与旁边新建的一排房子相互映衬，雕像背后是一座独立殿堂，里面供奉着三位中国古代杰出的医学家，民间视他们为

— 242 —

医神，药王孙思邈居中，两边分别是扁鹊、华佗。这一祭祀场所的设立，仿佛想告诉世人，心怀百姓身体健康，为百姓解除疾病痛苦"仁心仁术"，才是民众最敬畏的医神，祭祀他们就如同祭祀众神一样。

图 4-16　孙思邈雕像

随着社会经济飞速发展，人们的生活节奏也越来越快。宗教建筑已经成为一种符号化形式。只要有佛像，有香炉，有烟灰，能插香，就有人来祭拜，人们并不介意这个雕像的历史有多长，也并不介意雕刻的人物像不像原型。传统观念下孔子的形象还是比较有特征的，至少能让你一看就知道这是孔子，而不是孙思邈。不过也有例外，如在府谷文庙看见的孔子，因为形象差距太远，让笔者认不出这是孔子，而文庙负责人坚定地点点头说："这是孔子"。无量寺院门外墙上挂着的是宗教场所的牌子，里面却供奉着孔子塑像。找一处场所，立一座孔子像，就可以称之为文庙。可见，只要有孔子像处就可以是儒学道场，就有人来祭拜。

可见，面对宗教性人物，人们也许只是拜一拜，烧个香，心理就获得了安慰，并不介意雕像的真假。一切庙宇只要祭祀仪式具备，程序合法，就打通了和观音菩萨、孔子连接的通道。如后来笔者调研中看到的龙王庙，里面的雕像并不规范，但庙管说是神像，它就是神，是神就灵验。

其实，人们心理需要填补的信仰空间多有缝隙，需要多方位培育，多层次补充。新时代宗教信仰的多元化形式，可以帮助人们重新构筑精神信仰的空间结构，儒、释、道三教，更多是在心灵慰藉和教化层面起着作用。它们之间并没有竞争，也不需要竞争，因为它们不是对手，不是你死我活的关系，而是"伙伴"，因此，它们是能够和睦相处的。

据《榆林地区志》载，榆林地区在东汉末年崇尚佛教，现在保存完好的"红石峡"的石佛即可佐证。唐朝时，佛、道教都有发展。宗教的逐渐兴起、发展，甚至影响了风俗习惯。《榆林地区志》曾载："本区群众实际是泛神主义者，对宗教信仰并不专一，而宗教活动也逐渐从神秘气氛中解放出来，向娱乐化方面转化。如今一些寺院庙会会期，实际是人们娱乐、做生意、谈情说爱，甚至赌博的地点和时机。"① 而如今的无量寺，这种情况大为改观。新的文艺宣传形式，新的文化熏染方式，使寺院增加了更多健康的教育形式、更健康的教化内容和儒家文化元素。除此以外，这里还增加了秦腔、晋剧，令无数老人流连忘返，近些年新修的百米碑廊和书画院也为寺院增添一抹文化色彩，无形中熏陶着人们的情趣。这里已经成为集宗教、旅游、休闲、社区文化一体的多元文化场所，积聚了社会多元文化的正能量。2009年，无量寺被榆林市宗教局、旅游局评为榆林十大佛道文化旅游场所之一。

最后，特别需要提及的是，与木瓜镇文庙一样，无量寺里的文庙也未见官方正式记载，这种现象或许可以进一步说明，与宗教场所有关系的文庙，尽管也叫文庙，但均不属于官方（大传统）文庙研究范畴。因而，此类与宗教场所相结合的文庙研究被悬置了。而此类"小庙"更贴近普通民众的生活，更具有鲜活的意义。从这一方面来看，杨庆堃先生所说："孔庙那样的庙宇，其影响力仅限于

---

① 《榆林地区志》，西北大学出版社1994年版，第678页。

少数统治阶级"①似乎有失偏颇。他应该是没有注意到"学庙"分离后,一部分文庙走向民间,并以民间信仰的方式融入释、道文化后的历史走向。

(4)泾阳文庙。泾阳县隶属于陕西省咸阳市,位于陕西省中部,泾河之北,是"八百里秦川"的腹地,也是中华人民共和国大地原点所在地。泾阳文庙,南临南环路,北靠北极宫大街。泾阳文庙的现存建筑以南北中轴线对称排列,形成完全四院群落,整体建筑坐北朝南,建筑面积1358平方米。泾阳文庙历史悠久,据宋代邑人所修《重修文庙碑记》,载有宋元祐五年(1090)重修文庙的情况。明嘉靖年间毁于地震,时任知县钟岱重修,明万历、崇祯和清乾隆、嘉庆和道光年间都对文庙进行过修葺。中华人民共和国成立之初,文庙被学校占用,之后改为粮站、种子公司。1985年,县文物管理委员会迁入办公。泾阳文庙是泾阳县人民政府公布的第一批重点文物保护单位,现在是泾阳博物馆所在地,也是咸阳市爱国主义教育基地,同时也是国家AA级旅游景区。因为大门上贴出了告示,说因景区古建筑多处落瓦,恐发生不安全事故对游客造成伤害,决定临时闭馆,考察未能成行。

但给我们印象最为深刻的是泾阳文庙外广场的扩建,感觉气势宏大。正对文庙大门外几十米处,竖立着一块超大《论语》学习墙,学习墙前面是巨大白色孔子雕像,两边有石灯,地面有浮雕围绕,下来石栏楼梯,是青色砖瓦地面铺就的宽敞道路,道路两旁是巨幅的浮雕画。再往前走,正对文庙的就是新建的青绿色的巨大石牌坊,横批:"雍熙穆若",两边对联:"祖述尧舜宪章文武""德参天地道贯古今"。广场呈矩形,南北长105米,东西宽51米,总占地面积5120平方米。

泾阳文庙完全塑造成了学习传统文化的宝地和儒家思想的学习"园地",而且它还带来另一个巨大的好处,那就是,扩展后的文庙

---

① 杨庆堃:《中国社会中的宗教》,范丽珠译,四川人民出版社2016年版,第276页。

广场（见图4-17）让人们休闲有去处。据了解，这里下午有扭秧歌的，跳舞的，但没有上香的。广场的一角，坐着一些中、老年人。其中一位70多岁的大爷对我们说，他就住在附近，也进去过文庙。孩子们在泾阳上班，自己没啥事，每天来这里两次，就是在广场上坐坐，没事，就是看看人（见图4-18）。

图4-17　泾阳文庙广场　　　　　图4-18　泾阳文庙

　　文庙广场现在已经成为积聚泾阳人气的地方，泾阳人在文庙广场举办果品安全质量月宣传活动，国家安全教育日集中宣传教育等各种安全日活动。2020年11月25日上午，泾阳文庙广场围坐了近千名观众。由西咸新区泾河新城党委宣传部、泾干街道办党工委办事处主办，文化中心大院承办了"泾阳文化中心大院十周年庆典暨'托起最美夕阳红'文艺专场演出"，文艺节目贯彻党的文化惠民政策，围绕活跃城乡群众文化生活主旋律，尤其还把脱贫攻坚等社会热点创作成不同形式的节目奉献给大家，受到村民们的热烈欢迎。附近村民激动地说，这些节目太好了，太有意思了。他们平时就爱看这个，平时也经常到各村庄和社区去看表演。①

　　这里还有红色教育基地——泾阳县"安吴堡青年训练班纪念

---

① 《人气爆棚！这座文化大院十岁了》，2020年11月26日，泾阳人民政府门户网站，http://www.snjingyang.gov.cn。

馆",位于泾阳县安吴镇安吴堡村。安吴堡战时青年训练班是抗日战争时期,为适应抗战形势需要和广大青年抗日救国要求,由西北青年救国联合会主办。从1937年10月创办到1940年4月奉命撤回延安,历时两年半,举办了14期,培训了1.2万余名学员,被誉为"青运史上的丰碑,抗日青年的熔炉"。安吴堡战时青年训练班革命旧址是全国第七批重点文物保护单位,入选全国红色旅游经典景区名录,现在是爱国主义教育基地,党性教育示范基地,党史教育基地等。

(5)建构以文庙为中心的小吃街:铜川的耀州文庙。耀州文庙大门正在装修,东边小门有值班老者,告诉我们已经下班了,就是进去他也没钥匙打开门让我们看博物馆。无奈我们转到文庙后面,那里有一条文庙街,窄窄的,中间一条人造的蜿蜒的清澈小溪水。溪水两旁是一家挨着一家各种卖货的,开餐馆的,卖玉石的,卖首饰的,各种小商铺,也许是疫情原因,几乎没有人,一些小商铺也锁门了,而且还有个别在转租中。一群孩子跑来跑去的。据商店经营首饰的女老板说,文庙街存在好多年了,这里以前就是耀县主街道,以后才逐渐扩充出去。围绕文庙或依托文庙,开辟传统风俗小街,浸染文庙气息,营造了小城的特色。文庙街的设立,让文庙不再是一种孤立的文化形式,而是与民众生活有了最密切的关系(见图4-19、图4-20)。

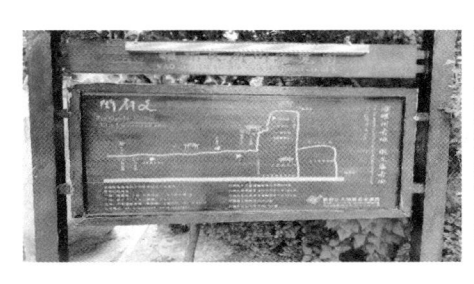

图4-19 耀州文庙街示意图　　图4-20 耀州文庙街

(6)建构文化园区的文庙:旬邑文庙。旬邑文庙始建于明成化十五年，经历代变迁，现仅存大成殿。大成殿坐北面南，面阔五间，现为省级重点文物保护单位。旬邑文庙大成殿内正中央为孔子仿铜坐像，正上方挂着"万世师表"的金匾。两侧分别为孔子四大弟子的站像，左侧为颜回、子路立像；右侧为曾子、端木赐立像。站像的背后绘制了孔子圣迹图壁画、孔门七十二贤简介和祭孔签名榜等。整个大殿庄严肃穆，儒家文化气息浓厚，充分体现了传统文化、延续历史文脉、激励学子求学上进、彰显尊师重教县风、默化淳厚勤勉民风的陈列理念。这样的陈列理念，反映了儒家学说在旬邑人心中的地位和重要性。旬邑文庙的旁边是集博物馆、图书馆和旬邑旅游文化馆合在一起的办公区域（见图4-21、图4-22）。

图4-21　旬邑文庙大成殿　　　图4-22　大成殿前石碑

访谈对象：Z姓女子，32岁；访谈地点：旬邑文庙大成殿前；访谈时间：2020年8月12日上午。

  这里的大成殿属于县里的文化旅游项目，将来我们准备依托文庙和北面的泰塔（泰塔已封闭），南面的科技文化遗址，古文化博览园一起，这里再建一条小吃街，建造一个旬邑县文庙景区。听说别的文庙都在搞活动，我们也想在文庙办开笔礼，想弄但不知道咋弄。一直在积极想办法举办活动，但是没有思路，希望得到上面的指导。

依托文庙得天独厚的位置，重建传统文化小镇，不失为一个好的创意。这不仅可以充分利用各种资源，统筹规划，合理布局，让传统有所依附，让文化更多承载，真正发挥以文化带动经济发展的新路子，而且可以为旬邑县经济发展注入儒家传统文化的灵魂，带动旬邑县更快、更高质量发展。他们还在路边摆放"学习道德模范，争做旬邑好人"的标识牌，表彰尊老爱幼、勤俭节约、爱岗敬业、回馈社会、造福群众、惠及妇女等正能量事迹，引行人驻足观看。用这种路边放置广告牌的形式，将时代倡导的价值观用身边鲜活的事例向大众传递出来，可以起到润物细无声的作用。

（7）礼泉文庙。礼泉文庙位于陕西省礼泉县县城内中山街礼泉二中内。礼泉文庙始建于明洪武二年，清时期进行过数次修葺或扩建。由于历史原因，棂星门被拆，但其他建筑物大都保存完好。前院保存着戟门一座。中院则是文庙主体建筑大成殿，以及东西两侧的庑房，还有后院的崇圣祠。2003年文庙被省政府公布为省级重点文物保护单位。

匿名访谈对象：男性；访谈地点：礼泉文庙内；访谈时间：2020年8月14日。

> 文庙大殿里什么都没有，也不搞活动。管理部门如何划分，怎么弄，不知道。礼泉太穷了，县城破旧，经济发展不行。文物古迹很多，但组织不力，一天到晚光知道等政策，政策不来，啥也不做。自己都不能致富怎么带动别人致富？

可见，对于文庙的发展来说，选择一批想干事、能干事的积极有为的文庙管理干部非常重要。

（8）做粮仓得以幸存的华州县文庙。华州县文庙大成殿，与华州区少华中学相邻。疫情原因，文庙没开门，据附近一女子说，平时是开门的，她们经常进去玩耍，里面有人办公。没有烧香的，因为是儒家孔子嘛！大成殿门口写着"渭南市华州区文物保护研究所"。外面有一排长房子，说是当年的粮仓，现在放中药。据说，从前有人要毁文庙，当地人就用文庙做粮仓，使文庙免于毁损。

（9）汉中文庙。汉中文庙坐落于汉中市人民政府院内，构成市政府主要建筑设计布局的中心。汉中文庙始建于明洪武五年，是在元至元六年移建宋学馆之原址建立的。明代数次扩建及修复。清时期也有不同程度的增修。由于历史原因，孔庙里许多建筑古物遭到毁坏。

匿名访谈对象：男性；访谈地点：汉中市政府内文庙；访谈时间：2020年8月19日。

> 大成殿是在原址上的，棂星门是原来的，两个汉白玉栏杆也是原来的，后来完全重修了。泮桥也是原址，后来进行了重修，两个大狮子是原来的。文庙是传统文化的标志，现在政府在这里办公，所以不对外，也不可能开放。对于文庙的养护，我们只是做日常维护，真有了问题，还得让文物部门打报告维修。2008年地震，棂星门没事，棂星门大狮子都震不动，旁边二层小楼是重新维修过的。这里有500年的老树，还有碑石，西边有一堵老墙，长满青苔和藤枝。新中国成立后，1956年政府拨款修复。"文革"毁坏了，2000年是市级进行保护。一直是修复、毁坏、保护修复，循环进行。这说明我们政府的重视程度，也是国家对传统的敬重、尊重、爱惜。

如果说文庙是曾经的文化核心，现在就是历史文脉，历史记忆，它一直都在。所有文庙的保存现状都体现国家、政府对传统文化的重视程度，而且一直没有断过。

目前来看，文庙首先属于文物，属于文化遗产，而后限于参观、旅游。有些地方，保存较好的文庙，经过修建，又可以作为传

第四章 文庙、宗祠、楹联和碑碣等民间文化存在

统文化活动的特定场所。因此，文庙在某种意义上，既是文物，又不能只是文物，当然，更不可能是宗教场所。在笔者走访的文庙中，有些管理者一听说"宗教"二字，极其反感，尤其是将文庙跟宗教联系在一起，他们甚至非常生气。

（10）与博物馆建在一起的文庙：安康文庙。安康文庙位于安康市汉滨区新城街道办事处东井街。安康文庙大成殿始建于元至正初年（1341），距今约有300年的历史。元至正十年、明洪武五年、明成化四年，均进行了修缮。后因屡遭洪涝灾害，于清康熙四十五年（1706），由原来的老城古楼街迁至现在的地址。因此，我们现在看到的安康文庙属于清代建筑。2003年，安康文庙被陕西省人民政府公布为第四批省级重点文物保护单位。2008年，在市政府的高度重视和省文物局积极支持下，安康文庙进行了维修保护与修复工程。安康文庙建筑棱翘分明，雕梁有致，庄严肃穆，气势恢宏。修复后的文庙占地面积5475平方米，由戟门、大成殿、东西厢房组成。2011年，实施二期工程时，对戟门进行了考古发掘，发现了清代戟门的踏步、柱础和砖基，并进行了原址保护，设立了遗址展示窗。安康文庙建筑面积406平方米，面阔五间，进深四间，歇山顶建筑，减边琉璃瓦覆顶，抬梁结构。它的梁架结构基本上保持了元代的旧貌，是陕西同一时期现存的规模最大的单体古建筑（见图4-23、图4-24）。[①]

安康原名叫金州。由于处在汉水流域，安康地区物质生活资源丰富，人们生活富裕。安康自古崇儒重道，至清中期，安康有七个县都建立了规模不等的文庙，用以祭祀孔子，文庙成为清时期安康教育文化的中心。现在是"安康市中华传统文化研究会""安康市文庙管理所"所在地，还是陕西省唯一一个以文化教育为理念的博物馆："安康市教育博物馆"。

访谈对象：Z，女性；访谈地点：安康文庙大成殿前；访谈时

[①] 裴永平主编：《陕西孔庙》，陕西人民出版社2017年版，第77页。

◇ 儒家文化的民间生态

图4-23 以教育为理念的文庙博物馆　图4-24 挂满红色祈福条的大成殿

间：2020年8月18日上午。

> 文庙现在属于文物管理部门。我们以文庙为依托，尽可能有祭祀孔子的活动，但不想搞太俗的活动，需要保持对传统的敬畏。我们刚开始搞一些如"开笔礼""成人礼"等活动，还受到一些质疑，但没想到我们的活动在上面竟然还获了奖，然后，就有许多中小学来找我们帮助他们一起办活动。现在上面也支持我们了。

安康文庙在文庙管理者们的积极推动下，2019年9月12日，安康博物馆文庙管理所与城区学校联合举办了"开笔启智"开笔礼活动，是为了继承和弘扬中华优秀传统文化，传承安康文脉，充分发挥博物馆青少年教育活动基地的作用；2019年11月，安康博物馆联合市教育局、市文化和旅游广电局，通过旅行社，联合旬阳赤岩初级中学200余名学子，在安康文庙举办了"拜师活动"，希望通过这次活动让安康文庙成为青少年优秀传统文化进文庙的实践基地和优秀阵地。安康博物馆还依托文庙场所举办各种"百姓大舞台"活动，为创建国家级公共文化服务体系示范区，加强与学校和社区合作，打造文庙社区一家亲的工作模式，为周边民众提供一个良好的文化服务阵地,将文庙打造成周边居民的文化传播中心。①近些年文庙还陆续举办了多种民俗文化活动,如端午节汉服体验活动,花朝节汉服插画体验活动,画灯笼活动,元宵节猜灯谜活动等,得到大家的积极参与,获得了民众的广泛好评。

安康博物馆依托文庙场所空间,借助优秀文化传统,演绎着传统与时代精神交相辉映的中国故事,为推动儒家文化普及作出了积极贡献,文庙所具备的神圣空间为这些活动提供了一个大舞台的同时,也让文庙"文物"在新时代展示出"活化"的力量。图4-25、图4-26为2019年安康文庙举办的"开笔礼"和"百姓大舞台"活动。

孔庙不仅是祭祀的殿堂,在古代它还是儒学主流文化的重要阵地。安康孔庙除了孔子外还供奉了100多位儒家文化的先贤先儒,这种树立楷模榜样的形式对鼓励士子后学上进无疑起到了巨大的作用,时至今日仍然有其积极意义。从2012年至今,每年8月,安康市政府都在孔庙内举行"政府励志奖"颁奖典礼,对该年安康市高考前十名及优秀学校进行奖励。高考前十名考生会在留言本上写上寄语,由孔庙收藏并展陈。②

图4-25 安康文庙"开笔礼"　　图4-26 "百姓大舞台"活动③

---

① 具体活动文稿由安康文庙负责人提供。
② 裴建平主编:《陕西孔庙》,陕西人民出版社2017年版,第191页。
③ 具体活动图片由安康文庙负责人提供。

（11）洋县文庙的两种存在方式。官方记载的洋县文庙是始建于明洪武年间，位于洋州镇北街村洋县中学院内的文庙。民国张鹏翼纂《洋县志》载："文庙前制卑隘，康熙四年（1665）知县柯栋改建，扩大成殿为五间。二十五年（1686）知县刘嗣季重修东西庑二十四间。知县谢景安重修泮桥、泮池、棂星门、戟门。"清同治元年（1862）蓝大顺陷城，孔庙遭遇重创。光绪三年（1877），知县陈泽春重修孔庙如初。1938年，西安一中迁孔庙内。1942年，陕西省立洋县中学建于此处。1950年后，大成殿成为学校图书馆阅览室。1962年后，孔庙东西庑、如意踏步陆续被拆，大成殿历经多次修补。1996年，孔庙棂星门被拆除。同年，重修孔庙大门。1999年，大成殿经过修补和彩绘，后一直作为洋县中学会议室。① 大成殿内供奉着2010年10月从曲阜孔庙请来的孔子半身塑像。该校常在孔庙举办祭孔、传统文化活动。定期举办隆重的拜师会，弘扬"尊师重道"的优良传统，并且每年高考前举办师生祭孔活动，年轻老师拜年长老师为师，集体诵读《论语》等活动。② 洋县中学校园教学楼等建筑以大成殿为中心，环绕大成殿铺开。古老大成殿西墙上写的是"三字经"，东墙上写的是"弟子规——为人处世的日常行为规范"，墙下方写的是："弘扬中国传统文化"。大成殿内部堆放着很多椅子，还有几摞教材，上面落满了灰尘。

作为民间道场的洋县"文庙"。与木瓜镇文庙一样，如果不是地图搜索显示这里有文庙，我们不知道洋县龙虎山上还有另一处"文庙"。此"文庙"坐落于龙虎山山顶上，从下往上看去，很像一个瞭望台，在蓝天下俯瞰着山下的一切。半山坡上，漫山遍野的金黄色油菜花在阳光下清秀婉约、撩人心弦，沁入心脾。据村民说，这片油菜花田叫龙山步道观花点，已经承包给个人了。他们这里2007年就已经脱贫了。据X姓的儿媳妇说，现在这个庙归属于

---

① 裴建平主编：《陕西孔庙》，陕西人民出版社2017年版，第74页。
② 《陕西孔庙调研报告》，载裴建平主编《陕西孔庙》，陕西人民出版社2017年版，第190、214页。

姓X的男子，他一辈子就建了这个庙，自己管着，钥匙也是他自己拿着。他今年93岁了，遗憾的是，因为3月摔断了腿，现在一直躺在家里。庙门钥匙现在归儿子保管。

山顶上的这座所谓"文庙"，确切地说，是一个"三教合一"的小庙。门口两副对联上写着："二六平日江水流""龙虎山月四五秋"，应该是描述这里的地理气候和环境的。里面是五进小院，首先看到的是最北端的"玉皇殿"匾额，下面落款是"龙门派赠"，应属于道教龙门一支。往南走分别是"三官殿""有求必应""圣母殿""菩萨殿"，各殿分别供奉着"二郎真君""太上老君""王母娘娘""女娲娘娘""骊山老母""送子娘娘""瑶池金母""泰山娘娘"等民间道教神灵。唯一让笔者看到的儒家元素的是菩萨殿门口的一副对联，右边是"原来三祖一脉风"，左边是"儒门释户道相通"，这一对联好像此庙的点睛之笔，也好像为此庙的合法性找到一个理论性总结，反映了当地人三教同祖一脉道相同的三教融合的观念。最后，直到在庙南正门处，看到了一通碑碣，显示是2002年所立《重修龙虎山圣母庙碑记》，这一切才恍然解开了谜底。

庙碑内容摘抄如下：

龙虎山圣母庙位于古洋州城外西北数里原龙宿庙坡，初建不详，现据弘治十七年四月补修时，信士石琢圣母一尊，记载供奉菩萨圣母、地母、龙王等神位，庙内外苍松翠柏，庙殿雄伟，佛光缭绕，香火不断。明末寺庙毁于战乱。后又经历代不断损毁，至民国末，仅存龙王庙堂。今逢太平盛世，道教隐士席太存出家如出初，劝世人止恶行善，贤才辅而重修圣母庙，接纳善信礼拜，朝圣席太存主持，张存仙、杨永祯、张善荣、李祖明、白仁安等财力人力物力及十方善信布施资助数万元，历经数十年修成砖木结构，四合天井瓦房十二间，上殿玉皇王母、圣母、龙王等木刻石琢塑神像十一尊，东西偏殿及前殿塑如来观音老君地母等像十八尊，共二十九尊，感佛灵力于辛巳年春竣工，恐对十方善信重金资助重修圣母庙作出奉献之财力、人力、物力及布施功德泯灭，特立碑记念。

以下还注明庙会理事、会首和功德一众，此从略（见图4-27、图4-28）。

图4-27　圣母庙的儒教元素　　　　图4-28　圣母庙碑文

从碑文来看，此庙既是佛教庙宇，又供奉道教神仙，最后以道脉相通为建庙根据，充分反映了对民间儒、释、道"三教合一"观念的理解。

三　文庙的民间信仰存在形式

关于"三教"之中的"儒"是否是宗教的问题，学界一直不甚明朗。任继愈明确提出，隋唐时期，中国思想界即有了"三教"的名称。"三教即以孔子为代表的儒教，以老子为代表的道教与外来的佛教。"[①] 三教都是宗教，儒教如佛道一样是宗教。三者相互吸收共融，构成近千年来中国宗教史的格局。唐宋以后，直到鸦片战

---

① 任继愈：《三教合一》，《任继愈文集》第3卷，国家图书馆出版社2014年版，第208页。

争,这种儒、释、道三教融合的总格局没有改变。南北朝以来,儒、释、道三教都具有辅助王化、整齐民心的社会功能,三教都是封建社会上层建筑的重要组成部分,都受到历代封建统治阶级的重视。这又反过来促进了三教合一思潮的发展,成为中国封建社会后期占主导地位的思潮。宋以后,三教之间相互影响、相互渗透,最后成为一个"以儒教为中心、佛道为辅翼的三教合一体制"①。儒教以自身为主,吸收了佛教和道教。佛教和道教也走上了三教合一的道路,向儒教的纲常名教靠拢,共同为封建宗法制度服务。吸收了佛、道修炼功夫的儒教,已经不再是儒学理论了。也正是因为吸收佛教思想的精髓,儒家哲学才更快实现了从本体到心体、人性的探索。三教合一思潮反映了中国封建社会后期阶段的政治经济结构,适应了维护这种政治经济结构的需要。三教合一的实质是儒、释、道三种文化的融合,指的是文化层面的相互摩擦冲突和最终的融合。如果说是三种宗教的合一,也是指三种宗教在义理上的相互尊重、相互吸纳、彼此妥协和融合,而绝不是信仰对象的合一。因此,三教合一的最终结果就是三种宗教的信仰对象可以共处一山,共尊一堂,共享祭祀,而绝不会相互干涉,它们之间相互保持着最大的信任和宽容。

尤其是,由于各种宗教的汇聚,佛教的传入,道教的鼎盛,使居于官方意识形态的主流地位的儒学呈现了独特的面貌。佛教的传入,道教的成熟,让儒学遭遇空前的挑战。儒学如何化解这一难题?儒学自身又做了怎样的改变?

如果说儒学或儒教是宽容的,这是因为儒学或儒教本身有着自己理论上、实践上的不足,在某些方面需要释、道的补足,而儒学始终是牢固地占据着主流意识形态的地位。今天的儒学看起来可谓"形散而神不散":其形散,意味着儒学的内容更加丰富,视野更加

---

① 任继愈:《〈林兆恩与三一教〉序》,《任继愈文集》第1卷,国家图书馆出版社2014年版,第255页。

宽阔，形式更加多样；其神不散，则意味着儒学的核心价值观念和思想体系在与释、道文化的冲突和整合中依然保持着主导地位。可以说，历史选择了儒、释、道文化，使其成为中国民间文化的最典型的三教文化并存的特征，长期以来也成为中国人"三位一体"的完整的精神结构。

（一）"学""庙"分离后民间孔庙的存在

"学庙"就是"因学设庙"，就是把祭祀孔子的庙宇设在学校，宋人称之为："即庙设学"，后人称之为"庙学合一"。自有汉一代，谶纬神学、超自然观念流行，置身于此的儒家学说不再是一种纯粹的理论学说。而庙学则承担了以教学的形式推动信仰和文化的传承以及传播的功能和作用。因学以祀，学依庙而建。无论是依庙设学，还是因学设庙，"庙学合一"都彰显了庙学制度具有的一种超越的意义：学校教育需要保持对先圣先师的祭祀先行，让教育充满尊崇、敬畏与神圣感，既提升了信仰在学习中贵有的精神动力，又提升了孔子庙宇祭祀的神圣性。在儒家视域中，学校不仅是知识学习的场所，更是针对人生所施行的"成人"之教的举措。正是这一多重目标使文庙自唐始在全国地理空间上实现了普及，也成为教育实践的场所。因此，全国府、州、县一级的学校都设孔子庙，学庙结合。直到今天，全国许多学校还能看到这种建筑模式。随着清末废除科举，许多学校文庙改办新式学校，"庙学分离"。近代以降，儒学已不再享有国家教育的独尊地位，儒学命运衰微，失去了制度依托的文庙更是丧失了"表达力"，儒家文化呈现出"碎片化"。"学""庙"分离后，"学"已经进入了科学教育的轨道，而"庙"只剩下"文物性"的学庙遗址，而在民间则可以发现依然"活"着的孔庙。这些孔庙或文庙和民间乡土遗留下来的佛、道庙宇相结合，以"三教合一"的庙宇形式依然活跃在民间。在"三教合一"，甚至"多教合一"的庙宇中，孔子要么以文庙独立建筑样式出现，要么以孔子神像或孔子牌位的方式出场。总之，均反映了民间社会对孔子的理解。

文庙的两种存在方式，在陕西汉中洋县表现得非常清晰：一是作为"学"的洋县文庙，建在学校中，学庙结合；二是民间宗教形式存在的"文庙"。洋县的"文庙"是以庙的名称和融入了儒学元素的对联的形式出现在"圣母庙"中，体现民众对儒、释、道三教观念的理解，这里并不具备文庙实体，而是儒学观念在民间宗教生活中的释放。而榆林府谷县的木瓜镇"文庙"，一是作为县学府谷文庙，建在城内，与祠祀建在一起；一是在城外，以文庙实体形式出现，有庙宇，也有孔子像。

而无论是木瓜镇还是洋县，"儒学观念"要素表征儒学，或儒教，都是儒学在大、小传统中具体的实现方式。实际上，海南也有这种菩萨、道教神仙和孔子放在一起祭祀的小庙，福建有的祠堂把孔子、释迦牟尼神像放在一起；陕西咸阳一处庙宇管理者曾说，他们要把各种神灵放在一起来供奉。可见，民间对宗教的理解是：各种神灵的功能都是一样的，只是叫法不同而已。"三教合一"，甚至"多教合一"中的儒教，不是一种纯理论，而是民众儒学观念层面在社会生活中的"具象化"表现，是儒学在生活中的具体实现，这种实现，可以是读经的形式，可以是"国学"会的形式，也可以是宗教形式，即与佛寺、道教小庙放在一起。文庙的这种宗教化形式因是以宗教道场的形式出现在民间，所以可称之为"文庙的民间宗教形式"。如果从儒学理论层面看，也可称之为"民间儒学"的实体化形式，此"民间儒学"并非在与官方相对立的意义上所言。韩星称之为"社会儒学"，他认为，社会儒学就是"民间儒学"，也称为"草根儒学"，就是指普通民众对儒家精神的无意识认同，是"日用而不知"的儒学，是存在于普通百姓生活方式、生活习惯、风俗习气、品行操守中的儒学。在他看来，儒学本身就是"草根儒学"，源于民间、依靠民间、植根于民间，在民间社会中生长，在发展过程中切合于民众生活，贯穿于民众的伦理实践。作为社会儒学主体的大众儒学并不排斥精英儒学。① 这种"社会儒学",恰是民众在接纳和认同了儒学理念后形成的民众层面对儒学的理解和实践。

就笔者近年调研的结果看,当今咸阳地区广大农村"村村有庙":观音庙、菩萨庙、龙王庙、药王庙、关公庙、张飞庙、娘娘庙、城隍庙、天王庙、孔圣人庙……;"家家敬神":灶神、土地神、天地神、王爷神、祖宗神、苍神……呈现出庙宇千种、神像千位的田野宗教文化现象。这些神灵没有高低贵贱之分,也没有哪个神高出其他神而成为"众神之长"。民众并不仔细追究这些"神"是什么,应该归属哪家、哪派,在他们看来,无论自然神,还是神格化的历史人物,抑或外来宗教信奉的神,都是"神",都有其社会功能,都值得敬拜和祭祀,而且,只要虔诚就能得到神灵的护佑。

"泛神"现象在全国很多地方都非常普遍。在今天的广大农村,俨然一个开放着的"灵性市场。"② 这种"拼盘式灵性信仰",不断进行着"神的世俗化"和"人的神圣化"的动态互构。这或许并不妨碍我们在西方定义的"宗教"概念之外,在没有系统化表达的经典教义的诠释中,走出一条灵魂培育的道路,找到一个充满意义、人人可以通达的精神归宿。

(二)"楼观台"中的"文财神"孔子

周至县地处八百里秦川腹地,南依秦岭,北临渭水,襟山带河,以山重水复而得名。自然条件优越,历史悠久,风光秀丽,素有"金周至"美称。全县总面积2974平方公里,耕地90多万亩,人口63万,辖9镇13乡377个行政村,是关中平原上著名的大县之一。周至的历史底蕴颇为深厚,在尧舜时代,即为古骆国,夏属古雍州,商称郝国,周秦之际,置之内史,地属京畿,汉武置县,

---

① 韩星:《儒学新诠》,中国社会科学出版社2016年版,第260、261页。
② 杨庆堃:《中国社会中的宗教》,范丽珠等译,上海出版社2007年版,第32页。

即名"盩厔","山曲曰盩,水曲曰厔"①。1964年"盩厔"更名为"周至",沿用至今。

1. 周至的文化底蕴

周至的文化底蕴非常深厚,这里有道教文化发祥地,老子讲授《道德经》的楼观台;"积雪六月天"的秦岭主峰,海拔3767米,号称"三教合一"的太白山;著名的财神赵公明庙也建于此。据民间传说,财神赵公明(赵公元帅,西周时代人)出生和羽化均在陕西省西安市周至县集贤镇赵代村(因赵公明曾官居大夫而得村名)。

位于西安周至县城东南20公里的终南山北麓,距古城西安70余公里,据说是历史上基督教传入中国最早的寺院之一"大秦寺"就建在周至。唐会昌五年(845),武宗灭佛时祸及景教,周至大秦寺也被迫关闭。风雨沧桑,大秦寺曾三易其主,景教之后,道教占据过,佛教也曾占据过,但寺名一直沿用至今。在周至历史上,儒学的传承、本土道教,以及佛教、景教、祆教、摩尼教、伊斯兰教的传入推动了中西文化的交流,周至的宗教文化土壤中无不受到这些外来宗教文明的影响,也使周至孕育出独具特色的宗教文化样态。

儒家思想的传承对于地方文化来说具有非常重要的凝聚作用,载于经典史册的儒家代表人物,也为周至儒学的文化积淀作出了贡献。清初名儒李颙就是周至人,据《周至县志》载,李颙是一位读书涉猎广泛,凡经史子集,无不熟读深思。他既无家学,又无师承,全靠自学磨炼,终于三十而立,卓然成为清初著名学者,并与黄宗羲、孙奇逢同称三大名儒。李颙的主要著作有《二曲集》《四书反身录》《帝学宏纲》《时务急策》等。他以提倡关学为己任,对张载提出的"为天地立心,为生民立命,为往圣继绝学,为天下开太平"以极高的评价:"志不如此,便不成志,学不如此,便不成学,做人

---

① (唐)李吉甫:《元和郡县志》第2卷,清武英殿聚珍版丛书本,第13页。

不如此，便不成人。"① 显示了一代知识分子的崇高气节。今天的周至土地上依然还有二曲墓的遗址（见图4-29、图4-30）。

图4-29　周至二曲墓　　　　　图4-30　二曲先生碑刻

2. 道教祖庭"楼观台"

道教文化深刻地影响着几千年的中国的政治经济和思想文化。有人评价，中华民族的根在黄陵，中华文化的身在曲阜，中华文化之魂在周至楼观台。楼观台完全应该和黄帝陵一样，成为中国人的精神圣地。东汉末道教创世，尊老子为道祖，后又被演化成道教尊神太上老君。周至楼观台因老子讲经而名驰九州，誉载千古，绵延三千年而不衰。将周至楼观台赋予国人的精神圣地未免有些夸大，但是作为我国道教圣地、道教祖庭，楼观台可谓是一个极具代表性的地方。

位于陕西省西安市周至县东南15千米的终南山北麓的楼观台，是我国著名的道教圣地，有"天下第一福地"之美称。周康王时大夫尹喜，于此结草为楼，观星望气，见紫气东来，知道将有真人从此经过。后来，老子西游入关，被尹喜迎草楼，著《道德经》。《史记·老子韩非列传》记载："老子修道德，其学以自隐无名为务。居周之久，见周之衰，乃遂去。至关，关令尹喜曰：'子将隐

---

① （清）李颙：《二曲集》第26卷，清康熙三十三年刻后印本，第87页。

第四章　文庙、宗祠、楹联和碑碣等民间文化存在

矣，强为我著书。'于是老子乃著书上下篇，言道德之意五千余言而去，莫知其所终。"故"楼观"又称"说经台"，成为道教圣地。以后，宋、元、明、清各代都有过翻修。

今天看到的楼观台：一进门就是一片空旷的院落，院子中间是一棵巨大的银杏树，南边是亭亭竹林，东边是参天古木。山门左右有碑厅，其中以唐代书法家欧阳询隶书碑刻《大唐宗圣观记》最为珍贵。碑厅前有六角亭两座，两亭之间原有一水池，左边亭内竖立着元代书法家赵孟頫隶书"上善池"碑石一块。山门上方写有"说经台"的横匾，从山门上去是一条较广的石条台阶，路右边的断崖上，嵌镶历代名人诗词石碣。几经转折到达台顶。峰顶上有著名的老子"说经台"，其南依秦岭，北瞰渭水，山峰叠峦，气势雄伟，茂林修竹，风景优美，说经台内古木苍翠，清静幽雅。远处南峻峰有老君"炼丹炉"。东南有打铁淬火之"仰天池"，修真养性之"栖真亭"，北有宗圣宫、"系牛柏"，桥西有"老子墓"。台顶上还保存有"老子祠"，据碑文载，老子祠系唐代创建，明代重修。祠门朝南，门内两旁分立《道德经》石碑四通。院内有正殿、配殿、左右厅房、斋舍等建筑。院中央有一座面阔三间的歇山顶正殿，出檐斗拱，东西两边砖砌的墙头上，雕刻着精细的斗拱纹饰。台上的主要殿堂还有斗姥殿、救苦殿、灵官殿、太白殿、四圣殿、藏经楼等（见图4-31、图4-32、图4-33）。

图4-31　终南山楼观台　　图4-32　庭院中的银杏树

◇ 儒家文化的民间生态

图 4-33　说经台

3. 楼观台中的儒教因素

楼观台作为道教祖庭，其主要元素是以道教文化为标志，但其文化内涵又是多元的，因此，当地人称颂楼观台为"三教合一"的道观。其中，儒家文化在终南山楼观台主要体现在三个方面：

首先，把历史上孔子问礼于老子的故事看作"三教合一"中的儒教因素。楼观台的主体有三块碑刻，最右边是道长的题字"日升月明"，中间一块大匾写着："配极元都"。左边的"其犹龙乎"，指的是孔子曾经问礼于老子，这个故事在《史记·老子韩非子列传》《太平广记》《孔子家语》《史记·孔子世家》《礼记·曾子问》等文献中多有记载，其中，《史记·老子韩非列传第三》载："孔子适周，将问礼于老子。老子曰：'子所言者，其人与骨皆已朽矣，独其言在耳。且君子得其时则驾，不得其时则蓬累而行。吾闻之，良贾深藏若虚，君子盛德，容貌若愚。去子之骄气与多欲，态色与淫志，是皆无益于子之身。吾所以告子，若是而已。'"孔子去，谓弟子曰："鸟，吾知其能飞；鱼，吾知其能游；兽，吾知其能走。走者可以为罔，游者可以为纶，飞者可以为矰。至于龙吾不能知，其乘风云而上天。吾今日见老子，其犹龙邪!"①《太平广记》亦载:"今见老子,其犹龙乎,使吾口张而不能翕,舌出而不能缩,神错而不知其所居也。"②这就是史上传诵已久的著名的"犹龙之叹"。周至人引以为豪地将这个故事代代相传,作为他们所理解的儒道合一的佐证。导游也是逢人必讲"楼观台是三教合一的道观","孔子曾经问礼于老子"的故事世代相传,这就是周至人理解的楼观台中的儒教因素之一(见图4-34)。

图4-34 "其犹龙乎"局部图示

其次,"文财神"孔子。中国历史上的文财神一般是指商朝时期的比干和春秋时期越国的谋臣范蠡,而在今天的楼观台景区"说经台"里的财神殿内却供奉着三尊塑像,正中间是"太白金星",其右侧为"武财神"关羽,而在其左侧的塑像前写着"供奉孔圣兴儒盛世天尊之位",殿门外立着的说明栏文字里写着:"殿内正中供奉太白金星,左侧为孔子,右侧为关羽。天界封太白金星为天下总财神,孔子为文财神,关羽为守财将军。他们都讲信誉、重情义,故为各路商家所崇祀。"

对于教育家孔子作为财神被供奉在周至县楼观台的财神殿的现象(见图4-35),华商电子报于2007年10月13日版登载了一篇

---

① (汉)司马迁撰:《史记》,中华书局2000年版,第1702页。
② (宋)李昉:《太平广记》第1卷,民国景明嘉靖谈恺刻本,第3页。

图 4-35　财神殿门口的告示牌

报道,题目为《楼观台孔子咋成"文财神"》,并登载了楼观台道长任法融的解释。他说,历史上的"文财神"一般是指商朝时期的比干和春秋时期越国的谋臣范蠡,关于"文财神"和"武财神",民间各有说法,把孔子称为"文财神",也只是当地民间的一种叫法而已。而与网上比较流行的关于"武财神"的说法大体一致,即《封神榜》中的赵公明和《三国演义》中的关羽。但对于"文财神"的说法有三种:一说包括商朝忠臣、纣王皇叔比干,春秋五霸越王勾践谋士范蠡;一说为财帛星君及福禄寿三星;另一说文昌帝君,而并不包含孔子。报道称,陕西省社会科学院道学研究中心主任樊光春认为,道教的主要神系里原本没有"财神"这一说,后来为满足民间的各种信仰,道教便设立"财神"这一神位,随着历史的发展,民间各地便出现了把当地重要历史人物供奉为"财神"的信仰。"财神的来源在民间因历史原因逐渐呈现出多元化的趋势,楼观台景区里把孔子供奉为'文财神'的做法是可以理解的"①。

其实,将孔子尊为财神不单单是民间的一种叫法而已,它是民间信仰文化多元化的一种表现,这种现象的出现,与中国宗教的信仰对象的泛神化趋势不无关系。民间的造神运动,反映了民众对宗

---

① 《楼观台孔子成"财神"专家称满足民间信仰》,《华商报》2007 年 10 月 13 日。

教信仰的一种需求,在民间所造神的庇护下,个人的精神世界从中得以慰藉和安抚。

最后,儒家的代表树——楷树。楼观台的导游指着一棵千年老树告诉我们,佛教有菩提树,道教有银杏树,这就是儒教的代表树——楷树,也叫黄连树。据说这楷树枝干疏而不屈,刚直挺拔,不枝不蔓,不倾不斜,其枝丫虬曲成龙,如伞似盖,每逢春末吐花如莲,其果实长圆形赤红色,似虹耀目,因以形容那些品德高尚、可谓师表的榜样人物,也从来是儒家尊师重教传统的表征。只可惜,笔者来到楼观台时已是十月初秋,看到的只是楷树的铮铮傲骨、顽强不屈的风采。许慎《说文·木部》云:"楷,木也,孔子冢盖树之者。"《礼记·儒行》说:"今世行之,后世以为楷。"宋代孔传的《东家杂记》始见楷木的记载:"广志云:夫子没,弟子各持其乡土所宜木,人植一本于墓而去,冢上特多楷木,楷本出南海。今林中楷木最盛。"① 《太平广记·夫子墓木》载:"鲁曲阜孔子墓上,时多楷木。"明陈耀文说:"楷木生孔子冢上,其干枝疏而不屈,以质得其直也。"② 明陈镐的《阙里志》中首见子贡手植的记载:"孔子墓在今孔子庙东北三里许,周围阔十里,树木繁茂,无荆棘,无鸟巢,其中楷木纵横有文,为世所贵",又说:"楷木弟子所植"③,今林中楷木最为茂盛,间有因风摧折者,也有人为砍伐。冯云鹓也提到了子贡手植楷:"孔林古楷,在至圣林享殿后,高四丈五尺,围一尺,枯而不朽,相传为子贡手植。"④ 相传孔子去世后,其弟子子贡在墓旁"结庐"守墓六年,又把从卫国移来的楷木苗植于墓前。在今曲阜孔林孔子墓东南,有"子贡手植楷",即为子贡亲手所植。孔林享后殿前至今还有"子贡手植楷"碑,北有楷亭,亭内有清康熙五十一年刻"楷图"碑,后有清代诗人施润章

---

① (宋)孔传:《东家杂记》第2卷,清刻琳琅秘室丛书本,第22页。
② (明)陈耀文:《天中记》,清文渊阁四库全书本,第2037页。
③ (明)陈镐:《林墓》,《阙里志》,明嘉靖刻本,第73、74页。
④ (清)冯云鹓:《圣门十六子书》,《端木子书》第7卷,清道光刻本,第136页。

的"手植凭谁记，残碑留至今，共看独树影，犹见古人心的"[①]的诗句。

楼观台的银杏树颇为有名。相传庭院中一株雄性银杏为老子来楼观台后亲手栽植，树龄已有2500多年，树径约3米，20世纪70年代曾遭火灾，树中已空，但依旧生机盎然、新枝勃发，呈现出强盛的生命力，这株雄性银杏和说经台前雌性银杏遥相呼应，形成了楼观台独具特色的古木景观。道教主张天人合一，追逐长生不老，与日月永恒，银杏树寿与天齐，故被道教视为祥瑞之物，加以推崇和敬仰。儒、释、道三教都有自己的代表树，这说明，在民众心里，儒教作为独立的民间信仰形式与佛教、道教的地位不分高低，三足鼎立。

四 新时代文庙的多元化发展及存在问题

文庙既是祭祀孔子的神圣场所，又是儒家文化的物质载体；既是传递儒家传统价值观的"媒介"，又是儒家思想得以实现的"具象化表征"。历史上文庙经历了"家庙""国庙""学庙"的三次"进阶"，明清后"遍于天下"，成为中国文化鲜明的辨识符号。由于历史原因，文庙曾几度遭毁损。调研发现，目前我国保存较好的文庙，[②] 除了作为县级以上至国家级文物保护单位，还承担了一部分社会功能，寄托着民众的信仰诉求，具有广泛的群众基础和社会支持度，依然有"活"的部分。如何更充分利用有限资源，赋能新时代社会主义文化建设，文庙多元化创新模式或许会启示未来文庙的发展前景。

埃弗里特·M.罗杰斯的创新扩散理论始于对乡村社会学问题的研究，吸收了人类学、乡村社会学、教育学、工业社会学、医疗社会学、教育社会学和社会心理学的理论，成形于传播学理论领

---

① （清）施闰章：《子贡植楷》，《学余堂集》，清文渊阁四库全书本，第510页。
② 中国孔庙保护协会："世界各地孔庙多达2000余座，国内约1600余座。目前保存较好的约300余座"，2020年12月1日，http://www.kmbhxh.cn/about/xhgk/。

域，应用领域极为广泛。创新扩散理论解释了一个新的创新事物被社会广泛接受所经历的感知、兴趣、评估、实行、接受的五个基本过程的基本规律，这一基本规律和当代中国儒家学说发展和文庙创新实践的现实相吻合，可以被用来解释儒家学说发展的规律，预测文庙创新发展的方向。

改革开放以来，文庙研究方兴未艾。[①] 文庙研究范围主要涉及：建筑学角度对文庙建筑形制等方面的研究；历史视域下对文庙的历史发展、变迁及域外传播与交流研究；教育学视角下对"庙学"现象等的研究；社会学角度对文庙保护、开发和利用等社会功能方面的研究；哲学、宗教学角度对文庙的祭祀礼仪、神圣空间等的研究。尤其是近年来，文庙研究范围已经扩展到历史、教育、哲学、社会学、人类学、宗教学等多领域、跨学科的研究。

可以说，文庙长期以来的"失语困境"，正在被时代发展所打破。时代发展催生文庙研究范围的扩展及研究视角的迭变。就文庙载体来说，每一个时代的变化，都是因为面临了新的问题，获得了新的理解，而需要更新其新的意义。对文庙的理解不能止步于文庙本质属性的关照，而是要始终面向新时代开放，聚焦文庙在当代文化语境中的发展和变化，回应时代诉求，适应当代社会文化发展的需求。从社会学角度对当代中国儒家学说发展规律和文庙创新发展方向进行分析和透视，无疑会对新时代社会主义文化建设、乡村文化振兴起到重要作用。

（一）文庙发展的多元化模式

创新扩散理论认为，当一个观点、方法或物体被某个人或团体

[①] 据知网统计，在1989—2019年时段内，分别以"文庙"或"孔庙"篇名搜索，1989年"文庙"中文发文量6篇，2019年是105篇，30年间，"文庙"中文学术关注度增长约16.7倍；以"孔庙"为篇名搜索，1989年"孔庙"中文发文量9篇，2019年是58篇，30年间，"孔庙"中文学术关注度增长约5.4倍。仅就1989年看，以"文庙"为篇名的中文环比增长率是500%；以"孔庙"为篇名的中文环比增长率是200%。文庙/孔庙研究无论关注度还是环比增长率均呈上涨趋势。

认为是"新的"的时候,它就是一项创新。①"庙馆"结合时期,许多文庙博物馆围绕文庙采取了一些创新性做法,如举办孔子生平事迹展、历代科举展,祭孔乐舞,六艺乐舞,编钟、编磬演奏,走三桥,开办国学启蒙馆、国学夏令营、举办文化庙会、开展孔子与儒学知识竞赛,开辟论语墙、论语碑林,出版关于文庙、孔子、儒学方面的出版物,特别是中国孔庙保护协会,连续举办了十届年会暨学术讨论会,介绍经验、交流做法、研究措施,取得了丰硕成果。②围绕文庙所开展的一系列新举措,为当代文庙的多元化发展奠定了基础。

(1)发挥文庙建筑空间的基本功能和作用,推动文庙向"精神传承"的方向转化。有的文庙,特别是一些偏远地方,经济欠发达地区,或文化还没有得到很好重视的地方,文庙更多成为收纳杂物、存放物品的仓库;对于经济条件好一些的、保存较完整的文庙,就会在文庙内放置一些有纪念意义的文物,如保存有关碑刻及与文庙历史有关的纪念性物品,或者展览家族事迹的图片;对于保存完好、经济条件更好一些的文庙,就会成立博物馆、校史陈列馆、爱国主义教育基地等,使教育目的更为明确,客观上起到了文庙空间利用向"精神传承"方向转化的作用。

(2)结合"学庙"传统,探索文庙传统教育与当代教育结合的范式转型。文庙发挥传统教育功能,积极与书院结合,成立国学讲堂,让文庙重新链接历史。如河南省郑州文庙开设国学讲堂,分两种形式:一种是国学大才班,以4—6岁的孩子为主,一至两年后转入正常的义务教育;另一种是公益性质的业余班,面向中小学生,每个周末学生在此学习国学经典。③

---

① [美]埃弗里特·M. 罗杰斯:《创新的扩散》,中国电子工业出版社2016年版,第14页。
② 唐红炬:《文庙的保护与利用:应在冲突中寻求和谐》,《中国文物科学研究》2007年第2期。
③ 《郑州文庙设立国学讲堂恢复"庙学合一"》,2006年8月5日,搜狐网,http://www.sohu.com。

文庙与社会主义核心价值观教育相结合产生新的教育形式，如旬邑文庙，通过在文庙文化区开办展览，张贴海报，竖立广告牌的方式，公布评选出道德模范，表彰他们敬老爱幼、爱岗敬业的事迹。因为这些道德模范就是身边人，因此常有市民停留驻足浏览，这种教育方式贴近现实，易被民众接受。

文庙与旅游、研学相结合，"以文促游"、寓"教"于"游"的新形式让出行有意义、教育接地气。"研学"是"研究性学习"和旅行体验相结合的校外教育形式，这种近年来出现的实践性学习形式让探究式的学习成为素质教育的新方式。2012年，教育部启动了中小学研学旅行工作研究项目。2016年教育部又印发了《关于推进中小学生研学旅行的意见》，明确提出将研学旅行纳入中小学教育教学计划。2016年，曲阜三孔景区被命名为全国研学旅游示范基地。2016年12月底，由曲阜孔子文化学院梅庆吉教授牵头精心规划的"跟着孔子去游学"的主题研学旅游线路，按照孔子及其弟子行迹设置了3条主题研学旅游线路，把山东省与孔子有关的景点串联起来，采用游、学相结合的形式，打造孔子游学深度旅游，一改往日国学机构"坐而论道""景区+课堂"的陈旧模式，采取线上、线下相结合的形式，让参与者沿着圣人的足迹，实地感悟、品读传统文化的魅力。[①] 作为首批全国研学旅游示范基地之一的济宁，2017年6月，开始实施研学旅游"十百千"工程，集中打造10大特色研学旅游品牌，建设提升100处研学旅游基地，培养选拔1000名研学旅游文化使者。依托深厚的文化底蕴、丰富的旅游资源，研发推出了习儒拜圣、中华文化寻根、文武双全、中华成人礼等国学经典研学游产品和儒释水浒、东方圣地、孔子圣迹、水浒运河探访、微山湖渔家等文化经典体验游产品。同时还制定了实施《中国

---

① 《"跟着孔子去旅游"研学游线路即将落地》，2016年12月26日，搜狐网，https://www.sohu.com/a/122582829_555910。

（济宁）研学旅游示范基地标准》等。① 2018 年，中华人民共和国文化和旅游部批准设立，为研学旅游提供了政策支持和管理指导。文庙研学为文庙的创新发展提供了新路径。

（3）文庙作为地方文化景观，围绕打造"文化旅游集群"的文化产业链。文化产业链是一种新型的文化链接交流形式。依托当地丰富的文化资源，统合全域景区，弘扬古豳文化，打造地域文化标识，是近年来旬邑以"生态旅游强县"为目标，探索红色革命传统教育、自然生态观赏、历史人文观光和乡村风味体验等多重套餐的新形式。② 旬邑文庙位于县城古豳文化博览园中心地带，文庙北面是泰塔，南面正对着"大象犀牛化石馆"。文化馆的工作人员告诉我们，未来还将在这里建一个文化广场，融合泰塔、文庙、休闲娱乐、参观游览及享用美食于一体。这种融合性打造文化产业链方式，既能展现自然山水的怡情之美，又能体味文明教化的闻学之乐。北京通州大运河文化旅游景区整合"三庙一塔"，即以文庙、紫清宫、佑胜教寺及燃灯塔为依托，打造文化和旅游融合时代北京景区的新典范。③

（4）文庙与宗教场所的结合，构建和谐宗教文化秩序。任何一种宗教要想发挥作用，就必须同它的时代相结合。儒、释、道"三教合一"构成中国传统宗教文化的基本格局。在观念形态上，儒、释、道和睦相处，交融互补；在物质载体形式上，文庙、佛寺与道观并立共存。如设立在陕西榆林"无量寺"里的文庙，常有考生去祭拜孔子的同时，会把寺里所有的"神"都祭祀一遍。另外，"无量寺"里还张贴着社会主义核心价值观标识牌，体现了和谐宗教关系与社会主义社会的良性融合。

---

① 《跟着孔子去游学，开启研学深度游》，2017 年 6 月 2 日，菏泽日报网，http://epaper.hezeribao.com/shtml/hzrb/20170602/362482.shtml。

② 《多彩旬邑·运动之旅》，2017 年 10 月 2 日，搜狐网，https://www.sohu.com/a/195705945_348977。

③ 《北京大运河文化旅游景区全力创建国家 5A 旅游景区》，2021 年 7 月 17 日，中华人民共和国和旅游部网站，https://mct.gov.cn。

（5）文庙与现代生活方式相结合，打造民众沉浸式"文化体验"方式。文庙在历史上曾属于政府祭祀范围，一般百姓并不被允许祭祀。但今天的文庙大多已为民众开放。调研发现，南京夫子庙大成殿前，设置了敬拜和祭祀的空间，中间有香炉，大门口两旁设立了"状元榜"和"平安福"，上面挂满了红色的祈福卡，祈福卡上写着各种祈愿和祝福，前来祈福祭拜的民众络绎不绝。海南文昌文庙，每逢节假日，尤其是考试前后，经常有考生来喝"圣泉水"、祭拜和祈求金榜题名。许多文庙近年来还组织开展各项丰富的文教活动，如安康文庙的"开笔礼""成人礼""拜师礼"等活动，旨在培育学生尊师爱亲、笃实好学的精神品质。文庙还在重大节假日组织表演丰富的文艺节目以吸引民众驻足。

近年来，一些地方政府还利用文庙建筑的外部空间，拓建文庙开放性露天广场，为民众提供休闲娱乐场所。如陕西泾阳文庙拓展了文庙广场，让民众娱乐有场地，休闲有去处。还有的将文庙与城镇建设布局相结合，综合地方特色，打造以文庙为中心的特色小镇。如耀州文庙的文庙街，融休闲娱乐和商业步行街于一体，打造当地文庙文化的亮点。

当代文庙已不再是清冷静谧之地，而是成为民众生活的一部分。回首孔子曾经生活的时代，每逢"乡人傩"，孔子必"立于阼阶"，生怕惊扰祖先神。而今天人们却在文庙外广场唱歌跳舞、休闲娱乐，尽情展示美好生活的快乐体验，或许是另一种"鼓盆而歌"、告慰祖先神的打开方式吧！

（6）与现代科技手段相结合，提升和扩大文庙的社会影响力。随着科技手段的进步，依托文庙举行的活动也获得了更新升级的方式。2020年北京孔庙邀请网红大咖来做线上活动，并同步直播，以吸引更广泛受众群体。一些地方文庙还借助新媒体传播方式，利用影视传播文庙文化，以满足人民群众的精神文化需求。具有近600年历史的天津文庙，经过历时三年的修缮后正式向社会开放。经严格考证，天津文庙府庙进行祭孔复原的陈列，县庙开展《大哉孔子》

及《孝德展》的基本陈列，明伦堂则着力打造成天津国学传播基地，并计划建立天津首个"国学馆"，此举引起了较大的社会反响。①

可以说，文庙的一系列创新举措，一定程度上"复活"了文庙，"活化"了文庙，同时充分体现了地方政府和文庙管理者们在新时代文化建设中敢于作为、积极有为的创新精神。就文庙功能和意义的变化来看，每一个时代的变化，都是因为面临了新的问题，获得了新的理解，而需要更新其新的意义。因此，对文庙的理解不能止步于文庙本质属性的关照，而是要始终面向新时代开放，聚焦文庙在当代文化语境中的发展和变化，回应时代诉求，适应当代社会文化发展的需求。

（二）文庙发展存在的问题

一切精神文化的传播，都以物质形式为载体。文庙发生的社会影响是复杂的，也是多方面的，既有积极的正面作用，又有消极的负面因素。评估文庙在当代的作用不可忽视任何一个方面。

（1）同质化问题。"扩散"是创新在特定的时间内，通过特定的渠道，在特定的人际中传播的过程。但这样的传播容易导致同质化问题。不仅在形式上，还在传播内容上，更是易于在同质人群之间的流动与沟通。源于文庙本体内在本质规定性，围绕文庙所展开的活动很容易造成内容的同质化和活动的雷同化。如果强调保持地域色彩，或许又会与文庙本质属性产生一些矛盾甚至冲突。否则，又避免不了同质化、平庸化。所以，既要保持个性化，又要谋求新发展，依然期待文庙在未来创新实践中的经验总结。

（2）过度商业化问题。过度商业化问题已经成为当今人类社会的通病。一些文庙为拉动地方经济，过度追求商业价值，置文庙的精神属性于不顾，而过度开发文庙。有些文庙为当地政府提供丰厚旅游收入的同时，也因其浓重的商业气息而遭到了"过度商业化"

---

① 费雅楠：《三大主题陈列精彩纷呈、四大创新内容亮点频现、天津文庙博物馆八月开门迎客》，《中国博物馆通讯》2010年总第312期。

"重商轻文"的质疑。如何在保持自身文化尊严与借助旅游市场的经济活力持续发展中寻找平衡点,是中国文庙面临并亟待解决的问题。[①]在保持文庙传统文化底色,敬重孔子,尊崇传统的基础上,重视和提升文庙神圣性,尊重文庙的文化尊严,不能为满足一些参观游览者的另类需求而将文庙融进不合理因素,是文庙在发展过程中不能忽视的问题。

（3）文庙管理问题。一些文庙管理者思想陈旧封闭,不能接纳新生事物,导致文庙日常工作只为迎合上级检查,造成日常工作的形式化。因此,选择一批想干事、能干事的积极有为的文庙管理干部非常重要。

文庙发展的实践经验告诉我们,在经济全球化以发展创新为主题的时代背景下,人民努力创造着更高的经济效益的同时,文庙虽然在努力适应和跟进时代发展的节奏,但许多问题的处理和解决依然处于探索阶段。

21世纪,科学技术的进步正在引起一次又一次的文明进化、文化发展,各种宗教、思想、哲学、文化的生命周期明显缩短,发展明显加快。在新时代社会主义文化建设的背景下,儒家学说与时俱进、不断推新,文庙与现代社会不断结合、深层融入,两者始终在不断调整并寻找着新的历史文化定位。文庙新的社会功能可以表现为博物馆、国学学校、文化景点、宗教场所、文化活动场所、科技文庙；文庙的国学学校的形态又表现为以国学教育和传统礼仪教育为教学目标的新的国学学校的产生和发展。可以说,文庙的存在形态是由儒家学说的宗教、思想、哲学性质所决定,无论哪种形态或性质,儒家学说在中国文化形成和发展过程中都起到了举足轻重的作用,在中国文化发展的历史长河中始终占据着重要地位,构成中华传统文化的核心内容。文庙在中国文化发展的历史进程中也始

---

① 高睿泽：《从南京夫子庙探寻中国文庙未来的发展》,《孔庙国子监论丛（2019年）》,中国社会科学出版社2019年版,第120页。

终扮演着重要角色。在满足部分中国人精神文化生活需求的同时，文庙也正通过不断的创新实践推进中国文化走向世界。

第二节　宗祠与儒家思想

宗祠（祠堂）是族人供奉和祭祀祖先或先贤的场所，是族权和神权交织的中心，属于儒家民间文化存在的典型象征。本节通过对海南文昌宗祠、浙江苍南县的江南垟宗祠、陕西省周至县的宗祠存在情况的考察，在对其进行客观描述的同时，试图从中透视宗祠与儒学的内在关系，并力图在相对宏大的层面上展现这三地的传统宗祠在今天的发展态势。

一　宗祠概述

宗祠或祠堂，也称宗庙、祖祠、祖厝，是家族的圣地。宗祠是存放家族亡故先辈的牌位、供奉先祖，祭祖敬宗的地方，也是家族内举行各种仪式或处理家族事务的场所，宗祠是中国古代社会生活演变的产物，属于最基本的儒学教化单位。祠堂祭祖是在鬼魂崇拜的基础上形成的祖先崇拜。中国人一直相信祖宗神灵的力量，认为祖先是有灵魂的，这灵魂仍然会影响到现世。受古代家族观念的影响，每一个宗族原则上在村子里都有自己的宗祠。在我国的许多地方往往一个家族就会有一个祠堂。如果一个村落有几个家族，就会有几个不同姓氏的祠堂。每一个家族的祠堂都供奉着自己本族的始祖。

祠堂的历史可以追溯至周代宗庙制度的产生。如前章所述，宗庙是先祖形貌之所在，是先祖神灵安顿的地方，是人们用来存放祖先神主和祭祀祖先的场所。人们通过在宗庙实施的祭祀活动来表达对祖先的怀念、崇拜，并祭祀求得祖先神的庇佑。从某种意义上看，发生在宗庙中的祭祀是一种"宗教性质"的活动。但在商周时期，这种活动是一种国家行为，《礼记·祭统》说："庙中者，竟

（境）内之象也。"也就是说，宗庙祭祀活动中所体现出的宗法关系是国家中现实的贵族政治等级关系的象征。① 因为，"国之大事，在祀与戎"（《左传·成公十三年》），宗庙祭祀同用兵打仗一样，是关乎国家存亡的大事。可见，宗庙祭祀在当时非一般人所能进行。士大夫不敢建宗庙，宗庙为天子专有。战国以后，宗庙名号专属帝王，帝王以下，各阶层祭祀祖先的场所被称为祠堂。家庙祭祖一直是先秦以来士大夫的特权，庶人只能祭于寝。

司马光于嘉祐二年所作《文潞公家庙碑》载："先王之制，自天子至于官师皆有庙……（秦）荡灭典礼，务尊君卑臣，于是天子之外，无敢营宗庙者，汉世公卿贵人多建祠堂于墓所。"② 此后，祠堂便逐渐从宗庙系统中分离出来。晋时令曰："诸葬者，皆不得立祠堂。"③ 唐以后，士大夫各立家庙，"祠堂名遂废，若唐氏所传家庙碑、先庙碑之类，罕有名祠堂者……近世祠堂之称，盖起于有元之世"④。冯尔康在评价元代理学家吴澄所说的"近世俗人之家，祠堂之外，墓所庵堂及寺观又立祠"，以及"近世人家非有旨不得立庙，祠于家者，止曰祠堂"两句话时指出，第一段引文中的"祠堂"当指家祠，吴澄依祭祀者的身份，把祭祖分为奉旨特建的家庙和"俗人之家"的祠堂两种类型，而祠堂又分为家祠、墓祠、寺观立祠三项。先秦以来，家庙祭祖是士大夫的特权，庶人只能"祭于寝"。到了宋代，仁宗庆历元年，开始允许文武官员依旧式建立家庙。据《宋史·礼志》载，南宋时有13名官员被国家批准建立家庙。尽管如此，从元代资料来看，当时仍有大臣建立家庙，如世祖至元四年，翰林修撰王恽因聘妇撰写过《告家庙文》，祭祀三代祖先。⑤

---

① 冯尔康等：《中国宗族史》，上海人民出版社2009年版，第80页。
② （宋）司马光：《司马光集》，李文泽、霞绍晖点校，四川大学出版社2010年版，第1603页。
③ （宋）李昉：《太平御览》卷500，四部丛刊三编景宋本，第3538页。
④ （清）赵翼：《祠堂》，《陔馀丛考》卷32，清乾隆五十五年湛贻堂刻本，第430页。
⑤ 冯尔康：《中国宗族史》，上海人民出版社2009年版，第170、172页。

宋元时期，人们不仅在理论上提出重建宗族的种种设想，而且有着丰富的实践活动。宋代张载最早提出重建家族的设想，他认为："管摄天下人心，收宗族，厚风俗，使人不忘本，须是明谱系世族与立宗子法"①，宗法不立，则人不知统系来处，而古之人鲜有不知来处的，宗子法废，后世尚有谱牒，犹有遗风，然谱牒又废，"人家不知来处，无百年之家，骨肉无统，虽至亲，恩亦薄。宗子之法不立，则朝廷无世臣。且如公卿，一日崛起于贫贱之中，以至公相宗法不立，既死遂族散，其家不传，宗法若立，则人人各知来处，朝廷大有所益"②，明谱系被看作是加强族人团结以及收族敬宗的手段。张载还提出了家庙与祭祖制度的设想，认为宗法不立，祭祀制度亦无从立。南宋朱熹所著《家礼》，提出宗族祠堂与祭礼的具体步骤，他认为建祠堂可以满足人们报本返始之心、尊祖敬宗之意，主张在正寝之东建立祠堂，为四龛以奉祀高、曾、祖、祢四世神主。③

历史上，庶民是没有资格立宗祠的，至明代嘉靖许民间"联宗立庙"，普通百姓才逐渐获得了自建祠堂的权力。清时期，祠堂已遍及全国各宗族，并成为族权与神权交织的中心。旧时的祠堂内除了祭祀器具以外，祠堂内还会有自己宗族所认同的家法和家规等，其作用对内约束自己家族的人员，对外甚至还有凌驾于法律之上的权威或警示。新文化运动后，随着宗法制度的瓦解，人们对宗祠的认同感与归属感不断降低，族权急速衰落，宗祠地位下降。自20世纪80年代始，宗族逐渐有复兴趋势，人们开始续修家谱，兴建宗祠。宗祠已经不再是完全意义上宗族祭祀的神圣空间，而主要保留了追思祖先的精神依托功能，成为村落中的公共空间，④旧时祠堂各方面的功能相对弱化，敬祖睦族的意义更

---

① （明）吕柟：《理窟宗法第三》，《张子抄释》，清文渊阁四库全书本，第26页。
② （明）吕柟：《理窟宗法第三》，《张子抄释》，清文渊阁四库全书本，第26页。
③ 冯尔康等：《中国宗族史》，上海人民出版社2009年版，第165、167页。
④ 王鹤鸣、王澄：《中国祠堂通论》，上海古籍出版社2013年版，第179页。

第四章 文庙、宗祠、楹联和碑碣等民间文化存在

为凸显。

XJ乡陈氏宗祠的碑记记载:"宗祠者,可借以纪念先人,启迪后世,树德弘孝,敦祖睦族之开端也。"建祠敬祖的意义有三个方面:第一,是缅怀先祖懿德,让今人深悟"祖有德、宗有功",祖上明德流芳百世、祖上功业朗照千秋;第二,是启迪后世,激励子孙,奋斗创业,不辱先人,同时也希望在祖先的护佑下,宗族兴旺,后裔发达;第三,是通过敬祖,增强宗族意识,和谐近邻,民德归厚。今天的祠堂除了祭祀先祖外,还承担了婚、丧、寿、喜等大事的办理,族亲们有时为了商议族内的重要事务,也利用祠堂作为会聚场所,以示重视。

国有史,是为纪其兴衰;族有谱,纪其源流世系;族有祠堂,纪其家族历史,供奉始祖,祭祀先祖、先贤,为宗族之象征。如果说,国史、族谱都是以文字的形式记载了一个传承思想的文化史,各族的祠堂则是以物质形式为载体,叙述着一个族人祭祀始祖行为的发展史。

二 宗祠的时代变迁

(一) 江南垟宗祠供奉对象的时代性

温州是浙江民间信仰及其他宗教活动最具代表性的地区。苍南县江南垟的宗教文化非常发达,宗教活动也较为频繁。钱库镇位于江南垟的中心地带,其宗教活动场所极具代表性。就宗祠文化场所来看,据统计,20世纪80年代末,苍南县新建祠堂就达到498个,[①] 到90年代初后期,江南区域内的宗祠已达1000多处。[②] 笔者以钱库片区的几处典型宗祠为考察对象,发现江南垟宗祠在改造和发展过程中,宗祠的特征和功能发生了较大的变化,尤其是在宗祠供奉对象有了新的增加后,也同时具有了新的含义。

---

① 莫法有、林虹:《从温州宗教现状看宗教的世俗化》,《宗教学研究》1999年第1期。
② 王晓毅、朱成堡:《中国乡村的民营企业与家族经济》,山西经济出版社1996年版,第31页。

和传统宗祠一样，江南垟的每个宗祠里都供奉着本族始祖的牌位，如蔡陈纪念堂就并列供奉着蔡家和陈家各自的始祖，吴氏祠堂就供奉着吴氏的始祖，每位牌位下方均燃香以示敬祖之意；每个宗祠供奉的祖先牌位的上方都无一例外地悬挂着巨幅横匾，红底或者黑底烫金的大字写着："共仰敬祖""祖德流芳""敬宗睦族""固本崇源""明德维馨""厚德流光""明泽惟馨""祖妣恩源""弘扬宗风""笃宗敦谊""同根连枝""亲情长存"等字样。

在钱库片区 C 家堡陈氏宗祠中，有一幅特殊的匾额，上面写着："祝 CZJ 先生荣获 BJ 大学博士学位，红底烫金大字：'日臻无疆'（见图 4-36），LGZ 人民政府贺，公元二〇〇二年夏月吉旦"，悬挂在宗祠大堂的大门正中的上方。作为被题字者 CZJ 还敬献了两副对联，黑底金字镶嵌在大门两边的石柱上。右边写着："称姓以国称朝以姓天下大宗称陈氏"，左边写着："同声相应同气相求颍川支派同此堂"，此副楹联写于宗祠重建落成之时。宗祠门内也有一副内容相近的楹联，右边写着："扬名天下宗门喜有人才出"，左边则写着："立足世间福泽知从汗水来"，意在表明陈氏家族以国家社稷为荣，以融合宗族门亲为耀的心境，且要求后辈知福泽来自艰苦的耕耘和不懈的努力。

据陈氏宗祠中管理家谱的 60 多岁的 C 姓老人介绍说，门联并不是 CZJ 本人亲撰，而是他父亲代写的，他父亲是大学生。CZJ 本人在祠堂落成典礼的时候也没有回来。在钱库 XKCC 纪念堂，我们又一次看到了这样的情景：在纪念堂的门口很醒目的位置，赫然悬挂着一幅大匾："星斗"，大匾上写着裔孙，留美博士某某某，留德博士某某某，博士某某某，硕士某某某，然后才是按世系排列的人名。众所周知，宗祠原本是敬奉祖先的地方，但 XKCC 纪念堂将这些获得硕士和博士头衔的后生作为敬奉的对象，并在他们名前冠以"星斗"，表明了宗族对这些学有所成后生的崇敬之情，也说明蔡里人重视知识，重视人才，荐贤举能的思想观念。

在项氏宗祠的墙壁上，有一个"光荣栏"（见图 4-37）。这是

第四章 文庙、宗祠、楹联和碑碣等民间文化存在

一个喜报，上面写着："本村XGZ之子XGZ同学，二〇〇六年毕业于钱库镇一中，现优先被WZ中学录取，特向本村全体村民报喜。二〇〇六年六月"。在钱库人看来，能够被WZ中学录取是本族人的骄傲，故贴榜于祠中，以励后学，催人奋进。宗祠的管理者们还把一些历史上同姓的伟人、名人都找出来，认为他们是本族出类拔萃的人物，并认真地把其事迹题写在宗祠的墙壁上。如陈家堡陈氏宗祠进门处的一块石碑上，赫然刻着陈云所题："炎黄子孙，不忘始祖"。这样一些做法，反映了族人的一种美好愿望。他们希望把这些伟人、名人的事迹陈列在祠堂里，让来人瞻仰，教族人怀念，以励后人敦祖睦族、树德弘孝、齐家安邦（见图4-37）。

图4-36　匾额"日臻无疆"　　　图4-37　　名人题字碑刻

纵观今天的祠堂，供奉祖先牌位的性质没有改变，但供奉的对象却有所变化。今天的这个"祖"，并非只是这个宗族中的始祖，还包括了后代或同辈中的有功、有德的后贤。他们学有所成，乃今天社会的佼佼者，他们为国家、为民族争得了荣誉，为自己的族人争得了荣耀。在族人看来，这些有功、有德者之所以能够成功，一方面是他们个人努力的结果，另一方面是因为他们沐浴了祖上恩泽，受到了祖先的护佑，是先祖懿德流芳、百代相传的结果。这样做的结果，正在于启迪后世，激励子孙，不断奋斗的创业精神，以不辱先人，同时也预示自己的宗族兴旺，后裔发达。

需要考虑的是，供奉对象的这种变化是否削弱了宗祠的神圣性

呢？宗教实际上说到底，它不过是人的本质与思想情感的异化形式，人们把自己的思想情感和美好愿望借助于宗教的形式表达出来。祖先有灵，可以体现这种思想情感，后生英杰也可以表达出这种感情。祖先可以神格化，后生英杰也可以神格化。对晚辈来说，随着时间的流逝，祠堂中供奉的这些后生也将成为新的祖辈，虽然这需要一个很长的历史过程，甚至需要几辈人的努力。江南垟宗祠供奉对象的这种变化，确保了原有祖先"神"神圣不可动摇的地位，并在此基础上，增添了新的"神"，这些"神"沐浴祖先神的恩泽，见证着祖灵的神功和威力。"神"的地盘因此不断壮大，祖先"神性"无形中得以加强，宗祠"神道设教"的意义得以彰显。江南垟的宗祠管理者秉承了儒家文化"追根溯源不忘列祖列宗，教育子孙不忘养育之恩"的理念，利用宗祠特殊的教化方式，虽然还局限于家族式教育，但于我们今天的社会教育仍然具有重要的启发意义。[①]

（二）海南宗祠以祭始祖确立祖祠的文化传统

文昌是海南最具儒家文化特色的城市，是海南文化最具代表性的地方之一。文昌三面环海，物产丰富，历史悠久，地杰人灵。历史上出了一大批名人先贤。文昌境内仍然遗留着的许多明清之际的老祠堂、文庙、牌坊、碑刻等，宗祠的山门、前殿、后殿、配殿、通廊以及文字图饰等，这些都是文昌重要的文化遗迹。文昌还遗存有明代所建的牌坊大小37座，其中有5座为清代所设。建于明洪武八年的文昌孔庙与清嘉庆七年兴建的文昌宫、明伦堂、尊经阁、蔚文书院等古迹是文昌悠久历史的最好见证。布列于海南文昌文城镇文昌学宫周边的大小林立的祖祠，更是极具特色，它们与孔庙一起，堪称"文昌文化一条街"。于20世纪80年代末90年代初期复修的文城镇的大小祖祠，如文昌"陈氏大宗祠"、文昌符氏"符雅

---

① 以上部分参见肖雁《2010年儒教研究的理论与实践》，《中国宗教报告·2011》，社会科学文献出版社2011年版，第185—186页。本书收录时做了修改。

公祠"、文昌"邢宥纪念馆"、文昌"林氏大宗祠",以及距离稍远一点的文昌"黄氏文强祖祠",是文昌较有影响力的,也是保存较为完整的宗祠。

坐落于文昌市文城镇镇田山的"黄氏大宗祠(文强祖祠)",是光绪二十五年间,由海内外黄氏宗亲捐资兴建的,至今已有100年的历史了。黄氏大宗祠1997年重建。黄氏大宗祠是尊祖敬宗,商议族事活动的场所。黄姓为文昌市第四大姓,源远流长。黄氏的发祥地是河南潢川(今河南省潢川县一带)。黄氏子孙公认,江夏是黄氏的郡,云公乃黄氏之始祖。黄氏族人认为:"黄姓出于嬴姓"。伯益(又作伯翳)为夏朝东夷族首领,相传其熟悉鸟兽特性,善畜牧、狩猎,舜时都任虞官。司马迁在《史记》中记载的嬴姓后裔被分封为十四国,其子孙均以国名为姓,黄姓便是其中之一。

黄氏各系子孙,至宋代以后才开始迁入海南,明时达到高峰。据统计,在迁琼的23位始祖中,良佐、森、篪、政、池清等5人,宋时就已迁来。至德、思生、黄道婆于元代迁来。明代黄氏人迁来的最多,有计有显等13位始祖。绍馀于清代乾隆十七年迁入。刚迁来时,黄氏始祖在海口、琼山、文昌落户者居多,清道光十一年,海南黄氏宗亲为纪念先祖黄岸,在今天的琼山市兴建了"忠义祠",定期祭拜。后来,这些迁琼始祖的子孙,逐渐扩展到十一个县、市,合计居住797个村庄和圩镇。迁琼始祖,不仅是指第一个迁徙海南的祖先,还指称多个不同时期、不同支系迁入海南的黄姓人,他们不远万里聚集海南,在海岛上繁衍生息,逐渐形成了具有同一宗族关系的黄氏大家族。

黄岸公(字彦忠),为黄氏九十五世祖,唐朝开元年间中进士,官任桂州刺史。岸公的祖先系湖北黄州江夏郡人,经过长期的分系分流,历代不断迁移,最后岸公迁到福建莆田涵江黄巷,成为莆田的黄氏始祖。此后,岸公的子孙在福建莆田地区逐渐繁衍壮大,成为当地的姓族主体。随着中华民族开拓东南亚浪潮,岸公的后裔大

◇ 儒家文化的民间生态

举向南迁移。据考证：宋、元、明三代年间，光后从福建迁琼，后裔定居文昌的有岸公的后世子孙十五位，这十五位迁琼始祖及其列祖，裔孙的神位，共七百六十五位同立于文昌黄氏文强祖祠，供子子孙孙敬奉拜念，念其先祖血脉之恩、骨肉之情。黄氏宗祠供奉的祖先黄香（字文强）乃云公七十四孙，东汉、江夏郡安陆人，官拜左丞、尚书令，才华出众，忠孝两全，是中华民族历史传颂的孝道典范，为弘扬公的美德，继承公的孝行，故祖祠以公名命曰："黄氏文强祖祠"。黄氏大宗祠立公为太高祖，以教育子孙后代，发扬"孝友世家"之良风，以宣扬儒家孝道为宗旨。黄氏文强祖祠在"追宗溯源"以后，确立了黄氏孝道文化的基调，形成了黄氏文强宗祠的特色。每年的清明节，黄氏宗祠都要表彰孝子（见图4-38、图4-39）。

图4-38 文强祖祠　　图4-39 黄氏祖训

海南符氏起源可以追溯至黄帝时代。《史记·五帝本纪》载："黄帝者，少典之子，姓公孙，名曰轩辕。"《索隐》案：黄甫谧云："黄帝出生于寿丘，成于姬水，因以为姓。"自黄帝而玄嚣，而蟜极，而帝喾，乃至顷公，均已姬姓。公元前250年，鲁国为楚国所灭，顷公逃至齐国，生男庆，庆生男雅，后避难秦国。雅凭借其祖父顷公和秦孝公的密切关系而被任命为秦国符玺令，于是，时人以官职称呼雅为符公。公雅卒后，其后代皆以符为姓，

符姓由此产生。符氏因公雅后代世居琅琊郡,故视琅琊郡为本姓发源地。符氏入琼居住至今已有一千多年的历史。符姓自秦朝受姓,两千多年以来,符姓学者名人仕官辈出,王侯将相不乏其人。

如果从宗祠摆放的牌位、供奉对象的变化来看,可以说,浙江江南垟宗祠更为重视"后学辈出",光耀始族、泽被后昆、百代相传的传统。而海南文昌的这几大宗祠最明显的特征是,重点供奉本族始祖的牌位,墙上悬挂着始祖的相框,而最多的玉像则是捐资人的照片和照片下方人员的名字。还有的宗祠把捐资人的名字制成表格挂在墙上,让人一眼就能把捐资数目看得清楚明白。这说明海南宗祠多重视经济实力,最看重的是后人对宗祠建设的付出。与浙江江南垟宗祠重视供奉对象的丰富性与扩展性这一特点相比,海南文昌宗祠更加重视自己姓氏和宗族的来源,几乎每一个祖祠都要对自己本族的始祖追本溯源,以此确定自己祖祠的文化源流,弘扬本族祖祠的一脉相承的伦理道德精神,从而使祠堂的生存与发展获得源自传统的合法性依据。

(三)陕西周至宗祠、族谱及坟茔现状

与南方,如海南、浙江等地相比,陕西周至的庙宇、祠堂、墓地非常陈旧,而且寥落。很多庙宇、祠堂不被重视,且年久失修。一位村支书得知我们想看看本村祠堂,他告诉我们:"辛家寨乡最大的,也是保存最好的祠堂是蔡家村的蔡氏祠堂。"当我们来到蔡氏祠堂时发现,蔡氏祠堂的状态令我们十分意外,祠堂外表看起来非常破旧,祠堂里面四周也是土墙,堂内杂物乱堆,没有看出任何被精心修整的痕迹,屋内一张巨大的布遮挡着祖先牌位,西边还有一小块地方供奉着北斗七星、观音菩萨、三太白等道教、佛教的神。村书记告诉我们,过年的时候,蔡氏家族一家派一个代表,到祠堂集体祭祀先祖(见图4-40)。

当我们提出想看看他们的族谱时,一位村干部从屋里一个角落扒出一本光绪年间所修的《蔡氏族谱》(见图4-41),族谱没有任何保护,上面布满灰尘,无法擦拭,字迹已经漫漶难辨。当

◆ 儒家文化的民间生态

我们说这是一件非常珍贵的文物时,这位村干部才恍然大悟,小心将家谱拿了起来。

图 4-40　蔡氏祠堂外观

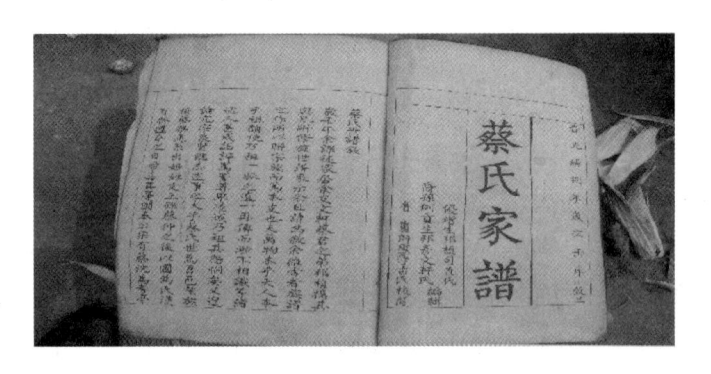

图 4-41　蔡氏家谱

一位村民带我们去看他们乡的祖坟,这里地域不开阔,杂草丛生,四周没有任何装饰,祖坟简陋、随意,与南方相比真是有着天壤之别(见图 4-42、图 4-43)。

可以说,寄托人们信仰的庙宇、祠堂虽然破旧,许多已不复存在,尽管如此人们心中的圣殿依然存在。在当地人们观念和行为中,神灵观、祭祀观、祭祀行为、祭拜场所一样也不少。每年过年到了除夕下午五点、六点的时候,人们要请祖灵,子孙们口中还要念念有词:"爷爷奶奶回家过年","爸爸妈妈回家过年"。在周至,

图 4-42　周至辛寨乡祖坟　　　图 4-43　周至辛寨乡祖坟

当地很多年轻人手腕上绑着红绳，经询问，都说是城隍庙求来的。

南北方宗祠、庙宇的巨大差异表明，人们生活富裕了，就想着修庙，再有钱了，就想着修路，路修好了，就想着联谊宗亲，壮大家族势力，这一阶段便会重视家谱、祠堂，而陕西显然还没有发展到这一程度。

2011年《陕西文化发展报告》给出了陕西经济发展的一组数据，称"陕西省经济发展水平处于劣势"，文章指出，陕西省经济自改革开放后取得了长足的发展，但由于历史、区位、观念等诸多要素的制约，使陕西省经济发展长期处于全国的靠后位置。根据2006年，中国各地区七个指标的综合能力排名，陕西排在第十七位，属于较落后的地区。[①] 某种程度上说，经济的欠发达，制约了文化产业的发展，但由此更凸显了乡村振兴背景下，陕西建设文化强省，推进文化进步发展的重要性和紧迫性。

三　宗祠"传统"与"现代"的双重变奏

宗祠作为家族、宗族的象征和物质标识，今天依然普遍地存于我国民间社会中。尤其是改革开放以后，宗祠在广大的农村地区有普遍复兴的趋势。传统的宗祠实际上是中国宗法性社会基层组织的多功能公共场所。除了祭祀祖先之外，宗祠还有多方面的功能：它是宗族存在与发展的象征，是举行重要礼仪，如婚丧嫁娶等活动的

---

① 《陕西文化发展报告·2011》，社会科学文献出版社2011年版，第126—127页。

地点；是族人的议事厅，是娱乐空间和社交场所，也是教化或奖惩族众的地方。但如今，宗祠复兴后，在许多方面继续保有传统宗祠特点之外，却有了与过去传统宗祠不同之处。本节从文昌黄氏祖祠的历史追溯、清明祭祖活动及仪式、"兴学""倡学"的重教形式来看文昌宗祠的传统与现代的双重变奏。

（一）文昌祖祠的历史追溯

文昌黄氏祖祠颇具历史传奇。据文昌史料记载，黄氏大宗祠曾经在1926年创办过"文昌县农民运动讲习所"，开展过爱国教育，培养过农军干部，为国家和社会作出过贡献。黄氏宗祠作为祖产重新回归黄氏族人手中，却经历了一段坎坷经历。1994年，文昌县人民政府下发了文件《文昌县人民政府关于黄氏文强祖祠的处理决定》，说明坐落于文城镇镇田村的黄氏文强祖祠，是在光绪二十五年间，由海内外黄氏宗亲捐资兴建的，是黄氏尊祖敬宗，兴办本族公益事业，商议族事活动的场所。1954年，文昌县人民政府将该祖祠移交给文昌县粮食局作为粮食仓库使用。并对黄氏文强祖祠的地界，占地面积等做了批复。按照侨房的管理办法，予以落实政策。决定将黄氏祖祠的产权和所有权归还给"黄氏理事会"接管。1994年，黄氏祖祠成立的"黄氏理事会"负责交付人民币24万元从文昌县粮油食品工贸公司手里收回黄氏文强祖祠旧址，及新建的607平方米车间，改建的98平方米，占地面积为1450.219平方米的祖祠中堂产权和使用权。1996年文昌县人民政府给文强祖祠正式颁发了"国有土地使用证"，土地使用者为"文昌市黄氏理事会"，用途为"宗教"。1994年，文昌县黄氏宗亲代表大会召开了第三次会议。通过了《文昌县黄氏理事会章程》《黄氏文强祖祠筹建委员会简章》等一系列规章制度，也建立了一套较为完整的自治计划。新成立的黄氏理事会雄心勃勃，从筹建黄氏大宗祠开始就已经确立了一系列的发展计划。理事们认为，过去先祖们只靠发动宗亲捐款买地来管理祖祠，发展族业，开展族事活动，现在也希望继续这一传统"以楼管祠，以楼助学，以楼兴业，造福子孙"。

黄氏文强祖祠的成立，吸引了众多海内外黄氏宗亲捐资。文昌是华侨之乡，文昌今天的经济教育的繁盛与华人、华侨对家乡的贡献是分不开的。今天再现的黄氏文强祖祠为砖瓦结构，平房主屋，前后三进，东西有廊庑，大门前有天庭。由于黄氏文强祖祠地势呈上升状，故建起的祖祠呈三进式，前低后高，节节向上，看起来雄伟壮观，金碧辉煌。

不唯黄氏祖祠，文昌市文城镇文东路42号的陈氏大宗祠，也有几乎相同的经历。创建于清代乾隆年间的陈氏大宗祠，为华侨捐资购地兴建的。1950年，由于种种原因，大宗祠易了主，且由于遭受强台风影响，年久失修，面目全非。1983年后，落实华侨政策，清理历史遗留问题时，族人在民国时期编纂的《陈氏族谱》中找到了大宗祠属于侨房的原始证据。于是联系到海外宗亲，申请收回宗祠，经过十年努力，1997年政府下发了文件，1998年办理了交接手续。文昌陈氏大宗祠陈氏理事会就大宗祠的重建制订方案。他们联系海内外宗亲献计献策，捐资出力。1999年，陈氏大宗祠落成。政府于2000年7月下发了"国有土地使用证"，用途为"公共用地"。文昌陈氏族人成立了"文昌陈氏理事会"，负责制定了"文昌陈氏理事会章程"，总则里规定"宗旨：爱国敬祖，敦宗睦族，弘扬祖德，发展经济，兴办公益，服务社会"。陈氏理事会的任务包括：其一，联络海内外宗亲，同心协力，振兴祖业，发展经济；其二，配合社会力量，兴学助教，扶持宗亲脱贫致富；其四，进一步抓好研究陈氏史，续修族谱和统一派序工作；其五，加大对大宗祠的管理工作。

文昌符雅公祠位于文昌市东风路77号孔庙旁。海南符氏是较早迁琼的姓氏之一。从唐末到元末，先后有五位渡琼始祖，现在他们的后裔已经遍布全岛各地及海外。符雅公祠始建于清代，1954年再建，1949年以后，此地当作封建财产被没收，成为文昌师范学校的宿舍。2002年重建，并于4月1日举行首次春祭。当时共有1590多名宗亲踊跃捐款，既重建了祖祠，又编撰了族谱，联络了宗亲，寻根问祖，牵动了华侨的心。符雅公祠还通过建校兴医，修路架桥，兴办公益，以造福后代。可以看出，无论是黄氏、陈氏还是符氏，都为宗祠的发展制定了明确的发展目标。

（二）文昌宗祠清明祭祖传统

文昌宗祠祭祖活动均是在清明节前后，而文强祖祠只在清明节有祭祖活动，平日里没有活动，全天对外开放，但有理事会安排人固定值班。每年清明节的活动，都需要提前四天筹划，万宁、琼海的人都会过来。很多外地人也会回家，先参拜黄氏始祖，然后再进行家拜。仪式基本上分四步：一是主祭人、司仪宣读祝文；二是献牲；三是穿长袍的族代表祭拜；四是烧香、三拜九叩。会后聚餐。祭祖的日子里，每年大概有18个国家地区、百余华侨在清明节的时候一定是要回来的。

林氏宗祠每年的4月2日清明节举行祭祀活动。负责看门值班的林氏宗祠的林姓老人自豪地告诉笔者说，清明节的时候，能回来的都会赶回来过清明节，新、马、泰、美国的都有。林氏宗祠与其他单纯祭祀祖先的宗祠有些不同，林氏宗祠里有个"妈祖庙"，供奉着林氏始祖林默。1998年林氏宗祠曾为林默像开过光。人们到这里来祈求平安。每年农历的四月二十二是妈祖诞生的日子，都会有许多人来这里祭拜。届时，林默宗祠不收门票，敞开大门，随便进。对于家谱的变化，老人说，以前家谱只登记男的，现在女的也上家谱，女的也有奖助金。林氏大宗祠还成立了"林放书斋文化学术研究会"，宣传林默的事迹，教育启迪后人。

（三）文昌宗祠"兴学"重教传统

宗祠的一项重要的传统就是"兴学""倡学"。各族在家规祖法中都有明文规定，强调读书明理。资助贫困家族子弟读书也是必不可少的一项重要内容。

黄氏祖祠发扬了这一传统，他们重视下一代的教育，积极推进族人教育和资助贫困孩子上学读书的活动，还制定了完善的奖励办法。他们制定颁布了"海南'黄氏助（奖）学基金'管理办法

(试行)",并多次举行了"海南黄氏助学金发放仪式"。

海南黄氏有二十余支,分布广,文化遗产极为丰富,但文化发展参差不齐,特别是族谱世系,有的已长年得不到修缮。针对海南黄氏文化参差不齐的状况,海南黄氏族谱编纂委员会于2008年正式成立,分布在世界各地的海南黄氏族人纷纷赶来,见证家族这一重要盛事。海南黄氏族人为将这一有意义的公益性工作做好,还特别推出了海南黄氏网供海内外黄氏华人方便查询。2011年5月,琼海黄氏宗亲联谊会在琼海成立。

林氏大宗祠重视后代教育。据宗祠管理人员介绍,林氏宗祠对考上大学的孩子都有奖励。对于困难的学生还有助学金,这个决定要由理事会开会研究,学生要拿着大学报到证来领钱。然后定一个统一的日子,一般在8月后,父母带着孩子过来,在文昌大宗祠举行发奖学金、助学金典礼。这些孩子经常在大学毕业后,有了钱就会把钱寄回来,这些钱会再次资助之后的孩子,一代一代接续下去。

符雅公祠重视教育,成立了"符雅教育基金会",开展以祖祠集资奖学活动,调动学生读书的积极性,为振兴文昌教育作出了贡献。

(四)江南垟宗祠功能的多元化

宗祠的发展是和时代的发展紧密联系在一起的。随着历史的发展,宗祠活动越来越多地被添加进了时代的内容。就宗祠来说,它的基本功能是祭祖,但浙江江南垟宗祠却呈现出多元化发展趋势。

江南垟宗祠普遍设立了老人协会(见图4-42)、文化活动场所、党员活动场所、爱国教育基地等。陈家堡陈氏宗祠碑记载:"宗祠是中华民族祭祖之处,又是民间文化娱乐场所",反映了民间人们对于宗祠的基本定位。在陈家堡陈氏宗祠的大门上挂着:"陈家堡文化体育活动中心"的牌子;倪处项氏宗祠门口木牌上写着:"钱库镇倪处文化中心";吴氏宗祠门口写着:"苍南县钱库镇前吴村老人协会";蔡陈宗祠现在叫"蔡陈纪念堂"(见图4-45);当我们造访仙居陈氏宗祠时,看到宗祠的门口醒目地悬挂着"仙居乡老人文化活动中心"的匾牌。当我们步入祠堂里时,耳边听到的是唱戏的声音;看到的是这里架起的羽毛球场地上的年轻人运动的身影;刚刚放学的孩子们在宗祠里追逐和嬉闹。因为不是祭拜日,我们无法看见这里举行祭祀的香火缭绕和人们恭敬有序的敬拜先祖的情景。但据仙居乡安居村老人协会C会长介绍,每年的正月初一、初二、初五,仙居不同房的人都会来这里祭祖。他们会宰杀一头猪,把猪头、猪肝、猪尾分着吃掉,还会摆些水果、点心、鸡肉等供品来祭奉祖先。老人还为我们提供了仙居乡陈氏大宗祠落成典礼时的录像带,与我们分享了当时举行的"超宗荐祖保泰道场"仪式的盛况。从录像带上,笔者目睹了2005年农历三月二十七(阳历5月5日),仙居乡千名宗亲在这里举行的声势浩大的祭祖仪式。

图4-44　前吴村老人协会　　　　图4-45　蔡陈纪念堂

位于钱库镇林家塔村的林夫纪念馆也颇具特色(见图4-46)。林夫是我国新兴木刻运动的先驱者之一,也是抗日救亡运动的革命烈士。该馆现在也是"温州市爱国主义教育基地"(见图4-47)。林夫纪念馆之所以建在这里,主要是因为林夫小的时候就在祠堂里念书,抗战时期他还带领民兵在这里训练。68岁的L姓老人告诉我们:"林夫是林家塔人,是我们本族人,老百姓要保护自己的东

第四章 文庙、宗祠、楹联和碑碣等民间文化存在

西。台风来的时候，我们都会过来把资料收起来。"林夫纪念馆后面就是林氏宗祠，也就是林夫幼年时念书的地方。现在里面虽然简陋，但供奉的各村祖先牌位却是一个不少，如将军桥头村林公灵位、周家城祖公灵位、云兜祖公灵位、林家祖公灵位，还有炎亭祖公灵位等。老人说："本族人每年的正月初五都要到这里来祭拜。祭祖之前也有来的，主要是受教育，社会上会组织中小学生来这里，党支部有时候开党员会、组织活动也会过来。"

图4-46 林夫纪念馆　　　图4-47 爱国主义教育基地

倪处村项氏宗祠的门口两边悬挂着"八荣八耻"和"倪处村规民约"的宣传栏。进入宗祠，我们看到这里还有一个"倪处村文化中心简介"，上面记录了项氏宗祠改建的历史过程。项氏宗祠设立了图书阅览室、棋牌室、电子信息室、影视赏析娱乐室、管理办公室、羽毛球场、嗒嗒球场、室外文化广场、乒乓球厅、台球厅、村民学校、村民俱乐部、歌舞文艺台，他们称这里是"健康文明很受青睐的丰富多彩的文化大院"，提倡的是"积极引导、百花齐放、求是发展、与时俱进"。放眼望去，宗祠房梁上悬挂着"积极引导农民参与自娱自乐活动""繁荣农村文化构建和谐社会"等巨大条幅，条幅中央上方还有一块石碑，上面清晰地刻着"与时俱进"的繁体字。其他一些宗祠的门口或墙壁上也悬挂有一些条幅，诸如："共创绿色家园同建和谐社会""祖德振千秋大业宗功启万代文明"（陈家堡陈氏宗祠）"爱我家乡回报祖宗恩泽故里至德尊容"（建设

— 293 —

中的三石桥村吴氏宗祠）等，显露出宗祠鲜活浓郁的时代气息。

可以看到，昔日寂寥的祠堂香火依然不断，而翻新后的江南垟宗祠则处处体现出紧跟时代要求的自觉。当代宗祠的变化已经远远超越了传统祭祖功能，不再仅仅局限于祭祀祖宗，而是朝向多元化方向发展变化。老人协会、文化活动场所、党员活动中心、爱国主义教育基地等新时代的功能，与传统宗祠建在一起，处处体现了时代气息。总之，当代宗祠活动无论是在内容上的变化，还是在形式上的变化，就其实质来说，是中国传统观念适应时代要求和社会发展要求的结果。①

四 宗祠成为建立新型社会关系的场所

"爱族爱国，奉献社会"这八个字，反映了江南垟宗祠建立者的基本思想和追求。堪称"江南第一祠"的仙居陈氏大宗祠在落成庆典时，世界陈氏联谊会会长 C 女士出席庆典并提出："爱族爱国，精诚团结，振兴陈氏。"世界陈氏联谊会副秘书长 C 先生在讲话中说："系满乡情的亲情纽带使陈氏宗亲走到了一起"，为祖国争光，为民族争气，为家园添彩，为社会造福是仙居人努力的方向；爱亲人，爱家人，爱宗亲，爱民族，爱国家，爱社会，是仙居爱的精神。在海南文昌陈氏宗祠中，我们也能看到这样的情景。陈氏宗祠的墙壁上高高地悬挂着几个大镜框，上面有孙中山的题词："由宗族的团结，扩充到国家、民族的大团结，这才是中国人民特有的良好传统观念。"有周恩来的题词："一个爱祖国的人，没有一个不爱家的。了解家情、乡情，是懂得国情的开始。只有了解乡情，懂得国情的人，才能真正热爱家乡，热爱祖国。"还有陈云的题词："炎黄子孙，不忘始祖"等。

（一）自愿捐资

调研中，我们经常被许多建成的和正在建设的宗祠规模和宗祠

---

① 参见肖雁《2010 年儒教研究的理论与实践》，载《中国宗教报告》，社会科学文献出版社 2011 年版，第 188—189 页。本书收入时作了修改。

气派所震慑，对于经费如何解决的问题也做了重点调查。从调查中了解到，所有的宗祠建设资金款项都是村民自愿捐助的。从仙居陈氏大宗祠落成典礼录像看，2005年四月初三、初四（公历5月10—11日）举办的仙居陈氏宗亲女婿祝酒大会上，仙居乡木桥头村黄某为仙居宗祠捐资12万元；新安乡东涞头村赵某为仙居陈氏宗祠捐资8万元；浦后、东庄、苏家店的宗亲等，也为宗祠落成馈赠了大礼。

对于捐资情况，每一个宗祠里的碑记上都有详尽的记载。捐资者有来自本村的，也有来自邻村的，还有外甥女婿奉献捐资的。其中钱库镇前吴村吴氏宗祠，只是乐助一项资金就达到了220多万元。倪处项氏宗祠也有捐资数额不等的乐助名单。中共蔡里党支部成立60周年典礼公布的清单可见，捐资方主要有个人捐助，及以村、办事处、老干部联谊会等集体筹资捐助两处来源。其中，个人捐资从300元到3000元不等，集体捐资一般也在200元到3000元不等。粗略统计一下，蔡里党支部成立60周年典礼捐助资金总共筹集款项24万多元，其中个人捐助达到了14.4万多元，集体捐助数额达到了9.6万多元。

陈家堡宗祠重建乐助捐资的具体数额一般也在千元以上。从陈家堡宗祠墙壁上贴出的陈家堡宗祠重建收支情况表中可以隐约看到，宗祠重建进账约人民币300多万元。仅陈家堡的陈武帝石雕像乐助一项，捐资就达到三万七千多元人民币。捐资事迹以"芳名碑"的形式被记录了下来："公元二〇〇二年春由迁居龙港本族贤达人士发起倡议，重建宗祠，造福后人，深受族人支持，全族上下，群策群力，慷慨解囊，为重建宗祠贡献力量，其爱族爱乡敬宗睦族之心可昭日月。为弘扬无私奉献精神，启迪后人，特录芳名，铭记于此。"

在企业家及村民们的大力支持下，吴氏宗祠耗资280万元，建起了宏伟壮丽的仿古式祠堂，正如吴氏宗祠的碑中所写的："经济富裕了，生活提高了，慷慨捐助人多了，纷纷要求重建祠宇"。负责看护吴氏宗祠的 W 先生就属于在外开创基业的企业家。他介绍说，他们一家人都在广州办厂，这次回到家乡建祠堂，花费了两年的时间。这两年，他第一次捐款 10 万元，第二次又捐了 5 万元，后来铺路架桥又捐款 3 万元。老人还无不羡慕地说："人家陈家堡宗祠花了 400 多万元！"可见在他眼里认为自己捐的这些钱还不够多。

自愿捐资不仅体现在修建宗祠上，在整理编纂家族史料上，族人也是倾尽人力、物力和财力。《苍南林氏通览》的编纂被看成是"牵动全县林氏人心的巨大工程，是增强林氏凝聚力的纽带，是促进苍南林氏 11 万人团结的举措，是苍南林氏先贤千年未竟的事业；有利于继承和发扬林氏忠孝传家、重教兴学的优良传统，有利于广大拓展林氏祖先的功业，有利于促进祖国统一振兴中华"①。仅就《苍南县陈氏通览》的编纂事项来看，集体和个人捐资就达到 67 万余元。可以想见，为建立宗祠，为编纂《苍南林氏通览》，族人精诚团结，慷慨解囊。原来狭小的家族意识，已经提升到了家国天下的宏愿和民族振兴的高度。经济的发展让今天的钱库人在享受着物质生活丰厚的同时，更期待精神的养护。

（二）自助酒席

族人的聚餐过去叫"族燕"，"聚族燕食之礼以亲宗族"。通常在宗祠族人祭祀完祖先后，族人会设酒摆宴、畅饮聊天，族人围坐在一起，把酒言欢，促进宗族感情，建立宗亲之间的亲情纽带。

在江南垟新安乡的林氏宗祠的墙壁上，一块红纸上赫然写着："欢欢乐乐过新年　高高兴兴祭祖先"，然后是"每桌菜费 400 元，赠白酒一瓶。其他酒类、饮料各自储备，中午 12 时统一开膳"。粗略计算一下，各村包桌共 86 桌，按照农村八仙桌每桌坐 8 个人算，估计也会有 600 多人就餐。林氏宗祠的 L 姓老人告诉我们："过来

---

① 林振法：《苍南林氏通览》，中国社会出版社 2006 年版，第 771 页。

吃饭的人都是自己出钱。以前都是自家烧菜带过来，现在都是统一烧饭，打个电话说过来吃饭就可以预订上。"据仙居乡陈氏宗祠 C 会长介绍说，正月初一祭祖时他们摆了 80 多桌，初五少点，但是也摆了酒席。柘圆陈氏宗祠在举办圆谱活动期间，也是大家坐在一起吃饭喝酒。陈氏和项氏共祭祖的当天中午，我们就被应邀和他们一起共进午餐。席间，镇领导到各个酒桌上敬酒，围坐在一桌的人们互相敬酒。这时候人们感受到的更多是一种亲情和乡情，宗教的色彩几近于无。

笔者注意到，不管是从录像上看到的酒席，还是笔者在钱库镇调研期间吃的饭菜，几乎没有什么不同，世界陈氏联谊总会会长 C 女士也坐在祠堂里吃一样的饭菜，那些为宗祠捐资的企业家们也和普通村民吃同样的饭菜，没有人搞特殊。吃好吃坏、吃什么好像并不重要，重要的是，家族人在某种日子里能够坐在一起，在举杯共饮中，加强宗亲联系，实现爱族的美好愿望。这时候，祭祀祖先的内容和祭祀情绪悄悄地被一种新的东西所替代，那就是，以祭祀祖先的活动为依托，联谊宗亲，建立新型的良好和谐的人际关系。

海南文昌宗祠每次举办了族人聚会后也有盛办酒席的活动。文昌符雅公祠每年在祭祀之后宴请族人。他们认为这是联络宗亲的办法。符雅公祠每次祭祖是在上午 9—10 点，族人拜祖后到大乡亭设宴。但是他们已经意识到，每年公祠收到捐款 10 万元，要花掉 1 万—2 万元吃宴，这让一些人看来花费有些大。所以，宗祠里有规定，凡是捐 100 元的人可以得一张饭票，没捐款的要交 30 元，才能参加吃宴。另外，宗祠还会请木偶剧、琼剧团来此大闹 1—2 天。据说，那种热闹的场面，简直就像过年。

文昌林氏宗祠中有一座妈祖庙，一位老人告诉我们说："这里的妈祖是从福建莆田传来的，祭祀时我们会搞一个大型活动，来的人很多，2008 年，办了 70 桌，在这里吃饭的每人交 30 元，外省来的，海外回来的不用交钱。外省来的我们还会给他们路费，每人 300 元。"文强祖祠每年也在清明节祭祖活动后聚餐。一般是每家派 2—3 个代表。一般能办 50 桌，每桌 10 人。

通过对宗祠举办的自愿捐资、自助酒席的考察，我们发现，宗祠已经成为建立族人的广泛联系，增进感情，加强团结，增进族人荣耀感的新型的社交场所。狭隘的宗族意识在每年祭祀后的酒席中被赋予了"爱族爱国，奉献社会"的更为符合社会要求的内容，这一点在江南垟宗祠中表现得尤为突出。

纵观陕西周至、浙江江南垟、海南文昌民间宗祠的发展现状，可以看到，宗祠发展的状况是和当地经济发展状况密切相关的。陕西宗祠发展比较缓慢，海南宗祠在形式和内容上都继续保持了传统，而相比之下，江南垟宗祠在其功能上发生的种种变化较为巨大。对此现象，有学者认为这种变化已经背离了传统宗祠的意义，因而显得"不伦不类"；而有些学者则认为，我们或许应该把事实存在视为一种现实挑战，并把挑战视为理论创新发展的机遇。

当代宗祠的改造及其功能的转化，究其实质来说，是宗祠等中国传统宗教观念和宗教活动主动适应当代社会发展的结果。因为任何一种传统文化，只有当它们适应了社会发展的需要时，才会对社会发展起到较大的作用。它们才能有立足之地，才能生存和发展。作为儒家文化重要表现形式之一的宗祠自然也不例外。

第三节　楹联、祖训与儒家思想

宗祠楹联，简称宗联，俗称对子，是悬挂在壁间或置于庙堂明柱上的联语。苍南县江南垟宗祠的楹联极具丰富的文化内涵。每一处祠堂门柱上镌刻的烫金联语都让人目不暇接，每一副楹联读起来都朗朗上口。楹联内容时而典雅凝重，时而轻盈跳跃；时而慷慨激昂，时而如柔风抚柳。进过这里的许多宗祠，见过许多楹联，几乎没有发现完全相同的句子。每个宗祠的楹联俨然都是这个宗祠的一部浩大经书，经得住人们细细展读。笔者发现，每

第四章　文庙、宗祠、楹联和碑碣等民间文化存在

处宗祠中的楹联都和这个宗祠的历史和主题密切相关，且体现了自身的文化特点。①

一　楹联的地域和历史特征

通过楹联，我们可以发现某一宗族的地域特征乃至历史变迁的具体过程。如苍南陈氏是陈姓中的一支，家族源自颍川，自汉代以来，开始向南方发展。逐渐遍布全国乃至世界各地。C氏祠堂中"祖系本重华，宗璜于颍水"，就是对该族的地域特征和历史变迁过程的说明。在钱库镇的C氏宗祠，我们就会看到这样的楹联："祖德绵绵，济阳泽久，颍川源远；祠容奕奕，蔡里人文，浙水风光。""兄弟原一家，后裔邻居和百地；蔡陈虽两姓，同根血脉睦千秋。""颍木繁茂启迪后贤"（摘自钱库蔡里陈蔡宗祠）"颍川延世泽，棠棣葆华名。""源发河南，徙福建兴一脉宗支远；肇启赤岸，迁陈堡衍万派世泽长。""建业王气，源颍川，泽庇子孙千百代；祠宇巍峨，甲江南，缅怀祖德亿万年。"（摘自钱库陈家堡陈氏宗祠）显然，这是对钱库陈氏家族历史发展过程的描述。

在钱库镇的W氏宗祠中看见这样一副门联："隐德昭世名垂千秋史册，让贤奔吴功开万古江南"，还有一款："宗功远大道德文章传三让"。这显然是对泰伯"三让天下"这一历史过程的追述。泰伯肇自后稷一脉，是周朝祖先古公太王的长子（周文王姬昌的伯父）。古公有三子：长子泰伯、次子仲雍、少子季历。据说古公预见到季历之子姬昌的盛德，有意传位于季历。作为长子的泰伯为了成就父愿，携次弟仲雍三次远遁，终于把王位传给季历和姬昌。故时人以为至德，连孔子都感慨地说："泰伯，其可谓至德也已矣。三以天下让，民无得而称焉。"（《论语·泰伯》）武王灭殷，封泰伯之后于吴，从吴姓。吴氏宗祠的W先生告诉我们，吴氏族人把"善"看作是"让德"，就是源自"泰伯三让"的故事，在祠堂里，

---

① 摘自笔者2011年浙江调研报告：《江南垟宗祠现状及功能转化》，部分未公开发表。

配以二十四孝图，用来说明美让之德。

炎亭乡的黄氏宗祠是2004年建立起来的，外观看起来有些简陋，其门边的两副对联即能说明黄氏宗祠的来源："自黄帝以降吾姓乃成瀛寰之最，迁他乡之后儿孙当记祖德为先。"实际上，不用考察姓氏的来源，从宗祠中楹联的内容中，我们就能够大概了解到姓氏家族的地域特征和历史源流。

二 楹联的人文特征

宗祠原本是具有原始祖先崇拜宗教色彩的活动场所。但是，当我们进入宗祠的时候，一款款的楹联，则让我们感受到的不是宗教的氛围，而是一股强烈的人文主义气息。如"诗开一代新风，排六朝靡丽，先哲辈声远。"歌颂的是唐代文学家陈子昂，其诗标举汉魏风骨，反对柔靡之风，被文学史上称为"唐代诗歌革新的先驱"。"神州宇航，名蜚欧美，以报枌榆，耀祖光宗"说的是曾任中国运载火箭技术研究院主任设计师的CRQ，是XJ人。在这些楹联中，我们看不到任何宗教神学的韵律。

苍南县在历史上出现过不少文人墨客，这或许使今天的钱库人更有资格功诗书、颂圣贤。在蔡陈纪念堂里，由于门前悬挂着子孙后昆读书知进的匾额，所以门内有两副楹联为证："祖德荫文风辈出学士硕士博士来自当今名士之广，裔支扬志气全凭德培智培体培还因累代善培为先""读书能耀宗世泽千年荣祠宇，科技可兴国人文三世振家馨""博学科技兴中华""福地应启后裔贤"（摘自蔡陈纪念堂）。提倡读书，赞颂科技的还有仙居乡陈氏宗祠的"读书能耀宗，思祖德闭门觅句；科技可兴国，看后贤大雅登堂。""高科技可兴国人文万代翙神州，功诗书能耀宗世泽千年荣祖祠"（摘自龙港东排陈氏宗祠）等。

苍南县是个尚武习武的地方。五代末，吴越节度使林倪归隐苍南县境内荪湖山，以武术传授乡民，首开习武之风，今天的苍南人依然保持着喜爱武术的习惯。因此，不少楹联也加入了习武尚武的内容，如："仙居衍派，宏图励志，更尚文尚武振家声。""虎跃龙腾，武术群英，同庆仙居万代昌荣。"（仙居陈氏宗祠）仙居乡自称"南拳之乡"，民间现在还有许多著名拳师。从仙居陈氏宗祠落成庆典的光盘中，笔者也领略了武术节上老中青三代精湛的武术表演。

三 楹联的儒学理念

从楹联所着意宣传和弘扬的价值观来看，基本上都与儒家思想有关。如"报本敬亲，是谓至德要道"[①]，即是说能够报答祖先，敬奉族亲，可以称得上是最高的道德和最大的道了。这就自然让人联想到儒家的"亲亲"思想和"孝悌"观念，正所谓"君子务本，本立而道生。孝悌也者，其为仁之本与！"（《论语·学而》）"睦族敦宗，仁慈忠孝善为本；立身处世，信义和平礼在前。"[②]"仁慈忠孝"是以培养人的善性为基本，"信义和平"则是人的立身处事的前提和根本。蔡陈纪念堂的"祭如在明德惟馨"，总是让人想起孔子"祭如在，祭神，如神在"和"弗惟德馨香，祀登闻于天"（《尚书·酒诰》）的名言警句。倪处项氏宗祠还有："礼义忠信传家宝，孝悌笃厚遗祖训。""尊宗敬祖，须从纲常中渗透；睦族和邻，要在宽厚处得来。"（仙居陈氏宗祠）凡此等等，都体现了中国传统儒家文化的思想观念。

四 楹联的时代性

楹联是文人的创造，一般出自名家之手。一副优秀的楹联往往是时代精神的经典写照。过去，楹联的内容大多取材于本族历史名人及道德文章，对外宣扬自家祖先功德，光耀门庭，对内用

---

① 陈后强：《苍南县陈氏通览·岱岭大厝基路下支派陈氏宗祠》，杭州出版社 2006 年版，第 172 页。

② 陈后强：《苍南县陈氏通览·括山小陈家堡陈氏宗祠》，杭州出版社 2006 年版，第 173 页。

以教育、激励后人。如"先祖积德流芳千载茂，后裔英才辈出万年春。"（仙居陈氏宗祠）"祠宇重新，光祖德，行仁积善世泽长存。"（陈家堡陈氏宗祠）"堂势尊严，昭奕代宗功祖德；孙支繁衍，承万代春祀秋尝。"（柘圆陈氏宗祠）"缅怀先祖弘扬宗德昌盛万代""祖德广播福让祯祥乐千家""祖功宗德流芳世世垂千古，子孝孙贤世泽绵绵耀万代。"（倪处项氏宗祠）现在宗祠的楹联，大部分是根据历史记载请人书写补刻，但也有部分楹联是根据新建宗祠的地理环境和新时代特点，重新撰写，赋予楹联新的意义。例如，龙港瓦窑头祠台门联："龙港名城此祠古，颍川历代贤士多。"有的楹联体现了科技发展、科技兴国的思想，如"科技可兴国，看后贤大雅登堂。"（仙居陈氏宗祠）"天上星辰添异彩，人间科技发春光。""科技海洋，千帆竞发；文化园地，万木争荣。"（舥艚东浦口陈氏宗祠）"诗书能耀祖，世泽千年荣祖庙；科技可兴国，人文万代翊神州。"（龙港东排陈氏宗祠）"学子从戎，誉重京华，惟追马列，振邦兴国。"（仙居陈氏宗祠）有的楹联还体现了德智体全面发展的思想，如"德培智培体培还因累代善培为先"（蔡陈纪念堂），把人性之善的培育看作是德智体全面发展的前提。

高小毕业、当会计十多年的吴氏宗祠的一位老先生告诉笔者，他以前读了很多书，吴氏宗祠中的字都是他从古书上找的，也有从网上弄的。笔者问他为什么能够写出这么符合时代的词句时，他回答得既朴实又简单："现在社会就要求这样！"新时代的楹联已经把现代人鲜活的生活观念、价值追求、文化理念与宗祠的教化功能紧密联系在一起了。①

五 海南文昌祖训与儒家思想

宗法制度下各大家族都有自己的族规、族训或称祖训。这些

---

① 以上参见肖雁《2010年儒教研究的理论与实践》，载《中国宗教报告》，社会科学文献出版社2011年版，第187—188页。本书收入时作了修改。

第四章 文庙、宗祠、楹联和碑碣等民间文化存在

族规、族训、祖训表达了族人对当时伦理纲常道德观念的理解。今天的宗祠，族规、族训、祖训与时代精神紧密结合，彰显了当今社会所倡导的文化价值观和社会伦理道德规范。如果说苍南县江南垟宗祠善于在楹联上下功夫，从楹联上就能使人们了解本族宗祠的地域和历史及所弘扬的道德价值观念，而海南文昌宗祠的楹联，则多来自经典儒家思想和传统。如"祖德渊深溯源远追江夏，宗功广大报本近绵文昌。振宗风继承前辈德志智，敦族谊匡扶后昆财业丁。"（《黄氏族谱》）在海南文昌宗祠的墙上看到的多是"祖先像""捐资芳名录"，及本族的先贤玉像，文昌宗祠注重体现儒学传播教化的功能，就祠堂楹联来看，没有多少当代人创新的文化元素。

图 4-48　文昌宗祠祖先像　　**图 4-49　文昌宗祠捐资芳名录**

文昌祖祠的伦理道德价值观更多体现在族人所修"族训"中。族训是本族祖宗遗训，悬挂在宗祠墙上，是为了日日敦促族人恪守祖先训诫的。文昌符雅公祠族训曰："爱祖国、孝父母、友兄弟、和夫妇、笃宗族、讲团结、睦相邻、慎郊游、重廉耻、明礼让、讲信义、崇气节、立志向、勇改过、务农桑、习工艺、求实学、黜浮华、图进取、戒争讼、守法律、诚祭祀。""仁、义、礼、智、信"可以说是儒家"五常"。孔子将"仁、义、礼"看作是"仁者人也，亲亲为大；义者宜也，尊贤为大。亲亲之杀，尊贤之等，礼所

生焉。"① 推崇仁以爱为核心，义以尊贤为核心的精神；孟子讲"仁、义、礼、智"，构成人的"四德"或"四端"，曰："仁之实，事亲是也。义之实，从兄是也。智之实，知斯二者弗去是也。礼之实，节文斯二者是也。"（《孟子·离娄上》）董仲舒将其扩充为"仁、义、礼、智、信"，后称"五常"。这"五常"始终贯穿于中国人伦理思想的发展进程中，成为中国价值体系中的核心因素。符雅公祠族训可以说是"五常"的现代版本。

海南符氏祖训强调爱、孝、友、睦等思想，对于"诚祭祀"，族人认为："祖宗虽远，祭祀不可不诚。吾人之身，实由祖宗所自出。而祖功宗德，将何以追报之？惟有设庙宇以妥先灵，隆祀事以申孝思。非有诚敬之情，以行其间，则酒醴牲仪，亦为徒具，祖宗未必来享。中庸有言曰：斋明盛服。以承祭祀，洋洋乎如在其上，如在其左右。又曰：至诚而不动者，未之有也。夫诚之一字，可以动天地而格鬼神。况乃祖乃宗，血脉相延，当祭祀之时，纵幽明各异，本此恳诚至意，未有不尝格者。"② 海南文昌宗祠的祖训体现了儒家思想之传承，起着弘扬儒家教化功能的重要作用。

海南黄氏祖训悬挂在宗祠的墙上，其言："骏马登程往异方，任从胜地立纲常。年深外境犹吾境，日久他乡即故乡。朝夕莫忘亲命语，晨昏须荐祖宗香。但愿苍天垂庇佑，三七男儿总炽昌。"其中，"立纲常""莫忘亲命语""荐祖宗香""苍天垂庇佑"，也是儒家伦理思想的生动写照。但黄氏祖训真正出自何处，似有一些不同看法。族谱所记之事为本家、本族、本土之事，一般来说比较可靠。刘大可认为，由于族谱大多为本族、本姓的乡村知识分子所编修，而他们最容易受到门第、宗族竞争、祖先崇拜等观念的支配，因而，会造成对宗族历史上的不少内容进行伪造。福建省上杭县

---

① （宋）朱熹：《四书章句集注》，中华书局1983年版，第28页。
② 义阳堂：《〈符氏族谱〉序》，海南书局1982年版，第12—17页。

《黄氏源流家谱》，也就是黄氏后世所说的"开基诗"，与在海南黄氏宗祠所可见的祖训内容几乎完全一样，说明跨地区之间流传的黄氏祖训可以"共享"，凡是黄氏族人均可以共用这首"开基诗"。但刘大可发现，福建省武平县北部湘村《刘氏盛基公家谱》上的祖训也几乎完全一样。无论从内容到实质，到表达方式，以及具体诗句都十分相似。[①] 一首优秀的诗作一定是能够引起共鸣和引人思考的。苍天、祖宗、他乡、故乡、亲人，以及"日久他乡即故乡"是维系每一位离家游子魂牵梦绕的思乡情怀，与其说是"伪造"，不如说是在更为广泛文化意义上的"分享"。

人是社会的主体，社会离不开人，组织也离不开人。儒家讲"立德、立功、立言"，正是将人格价值和社会价值紧密结合起来，将"齐家、治国、平天下""内圣""外王"的儒家传统，一以贯之地联系起来。而正是儒学的这些思想塑造了中华民族奋斗不息、无私奉献、流芳百世、灵魂不朽的价值观，并成为族人为家乡、为国家、为社会、建功立业的内在动力。

第四节　碑碣与儒家思想

碑碣文献属于出土文献的范围，具有不同于传世文献的独特研究价值，一般来说，碑碣文献内容非常丰富，基本涉及社会政治、经济、文化生活的方方面面，甚至成为一种特殊的文化现象，其重要性一直为学界所重视。与过去儒家文化研究大多着眼于从传世文献出发进行研究不同，以出土碑碣文献为主体进行的儒家思想研究能够将视角带入到生动的历史现场，从而将历史从被人推演的静态研究过渡到历史自身得以呈现的动态研究。陕西省是全国迄今为止碑碣文献出土最多的地区之一，碑碣数量之多

---

① 刘大可：《视野与方法：中国村落社区研究》，《中共福建省委党校学报》2000年第11期，第61页。

又以咸阳为最。咸阳曾是周、秦、汉、唐等朝代的京畿之地,被称为"第一帝都",其碑碣文献无不镌刻着当时政治、经济和文化的印记。本书以咸阳碑碣文献为史料依据,探讨咸阳地区碑碣、墓志、庙碑中的儒家思想观念的发生、发展和演变过程,分析碑碣中儒家思想的存在样态。

一 碑碣的起源与文化意涵

一种文化的存在既有物质形态又有精神形态,作为物质文化存在形态的碑碣源自生命观照的宗教意识。从起源看,碑碣的产生与宗教意识密切相关。"碑"之初只是"竖石也",没有刻颂记事的功能,它具有三种用途:"宫碑""庙碑"和"墓碑"。其中,"庙碑"是将竖石立于庙门口,上面穿上孔,用于拴牲口。古代庙就是用来祭祀先祖的地方。《说文》:"庙,尊先祖也。"段玉裁注曰:"古者庙以祀先祖。"《礼记·祭义》曰:"祭之日,君牵牲……既入庙门,丽于碑。"(《礼记·祭义》)郑玄注:"丽,犹系也。"孔疏:"君牵牲入庙门系著中庭碑也。"祭祀之日,牵着牲口入庙时,要把牲口系在庙门口的石碑上;"墓碑",用于丧葬下棺,与人的生死有关。《释名·释典艺》曰:"碑,被也,此本葬时所设也,施鹿卢以绳被其上,引以下棺也。"[①]"宫碑"是用来测量日影的,后与阴阳相关。碑在远古时期是为生活的基本需要所设,具有实际用途,同时与古人宗教意识密切相关。

(一)"敬天祭祖"的碑碣原始

碑碣最初的形制与"敬天祭祖"的神圣信仰有关。首先,"圭"在古代被看作崇高的信物,具有神秘色彩,是古代宴飨、祭祀、丧葬时用的器具。远在周代,筑坛祭祖时,常把圭玉埋在坛下,奉献给祖先,以示与神灵相通。[②] 其次,汉碑的碑顶有尖顶和

[①] (汉)刘熙撰,(清)毕沅疏证:《释名疏证·释典艺》,清经训堂丛书本,第84页。
[②] 毛远明:《碑刻文献学通论》,中华书局2009年版,第42页。

圆顶之别。尖顶碑顶部状如琰圭，被称为"圭首碑"，与"且"字的字形有关，《说文》："祖，从示，从且。"祖字本有祖师、继承和崇敬之意。后人祀奉祖先的神主也是模仿这种形象，陵墓或宗庙所立之碑，也含有这种意义。① 汉代把碑斫成圭形，用于颂扬某人的功德，其含义是不言而喻的。汉碑的碑顶呈半圆形或者弧形，像上端浑圆的琬圭，被称为"圆首碑"。《说文》："圆，圜全也。""圜，天体也。"上圆下方碑象征着天体，可能受我国古代"天圆地方"的宇宙观影响，也可能取自敬天观念，或许还直接受到了汉代董仲舒"天人感应"神学思想的影响。②

魏晋南北朝时期汉碑的尖首型逐渐废除，后演变成"龙首型"向唐碑过渡，至唐时期，"螭首龟座"发展到极盛，也成为唐碑的显著特征之一。③ 尖首碑之所以被取代，大概是因为不符合"天圆"的观念。④ 就碑座看，龟形座取载重、长寿之意，与人的性命有关。隋唐时期，咸阳碑碣主要以墓志为主，与这一时期人们更多关注精神生命与伦理道德问题有关。撰书者借记述亡者生平事迹时不断表达出对天命的质疑和抱怨情绪，凸显人们的精神困惑与矛盾心情，以为证。

明时期我国封建社会进入了后期发展阶段，政治专制，文化多元。一方面反映统治阶级加强意识形态领域控制手段的诰命碑、祝文碑、御制碑等大量出现；另一方面反映社会政治、经济及各阶层生活面貌的碑碣大量产生，以儒教人物为神主的各种神庙碑的大量修复、重建，诸神崇拜已成为社会普遍现象。这一时期咸阳碑碣数量增多，变化较大，碑碣形制有了明确的等级划分："碑首和碑身开始分别雕刻，碑首多为二龙戏珠，而为螭首者，一般都是有一定的官位的，或寺庙立碑。除此而外，一般都是一石刻成，碑首为半

---

① 王翰章：《碑石概述》，《考古与文物丛刊》1983 年第 11 期。
② 王思礼、赖非：《汉碑的源流和分期及碑形释义》，《考古与文物丛刊》1983 年第 11 期。
③ 王翰章：《碑石概述》，《考古与文物丛刊》1983 年第 11 期。
④ 王思礼、赖非：《汉碑的源流和分期及碑形释义》，《考古与文物丛刊》1983 年第 11 期。

圆形,用线雕的形式分出碑首、碑额和碑身,在碑身的周边刻有蔓草花纹和人物形象。"①

(二) 儒家文化的"精神道场"

就碑碣的文化内涵来看,秦时期,勒石记功,开志颂传统,刻石规模相当可观,但那时以"刻石"称之。"秦所立石,石材未经严格琢磨,形状既不同一,也不规则,只是竖一立石,上面刻词颂德而已……"② 西汉初年,"罢黜百家,独尊儒术",国家稳定,经济繁荣,儒学文化兴盛,人们通过筑立墓碑、建筑祠堂以纪念亲人,成为儒家孝道思想的重要体现。另外,修桥架路,崇奉先圣,祭祀山川神灵,都要通过刻碑以示纪念。这一举措推动了碑碣大发展。可以说,碑碣逐渐已不再仅仅是为基本生活所设的"竖石",也不再是简单的"刻词颂德",而是越来越具有丰富生动的文化意蕴。

叶昌炽《语石》说:"凡刻石之文皆谓之碑,当是汉代后始"③,认为汉代以后的碑才可称为"碑"。毛远明引《初学记》(卷九十八引):"碑,所以悲往事也",认为立碑是为了纪念先人,以表示悲悼。又引陆龟蒙《野庙碑》说:"碑者,悲也。古者悬而窆用木,后人书之以表其德,因留之不忍去,碑之名由是而得。自秦汉以降,生而有功德政事者,亦碑之。而又易之以石,失其称矣。"④ 认为,这种词源的探索与碑碣产生的事实并不吻合,并从科学词源学角度考察认为:"碑"字本作"椑",以木为之,故从"木",下棺时为控制绳索而设;后来改用石,字也随之改从"石"旁,写作"碑"。之所以名之为"碑",大致应取其卑下之意。⑤ 无论是"初学记"里的"悲往事",还是陆龟蒙所说"以表其得",抑或是毛

---

① 王翰章:《碑石概述》,《考古与文物丛刊》1983 年第 11 期。
② 王思礼、赖非:《汉碑的源流和分期及碑形释义》,《考古与文物丛刊》1983 年第 11 期,第 299 页。
③ (清)叶昌炽:《语石》第 3 卷,清宣统元年刻本,第 51 页。
④ (唐)陆龟蒙:《甫里集》,四部丛刊景黄丕烈校明抄本,第 95 页。
⑤ 毛远明:《碑刻文献学通论》,中华书局 2009 年版,第 31 页。

远明所指"卑下之意",实际上,三种不同角度的考察方式都旨在说明汉代以后的"碑"已经包含有深刻的文化内涵。

在时间的追溯上,华人德认为,东汉前,西汉至新莽200多年时间里,没有像秦朝那样有规模较大的刻石。而是零星稀少,仅有十余种。这一时期,刻石的类别很杂,形制也不固定,字数较少,石质粗粝,书写不注重款式,一任自然,刻工粗率,锥凿而成,能表现笔意者较少,说明西汉时期刻石风气尚未形成。到了东汉,由于统治者提倡名节孝道,崇扬儒学,私学授受经学更为兴盛。中后期地主士大夫、外戚和宦官集团之间的斗争日益尖锐,社会上竖碑立石、崇丧厚葬蔚为风气,使得各种碑刻门类几乎齐全。佛教传入时影响尚不大,故除南北朝因佛教在兴灭而产生的造像记和佛教刻经尚未有之外,诸如碑碣、墓志、摩崖、石阙、石经以及其他类型杂刻皆以大备,碑刻数量多得难以估计。以后历代兵燹灾厄、造桥筑路、牧竖毁损、亡佚,灭又不知凡几。而今考古从地下不断有所发现,存世两汉碑刻原石或碑刻已毁佚而拓本幸存者,共有400余种,其中绝大多数是东汉碑刻,主要集中于桓帝、灵帝时期,可以想见当时之盛。后世因政治、经济、文化、宗教、习俗等变化,影响到碑刻种类的滋生、演变以及数量上的增减变化。①

随着碑碣形制的发展完善,碑碣文献的内容也愈加丰富,已经涉及社会政治、经济、文化生活的方方面面,最终演变成为一种特殊的文化现象,这其中碑碣所蕴含的文化基因是不可或缺的因素。我们说,思想观念一旦通过语言或文字表达出来,它就超出个人体验和内在信仰的范围,从而可能具有社会意义,成为一种社会文化形式和传道的工具。就碑碣文献的撰书者来看,大部分都是当时熟悉"四书""五经"的士族阶层,或民间文化人,他们的思想观念和情感认知往往反映了当时社会的普遍思想,折

---

① 华人德:《中国时刻文献的种类及其演变》,《中国图书馆学报》1999年第1期。

射出当时社会人们的精神面貌和社会发展状况。他们把所理解的天命观念和诸神思想诉诸碑碣文字,在内容上不出国家主流意识形态之规矩,在形式上又能流行于民间,使碑碣文献成为"上通下达"的传播媒介,又成为表达思想、抒发情感、追溯遗风、寄托信仰,能化育民众的"精神道场",最终成为统治阶级"神道设教"的得力工具,最为重要的是,碑碣文献亦成为儒家文化传统得以延续的重要载体。

二 碑碣儒学的观念形态

宋代以降,随着新的发现和挖掘,咸阳境内碑石数量开始逐渐增多。北宋李昉等人所编《文苑英华》中,收录的墓碑、墓志41件,到了清代王昶主编的《金石萃编》里,碑石数量已达87件,比宋代增加了一倍多。石刻数量增加的同时,新的碑石著作也陆续问世。就陕西咸阳来看,《咸阳碑石》《昭陵碑石》《咸阳碑刻》等石刻专著对咸阳境内遗存的499件重要石刻做了详尽的录文和记述。碑刻文献的研究逐渐形成了专门的学问——碑刻学,为此,毛远明先生认为,"就这门学科研究的实际状况看,碑刻学在历史研究、文字考释、书法鉴赏方面的成果是比较突出的,而在其他方面的研究则相当薄弱。客观地说,这门学科至今也还没有完全显现出来,或者说还没有完全建立起来。"[①]笔者认为,这"相当薄弱"的方面,应该包括对碑刻铭文中传递的思想观念,尤其是关乎儒家思想方面的研究。笔者将从静态角度,就现存的碑碣铭文来解读咸阳区域历史,透过碑石等物质文化形式分析其背后所反映的儒家观念,进而分析儒学在地区民间的存在样态。

(一) 碑碣中的儒学观念

汉许慎《说文解字》曰:"碑,竖石也。""碣,特立之石也。"(《说文·石部》)古人把长方形的刻石叫"碑",把圆首形的或形

[①] 毛远明:《碑刻文献学通论》,中华书局2009年版,第16—17页。

在方圆之间，上小下大的刻石，叫"碣"。《文心雕龙·诔碑》有："以石代金，同乎不朽"①之说，大意是讲碑刻从殷周的青铜鼎彝开始，后来转而刻字于石的发展过程。秦始皇刻石纪功，大开竖立碑碣的风气。东汉以后，碑碣渐多，碑的形制也有了一定的格式。至唐，"碑"和"碣"的用法有了区别：五品以上的用碑，五品以下的用碣，到后世碑、碣往往混用，故碑碣被看作是碑刻的统称。碑碣有纪事碑、神道碑、德行碑、警示碑、造像碑、祝文碑、宗祠碑、诰命碑等。碑碣的功能旨在："以成颂祖师之德"，"人之流声于天地间，以其迹有可考也。考其迹而知其德百世之上，流声与百世之下。概乎百世之上，其声且不泯，况且世乎！师之德及于当世，而流声于百世，迹之不泯，声之所不泯也。声流于百世之下，因其迹而推其德于百世之上者。"②正如《毛诗》所云："颂者，美盛德之形容，以其成功，告神明者也。"③评价、颂扬和赞美历史上有忠孝美德、有治世之功的人物，使之弘扬于当代，流传于后世，以昭其不朽，是儒家一直以来延续的"志其事、颂其功"的志颂传统，也是儒家伦理思想中的一项重要内容。

　　有唐一代，宗教文化呈现多元化趋势，外教的传入，儒、释、道三教并存，释、道大兴。而儒学的发展，虽未达至鼎盛，却一直不失其文化正统的地位。唐时碑刻发展业已成熟，碑碣中所运用的儒家语言更加舒展流利，动辄千言，洋洋洒洒。在咸阳发现的唐贞观十三年所立《张琮碑》是一个典型的功德碑，撰书人姓名泐缺。碑身与碑首已经分家，碑身保存在咸阳博物馆，碑首放在周陵中学。《张琮碑》④碑记介绍了张琮的生平及经历："君讳琮，字文瑾，武威姑臧人也。""贞观十一年十二月之任，在道寝疾，薨于宋

---

① （南北朝）刘勰：《文心雕龙·诔碑第十二》，四部丛刊景明嘉靖刊本，第12页。
② 《重修重阳天圣宫碑记》，载张鸿杰主编《咸阳碑石》，三秦出版社1990年版，第112页。
③ （汉）毛亨撰，（汉）郑玄笺，（唐）陆德明音义：《毛诗》，四部丛刊景宋本，第2页。
④ 《张琮碑》，载张鸿杰主编《咸阳碑石》，三秦出版社1990年版，第19页。

州馆舍,春秋五十有五,痛结寮执,□□行人。考行受名,谥曰懿公,礼也。"叙述了张琮的卓著战绩,说其"运筹帷幄,名忠三杰之先;立效井陉,功居八王之首。"碑论对其道德人品也给予了极高的评价:"琢磨道德,黼藻仁义;砥名励行,闻诸乡党。资孝为忠,形乎家国。"并赞其在德政理念上:"济以宽猛,施以韦弦""绥之以淳化,肃之以严威。千里扬风,百城仰德。"

唐长安二年正月立《顺陵残碑》,为唐武三思撰,李旦书丹,碑阳题刻"大周无上孝明高皇后碑铭并序",后世俗称"顺陵碑"。是武则天为追尊其母亲所立。武则天的母亲杨氏,是隋朝宗室宰相杨达之女,自幼笃信佛教,受戒立志事佛,武则天也笃信佛教,生前建寺院、筑明堂、造天枢、铸九鼎。从其为母所立碑刻文献内容来看,儒家思想依然成为其主导观念。《顺陵残碑》追述了杨氏的籍贯、姓氏起源、祖上官司爵以及其一生的经历。对杨氏的人品品评颇多溢美之词,说其"懿则重于邦家,柔仪冠于今昔。""忠图孝范""礼之合秀""明诗习礼""学标天纵,开道德之清关。"念其母在无上高明皇帝驾崩后,皇后"方祈净业,敬托良缘。凭慧炬于幽途,舣慈舟于觉海。""将佛日而长悬,共慈灯而不灭。""厚利丰功,频彰于帝念。""其动也方,其静也直,其恩也若春雨之流津,其威也若秋霜之应节。接上以礼,逮下以仁,君子感其德,小人怀其惠。"① 其中,"其动也方,其静也直"之意,取自儒家经典《易传·文言》"'直',其正也,'方',其义也。君子敬以直内,义以方外,敬义立而德不孤。"这是形容君子端正其心,施义于外,既有内心诚正,又有外在施道义于人的道德品性。

可以看出,此碑刻行文中多为儒家文言,但亦杂以佛教用语。杨氏虽笃信佛教,但在立身行事上却是儒家方式,后世也持以儒家文化观念并杂以佛教思想为其撰书。其时,唐代立碑已蔚然成风,

---

① 《重修重阳天圣宫碑记》,载张鸿杰主编《咸阳碑石》,三秦出版社1990年版,第31页。

碑碣旨在为先人歌功颂德，赞颂美化，寄托怀念，践行孝道并敦化风俗、德教于民。亦使"恶无闻于九族，善有布于四方"，且"指此立身，期之必遂。"《顺陵残碑》让我们了解了当时的历史情况，洞悉了碑刻铭文中所彰显的佛、儒文化的特征，以及佛、儒文化不断融合的历史走向。

经历了隋唐佛教的繁荣时期，宋代以降，儒、释、道三教融合开始成为统治阶级、佛教僧侣和社会各界的共识。从金朝所立《广教禅院牒碑》录文中，我们可以窥见这一由政府参与的"三教"融合的特征。

金大定四年八月十五日刻《广教禅院牒碑》，王靖撰，徐颐书。原在睦村广教寺内，后移至咸阳博物馆。其录文写道：

> 佛之教广大且博，彼西土偏方，不能少遏，由是梦符汉帝，中国大行。其于解迷释惑，离死脱生，变热□而为清凉，超苦海而入妙境。故无愚智贤肖，皆喜而奉之。间有排议者，俱不得其门而入。譬如夫子之墙数仞，不见宗庙百官耳。①

其中引录《论语·子张》篇中子贡赞美孔子的话："夫子之墙数仞，不得其门而入，不见宗庙之美，百官之富。"从最初"格义"佛教，到佛教熟练运用儒家文言，儒、释文化的发展经历了一个以儒解佛、以佛阐儒，相互为用的过程。

咸阳秦都区双照乡大魏村发现的元至元乙丑七月所立《重阳王祖师仙迹记》，碑记载录了金代道士，道教全真派创始人王重阳的生平及其创建全真教派的情况。录文写道：

> 孔老之教并行乎中国，根源乎至道。际六合，无内外，极万物，无洪纤。真理常全，无有欠余。固不可以浅识窥测，或

---

① 《广教禅院牒碑》，载张鸿杰主编《咸阳碑石》，三秦出版社1990年版，第102页。

者剖强名之原，指成器之迹，互相排斥，是此而非彼，而二家之言，遂争长于天下。是不知天下无二道，圣人不两心。所以积行立功，建一切法，导迪人心，使之迁善远罪……为老氏者曰吾宝慈俭，又曰常善救物，与夫孔圣本仁祖义之说若合符契。今观终南山重阳祖师，始于业儒□□□□□□人初□必先使读孝经道德经，又教之以孝谨纯一。及立其说，多引六经为证据。……□□□所以明正心诚意，少私寡欲之理，不主一相，不居一教也。①

"曰吾将来使四海教（风）为一家尔。"这段录文基本概括了全真道理论宗旨，其中，凸显了四海教风归为一家，孔老之教归宗于道的思想，并以此思想概括全真道。

值得一提的是，《王重阳祖师仙迹记》的题额并书者是"王府□书兼提举安西路学校事刘汾"。刘汾大概就是专门管理安西路学校事的人，而"提举"，是宋代以后设的主管专门事务的职官。录文提到："箕子狂，九畴叙；接舆狂，□歌出"。熟悉儒家经典的人都知道，箕子、接舆都是避浊世以全其身之人。"接舆避世，箕子披发佯狂"一句最早出自《法言义疏》②。箕子与纣同姓，是殷商贵族，性耿直，有才能，堪称殷商思想文化的代表。周武王曾问天道于箕子，箕子为之叙"洪范九畴"（《尚书·洪范》）。殷纣王曾作炮烙之刑，箕子云："知不用而言，愚也。杀身以彰君之恶，不忠也。遂披发佯狂而去。"（《韩诗外传》）被孔子赞为"殷末三仁"之一。接舆，楚人也。昭王时，政令无常，遂披发装疯，晦迹不仕，时人谓之"楚狂"也。接舆知孔子有圣德，作歌以感之，故有"楚狂接舆歌而过孔子"（《论语·微子》）一说。此处引古史经典，喻全真道创始人王重阳也是浊世贤隐。王

---

① 《重阳王祖师仙迹记》，载张鸿杰主编《咸阳碑石》，三秦出版社1990年版，第107页。
② 汪荣宝：《法言义疏下》，中华书局1987年版，第487页。

第四章 文庙、宗祠、楹联和碑碣等民间文化存在

重阳自幼习儒，文武兼备，因科举不仕，深感怀才不遇，心情苦闷，佯装疯狂，后自称遇两位仙人，遂弃家人赴终南山修炼。正心诚意，精志苦行，日求学于道，终成全真道教祖师，扶世立教，促四海教风为一家。

明嘉靖四年所立《重修王重阳天圣宫碑记》，原在王重阳故里，1963 年移至咸阳博物馆。录文记录了王重阳修道成仙的事迹，也记载了天圣宫的来历。录文言：

> 噫！道在天地间，无物不有，无时不然，而亦不免于兴替者。盖行道于身，身得所安，则其道广大矣。……若徒儒之异行沦隳实德以贠，国家兴复，灵秘祇迓。天休之意，岂惟世俾于名教，亦非吾尚之所愿望也。①

"徒儒"是指那些损毁儒学道德观念，不能弘扬真正大道的人。此处批评那些儒学异类，认为国家之复兴，需要敬畏神灵。天的美善之意，是要弘扬真正的大道。

在咸阳市秦都区大魏村东还有一个"天圣宫"，因重阳师号曰天圣，所以叫"天圣宫"。明万历三十五年所立的《重修天圣墙垣碑记》中把天圣宫与儒家所倡导的"天"联系起来，说"天圣宫与天俱不朽"，赋予全真教与儒学敬仰的"天"同高的地位。

不唯如此，清代乾隆五十六年七月立的《重修咸阳大魏村天圣道观记》中，刻碑者又将"天圣道观"称为"祠""祠宇"，并说："民间因其故迹，建祠宇以奉之。"祠堂是旧时同族人共同祭祀祖先的房屋，也是儒学的重要传统。此处使用"祠"，或许就是出自儒者对同族人身怀感恩的情结吧？王重阳出身豪门，自幼修习儒业，因此受到儒家思想的熏陶，其创立的全真道，既保持了"成仙说"

---

① 《重修王重阳天圣宫碑记》，载张鸿杰主编《咸阳碑石》，三秦出版社 1990 年版，第 112—113 页。

的道教本色，又主张真性的超度、精神的解脱，向佛教禅学靠拢，同时还不忘与儒家思想联袂，有融会贯通"三教"之意。

（二）墓志铭中的儒学理念

墓志是埋葬于地下，与墓主同室而置，主要记载墓主的家族谱系、籍贯、生平、职官、配偶、子嗣、葬地等的石刻文字。墓志一般由"志"和"铭"两部分组成。"志"是叙述亡者的姓名、籍贯和主要生平事迹；"铭"则赞扬亡者的功绩、成就，以表悼念和安慰。但也有只有"志"或只有"铭"的。一般意义上的墓志铭不过是"仁人孝子，于幽宫则刻石而埋之"。碑刻文献作为一种文化的载体，是儒家"立德""立功""立言"之人生"三不朽"思想的具体表现，同时，也是表达对亡者的追思和缅怀之情。

侯僧伽墓志出土于咸阳市渭城区窑店乡胡家沟村北侯僧伽墓，此墓志为西魏大统十年（544）所刻，无撰书人姓名，现藏咸阳博物馆，《魏书》《北史》对其均有记载。墓主侯僧伽是燕州刺史侯渊之子。铭文说他："孝友为性，明敏自天。幼而丧父，事母尽养。"侯僧伽虽然只活了"年十有五"，可谓"苗而不秀，未劳而息"，但后人依然因其尽孝而镌石铭记。

贺兰祥是北周著名大将军，既有卓著的武功战绩，又有仁义道德。《周书》《北史》均有其传。1965年在周陵乡贺家村出土的，北周保定二年三月二十日制的《贺兰祥墓志并盖》，铭文说他："禀性温和，器度弘广。自少及长，严然方正。一生之内，未见以大声厉色，造次加人。谦恭谨慎，小心翼翼。不以寒暑变容，不以疏贱改意。""日旰忘食，夜分忘寝，专以公事为任，不以家事经怀。""载德如毛，从善犹水。弘仁仗义，非礼不行。故以道著寰中，誉流海外。"[①] 铭文赞美了贺兰祥将军，说他为人谦和，又有"不以寒暑变容，不以疏贱改意"的高洁气概，正体现了儒家"富与贵，是人之所欲也，不以其道得之，不处也；贫与贱，是人之所

[①]《贺兰祥墓志并盖》，载张鸿杰主编《咸阳碑石》，三秦出版社1990年版，第7页。

恶也，不以其道得之，不去也"（《论语·里仁》）的"道"的境界；铭文还赞美了贺兰祥将军弘仁仗义、不失礼义的儒家立场，故而，将军之名，道著寰中，誉流海外，名扬四方。

庾信撰、北周天和元年（566）立《豆卢恩墓碑》，碑主豆卢恩，也称豆卢永恩，本姓慕容，生前为西魏、北周两朝重臣，官位显赫。其生平事迹附于《周书》及《北史》的《豆卢宁传》之后，叙述较详。《豆卢恩墓碑》记载了豆卢恩生前逸事和他的戎马生涯，碑文用"资忠履孝，蕴义怀仁。""留心职事，爱玩图籍。官曹案牍，未尝烦委。""有犯无隐，王道正直。惟爱惟敬，永成悦色。""上马谕书，临戎习礼"① 等词语刻画出一个知孝怀仁、勇猛善战的儒将形象，故"石坛承祀，丰碑颂灵"，以碑刻纪念他。

隋开皇三年（583）制大隋太师《凉国景公夫人刘氏之墓志铭》，录文载：其"孝以奉上，仁以接物。俭足忠礼，勤则不匮。既而夫荣及室，子贵以亲。"② "孝"的观念始终是儒家思想中的重要支柱。

隋开皇十一年（591）制《韩景墓志》，也说大隋相州临漳县令韩景，"仁风惠政""盛德不朽"、"弃官留犊，便显节能"、"家称节俭，国号诚良。一归众壤，久绝芬芳"③，故题金石，以示芳名。

唐开元十一年制《冯太玄墓碑》，具有儒、道思想相杂的特征："德晖内藏，道气潜云。无可无不可，无为无不为"，而"游艺依仁，从吾所好"④ 则无疑属于典型的儒家思想的内容。

唐开元十五年为孟孝立制《孟孝立墓志铭》，铭文说他："自周汉以来，履孝践忠，言语志事，代莫逾乎孟氏矣。"就是说自周

---

① 《豆卢恩墓碑》，载张鸿杰主编《咸阳碑石》，三秦出版社1990年版，第12—13页。
② 《凉国景公夫人刘氏之墓志铭》，载张鸿杰主编《咸阳碑石》，三秦出版社1990年版，第15页。
③ 《韩景墓志》，载张鸿杰主编《咸阳碑石》，三秦出版社1990年版，第17页。
④ 《冯太玄墓碑》，载张鸿杰主编《咸阳碑石》，三秦出版社1990年版，第67页。

代以来，履孝践忠，言语志事，没有能够超过孟孝立的人，甚至还评价说他是"秦中之孔子"①。

墓志铭不仅写给仁风惠政，有卓著功绩、盛德不朽的仁人孝子，而且会写给亡尼，甚至是那些不知名的亡尼。《大唐故德业寺亡尼七品墓志》的志文说：

> 亡尼者，不知何许人也，少以良家应选，言行彰于六宫；晚以禅律归心，忍进称于梵宇。春秋七十有二，以永昌元年二月二日奄从风烛。呜呼哀哉！即以其月十四日，葬咸阳原。②

《唐德业寺亡尼七品墓志》也记载了："亡尼者，不知何许人也"认为亡尼："德备凤闱，名参庶苑"，"以大足元年八月殁于德业寺，春秋九十有三，即以其月八日葬于咸阳原，礼也。"③

从形式上看，给亡尼写的墓志，大多都要称赞亡尼的道德品行，或者附以"某年某月，葬（坟）于某地，礼也。"意味着对不知名的、有德行的亡尼也会遵照儒家礼仪进行安葬，说明唐时期对僧尼的充分尊重。

从咸阳发现的南北朝至唐代墓志的"铭"的部分可以看出，许多语言来自儒家经典，对一个人的道德评价贯穿了儒家理念，如其中的"弘仁仗义，非礼不行。""游艺依仁"的仁义思想，"孝友为性，明敏自天。幼而丧父，事母尽养"的尽孝观念，"以公事为任，不以家事经怀"的儒家经世思想，等等。至唐代，儒、释、道三家思想已经趋向融合：从墓碑的形式上看，唐代的碑石，不管是为儒生立碑，还是为僧尼立碑，都遵从儒家礼制；从内容上看，碑刻铭

---

① 《孟孝立墓志铭》，载张鸿杰主编《咸阳碑石》，三秦出版社1990年版，第70页。
② 《大唐故德业寺亡尼七品墓志》，载王友怀主编《咸阳碑刻》，三秦出版社2003年版，第433页。
③ 《唐故德业寺亡尼七品墓志》，载王友怀主编《咸阳碑刻》，三秦出版社2003年版，第449页。

第四章　文庙、宗祠、楹联和碑碣等民间文化存在

文既有儒家思想，又不乏佛家、道家理念，儒、释、道三家在思想观念上已经相互吸纳和彼此借鉴。

实际上，魏晋南北朝时期我国宗教已经进入了大发展的时代，也即多元文化大融合的时代。佛教已经成为对中国文化发展极具影响力的宗教，道教在这一时期业已成熟。儒家的影响虽没有太大进展，其训诂之学、礼制之学亦未能超出汉代经学的水平，但儒家以忠、孝为核心，提倡"三纲五常"的天道人伦秩序等，依然是最基本的社会道德评价标准，儒家思想依然保持了思想文化领域中的正统，是整个封建社会最适宜的主流意识形态，而且能起到佛教、道教等宗教起不到的作用。这一时期墓志和碑刻的水平也得到了发展，造像题记、墓志铭成为该时期数量最多、最有特色的两种碑刻文献。①

通过对咸阳碑碣文献中贯穿的儒家思想的考察，笔者发现：就碑碣的基本内容来看，无论是墓志铭中体现的儒家仁、孝观念，和把儒家思想作为对一个人的道德评价的标准，或者是碑刻文录中所体现的儒、释、道"三教合一"的文化特征，抑或是庙碑上所体现的民众的信仰和神灵观，内在地呈现出一个本土儒家文化的基本面貌和发展脉络，儒学呈现的是一个整体的、连续的和发展的动态过程。

就碑碣的外在形式来看：精英人物可以为先人撰书刻字，普通人也可以为前人刻碑立传；可以为贤者立传，还能为僧尼刻碑，但唯一固定不变的是都需遵从儒家礼制。碑碣的撰书人一般都具有一定的文化素养，基本通晓儒家经史子集，有的还接受过儒学的训练，属于传统的士绅阶层、知识分子。因此，几乎所有的碑铭文字都让笔者似曾相识，因为大部分的语言文字的表述取自儒家经典。可以看出，儒学对他们的影响既来自社会的教化（一些撰书人，制碑人担任政府职官，接受过正统的儒学熏陶；

---

① 毛远明：《碑刻文献学通论》，中华书局2009年版，第16页。

政府建立的各种义学、乡校,在这种文化传播中起着诸多作用),又来自代世相传的儒家文化传统,和深入骨髓的儒家文化浸润。正是由于他们受教于儒学,又传播着儒学,以"大道传贤、贤传道"的方式,立世代儒者之风,而这已经成为今天民间文化的根基,毁之不易。

就碑碣录文的内容来看:体现了儒、释、道三教圆融的思想。可以说,在宗教理论上,三教思想相互吸纳、相互发明;在供奉的神主上,儒、释、道三教各尊其主,相处和睦;在修炼方法上,儒、释、道三教各具修炼风格,互不相碍。

(三)庙碑文献中的神明观

旧时的庙是供奉祖宗神位的地方,有时也称王官的前殿,朝堂。《说文·厂部》:庙,尊先祖也。段玉裁注:"古者庙以祀先祖,凡神不为庙也。为神立庙者,始三代以后。"也就是说,三代以后,人们开始设庙供神。碑碣文献在给我们呈现碑碣儒家思想观念存在样态的同时,也记述了民间存在的神明观。

府君庙是唐玄宗为祭祀山西长治的崔珏,赐封的皇家庙宇,遍及全国。咸阳西北,去城十里,有一个府君庙,乃石斗村居民所建。此府君庙来历久远,已不可考,明万历十年(1582)为其所立的碑刻至今保存在咸阳博物馆。《重建府君庙碑》,[①]录文中详尽描述了府君庙建庙的过程。录文中透露出府君庙的五个信息:第一,"思祀"。"举修者乏财,思祀者无自,将奈何哉!无乃付之叹息而已。"府君庙之所以修建就是供人们行祭祀,庙已不在,祭祀无处。第二,建庙。录文记载,护卫处士吕朝选、苏万湖,"幼业儒书,长识道义","追祀神明"是其夙心,加之政府的"泽民之功",近乡民众"各捐□资,置材木,积砖石,卜吉期,择匠师,鸠工以建其庙焉"。庙的重建来自儒者的推动,政府的资助,民众的集资。第三,府君是神,"府君之神,威灵显著,匪直御灾捍患",而且府

[①]《重建府君庙记》,载张鸿杰主编《咸阳碑石》,三秦出版社1990年版,第128页。

第四章 文庙、宗祠、楹联和碑碣等民间文化存在

君神能抵御灾难,能捍大患,具有神灵功能。第四,后人对神的祭祀。"神无常享,享有克诚。是知诚者,祀之本□也。故同祀之众,遇祀之期,必须七日斋,三日□,竭诚致□,则神罔时怨,神罔时恫,而享其祭者,终不异于始矣。"对神的祭祀,在于人能够知诚,"知诚者,祭祀之本",这是儒家历来倡导的祭祀之本。祭祀者本人,必定要遵循祭祀的仪式,严格祭祀的程序。第五,追述府君公德。"是祭也,是诚也,不止于一身一时而已。使以乡之子子孙孙勿替,引之于勒石,相为悠久焉。则神之佑□也,宁有穷乎哉!故属文以记不忘,铭碑以示不朽云尔。"府君庙碑的刻立,在于题记不忘,以示不朽。《重建府君庙碑》录文的思路非常清晰,既彰显了儒者神明观,又描述了民众笃信鬼神的行为,既有精神、情感上的"追思",又有行动上的"祭祀"。

咸阳县城内仁义巷张王庙内发现的《重修张王庙记》① 碑刻于明万历四十六年十一月立。录文反映出六个重要信息:第一,是张王庙的历史,及无法考察的建庙时间。"□庙貌于渭水之滨,其□始□不可考。或亦□□司以伫圣也。"由于年代久远,张王庙何时所建已不可考。第二,张王业绩。"忠显张王当有汉之□□义□□效力王室,不以生死贰其心。"表明张王是朝廷忠臣,为朝廷一心一意,不有贰心,是一个忠义之人。第三,张王具有神性。"世传王之有神,职端水政。吴楚秦□□□□江与河皆其所司。"张王曾职司水政,治水颇有成效。因为是圣君,世代相传,就有了神性。第四,也是最重要的信息,民众对张王的依赖心理。因为张王具有神性,所以,民众对其产生了依赖心理。"乃苦旱者祷之必霖,□漂者祷之不溺,乘桴挽舟而□者必□牲徼福焉。□□□□建县治,即其地而城之,庙适座所治之南,犹穴城为门,以通献享。"用民间的话来说,就是张王能显灵:天旱时,祈祷张王神灵,就能下雨;在海上漂流的人,祈祷张王,

---

① 《重修张王庙记》,载张鸿杰主编《咸阳碑石》,三秦出版社1990年版,第133页。

就能保平安。故建庙以供奉,且庙宇也一再翻修。第五,详细叙述了庙被不断修葺的过程。第六,因"顾正气无时而不存,王之神亦无时而不在",祀王之诚、庙之新,则可"观崇正之心",而"人心正,风俗醇,国脉厚。"

府君神、张王神是当时儒家先贤的代表,先贤本是人,是具有"内圣外王"力量的贤德之人。天旱时,祈祷张王神灵,就能下雨;海上漂流时,祈祷张王,就能保佑平安;遇到遭难时,祈祷府君神,就能捍大患、抵御灾难。当先贤具有了某种超人力量,能驱邪避恶,为人间免除灾害的时候,就具有了"神性",民众自然会把他当作"神",进而建碑立庙予以供奉,并得享世代祭祀。正如《重建文庙碑记》中所载:"睹风雨之剥蚀,致堂庑之摧残,每岁上丁,其何以安神明而崇祀事?"① 建庙宇就是为了安放神明,如果没有庙堂,神明便无处安放。《太白山祠堂碑并序》亦载:"雍州西南界于梁,其山曰太白,其地恒寒,冰雪之积未尝已也。其人以为神,故岁水旱则祷之,寒暑乖候则祷之,疠疾祟降则祷之……克媚神意……今兹设庙位神,神欢而宁。"② "设庙位神,神欢而宁",安神、宁神或许才是建庙祭祀的真正原因。

三 碑碣儒学的信仰形态

殷人凡事都要占卜,祈求上帝的启示。殷人的至上神上帝是按照自己的天命意志决定一切,但殷人并不认为人事间的一切都是由上帝天命决定,除了上帝之外,他们还会崇拜一些次级神。因为他们的天命观并不具有"无限"的性质,作为至上神的"天"并不否认其他诸神的存在。本书通过纵向梳理咸阳碑碣文献中的"诸神"观念,认为咸阳碑碣文献中反映的儒学信仰形态大致经历了如下四个阶段:

---

① 《重修文庙碑记》,载张鸿杰主编《咸阳碑石》,三秦出版社1990年版,第158页。
② 严文团、袁崇焕编著:《太白洞天》,香港金陵书社出版2008年版,第216页。

（一）隋唐以来日益鲜活的神灵观念

我国古代典籍中的神灵观念，大体有四重含义：其一，天神或神灵；其二，人死后的魂灵；其三，人的意识和精神；其四，万物的奥妙和变化原理。① 咸阳碑碣文献中这四种含义的"神"均能找到例证。隋唐时期的咸阳碑碣中大部分"神"字指代具有人格化特征的超自然存在的"天神或神灵"。这类"神"没有具象，不具实体，不受自然规律限约，又能对人的精神生活产生重大影响。如唐《熊夫人（休）墓志铭》说："神其食言耶！"唐《郭公（顺）墓志铭》说："人神怨哭"；周《冯公（晖）墓志铭》记载："翠岳倾而神伤"，唐《顺陵残碑》也记载有："冀神猷兮永立"等话语。在当时人们看来，这类"神"既具有超自然力量，又具有人格化属性，能喜会悲，也会食言，不守信用，让人难以揣测，不好把握。

道教兴起与佛教的传入，给中国文化增添了新的活力。咸阳地区形成的"三教合一"的宗教文化形态，使同处一个文化格局中的儒释道三教，各尊其教，各奉其神。

三教并存，客观上打开了人们的宗教文化视野，一部分士人不再固守以往传统理念，而能跳出传统看问题，表现之一就是对"神"的理解悄然发生了变化。在撰者眼里，儒教、佛教、道教所尊奉的"对象"都可称作"神"，都能对人的心理和精神产生抚慰作用，唐大和七年《佛顶尊胜陀罗尼经幢》："咨受神咒。法师于是口宣梵旨……"这里是将古印度宇宙万物生命的最终极实在梵之语视为"神"。刻文中还提到"一切天神恒常侍卫"，并解释说："须臾诵此陀罗尼者"，又有"天神侍卫"，便得"身口意净，身无苦痛。随其福利，随处安隐。"碑铭还讲到武帝米家后裔刘公，践行儒教伦理道德，"仕国竭忠，居家尽孝"。此刘公是"武帝后裔"，又有"先祖及考妣"护佑，还有敬造的"西方大尊胜陀罗尼

---

① 吕大吉：《宗教学通论新编》，中国社会科学出版社1998年版，第152—153页。

经咒幢",且"经咒威力,难可称量",故有"四神捧会"一说。① 这里的"四神"把佛教、儒教之"神"都纳入其中,这说明"四神"能够和谐共处,对人的身心福报有共同的担当。

可以看出,在广大的民间社会里,人们对于儒、释、道三教并不作严格的神灵性质的区分,在生命意义上,它们都有助于人的身心福报。无论是儒教、佛教或道教,都不过是教人"诸恶莫作,众善奉行"。同时信仰儒、释、道三教并不存在矛盾或冲突。②

(二) 明时期"思应天命",行"百神之祀"

明时期中央集权的君主专制制度空前强化,为维护统治,寻找其统治权利合理存在的依据,明王朝不断强调自己的统治是"祗承天序"(明弘治《御制祝文碑》)、"奉天明命"(明嘉靖《御制祝文碑》)、"奉天承运"(明《诰命碑》),并认为:"帝王受大明命,行政教于天下,必有生圣之瑞,受命之符,此乃天之不言之妙。"(明《诰命碑》)"君道之大,惟典神天"(明《诰命碑》)"神司淑慝为天降祥,亦必受天之命""思应天命,此神所鉴而简在帝心者"。与此相应,诰命碑、祝文碑、御制碑等在这一时期大量出现。

为进一步加强统治,明政府"式修明祀"(明弘治《御制祝文碑》),进一步完备国家宗教祀典,国有人事,必命官祭告,目的是"用祈鉴佑,永祚我邦家"(明弘治《御制祝文碑》)。为此,明代朱元璋下诏加封天下城隍,"奉天子诏遍祀,则自我明始"(明《城隍庙竖绰楔记碑》)。据学者考证,明清两代对城隍庙的增修、维修规模较大的有七次。③

关于天命与神的关系,明《诰命碑》在谈到三原县城隍庙时说:"世之崇于神者则然,神受于天者,盖不可知也。"凡城隍之

---

① 《佛顶尊胜陀罗尼经幢》,载张鸿杰主编《咸阳碑碣》,三秦出版社1990年版,第87页。
② 何建明:《地方志文献汇纂与中国宗教史研究的新趋向》,《中国人民大学学报》2014年第3期。
③ 王友怀主编,李慧、曹发展注考:《咸阳碑碣》,三秦出版社2003年版,第539页。

神,皆新其命。"显则威灵丕著,祐则福泽溥施,此固神之德,而亦天之命也。"城隍神威灵丕显,福泽溥施既是神之德,也是受命于天,是天之大命。也就是说,城隍之神也是受命于天来福泽民众的。

明《创建无梁门明礼亭记碑》对城隍之来历亦作了考证:"尝考诸《易》曰:城复于隍,为城隍之名,自文王、周公时已有之矣。但有知名,无知神也。自秦、汉以来,方有神以主之。至我太祖高皇帝,始以名臣之忠孝于君亲,君功于社稷者,殁后封其人以为神主。"(明《重修咸阳县城隍庙记碑》)正如《礼记·祭法》所言:"能御天灾则祀之,能悍大患则祀之。"

除了大力推动以儒教人物为神主的城隍庙祭祀,明政府还大力恢复和修建圣贤庙、神庙等庙宇,同时加强山水神等自然神祭祀,如明《历代修渠界碑》载:"高祭于仲山之神、泾河之神",明《记事之碑》曰:"祭告山水之神",立石于庙,并告来者:"莫以事不由己创而不加修葺焉。"

经过明政府大力倡导与推动,明时期各种祭祀神灵的活动非常活跃,诸神崇拜成为社会普遍现象。大规模祭神行动使社会祀神意识普遍提高,神灵观念深入人心,并渗透进民常日用,明政府利用这种方式凝聚了民心,控制了思想,加强了统治。

(三)修建庙宇以"妥神灵"

神能够降著明灵、赏善罚恶,尤其是"凡福善祸淫,有祷即应"(明《重修明礼亭记碑》)。祷神之灵验,民众自然敬事之。据明《重修城隍庙记碑》载,创建于洪武之初的三原城隍庙,"乡之人多来祀之",因"其神豫能著明灵,以阴佑其善良,殃降其奸宄"。明《城隍庙竖绰楔记碑》载:"社民常受福等,复竖绰楔神殿前。"既然神灵如此灵验,乡人多受福等,为神灵修建居所以"妥神灵"便成了政府及民间祀神大事。明时人们已经形成普遍共识,认为庙宇不修,神之灵无法安妥,祭神之至诚心无处表达。嘉靖年间,因地震原因,庙宇及诸门垣皆刓敝,识者因叹,"庙不修且坏，不足以揭虔妥灵也"（明《重修城隍庙记碑》），经邑人倡议，政府许可，修葺后的庙貌焕然改观。

庙不修不足以妥神灵，亦"非事神之礼"，如明《重修咸阳县城隍庙》所载："大惧无以妥灵接虔，非事神之礼"。明《重修明礼亭》记载了当时修庙的情景："凡有修理而资助效劳者，金帛谷粟，动以百数。是以近日神路两傍，皆以砖砌，雕刻华丽，可为壮观。"由是备书于石，"以为之事神奉修者勉焉"。

明中后期，阳明心学影响甚广，人们认为修建庙宇还具有"静心""益心"作用，"一入庙则肃静心也，一祈神贶邀福利，益心也。"（明《重修三门记碑》）入庙静心祈神的同时，心之诚也颇为重要，至诚才能感动神灵，才能获得神明福佑，正如明《城隍庙修葺两廊碑颂记》提到的："安神在祠，至诚感神"，明《重修城隍庙记碑》亦载："诚足以格神而祈福。"

除了修建城隍庙以"妥神灵"，明代为先圣先贤建庙"以安神"也在其列。明《重修玄帝庙殿记碑》说：玄帝祖师之神庙，自修葺复至于今数十载，瓦困于雨，木蠹于风，垣壁倾圮，"诚不足以妥神灵已"。值玄帝祖师"神会之期"，与其"腼腆作乐以享神"，"何若修□以安神乎？"于是，众皆欣然为之。卜日兴工，规模轮奂，"固足以状神之居"，以为伟观也。明《重修正殿记碑》也提到："故建妥神之庙"，明《周文武成康庙记》也有："神以宅栖"之说。明《重修天圣墙垣碑记》亦有，庙貌为风雨所损者，"恐非栖神之所也。"

神具有保佑民众生产生活的功能，与民众伦常日用息息相关，遇事祷神已经成为惯常做法。明《城隍庙竖绰楔记碑》记载了当时祷神的事项："盖水、旱、疾、疫则祷之神。婚丧、交易、征行、讼狱则问之神"。祷神却不一定总有应，"神亦有时寂"，民众"以神故，不敢为不善，以不敢为不善故，往往为神佑。唯是以楔，以答神贶。"在当时人们看来，神具有赏罚善恶的权柄，生活中遇到许多困惑的事情都可以交托神去裁决，"唯以赏与罚之权托乎神

第四章 文庙、宗祠、楹联和碑碣等民间文化存在

而已。"

神不仅与民众伦常日用息息相关,更是与天地万物紧密相连。明《重修祖师玄帝庙殿记碑》载:"□而为神,降而为人,神依人而血食,人依神而兴利……考之祭法,天下名山大川,有捍御之功而利生民者祀之""神有上下之殊,祭有一定之叙,不可替也。"并引孔子的话:"吾老夫子有曰:非其鬼而祭之,谄也。又曰:务民之义,敬鬼神而远之。""虽有是说,以其天地生气于此,东方万赖之以生成,人民赖之以润泽,故也。"在此,撰者借机表达了对孔子思想的理解。曹发展在此碑文"考跋"中说,明清时期崇拜神灵的习俗在各地都很盛行,并认为这里面既有风俗性的地方色彩,又有实用性的功利动机。①

修建以儒教人物为神主的神庙碑以寄托"追祀之心"。明《重建府君庙记》② 较为完整记载了府君庙建庙过程及民众内心活动。咸阳西北,去城十里,有一个府君庙,后因地震,庙宇尽圮,遗址独存。举修者乏财,思祀者无自。刻文载:"府君之神,威灵显著,匪直御灾捍患而已",而"欲祀之而□先修其庙",由"追祀神名者","仰溯感激府君□泽民之功,重建兹庙……以时祀之"。于是"卜吉期,择匠师,鸠工以建其庙。"所建"庙貌巍峨,神像清奇"。撰者感慨:"格之而神斯来格,享之而神斯□享。"故昔日追祀之心,得以如愿。因"神无常享,享于克诚。是知诚也,祭之本也",故每逢祭祀之期,"必须七日斋,三日□,竭诚致□,则神冈时怨,神冈时恫,而享其祭者,终不异于始也。""是祭也,是诚也,不止于一身一时而已。"而是"使一乡之子子孙孙勿替","则神之佑□也"。如此看来,知诚并非一人一身一时之事,而是关乎子子孙孙的千秋大计,唯有如此,才能常享神之福佑。

---

① 王友怀主编,李慧、曹发展注考:《咸阳碑碣》,三秦出版社2003年版,第563页。
② 《重建府君庙记》,载张鸿杰主编《咸阳碑石》,三秦出版社1990年版,第128页。

明《重修张王庙记》①记载了张王庙的历史。由于年代久远，建庙时间无从考察。碑文载："忠显张王当有汉之□□义□□效力王室，不以生死贰其心。"表明张王是朝廷忠臣，为朝廷一心一意，不有贰心，是一个忠义之人；"世传王之有神，职端水政。"因为是圣君，世代相传，就有了神性。民众对神就有了依赖心理："乃苦旱者祷之必霖，□漂者祷之不溺，乘桴挽舟而□者必□牲徼福焉。□□□□建县治，即其地而城之，庙适座所治之南，犹穴城为门，以通献享。"用民间的话来说，就是张王能显灵：天旱时，祈祷张王神灵，就能下雨；在海上漂流的人，祈祷张王，就能保平安。故建庙以供奉，且庙宇一再翻修。碑文详细叙述了张王庙不断修葺的过程，最后认为，祀王之诚，庙貌之新，从中可"观崇正之心"，起到"人心正，风俗醇，国脉厚"的效果。把神庙地位与国家社稷联系起来，既表达对张王神的虔诚之意，又将庙新提升到能观国家风俗的文化高度，充分彰显了"神道设教"的意义。

经明政府的推动，民间的积极响应与参与，这一时期人们神灵观念清晰，虔敬思祀意识不断增强，碑文中对神灵的宗教情感亦表露无遗。人们普遍认识到，神灵需要受享人的供奉。为"妥神灵"，人们修建庙宇，修建神灵的居所，以期实现人神共在的祀神方式。而表面上看，建庙祭祀的行为是对神灵的需要，而实际却也包含着民众对安邦家社稷的渴望。

（四）清时期"神人庆洽"的人神关系

清政府的宗教政策大体沿袭明代。"民依于神，古所重也。"（清《重修观音寺碑记》）"凡一方神祠，均属前辈之人创建，而今之人能继前人之志，修补重新，斯可谓善继善述者也"（清《重修观音殿记碣》）。故"侯朔望晨谒礼，瓣香告神，神明为伍"（清《重修城隍庙碑记》），力图营造一个"神人庆洽"的人神关系图

---

① 《重修天圣墙垣碑记》，载张鸿杰主编《咸阳碑石》，三秦出版社1990年版，第133页。

景。清《重修观音殿记碣》记载了当时"咸邑古迹，神祠繁盛"的景象。

神庙修建之所以繁盛，一是因为人们认为神明有灵，"祷则有应"。清《重修城隍庙碑记》载曰："神亦庇邑民，感应如响""恃神永庇我土"，因庙"为神所凭依"（清《重修城隍庙碑记》），且神"实有功用"（清《重修城隍庙碑记》），故"每值神会之期，焚香祷祠者，云集杂踏，多致损伤"，清《石砌土主庙神道碑记》描述了当时民众焚香祭拜的情形。

二是利用碑碣宣扬"神道设教"。"神道设教"取自《周易》"圣人以神道设教，而天下服也"，历来备受上层推崇。清《重修城隍庙碑记》刻文阐释了"神道设教"的含义与宗旨："明有礼乐，幽有鬼神，此□人神道设教意也。人惟不知尊敬神明，则放辟邪侈，无所不为。"《清关圣帝君献殿记碑》亦载："神教设而人道以立者，其斯之谓与。"修建庙宇既能起到凡谒庙仰瞻，无不肃然起敬的效果，又能为神道设教服务。从理论上为"神道设教"定论，从实际操作上为"邑之人尽为敬神"（清《重修城隍庙碑记》）提供了一个祭祀空间，由此达到归顺民心，教正天下的效果，正所谓："民德之加厚，孰非此修庙之功德，重有以感动兴倏之也哉。所谓神道设教者，非欤？"（清《重修城隍庙碑记》）

三是与清时期"奉诸神之像""行百神之祭"的主张有关。清《重修玉皇庙暨诸神祠碑记》载："凡百神之祭，各有定制，各有取义。"清《重修永庆寺碑记》记载了当时咸阳诸神祭祀的情况："尝思神之为灵昭昭矣，无在而无乎不在，无形而无乎不形，盖妙万物而为言者也。以故古有庵，有观，有寺，有院。""改修上殿三间，三教神三尊，中殿三间，菩萨神一尊，伟佗神一尊，药王、龙王神二尊，牛王、马神二尊，又增修文昌阁一间"，刻文可以看到，三教神都在祭祀的范围。再如，泾阳川流堡有一玉皇庙，"中设玉皇宝座，旁列诸神之像，若关圣，若无量，以及菩萨、药王诸神之像"。清时期百神之祭的理念导致了民间"泛神"现象广泛流传，其影响已经延续到了今天。

任何宗教都有一套信仰体系，甚至形成一套论证其信仰的观念体系，从而构成一种宗教世界观。商周以来的天命神学在其发展演变过程中，历经了春秋时期疑天、怨天思潮的洗礼，至隋唐时也未能构建出一个完整的宗教世界观。"绝地天通"后，祭天被权力阶层把持，作为最广大的祭祀主体民众没有祭天权国力，无法与天神直接沟通，无形中消解了人们对天的亲近感和依赖感。天命于人而言，遥远且玄虚。"以德配天"的道德实践走向人性的极端，某种程度上造成了人们精神的困顿。明时期国家以儒教人物为神主，大力推行神灵祭祀，客观上为民众提供了一个信仰空间。"娱神以近天""祭神以告天""祭告灵神"的仪式成为人们的宗教体验方式，明清两朝诸神崇拜现象普遍存在，其影响已经延续到今天。

第五章

民俗和"儒家道坛"的民俗文化现象

民俗又可以称为民间文化，主要是指一个民族或一个社会群体在长期的生产实践和社会生活中逐渐形成并世代相传的较为稳定的文化事项。儒家民间文化不仅体现在文庙和宗祠中，体现在百姓日用而不知的社会生活中，还体现在民众的行为文化形式中。本书所涉及的民俗文化现象主要是指以儒学理念为核心，以外在行为文化方式传递儒家思想的民俗文化形式。在某种意义上说，百姓的生活世界和实践应用中的儒学才是儒学真正鲜活的形式。因此，笔者在调研中除了对海南的文庙和宗祠等予以关注外，还对海南儒学在当地百姓的民俗生活中的存在方式给予了高度重视，并通过实地考察福建民间儒家道坛的产生与发展，探讨了乡村振兴背景下儒家道坛实现文化转型的现实意义。

第一节 民俗与儒学传统

海南定安有着深厚的儒学文化传统，其众多的儒学人物是传承儒家传统文化的典范人物，为定安儒家文化传统的形成起到了奠基作用。定安文化具有鲜明的儒家文化特征，把海南文化的基调定位为道教文化恐与海南历史和实际不相符合。

一　海南定安的儒学文化传统

海南定安有着深厚的儒学文化传统,其众多的儒学人物是传承儒家传统文化的典范人物,为定安儒家文化传统的形成起到了奠基作用。一提起海南定安的文化传统,几乎每个定安人都能自豪地对你说出他们心中的定安文化,然后如数家珍地讲述海南历史上出现的礼部尚书王弘诲、唯一探花张岳崧,还有王佐、王映斗、海瑞等一批盛名绰绰的政治文人。

无历史何来文化?没有传承何来根源?挖掘一个有文化的定安,就需要找到能够体现定安文化内涵的元素,那就是儒学。因为,没有一批出色的读书人,定安就称不上"文化定安"。为此,定安人从历史里挖掘出80位举人,并整理出版了《定安举人》一书。按照中国古代的官制,乡试考中了以后就成为举人,而举人实际上是候补官员,获得了做官的资格。因此,中国古代的读书是跟"做官"联系在一起的,读书的过程就是接受国家主流意识形态和儒家正统思想熏陶的过程,也是最终要实现"内圣""外王""修身、齐家、治国、平天下"人生宏愿的过程。一代代读书人把"功名"当作一生追求的终极目标,"十年寒窗无人晓,一举成名天下知"。

饱读诗书的政客文人和纯粹的文人墨客有着本质不同。饱读诗书的政客文人能够将中原的各种政治文化执行方式、方法施行于定安县,在推动家乡经济文化发展的同时,使中原文化在定安扩散、传播,以至于落地生根。尊王法、讲礼仪的理念开始在黎族聚居地形成,中原文化的根自然地向黎族地区伸展。定安立县之初,立"寨学",收汉族、"熟黎"子弟读书,进行文化传播。元初,为了管理儒学,又设立了儒学署。寨学和儒学署随着县址的迁移而迁移。明洪武二年,定安知县吴至善创建定安文庙。万历二十年,南京礼部尚书王弘诲在文庙东侧创建尚有书院。明万历二十九年,琼州府扶黎通判吴俸在古定安县南毗邻的林湾都置学田,设"水会社学"。社学课程有《孝经》《小学》《大学》《论语》《孟子》，以及御制大诰、本朝律令和冠、婚、丧、祭等礼节。"水会社学"的建立方便了定安县的黎族、汉族子弟接受中原文化的熏陶。而文化的传播则随着时代的发展和历代统治者统治意识的加强而不断加快进展。自元至清代，古定安县境内，为训导生民，栽培后学，官、民创办的书院就有13所，全县民办的义学、社学、宾兴有34所。[①] 文化的熏陶，使定安人身上总带有素朴的品格。定安人性敏而善于词说，敦尚礼教，诵说诗书。虽无商贾百工之资，却有勤俭务农之积。曾经辉煌的定安，"虽远在海外，其风俗亦与中州无异"。

海南定安的儒学传统自南建州时就已开始。元代王官，南雷峒人，今海南省定安县岭口镇九锡山村人，系南雷峒主。至治元年（1321），元文宗图帖睦尔因宫廷内争，被元英宗"出帝"邸居琼州，居琼时受到王官礼遇。三年后，宫廷政变，图帖睦尔被召回，于天历元年（1328）登帝位，称为文宗，文宗为报答当年王官的礼遇之恩，将定安县升为南建州，封王官为世袭知州，任职十余年。王官辞世后被葬在今岭口镇下山村东南，今墓尚在。据王氏族谱记载，王官祖孙三代都是读书人。王官的先三世祖应寰南宋帝昺时被推荐举人升为大学士。王官的祖父之屏是庠生，王官的父亲士昌是廪生，已获岁贡。王官曾在广西为官，后辞官归南雷居住。可以说，南建州的建立，标志着定安儒学文化历史的开始，重视教育成为定安县的历史传统。至明、清两朝，定安县共产生了93名举人，12名进士，1名探花，人数居全琼13县第二位，有"一里三进士""父子双进士""公孙举人"之美称。可谓人才辈出、人文蔚起，声名远扬（见表5-1）。

[①] 邓学贤执笔，政协定安县委员会编纂：《话说南建州》，南海出版公司2008年版，第17页。

◇ 儒家文化的民间生态

表 5-1　　　　　　　　　　定安名人简表

（明）胡濂（1463—1542），字宗周，号一斋，今定城镇中街人	
任职经历	初任户部广西司主事，任满升山东司员外，任云南司郎中，后升江西右布政使
儒学成就	明朝成化丙午（1488）科考中举人，弘治癸丑（1493）科考中进士。系著名理学家王阳明的门生
主要事迹	1. 督粮饷有功；2. 革除政弊，严厉法纪；3. 平苗彝叛乱
重要评价	宫廷政变受牵连入狱。政变平息后，获经王守仁、陈琳保释出狱。晚年回归家乡。殁后邑人建胡公祠以祀

（明）王弘诲（1542—1617），字绍传，号忠铭，晚号天池，今定安县雷鸣镇龙梅村人	
任职经历	历任庶吉士、翰林院检讨、编修、会试同考官、国子临祭酒、南京吏部右侍郎、南京礼部尚书等
儒学成就	自幼聪明好学，博览群书。20岁时乡试中举人第一名，嘉靖四十四年登进士。万历二十七年（1599），王弘诲辞官回乡，在定安县创建"尚友书院"，资助修建澄迈"天池书院"、文昌的"玉阳书院"等，并亲自赴书院授课，宣扬文教。著有《尚友堂稿》《吴越游记》《天池草》《来鹤轩集》《南溟奇甸录》《南礼奏牍》《文字谈苑》等名篇
主要贡献	1. 任会试考官期间，秉公取士，曾上疏《奏改海南兵备道兼管提学道疏》朝廷，请求万历皇帝在海南设提学道，让海南儒生就地参加会考，史称"奏考回琼"。2. 设置义渡，筑桥修路，建塔挖井，为家乡公益事业作出贡献
重要评价	明代名臣、教育家。一生为官贤能清正。公元1617年病逝于定安老家，享年76岁。卒后被皇帝赠太子少保，赐祭葬

（明）莫士及（?），字汝贤，号笔峰，今居丁镇文头岭村人	
任职经历	初任福建龙岩教谕，改大田教谕，转江南苏州府教授，改山东济南府教授，升湖广常宁知县
儒学成就	明代士及中嘉靖乙酉科举人，任大田教谕时，登贤书历任广文，以端士习，正文体为己任，取《朱子家礼》及庄文公《仪节》参定，以训士子。后致政家居，笃志正学。修族谱、作家训，以教族中子弟，著有《笔峰日记》
主要贡献	创成贤桥、修学宫，岁凶多方赈济。大田县大事记中记载：嘉靖二十四年（1545），谢廷训与僚属莫士及、周法和程易等，带领群众治县前溪，凿石决堤，疏通河道。自此，大田至尤溪可以通舟。族中誉评：致仕归田，行善于乡，垂训于族，修前代已失之谱

第五章　民俗和"儒家道坛"的民俗文化现象

续表

重要评价	晋升常宁知县，居官清白，威惠并行。《定安县志》颂赞：士及达足以有为，穷足以有守，虽四任坛堂，转应县令，未获大展。生平而设施政，卓有可观，真无负于圣贤，有光于民社；莫士及后升任常宁县令，被勒刻"去思碑"永留纪念，被奉为常宁县名宦，入祀定安县乡贤祠
（明）王士衡（1455—1535），字秉铨，号矩庵，今定城镇多校村人，后迁定城镇山椒村	
任职经历	甲辰（1484），被皇帝诏进京都，入国子监。弘治戊申（1488），在京考选入中书省授以中书舍人职，负责起草、缮写皇帝诏书、文告、命令等事务。1492年，改任衡王府（山东青州）审理副，次年任审理职。1504年，升衡王府右长史（丞相府中的秘书长）
儒学成就	聪明颖悟，幼从父学。15岁父亡，入乡族私塾读书。19岁入祖基创办的山椒豪地学馆读书。定安知县勾永升举俊秀，由里选充生员，当年冬参加海南道试居第一名案首，补为廪生。成化丁酉（1477），应广东乡试中第十名举人。正德十四年（1519），参加修编明史《武宗实录》
主要贡献	编乡约以睦族；正德十四年（1519年），参加修编明史《武宗实录》
重要评价	入国子监后，得到太学祭酒邱浚的器重。辞右长史任，被皇上恳留，衡以母老辞回家，皇上赐金奖甚厚。母病逝，在家守制孝道。修编《武宗实录》时，有不义者以二百金请易其名，仕衡不受，秉笔直书，皇上招升为"中顺史"赐以"四品"官服
（清）莫魁文（?），字起梧，号印山，广东定安人，今海南省定安县定城镇排坡村人	
任职经历	最初在吏部观政（见习）三年，后改授直隶庆和知县
主要贡献	关心民间疾苦，疏浚该县颓河以消除水患。创建月阳桥，使当地百姓来往便利
儒学成就	少孤贫而勤学。清康熙丁酉（1717）科考中举人。辛丑（1721）科考中进士，是清代琼崖考中进士的第一人
重要评价	《庆云县志》记载了他的清廉事迹。因监督治理黄河工程劳碌过度而染病，因而告病归家，归时清风两袖。归家后从未入公门，唯读书吟诗而自娱
（清）莫陶（?），字柳眉，号绿岩，广东定安人，今海南省定安县定城镇排坡村人	
任职经历	授任四川铜梁知县
儒学成就	少年时就喜欢读书，年轻时考中雍正癸卯（1723）年科举人，丁未（1727）科考中进士
主要贡献	任职期间颇有政绩，受到肯定

◇ 儒家文化的民间生态

续表

重要评价	任上颇有政绩，为上司所赞赏，但仅数年便因病告休在家，归家后专以养病、训子为事，不久华年早逝，时人哀之。今定安县博物馆收藏有他的字画真迹等文物
（清）莫绍德（？），字衣堂，号云庵，广东定安人，今海南省定安县定城镇南山村人	
任职经历	辛酉（1801）殿试后，考选授任内阁中书，派充实录馆校对官。任满议叙候选员外郎，因奔丧守制而不赴任
儒学成就	清乾隆己酉（1789）科举人，嘉庆丙辰（1796）科进士，曾在琼台书院任教。晚年致仕归家，修族谱，创建莲井寺。著有《石经堂集》。定安县博物馆藏有他的手书《波罗密多心经》经幢碑拓片，海口市府城的琼台师范学校存有他手书的碑石
主要贡献	擅长书法，尤精金石，其小楷名噪一时
重要评价	任满议叙候选员外郎，因奔丧守制而不赴任。三年后，出游名山，结交众名流，善于书法，尤精金石，其小楷名噪一时
（清）张岳崧（1773—1842），字子骏，又字翰山、瀚山，号觉庵、指山，广东定安人，今海南省定安县龙湖镇高林村人	
任职经历	历任翰林院编修、国史馆协修官、会试正考官、文颖馆纂修官、武英馆纂修、教习庶吉士、四川乡试正考官、陕甘学政、文渊阁校理、大理寺少卿、詹事府詹事、湖北布政使、护理巡抚等职
儒学成就	自小聪明好学，十二岁应童子试，十六岁补弟子员，嘉庆辛酉年（1801）优引举质。嘉庆甲子（1804）科中广东省举人，嘉庆己巳（1809）恩科进士，以一甲第三名及第，是海南历史上唯一的探花。主持编纂44卷的《琼州府志》；著有《筠心堂文集》10卷，《筠心堂诗集》4卷、《运河北行记》1卷、《训士录》1卷。张岳崧一生对海南的文化教育事业作出了很大的贡献
主要贡献	1. 关心民疾治水防患，在任江苏常镇通海兵备道时，奉旨治水，冒风雨，渡扬子江，亲自巡察江海，冒险坚持督率官民护堤；2. 秉公执法，廉洁清正，是当时"明镜高悬"的青天老爷；3. 热心教育和公益事业，捐出自己的养廉银和薪俸建书院、郡城等，资助贫寒士子赴乡会试，救济灾民；4. 倡导并协助林则徐严禁鸦片
重要评价	张岳崧是海南历史上一位难得的人才，他为国有功，于民有利。与丘濬、海瑞、王佐并誉为海南四大才子

第五章 民俗和"儒家道坛"的民俗文化现象

续表

（清）张钟彦，张岳崧次子，张钟秀胞兄，字仲升，广东定安人，今海南省定安县龙湖镇高林村人	
任职经历	签分河南即用知县。由于他性好诗赋，授例改任吏部文选司郎中，兼稽勋司郎中，后调任户部江南司郎中。后擢升浙江道兼监察御史，未几奉特旨补任直隶知府，次年调任补任宣化知府。总督谭廷襄深重其才德，以品学兼优，才能干达，奏请调河南任职，但不成功，总督便因事调任他处。张钟彦于任上索与所辖盐司意见不合，被调任山西，忿郁得病，死于唐县，时年54岁
儒学成就	其妻符素文乃文昌县符其珍（曾任知县）之女，负才名，张钟彦受其诲教颇多。钟彦曾在林则徐门下读书，得其教诲栽培，由监生考中道光己亥（1839）科举人，继而父丧归家守孝三年，道光乙巳年（1845）应礼部试，考中进士。与其父张岳崧是海南七对"父子进士"之一
重要评价	县博物馆收藏有他手迹遗物
（清）王映斗（1797—1878），字运中，号汉桥、瀚峤。定安县定城镇春内村人	
任职经历	因会朝考名列前茅，被安排在户部江西司当小京官，管理户口、财赋。因母病故守丧3年。后赴京擢任户部额外主事。二十四年，中进士，留任户部。道光二十七年（1847）转为陕西司主事。翌年，续升陕西司员外郎。道光二十九年（1849），晋升为户部四川司郎中。咸丰元年，提升为鸿胪寺少卿。奏准回乡祭葬亡父，守丧三年。迄至咸丰八年（1858）10月，补原官职鸿胪寺少卿。翌年11月，擢升为给皇上讲学的内阁侍读学士。咸丰十年（1860）充任恩科会试同考官、皇帝的后勤长官光禄寺卿。先后授太常寺少卿和掌管刑狱、大理寺少卿。同治二年（1863）元月，调奉天府丞，提督奉天学政，负责管理教育方面的重任
儒学成就	嘉庆二十一年（1816）王映斗考进县学，成为县学生员；稍后，再考入府学，成为府学生员。由于他学习成绩优异，再由享有伙食补助费的府廪膳生员，进补拔贡，接着参加会朝考名列前茅，获一等。道光十四年（1834），即他29岁那年，在北京顺天府参加省选拔举行的考试中，中了副榜举人。道光二十四年（1844），在京参加殿试，中了二甲第14名进士。咸丰帝时期，出任省城掌管越华书院。在掌教期间，他发挥自己丰富的学识和教学经验，运用独特的教学技巧，循循善诱，培养出不少名望很高的社会名流。王映斗一生诗文甚丰，写了不少公牍和家谱，但都未刊行，现仅他主持编纂的《定安县志》传世

续表

主要贡献	咸丰即位后,令他随相国前赴东南沿海省份,在浙江省清理仓库、校阅营伍,并借机查检东南两河节浮费,裁减冗员。因为他人尽其职,成绩卓著,声名大震
重要评价	《定安县志》评价他:"生而显异,读书过目成诵,海外无双。"与其次子同朝进士,时人称之"父子进士",为宋代至清代海南七对"父子进士"中的一对。为人诚直正大,为官公正廉明,关心民众疾苦,爱国忧民。是清代有名的教育家,培养出状元、探花之才。同治二年(1863)元月,调奉天府丞,提督奉天学政,负责管理教育方面的重任。其间,王映斗大胆改革,除文教积弊,促进了士习文风的改变,深受社会赞许
(清)王器成(1838—?),王映斗次子,字公辅,号晚愚,今定安县定城镇春内村人	
任职经历	就职刑部福建司主事,官至中宪大夫刑部主政加三级
儒学成就	清咸丰壬子(1852)举优贡。戊午年(1858)中举人,光绪十八年壬辰(1892)科进士,时年54岁
重要评价	聪明好学,颖慧卓然,写诗作文,落笔成章。与其父王映斗是为海南七对"父子进士"之一。今定安县博物馆留存有他的墨迹

通过对定安古代名人生平事迹及儒学成就的整理,笔者发现,定安名人基本上都有一个共同的特点,即为人有品,为学有才,为官有能。在"为人"上,他们崇尚并践行儒家伦理道德思想,事亲至孝,守制孝道,宁可官不赴任,也要回乡祭葬父母,且守丧三年;他们关怀下一代,重视子孙培养和训教;他们孝亲友爱,礼贤百姓,和睦乡里,敦亲睦族。如张岳崧还捐出自己的养廉银和薪俸建书院,资助贫寒士子赴乡会试,助力他们实现志向;在"为学"上,他们勤奋好学,饱览群书,且均是科举考试中的佼佼者。他们博学善书,写诗作画,落笔成章。他们学有所成,关心教育,积极参与主持修续族谱、建书院、亲授讲学,用所学教书育人,培养社会人才;在"为官"上,他们志向高洁,清廉正直,秉公执法,不为私权所动,不为苟利而活。任职期间,利国利民,济人利物,尽职尽责,"苟利国家生死以,岂因祸福避趋之"是对他们品行的写照。他们关心民众疾苦,救灾济民,治水修渠、筑路架桥修河道,归来时,却两袖清风。《礼记·祭法》说:"夫圣王之制祭祀也,

法施于民则祀之，以死勤事则祀之，以劳定国则祀之，能御大祸则祀之，能捍大患则祀之。"可以看出，定安名人用实际行动践行了儒学的真精神，他们才是定安儒学文化传统真正的继承者和传播者，他们犹如一颗颗文化的种子，在海南定安生根、开花、结果，他们无愧于海南定安民众永久的怀念、仰慕，及尊享世代奉祀。今天看到的定安文化里，依然具有浓郁的儒学文化特征，把海南文化的基调定位道家文化恐与历史和海南当代的实际并不符合。

二 祭神习俗中的儒家文化色彩

海南定安人从来都不否认自己的文化与中原汉族文化的渊源关系。早在秦汉时代，定安境内便有来自大陆的移民同黎族人民共同进行劳动生产活动。至1996年，居民主要是汉民，还有居住在母瑞山一带的少量苗族。其生活习俗已经与汉人趋同。定安县历来民风淳厚，深受中原文化之影响，是个文化昌盛的县份。其风俗习惯，同中原文化关系密切，生产、生活、宗教等习俗，处处体现着中华民族的优良传统。定安县具有深厚的儒家文化底蕴，并不妨碍其具有丰富的民俗活动与众多的民间信仰神祇。

笔者曾经多次深入定安村镇，看到了许多民间信仰场所。其中，"关公元帅""冼太夫人""殷大元帅""林公元帅""火雷娘娘""殷大二元帅""赵大元帅""关圣帝君""魁斗星君""华光大帝""三圣娘娘""左右官将""金童玉女""福德老爷""救驾元帅"等，不胜枚举。随意走进定安村镇，村村有庙，家家设祠堂，户户设祠龛，都已是不鲜见的景象。这些神祇看起来非常复杂，但仔细分析，大概可以分为四类：古代神话人物系列、古代神仙系列、族中人物系列和其他神祇。其实，无论是神仙也好，神话人物也罢，或者族人始祖也好，首先都是人，这些神祇祭祀是由祖先祭祀发展而来的祭神活动。而至于其他的神灵，大概也可以此类推。

一个地区的神祇很多，但并不妨碍儒学的发展，跟一个地区的儒家文化的深厚根基也没有关系。只是儒学的宗教维度在人伦日用中是以一种生动活泼的祭神形式凸显出来，这是一个非常特殊的现象。持守一种儒学传统，保有一种传统文化理念，并不妨碍民众信神、拜神和祭神。其实，儒家从来都接受或者默认鬼神的存在，只是"六合之外，存而不论""悬置"不说。民间百姓亦如此，他们以自己对儒家文化的理解践行着儒学，而儒学又恰是以这种民间信仰的形式存活在百姓生活之中。本部分将以定安盛行的民俗活动："岁时节令祭神""丧葬习俗""闹军坡"① 为例，说明中原儒家文化对于定安县民俗活动的深刻影响（见表5－2）。

表5－2　　　　　　　定安县各地崇祀神祇统计②　　　　　单位：个

乡镇名称	冼太夫人	元皇大帝	明皇大帝	水尾娘娘	各类神仙	备注
龙河	7	4			6	雷神、龙公
龙门	13	2	3	1	1	
翰林	1	6			1	
岭口	5	2	1		4	
雷鸣	5		1	1	1	
龙湖	4	1		1	2	
定城						
富文	7	2	1		3	
新竹	2			1	4	
黄竹	1	1	1		4	

岁时节令祭神。定安人从中原传承过来并根据本土文化衍化而成的岁时节令习俗，几乎是以祭神、娱神为手段，达到人的身心健康、社会和谐的目的。

第一，岁时节令的祭祀。正月初一祀"家神"。所谓家神实指

---

① 祭神、丧葬习俗及闹军坡仪式的主要资料由海南定安县旅游委主任徐吉先生提供。
② 表格由海南定安县旅游委主任徐吉先生提供。

家庭龛堂上意念中抽象的神明，定安人大多数家庭的龛堂上供奉3个香炉，一为香火，二为家神，三为灶府神君。除夕当天家家户户将香炉请下到八仙桌上，清净刮洁，换掉上年的香灰，准备迎来新一年的祀奉。除夕傍晚，诸事完备，家人便给香火、家神、灶府神君上香，迎接新年的到来。在新旧交替的夜晚，香火的点燃祈盼着家族的传续、家业的兴旺。当夜，各家的主人都特别注意在何时辰祀奉（俗称"奉岁饭"），即在新年来临的最佳时刻献上后裔的一腔诚意。

奉岁饭的八仙桌上摆着六道贡品，即香、烛、果、饭、菜（素菜）、酒。香、烛、果为事前摆好，上吉的时辰到才摆上饭、菜并斟酒，届时香烟飘袅，烛光辉焰，尖尖的贡饭，长寿粉丝、芹菜等寄意年年有余，与勤劳健康长寿的素菜组成的贡馔，尽在无言的祭奉之中，上年的收获、新年的祈求都在供桌上聊表片心。正月初一的祭祀是一项至上至诚的活动，旧时，定安习俗初一的第一顿饭更是诚惶诚恐地吃，吃饭时不得乱说话，筷子和碗要忌碰出响声，所用餐具最忌掉地与打碎。第一碗饭不能盛得太满，吃完第一碗饭一定要再盛第二碗，意为好事成双。吃好后把碗筷放好得稍稍地离开餐桌。以上这些要求其实是老辈给后辈的"紧箍咒"，担心你的行为和言语犯忌，故要求小辈们要循规蹈矩，以防说话或行动不慎，破坏了新年新春的良好气氛。新年新春要有好的兆头，为了达到这个目标，宁愿让你闭口，也不给你有可能说错话的机会。

正月初二商家铺店大祭财神。新年新月，新春伊始，迎春接福，正月初二是定安商家最虔诚、最谨慎操作的日子。清早，开门接福，高香明烛，大红鞭炮，家家相竞，此起彼伏。在墟市正月初二燃放的鞭炮比初一的要多得多。

正月初二日，旧时乡村各家大清早相竞到水井担水，担水之人必点燃一小束香插于水井旁、井裙处，才能担第一担水回家，此俗称"劫财水"。

正月初三是全年第一个"赤口"日，传统习俗，说农历正月初三这天容易和别人发生口角争执，为防招惹口舌是非，人们最好不要外出向亲友拜年，只留在家中祭祀神明，定安人有这种与中原文化对接的习俗。大清早家家燃放"双响炮"，地上响，天上也响。俗称打"赤口"，双响炮打了"赤口"后，过年的禁忌即将解除，从初四起，人们可以较自由地活动了。小心谨慎地过年让年青一代确实接受不了。

元宵节，定安人俗称"年夜子"，也得像过年一样至诚地过，元宵节城镇与农村略有不同，城镇除正常的祀奉祖先外，或有扎灯、游灯的习俗。乡村不仅对祖先祀奉、有些地方还祭祀牛栏公（牛栏公属意念中的抽象之神），定安县部分地区祭祀牛栏公并不那么简单，要事先准备相关的祭品。要用大米磨粉制成牛的模型，用米粉制作牛轭、牛吊绳、牛栏闩等蒸熟的米粉制品，还要买两条大鲤鱼煎熟，配有金银、香烛、宝帛等，在元宵节傍晚到牛栏门前祭祀。

定安大多数族群于元宵节后的几天内行祭祖、祭祠的仪例。祭祖都在宗祠、祖祠内举行，各姓氏族谱上都记载祭祖仪例的程序及备办的贡品。行祭时分外严谨，由各分支的长孙按房序排列（有些族群配制长袍供祭祖时穿用），设有通唱、引唱等司仪主持祭祖仪式，一切照本宣科，行三跪九叩首大礼，分初献、次献、终献礼等程序。祭祖仪式完毕后每户一人参与族中聚餐。

二月初二，土地公生日。村中首家或有心好事者宰鸡、备饭团、缝衣服送到土地公（福德正神）庙祀奉，送钱送银、送吃送穿。二月各境峒不同时间的军坡，除境峒大型祭祀外，各家各户也得将香案摆在前庭，以香、烛、青果、糖果祀奉本境主（或本峒主）及家神。有少许农户备牲仪，买香烛到军坡祭场拜祭。

三月清明，县南各家各户扫墓，县北选在冬至扫墓。扫祖墓时备办糒贡（饭团）猪肉、鸡置于墓前祭拜，拜仪完毕时放鞭炮，召来围观外人，一起抓猪肉蘸盐吃糒贡，俗谓吃了墓前的糒贡可得平安。全家的坟茔扫完后，择吉日举行功香典仪。功香就是在家中龛堂前摆香案，请回本家历代宗亲、公婆父母（即众位家神）共同领纳子孙后裔的贡馔。

五月端阳，各家各户在绑粽子时，特别绑几个特小粽子煮熟后随就抛于灶后，谓分给"虫"吃；近江河之地，初五将粽子抛于江河中，谓祭屈原。

七月十五中元节，定安县乡村墟镇家家户户早在七月初都择吉在家中烧了大量的冥衣，那是给自家的祖先、辞世亲人备的。到了十五晚上，家家户户还要在自己家门口焚香，把香插在地上，越多越好，即象征着五谷丰登，这叫作"布田"，这是为"游魂野鬼"施孤的最佳时间。定安人还将佛法的盂兰盆会结合进去，乡村人仅以较多的香火插于门前，让"孤魂游鬼"们享用，而墟上除门外插遍香外，还用柚子挂于檐下插满香，旋转着，这与中原献瓜果、陈禾麻以祭先祖相比，固然有尝新的含义，也是盆祭的遗风。定安县七月十五中元节的各家祭祀行为，一是阐扬怀念祖先的孝道，一是发扬推己及人、乐善好施的义举。此习俗从慈悲的角度出发，颇具人情味。

八月十五中秋节，各家各户只用月饼祭祀祖先家神。

冬至，县北大部分人家扫祭墓，扫祭祖墓吃糟贡与清明扫墓的情况相同。

除夕祀家神，有除夕清晨祀奉和黄昏祀奉两种情况，贡品同样以鸡仪及糟贡，除夕的祀神意为辞旧岁的仪例。清晨祀神的族群下午行清扫龛堂、净香炉、酒盅以守岁迎新年。黄昏祀神的族群是行清扫龛堂、净香炉后才祀神，有香火旧新对接之意。

至除夕祀神止，一年中岁时节令的正常祀奉全部结束。

第二，特别的祭祀。定安民俗信仰中除岁时节令的正常祭祀外，还有特别的祭祀仪例，兹记录如下：

打床前。定安的各个家庭中的"香火室"中都设有一张八仙桌，平时供放置一些生活用具如热水瓶、凉水壶等。进行祭祀时就用作放置供品的桌，俗称"八仙桌"，家庭如出现病患或意外事故、出现一些怪异现象,家人便请来道士、神汉或"峒(境)主"的仙童当堂问卦查卜,这种祭祀行为俗称"打床前",即向家神祖先查询。查问得出的结论往往要经道士占卜数卦来证实,占卜要得出"阴、阳、赦"三卦分明时就可以断定"事出之因",家庭就得针对"因"请神以予调治,"打床前"是较简单的家庭查卜。

下席通阴。定安人的家庭中如出现一些怪异现象,如母鸡打鸣叫更,猫下锅、狗窜灶或室中复见血迹、复遭飞鸟屎洒滴身体等现象,俗称"差怪差异",家人总会想到是家门祖先的提醒和警示,如有多项异象且家中又有人犯病或遇意外事故,家人便请道士到家中做法事,进行较繁缛的查卜,这种查卜俗称"下席通阴",意为道士神游阴间与家门祖先会话,全面调查核实家庭面临厄运的原因。

"拾款"与"解家门"。定安人家境如出现不顺或家庭已获殷富两种情况时,就会想到"解家门",意为将家门中的前"冤"后果进行全面盘点、解清释脱,致使阴清阳泰,家境不顺则理顺,顺则保家更顺。传统有相隔几代后就要"解一下家门"的说法。"解家门"就得请道士在家中设坛起斋,俗称"家门斋"。要"解家门"就要对家庭的数代亡过宗亲进行详查,在阳世有否大的过失,进阴间曾否得到超度或解脱,详查的行为俗称"拾款",即将各亡魂的款条一项一项地整理书写出来,备"解家门"时书写"状告"(俗称"意书")于斋坛上解决释清。

萨婆祖。萨婆祖也是人们意念中数位抽象之神祇之一。主管婴幼儿成长中的诸事,如婴幼儿哭夜或有这样那样的不适,老人们就说请请萨婆祖,于是便备办一碗干饭、一小块猪肉,一双筷子,点燃一支香,在婴幼儿的房中设一个便案,叩一叩后便请说:"请到床头班师、床尾夫人,请到托生托养夫人,请到东园花公李四叔、请到西园花婆祝三娘,坐在房中保护小儿,日味吃香,夜味睡甜,合父母饲、合父母养。"据说经这么一请叩,婴幼儿哭夜的情况就有好转。

割红。割红是乡村的一种特别祭祀，即请神、谢神的活动。如逢家中有人出远门、做生意、考学、考干等行为，事先必行"割红"祭神，割红就是杀一只小雄鸡，以鸡血蘸于从神明的红袍上取下的红布上，然后将蘸有鸡血的小片红布折好让办事者随身带，谓神明可保佑行事者顺利。另外一种是买回新车，必定要行"割红"，向神明告报，请神明保佑出入平安。再一种"割红"是谢神，如买中大额红彩，必行"割红"谢神。所有"割红"的斋事，作法都大同小异，祭神时有"领生""领熟"两次奉祀。"领生"即雄鸡未杀前，先用法水洗净鸡脚、鸡嘴，在供桌上拜神后就"割红"蘸血于相关的物件上，以此红布代表神明由办事者执存。"领熟"是将割红的小雄鸡蒸熟后，配以饭团、肉块摆上供桌再祭拜神明。

第三，其他祭祀活动。做保福。定安的民众信俗活动有一项叫"做保福"，别称"做久冬"，这种活动属信仰莒茆教派（属于道教中的正一派），其做法是为上了年纪的老人"追粮添寿"。人们信仰人的寿缘是命中注定的，但也可以改变，即"我命属我不属天"，只要积功累德、只要消灾解厄就可以添寿。这种信仰认为人的本命在运行过程受冥冥中诸多因素的制约，如"天狗吊客""病符五鬼""三娘厄杀"等，人的寿命如遭到这样、那样厄运的影响，就会减寿，或纯属正常的寿缘（俗称"限"，也称"粮禄"）也要用完。因而做"保福"就是通过道士的做法，给人消灾解限度厄，追补粮禄、延年益寿。经这种法事后，人的心理障碍得到解除，身心获得愉悦，轻病得到消除。"保福"法事只需要两三名道士用几个小时就能施行完毕，一般是在黄昏时开始，上半夜结束，在定安县南一带较为盛行。有人认为这是求取"天人合一""阴阳和谐"的民间习俗。

斋戒（洗醮）。定安有某些村庄或族群有定期斋戒的习俗，俗称"洗醮"或"吃斋"。龙河镇龙塘村吴氏 200 多户人家每年农历六月十二至十五日为吃斋期，也称醮期，这个习俗已有 600 多年的历史。这个习俗缘于吴氏迁居始祖吴万承的遭遇而曾对天许愿沿袭至今。传说吴姓迁居龙塘村的入村始祖吴万承是从琼山迁至龙塘村立籍的。当时还没有公路、没有汽车，迁徙全靠步行。稍有点钱的人家，可雇轿马代步。吴万承一家男女老幼步行途经定安县城往龙塘方向而去，那一年的六月十二日经金鸡岭时，一群响马盗贼拦住去路，要洗劫吴万承的细软财物而将他全家团团围住，正在盗贼欲动手打劫时，忽然一阵晴天霹雳向盗贼劈头盖脸地打将起来，上天不允盗贼的行径，上天在佑护万承公一家人。这群盗贼拦路打劫犯了天条，经不住上天对他们的惩罚，只好逃命各奔四散。吴万承一家人一场虚惊后，刚才发生的事情就似一场梦。吴万承立即带领一家人跪地叩天，感谢上天垂佑。万承并代表全家向天发誓：每年的这个时候全家吃斋3天，以示对上天的感恩。自那以后，吴家的家例中每年农历六月十二、十三、十四三天为斋戒期，十五这一天为开戒日，届时吴家的亲戚朋友都来喝酒祝贺。

我们说，夏商周三代迄今，真正在中国人的精神系统中发挥作用的宗教观念就是"上天"和"祖宗"。"天""祖"崇拜是中国人的宗教信仰的核心。定安县"做保福""斋戒"等民俗活动具有浓郁的儒家文化色彩，充分体现了定安民间对儒家天命观的理解，只是他们用道教的形式让儒学的精神表达有了可以承载的方便形式。

三 "招亡魂"与"消灾法事"

定安县汉族的民间葬俗历来实行土葬，很少火葬，所以，荒野坟头累累。人病将死，必让其直躺在祖宅正堂，成为正寝。死后全家人守灵，一般为1—3日。通常三、五、七出殡（也有当日出殡的）。人死后，其家人给重要的亲友发讣信，通常是派人告知，亲朋好友前来吊丧并资助丧事。吊丧人若善歌者都唱哭丧歌，也有请专人代唱哭丧歌者。歌词大体述说死者生前功德、恩惠和吊丧者的悲痛感情，并祝死者早登天界。"死"称登仙，忌讳说死。送葬前请风水先生郑重选定葬地、葬向，请道公选定送葬时辰。出殡时，亲族戚友披麻戴孝随棺哭啼。孝子还要挂龙杖,扶着棺材哭号而行。同时,请来丧事乐队一路凑哀乐和燃放鞭炮,或双响炮。葬后,家人在家里每七天一祭奠,直至满七七四十九日。满一百日的时候,要举行一次较大规模的祭奠仪式。

民间一些人认为,那些未能在自家的祖宅正堂去世的人,是"死路",或"不正寝"。对这些去世者,族人则没有守灵的程序,棺材运回村外便直接请人抬到选定的地点举行简单的送葬仪式后埋葬。"七七四十九日"和"百日"祭奠仪式则与死于正寝者相同。有些人迷信,认为死"不正寝"者灵魂居无定所,要邀请道公来做"斋(佛、道场)"招魂,将其灵魂带到先祖身边,享受后人祭祀。为此,要请道公做"招亡魂法事"。

我国古代把招魂仪式称为"复",就是要利用仪式使失去的灵魂复返于自身。为活人招魂,说是为了治病,招外出游荡未归的魂返回自身;而非正常死亡的人,游荡的魂也无所安息,所以也要有一个招魂仪式。"招亡魂法事"有小法事,有全村的大法事。做两天两夜的"招亡魂法事"是小法事,也是家事,通常在家里举办。仪式程序包括,第一是请神,唱琼剧;第二是迎先人,要有过坎、放神;第三是神灵回来和家人交流。道士扮演先人角色,和家人交流。这些活动能够使人觉得"很心安"。请回的神要供在祖屋的庙堂,烧掉纸做的房子。通过法事让几代人合在一个庙堂,木料要做个洞,把祖先牌位放进去。如果要心灵和谐,就要演日戏。穿孝礼服、跪、哭,全家人哭成一团,一族人都哭得稀里哗啦,心里才觉得没有愧对祖先,这样睡觉才能觉得安稳、安心。做七天七夜的法事,是大法事,全村人做,跟积德差不多。如果经济好一些,规模会做得更大。如关系到重大节日,或整村人遇到了困难,就会做大法事。法事有周期性,全村人法事是祈求平安、吉祥,是对全村人的洗礼、慰藉,招全村人的亡魂,放高音喇叭,等于唱了一场琼剧。二胡、打鼓,彻夜唱,全村这时候热闹非凡,但还是会有很多人过来听,像文艺演出。

还有一种法事叫"祈求平安的消灾法事"。这种法事是在家里死人后要做的。做了以后家人心里有慰藉，给村里人的印象也好，村里人会刮目相看。如果你家里有什么灾，大家觉得不吉祥的，做了法事，就觉得各路神仙都来保护你了，心里就觉得好一些，可以起到心理抚慰的作用。海南道士做法事很大程度上是充当了心理医生的角色，因为在这里医院找不到，不好找。海南历史上就是偏远地区，经济落后，缺医少药。很多事情自己难得看开，而通过法事就能得到很大开解，但里面也不排除封建迷信的因素。

自然的法则，犹如天道。"天理"是定安人自觉建立和维护的至高的道德原则，属于儒家思想的超越性部分。定安民众一直保持着敬畏大自然，敬畏神明的传统。在跟村里人交流过程中，笔者听他们说得最多的是："丧天理""人家打你是福，你打人家是祸。"定安老百姓甚至认为砍树也是"丧天理"。据说，当年日本人来了要砍树，结果全村人都出来抗议。海南生态至今保持比较好，也得益于老百姓的维护。

四　民间信俗活动：军坡节

"冼夫人文化节"是海南人为了纪念南北朝时期杰出的政治家、军事家、社会活动家、民族英雄冼夫人而设。经过历史的传承与时代的变迁，冼夫人文化节积淀了极其丰富的儒家文化内涵，形成海南特有的民俗风情。冼夫人文化节原称"军坡节"，俗称"闹军坡"，于每年农历二月初六到二月十二举行。每逢节日，海口、琼山等地成千上万群众到琼山新坡镇冼夫人庙朝拜。海南省海口市龙华区新坡镇是冼夫人故事开始流传的地方，千百年来以此为中心，形成了历史悠久、影响深远、遍布海南各地、程度不同的"闹军坡"活动。据《琼山县志》载：千百年来，"数百里内祈祷者络绎不绝，每逢诞节，四方来集，坡墟几无隙地。"至今，我国南方乃至整个东南亚地区，就有2500余座庙宇供奉着冼夫人。"海口市冼夫人文化学会2011—2013年在全岛实地考察，认定全省各市县供奉冼夫人的纪念馆（庙）不少于306座。每座馆庙覆盖的村庄，少则二三个村，大多是二三十个村，最多有八九十个村。有的跨越两三个乡镇，有的甚至跨越县、市。每座馆（庙）统辖上千，甚至上万人口。大略估算，306座馆（庙）覆盖村庄3000多个，人口占全省原居民（含汉、黎、苗民族）半数以上。"① 有庙的地方都有祭祀活动。祭祀活动的具体日子，以各村庄传说冼夫人出征到本村的日子为军坡节日。

（一）冼夫人的来历

冼夫人，名百合，又名英，是6世纪我国岭南越人的后裔，古高凉郡太守冯宝夫人。冼夫人历经梁、陈、隋三个朝代。古定安县是民族纠纷较为激烈的地方。南朝梁武帝大同年间，陪高凉郡太守冯宝领兵渡海征伐海南"黎蛮"的冼夫人，在冯宝征战连续败阵进退两难的时候挂帅出师，实行"安抚"策略，宣传民族平等、和睦相处。冼夫人的扶黎决策深得民心，很快就使千余峒的黎民归附朝廷，地处前沿的定安县出现了空前的稳定与安定局面。冼夫人成了定安县内民众崇敬的人物。她忠于朝廷，恤爱百姓，岭南诸郡一致拥护冼夫人为保境安民的"圣母"。历代皇帝对冼夫人亦有多种封赠。陈宣帝册封夫人为"中郎将、石龙太夫人"；隋文帝册封其为"宋康郡夫人"；隋开皇册封冼夫人为"谯国夫人"。隋仁寿壬午二年，公元602年正月十八，冼夫人抚慰崖州之后，返回途中，在琼北澄迈海滨仙逝。隋高祖谥为"诚敬夫人"，立祠奉祀。

冼夫人最早属于国家的有功之臣，她一生致力于维护祖国统一、民族团结，传播中原文化，"每劝亲族为善，由是信义结于本乡"，并改革旧风陋俗，革除越人"好相攻击"、互相残杀之陋俗，"由是怨隙止息"，南越出现了空前的稳定，黎汉两族和睦相处，友好往来，人民安居乐业，大大加速了南越民族的汉化。冼夫人号召

---

① 海南省人民政府网：《关于"中国（海南）冼夫人文化节"在全省实施的建议》，政协提案，(2014 – 07 – 21) [2020 – 08 – 01] (hainan. gov. cn)。

黎民向汉人学习文化科学知识，"使从民礼"和"尽力事农"。冼夫人对促进海南社会安定，推进经济文化的发展，作出了卓越的贡献。

　　冼夫人著勋立功于岭南、海南，受皇之封，冼夫人逝世后，海南人民处处建庙以祭祀她。自唐以后，直至清末，建造冼夫人庙的数量日益递增，几乎全岛城镇乡村都普遍奉祀冼夫人。北宋苏东坡贬琼居儋时，曾在中和镇瞻仰冼夫人庙，题诗颂她为"冯冼古烈妇"。早在道教传入海南之前，民间已将她神化祀奉。海南很早就建有纪念祀奉冼夫人的"柔惠庙""懿美夫人庙""雷火圣娘庙"，文昌的南天宫内合祀冼夫人与电神、崇德庙，在琼海中原镇乐会村委会京坡村（古中原墟）内祀南天南宝圣娘、文武帝阁、天后元君。敕封柔惠正顺懿美夫人南方闪电火雷娘娘。这封号在定安县又因地区不同而有所改变，如"南方"变异为"南天"，"娘娘"变异为"圣娘"，也有奉她为"一品夫人"封号的。冼夫人是较早被封神祀奉的历史人物之一。由于定安住民多为第二次移民，原住各地的移民将其原祀奉之神祇带到新居，参与区域性的祀奉活动，故定安境中的52座冼夫人神之封号为：某某境主敕封"柔惠正顺懿美夫人南方闪电火雷娘娘"，而不直呼"冼夫人"。因为，定安百姓认为，中华古文化对所尊敬的人或神，不能直呼其名，故以采用封号最为文明。岭口镇群山村委会的10多个村共奉之境主，俗称"三加境主"，神号为敕封"柔惠正顺懿美夫人南方闪电火雷娘娘"，九锡山村的冯氏信众则尊称为"冼氏婆"。因冼夫人为高凉郡太守冯宝之夫人，是冯氏的祖奶奶，故冯宝的后代俗称其为"婆婆"。从娘娘到圣娘的称谓，再到"婆婆"称谓，冼夫人与民众的生活越来越亲近。

　　农历二月初九至十二，是冼夫人仙逝的日子，以后，每逢这一天，各村庄百姓都自发到琼山新坡镇冼夫人庙中去朝拜。各村还会组织秧歌队、舞狮队，模仿冼夫人当年出兵仪式，两军对垒，起舞欢歌。朝拜的人们在冼夫人神像前烧香祈祷，后领取一面"百通小令旗"带回去。据说，到婆祖庙烧香祈祷时，将"令旗"绕香三圈，然后，买一支较长且直、端尾留点叶子的竹竿，将旗套在顶端竹尾上，竖立在大门前左侧屋檐下，在离地面高约1.5米处，再挂上一个5—6厘米长的小竹筒，以便每天早晚烧香，祈求冼夫人在天之灵驱邪镇魔，保佑家境大小平安。至今已有1300年历史的祭祀冼夫人活动现已成为海南黎族、汉族人共同拥有的盛大的民俗传统节日。

（二）"军坡节"的来历

一提起海南的"军坡节"，身居海南的当地人可谓无人不知，无人不晓。今天的"军坡节"，其盛壮早已堪比春节，是海南人每年最重大和最隆重的节日。军坡，也叫军期，海南民间称之为"闹军坡""发军坡""吃军坡""行军期"等。节日多在农历二月初九至十二举行，节日一般为4天。虽然海南各地都称"军坡节"，但日期却差别非常大，各村庄以传说冼夫人出征到本村的日子为军坡节日，因此会有"发军坡"之称。每逢节日，海口、琼山等地成千上万群众自发到琼山新坡镇冼太夫人庙朝拜。

军坡是一种道教信俗活动，它是随着道教的传入而产生和逐渐形成规模的。道教虽在宋朝传入定安县，但宋朝定安县境域人口稀少，村庄寥落，祭神行为是有的，但根本就没有军坡的形式。明朝中叶前是道教在全岛的鼎盛时期，定安的道教自然乘势风行，因而祭神的形式才有了变化和进展。

军坡的形式在道教的影响下，由道教的祭神活动衍生出了一种特殊的祭神模式。说起来，祭神有多种形式，有家祭、堂祭、庙祭、坛祭、殿祭等。"坡祭"是军坡祭神的突出特点，由祭神、迎神等一系列行为形式的存在，约定俗成所产生。顾名思义，有"军"有"坡"，方成为"军坡"。但是，只是祭神不算军坡，军坡必须设固定不变的"赛会"时间，要有固定的能祭神、装军、游军的场所，即所谓"军坡场"，场中要设有永久或临时搭建的放置辇轿的"公架"。

军坡和"公期""婆期"概念不同。"公（婆）期"的祭神文化的形成应该比"军坡"要早得多。据史书记载，自周代以来，岁末的腊祭世代相沿，直至当代。先秦时期，我国有很多祭祀活动，如对祖先的祭祀，对山川河流等自然神的祭祀，并且有春、夏、秋、冬不同的祭祀时间。"公（婆）期"和"军坡"的共同点都是祭神行为，但"公（婆）期"是堂祭、殿祭或家祭，是一神（或同堂中之众神），由自家人（同堂或同族人）祭祀。而"军坡"是坡祭、路祭，是互联式的盟合祭祀、是数神交谊来往、互拜式的祭祀活动，同时军坡的祭神活动又产生了更多超出正常祭祀的行为和仪例。

冼夫人虽是隋、陈朝之人物，但她的事迹随道教传入海南后产生了较多信民。史载潭榄村的冼夫人庙是清道光戊申二十八年（1848）在原祠遗迹附近所建，是定安县第一座纪念冼夫人的庙宇。从定安人对冼夫人崇敬而建祠建庙的时间来看，军坡形成于明末，鼎盛于清朝。南京礼部尚书王弘诲（1542—1617）于明朝后叶万历三十二年（1604）撰《谯国夫人祠碑》："每令节届期，即云集飙附，若三军之奉主帅，曾无敢有越厥志者。"王弘诲还有诗云："年年诞节启仲奉，考钟伐鼓声渊阗；军魔俨从开府日，杀气直扫蛮荒尘。……迩来豺虎日纵横，青天魑魅群妖精。愿仗神威一驱逐，阖境耕凿康哉宁。"① 可以看出，军坡节至明末已形成一定规模的祭神活动。

光绪《定安县志·建置志》载："谯国夫人庙，在邑城南门外三里许潭览村。道光二十八年戊申，神降于兹，自指潭览村林姓地、土名雅训坡可建庙。拔贡林毓瑞舍地邀众创建庙宇……其神英灵素着。二月十二日为夫人生前行军之期，届期各县行香者云集，舟车络绎，士女殷轸，滨南第一赛场也。"世俗具仪仗箫鼓杂戏迎神，谓之赛会，赛会之场所谓之赛场。光绪四年《定安县志》载：

---

① 符和积：《海南道教的兴起与扩散》，《海南师范学院学报》2005年第2期，第154页。

"李世坡真武庙,乾隆年间,神降命,自卜其地于李世坡东三里之鱼梁岭……立庙。求嗣祷雨辄应。每年三月初三诞期,士女行香者云集,亦定阳一大赛场也。"又载:"正月廿旬,……建平安醮,打小鼓抬神像,道士持剑至各家逐疫。……三月初三,真武诞、二十三天妃诞,各会首设醮或请神像出游,谓之保境。"军坡是由祭神行为演变发展而形成的一种信俗性的族群活动。流传在定安的旧民歌《十二月歌》唱道:"……正月了又二月天,军坡大闹十一二,睡到半夜听鼓响,难分难舍难分离。"

军坡是群体性的活动,历来就有"闹"的说法。海南音乐中不知何时已有了《闹军坡》乐曲,虽然还不能尽善尽美地表现闹军坡的情景,但是也可略见一斑。没有"闹"的军坡是"吃军坡",朋友的朋友,亲戚的亲戚,与主人相熟也吃,陌生也吃,这叫"赚军坡"。没有游军、装军(如"三军奉主帅")那种场面的军坡不能说是军坡,只是一种祭神活动而已。没有邀集其他众神(四邻朋友)共同"闹"军坡的军坡绝不是古代所说的"赛会"。现在有些地方的祭神活动都冠以"军坡"之名,把纪念某神诞日或是约定俗成的祭日说成军坡,使"军坡"的内涵不断外延和扩展。但尚不能达到定安军坡的模式,甚至将军坡文化的内涵淡化了。

军坡还有大军坡、小军坡之分。大、小是指它覆盖村庄、人口的多少而言,大的有几十个村,小的仅一个村或半个村。军坡境域范围不限于旧时的行政区划,一般是连片村庄同一军坡,很少有零散的。太大的军坡弊大于利,周边村庄的亲戚都在同一天闹军坡,不相来往,缺少了交往和热闹的成分。先前有些覆盖范围广的军坡近代已有"分家"的情况,奉祀的神一是按"一神二躯"的做法,还有一种是另外造神。如定安富文镇十多个村庄和屯昌县卜文、石硤一带的村庄(共有大小36个村),原祀奉的是冼夫人,同于二月十五闹军坡,现在石硤一带的村庄却造海瑞之神以奉祀之,选三月廿二为军坡期。还有一些地方,因自然环境条件限制,如河流阻隔、行政区划分等造成军坡活动不便,便有"分军坡"的情况出现。军坡分闹,必有二躯神像,便产生了"一神鉴二躯"的现象,久而久之,神明演化为"哥弟""姐妹"相称。

(三) 军坡活动形式及其过程

军坡活动具体分为三个阶段。第一阶段是筹备阶段。是在上年暮冬择日进行,主要是为神像"洗礼""重塑",举行醮会演经奏相,"招神""鉴躯",为神像"开光点目",并举行"炼火"(过火山)、"逾楼"(上刀梯)等验证神功的典仪。上刀梯一般是由道士担任,过火山是境峒中的众多信庶。筹备阶段要有新的仙童角色出现,道语称"降童""扶童""催童",俗语称"降同"或"下同"。现军坡活动中司神并代神开口之人,都被讹称为"同脚"。老角色称为老童,新角色称为新童。醮会中"同脚"能开口发言,即道教科书中所说的:"神心达乎童心,童窍通于神窍。"筹备阶段进行"炼火""奏楼"等程序时,如果涌现出多个新"同脚",那么当年的军坡准有看头。

关于"神灵开光仪式",定安县 Y 先生介绍说,有一个"请道士祈福法会",在这个法会上有"过火山""上刀山",道士先走上去,拿一只大鹅(也叫天鹅),悬挂在天梯上(刀梯),鹅在上面叫,道士在下面念念有词,喇叭向东南方的天上大吹,这是在跟玉皇大帝沟通,请玉皇大帝把信息传到大地法事里,敲锣打鼓,被神灵选中的人,在地上打滚,红布绑在头上,有些是神附身,有些是妖附身。从这帮人中选一个"神"出来,这人是神附身,以后每年都是由这个人做法事,他们村这个人做到了 80 岁,现在人已经死了,目前要找另一个神童接替他。仪式一开始,神灵跑,全村人跟着神灵跑。过坟墓时,意味着把妖魔鬼怪都赶过去。跑到谁家谁家就要迎接。神要跑到你家转一圈,意思是驱鬼。活动的时候,家家鞭炮声此起彼伏,这样做后,大家睡觉就觉得平安,心里平和。这样的活动,大法事的话,要几年举行一次。

第二阶段是军坡期实质操作阶段。农历二月是军坡活动的高峰期,不管是哪个境峒的神班及子孙(信民自称是某某神之子孙),

几乎都有被邀请而"出军"的机会,彼此经常交往的,"出军"则多一些。然而经常"出军"既疲倦又开销大,但人们还是乐此不疲,"神欢人乐"何乐不为?今日东邻,明天右舍,"同脚"今天刺左脸颊,明天刺右脸颊。有丰盛的酒菜,有一定的回报,"出军"之人个个神气十足、满心欢悦。受邀"出军"到了他境峒,自家的军期就要有所作为,一定得当好东道主。一是不管怎样,要安排好来拜军坡的"友军";二是在祭神和游军中要露一手,除了操军中队伍要"雄赳赳",在竞技的场面中还要"出类拔萃",神功表现要超乎寻常。因而军坡活动越烈越是苦了"同脚",越是增加了花费。

"同脚"要在军坡祭神、游军中有所表现,一般的都是如醉如狂地跳"傩舞"(现代已没有标准的傩舞了,"同脚"有时是不规则地乱跳),有些要"过锵"(即神杖),即用摩擦光亮、清洗干净的铁制长钎穿刺自己的脸颊,以显示神力的高超。已往穿刺神杖一人刺一支,近几年发展为数人连刺一支神杖的现象。

军坡的当天,军坡场的情景非常热闹:各境(峒)神祇聚会赛会场时,只有主客之别,没有尊卑之分,平起平坐,不分大小,只分先后。各路受邀神祇随从者众,多者有几百人,少者也有几十人。来者均由东道主的项目负责人安排到各户就餐,安排得井井有条。来者不论熟悉还是陌生,人人尽是喜笑颜开。

军坡之日,境(峒)的路上,车水马龙,旌旗蔽日,锣鼓喧天,乐曲回荡,人声鼎沸。男女着新衣丽服,或手提或车载水酒、糖果、爆竹等礼品前来拜军坡,一路欢声笑语。来者有朋友的朋友、亲戚的亲戚,不分亲疏远近,不论熟悉还是陌生,人人尽得共享风调雨顺、清平康宁之气氛,个个得品尝菜蔬果糖。酒足饭饱后,结伴到赛场(军坡场)看祭神、装军。

军坡日这天,家家设宴,不分贫富,家家必备。一束清香、一杯水酒可表寸心,十桌佳肴、满席酒菜敬神之意也同。亲朋好友散席时(有时延至夜间),主人家还要送给一些肉菜糖果之类(谓

"迎路")带归。

第三阶段是本年军坡期的后阶段。这个阶段并不轻松，还有应酬的任务，还要"礼尚往来"回访曾经来拜军坡的那些军坡期排后的境峒村庄，不然是一种失礼的表现，来年谁还来拜军坡。清末和民国年代，"出军"的神班军团还有逗留过夜的状况，俗称"僵军"（"僵持"之意），即在外境宿夜，常常是今天僵军在此个境峒，明天又游军到彼个境峒。

清末和民国时期，出军的整个军团模拟三军仪仗，队伍庞大，浩浩荡荡，旌旗蔽日、鼓乐喧天。各境峒相竞展现"军容"，肃将严兵，服饰统一，蔚为壮观。据老人回忆当时的情景：在"帅字旗"的引领下，数名高举绣绘虎头的头牌军士精神抖擞，手持十八般武器的仪仗队威风凛凛，头戴幔笠、身着罗裙、肩挑花篮的女子婀娜多姿，以少年儿童为主的鼓乐队鸣锣操钹。有些军团还装扮故事人物在出军的队伍中展演，并伴有舞狮、舞虎、舞鹿等表演，完全是一种方阵式的民间艺术游演活动。军坡的整个过程是以祭神、敬神、娱神为初衷，利用联合演武、竞技等手段，以达到娱乐升平、身心愉快的目的。同时也是一种打造各境峒的人气、财气形象的平台，起了互相促进作用。

军坡活动的高潮是祭神后游军阶段。各路军团的"神童"、本境峒的"神童"，或走于神像前或站在神轿上，手舞脚踏，如癫如醉。"童角"手持香束和神剑（俗称神杖，供神童穿颊的铁制或银制杆钎），银制的仅尺来长，铁制的一米至七八米不等。在鞭炮和锣鼓声中、在喝彩声中，几米长的神剑穿过自己的脸颊，面无改色，神情泰然。让观者既感觉刺激又有几分恐惧。

军坡的晚上多数境峒还请剧团演谢神戏、演八仙等活动。境峒中祀奉的神像被供在剧场的后座"观戏"，人们又借娱神得以娱乐而大饱眼福。大的境峒不惜重金雇请名剧团演通宵戏，军坡期间海南省绝大多数琼剧团的演出排期是排得满满的。有村民告诉笔者，舞台都是他们自己搭建的。小舞台上摆神像，祭品拜祖先、拜神灵，晚上看琼剧。一般村里有好几个神童，如关羽神童等，晚上巡村、烧香、摆供品，现在年轻人要看刘德华，琼剧只剩下老年人看，已经基本没有市场了。他说他自己的儿子以前喜欢奥特曼，在他的教育下，现在也喜欢孙悟空了。

（四）军坡节的社会功能

今天的军坡节概念，不再单指纪念冼夫人的活动，其意义也早已超越了传统祭祖活动，军坡节上所祭之神除了冼夫人，还敬奉地方上的有功人物及各位华人心中所敬之神，其中有不同民族的，有男也有女。只要是有利于民族团结、民族文化融合、劝善戒恶、驱除邪魔、保佑平安的人，一旦成为民众心里的精神偶像时，在信仰的驱使下，人们都会去敬奉和祭祀。军坡节的祭祀活动自始至终都是别开生面的群众性的娱乐活动。提起军坡节，海南人似乎更喜欢说"闹"军坡，就是强调大家在一起的一个"狂欢"节。人们借娱神而娱人，神欢而人欢，人神同乐。这一天既是神的节日，又是人的节日，人神达到完全沟通。

从社会效益上看，军坡活动能够拉动内需，发展经济。军坡节期间，食品、副食品大量消费，人员流动性较大，能激活交通运输业，促进文化娱乐消费市场的发展；从社会关系的构建上看，军坡活动能增进人与人之间的感情，增强境峒、村庄之间的团结。有利于亲朋好友之间的来往交流，共叙亲情、友情。经济时代的到来，生产方式有所改变，人们难有机会相聚，借军坡节，为远近亲疏的亲朋好友提供互访机会，增进感情；从实际生活来看，军坡活动还能给青年男女提供交际机会，选择对象，谈情说爱，结成姻缘。农村青年外出打工者众，男女青年相认识的机会有限，军坡节期间，这些青年回家闹军坡有了相识、交友的机会。跨区域的拜访活动，更有利于异地婚嫁，使民族的繁衍基因扬长避短；从文化价值上来看，军坡活动的游军、舞狮、舞虎和方阵及其祭祀仪式和文娱表演都有观摩价值，是一种非物质文化遗产。军坡节已成为电影放映、球类比赛、戏剧演出等文化体育活动的施展平台。有政府官员认为,军坡节这个时候是灌输各种思想的最好时机,也是做群众思想政治工作的最好时机。因此,军坡节又给政府提供了一次深入民间,联谊民众,探访民心的绝好机会。为此,定安县 X 部长说,春节是年俗,闹军坡还是文化的东西。能聚人气,传统文化现代化,有利于和谐,有利于心灵安顿,加上现代文化的东西渗透进去,搞宣传最好的时候就是闹军坡的时候。这时候可以放电影,搞科技下乡,可以跟百姓讲过年的话。不能全盘否定传统文化,可以利用民间宗教形式宣传社会主义核心价值观。

一次次的闹军坡,无疑是各村子一次次集体的才艺比拼,人们竞相在神灵面前充分展示自己的个性,展示自己及家族的社会交往水平,充分发挥自己村民的才华,展示自己村子的经济、文化的整体实力。每个村子都希望自己能赢得神对自己村子最大的满意程度,所以,各村每年的军坡节都提前筹备,彼此暗中较劲。导致各村为筹办军坡节的消费也是逐年在增加。近年来,有个别地方的军坡节出现借神威而壮人威的一些现象,这些都不得不令人有所思考。

五 以道教形式存在的海南儒学

在深入考察发掘海南宗祠、文庙、碑碣、楹联、牌坊等物质文化形态的同时,与此紧密联系在一起的风俗民情,如丧葬、婚俗、祭天祭祖、民俗文化节日、"招亡魂""迎先人""军坡节""公期"等行为文化形态背后也同样蕴含着重要的精神文化要素,作为儒家文化的行为文化载体,同样体现着活生生的文化精神。如果说,纪念海南民族英雄冼夫人的活动在刚开始的时候,还带着浓重的祖先崇拜的痕迹,也可以说是儒家祭祖传统的印记,但是,到宋代道教传入海南以后,这种民间祭祖风俗活动很快附着于道教生动的祭神形式,且规模更大,形式更为多样,从而出现了展示道教的神力、神功等带有许多巫术成分的文化形式。

一个时期以来,海南文化就是道教文化,似乎已成学界定说。

有研究者甚至主张，海南宗教应该用道教来涵盖。通过对海南文化的实地调研，笔者了解到，从形式上看，海南确实是"村村有庙"，但是透过这些庙，却发现这些物质文化形式的背后，作为其思想内核的东西却是儒家文化。还有那些生动鲜活的道教仪式也无法掩盖海南文化的儒家思想本质，儒学的思想观念已经渗透在海南的民俗文化形式中。譬如，军坡节上看起来是有些巫术成分的"穿仗"和"神上身"。其实"穿仗"的本意是在打仗之前鼓舞士气的一种极端行为；"神上身"也是实现沟通神人的怪诞仪式；比如招魂与超度亡灵的仪式，祭祀五代以内的祖宗等，原本属于儒教的活动，但在海南这一活动不是由儒生来做，而是由道士来完成。由谁来完成不重要，关键是这一活动所蕴含和彰显的思想内容。

在海南，还有一个有趣的现象。海南农村普遍在道庙中供奉着孔子像，每次进入海南的道庙，都会产生一种强烈的感觉：儒家的思想和观念在道庙中几乎无处不在，如"正义明道""关公神像"的供奉等。道士在做儒生的事情，这是笔者对海南文化的基本判断。因此，用道教文化来概括海南文化是不合适的。海南文化是儒、释、道"三教"融合的文化，但是，儒、释、道"三教"在海南文化中，在海南百姓的社会生活中，并不是一种平行、并列的关系。在这一文化系统中，儒教居于核心的地位，起着主导的作用。儒教虽然存在于道教之中，甚至要通过"道"和"释"的形式来表现，但儒学却是这一文化形式的根本内核。

军坡节习俗不同于"罪感文化"。海南儒学不是以宗教形式存在，而是以民间信俗文化形式存在，是民俗文化的一部分。民俗文化是指民间民众的风俗生活文化。泛指一个民族，或地区民众所创造、继承与共享的风土民情和生活习惯。民间信俗文化与基督宗教有着本质不同。尽管在仪式上曾有过相似，但民众的内在心理结构是完全不同的。

李泽厚先生在谈到中国的乐感文化时，提到以人为本位的西方"罪感文化"中的情节。西方"罪感文化"，指的是人对"原罪"

的自我意识，人们为赎罪而奋勇斗争：征服自然、改造自己，以获得神眷，再回到上帝怀抱。与上帝的直接的精神联系优越于其他一切世间（包括父母）的关系。以灵与肉的分裂，以心灵、肉体的紧张痛苦为代价而获得意念超升、心理洗涤，以及与上帝同在的迷狂式的喜悦，经常是以个人为本位的西方"罪感文化"的重要环节。人们把生活的信念寄托于神（上帝），寄托于超越此世间的精神欢乐。这种欢乐经常必须是通过此世间的个体身心的极度折磨和苦痛才可能获得。这是基督教以及其他很多宗教的特征。李泽厚先生还举出一报纸上的消息作为例证，尽管具体细节不一定可靠，但它在表现自我惩罚以求超越的宗教精神仍是可信的。其所引抄文如下：

> 据路透社报道，最近马来西亚有许许多多的印度教徒群集在吉隆坡附近一个大雾笼罩的石灰穴洞口上，庆祝泰波心节（悔过节），他们用利针戳穿自己的舌头，或将一支手指宽的铁杆穿过自己的脸颊，去击鼓和歌颂他们的家庭和朋友。他们用铁扣针、铁链和尖利凶器来"惩罚"自己，表示对神忏悔和诚心。这些教徒在进行这种活动的过程中都晕倒过去。①

李泽厚先生分析认为，这些教徒用各种残酷的手段惩罚自己，以示对神的诚心。他们的逻辑可能是，通过领略痛苦才能与神同在，折磨肉体，灵魂才能超升天堂。这只是一种低级的宗教，远不及基督教的深邃精致。基督教把痛苦视作"原罪的苦果"，人只有通过它才能赎罪，才能听到上帝的召唤，才能达到对上帝的皈依和从属，痛苦成了人圣超凡的解救之道。把钉在十字架鲜血淋漓的耶稣作为崇拜的对象，这种情景和艺术，在中国文化传统中极少见，甚至是格格不入的。②

---

① 李泽厚：《新版中国古代思想史论》，天津社会科学院出版社2008年版，第243页。
② 李泽厚：《新版中国古代思想史论》，天津社会科学院出版社2008年版，第244页。

第五章 民俗和"儒家道坛"的民俗文化现象

不得不说,马来西亚的泰波心节与海南军坡节有着某种惊人的相似之处,但也有着本质不同。海南军坡节的发展源于祖先崇拜和信仰习俗。其核心在于儒家文化将"有功于民"的人视为祖先神进行纪念和崇拜。因冼夫人在危难关头具有"不能惜汝辄负国家"的忠义精神,而被奉为神灵,民众为其建祠祭祀。后冼夫人文化融合道教形式,形成以儒家文化理念为核心的,以道教祭神形式为外在表现的军坡文化,为民众喜爱,并广泛传播与扩散。从冼夫人的纪念节,到"闹军坡"的民俗节日中,"同脚"为了要在游军中有所表现,既要显示军队气势,还要显示神力高超,他们除了如醉如狂地跳"傩舞",还要用摩擦光亮、清洗干净的铁制长钎穿刺自己的脸颊,穿刺神杖已往一人刺一支,近几年发展为数人连刺一支神杖的现象。但"同脚"将此作为一种荣耀之事,在灵与肉的结合中,获得与神灵同在的喜悦与神气。

在这一过程中,并没有自我惩罚的宗教特征,人们也没有"罪感"。且看,军坡之日,车水马龙,旌旗蔽日,锣鼓喧天,乐曲回荡,人声鼎沸。男女着新衣丽服,或手提或车载水酒、糖果、爆竹等礼品前来拜军坡,一路欢声笑语。来者有朋友的朋友、亲戚的亲戚,不分亲疏,不论熟悉还是陌生,人人尽得共享风调雨顺、清平康宁之气氛,个个得品尝菜蔬果糖。酒足饭饱后,结伴到赛场看祭神、装军。军坡日这天,家家设宴,不分贫富,家家必备。一束清香、一杯水酒可表寸心,十桌佳肴、满席酒菜亦同表敬神之意。亲朋好友散席时,有时延至深夜,主人家还要送给一些肉菜糖果之类让其带回。在这一过程中,人人喜庆欢乐、笑逐颜开。当笔者听着当地人介绍军坡节的整个过程时,也立刻获得了一种沉浸式的"快乐"体验,的确,闹军坡活动还有一个别称,叫"欢乐节"。

总之,军坡习俗是融合道教、儒教、民间信仰三者为一体的民间信俗文化,同时,也是儒学依附民间道教形式存在的儒学形态。人们闹军坡的目的就是为了娱神悦神,达到人神欢愉、人神庆恰、人天同在。

◇ 儒家文化的民间生态

尽管海南儒学以道教形式存在，但其更是以儒学文化理性内容贯穿始终，这是海南军坡节文化之所以能够延续至今的最关键所在。所谓文化的理性，首先，表现为是一种公共价值选择。这种价值观体系能够被不同层面的主体所接受，既能被国家接受，也能为集体接受，还能被个人所接受。它能够代表各行为主体的价值观，并且以规范的形式形成主流价值观。使整个社会能被有秩序引导和推动，并获得持续性发展。① 其次，这种文化理性的形成过程，也是各阶层价值体系的不断参与、选择和融合过程。同时，不断淘汰一些不符合时代的糟粕的东西，以整合、规范和凝练社会整个文化价值体系的过程。因此，文化理性过程从本质上讲也是一种文明的渐进过程，它能够剔除一些文化发展中感性特质，自觉彰显儒家文化认同的价值体系。梁漱溟曾把中国民族精神用"理性"来概括，认为"理性"体现了中国文化的基本特征，是极精准的。中国文化既是"乐感文化"，更是一种理性文化，乐感与理性的结合，构成了中国本土文化特有的精神面貌。同样，也塑造了今天军坡节的理性特征。

海南今天提出"建设强省"的目标，其中就有一项是"加快发展文化创意产业"。对于海南特有的"冼夫人文化节"，政府利用其本土文化，发展出生动和谐的海南地域文化，打造出"具有海南特色的文化节庆品牌"。2002年3月14日，海南省旅游局琼旅函〔2002〕30号《关于同意将琼山市新坡镇军坡纪念冼夫人活动纳入2002年中国民间艺术游海南总体活动内容的批复》载："同意将琼山市新坡镇军坡纪念冼夫人活动纳入2002年中国民间艺术游海南系列活动内容，活动名称为'2002年中国民间艺术游海南冼夫人文化节'"，由琼山市旅游局和新坡镇人民政府联合主办。这就是首届海南冼夫人文化节。如此，"军坡节"定位为"冼夫人文化节"，

---

① 王宇丁等：《文化的理性与理性的文化——公共价值建构在思想政治教育中的逻辑地位》，《思想教育研究》2013年第10期，第34页。

并升格为"海南省"级。此后,第二至第四届由海口市龙华区人民政府主办。2006 年,第五届文化节上升为"国家"级,称"中国(海口)冼夫人文化节"。自第五届至第十二届,均由海口市人民政府主办,① 这说明,海南省政府已经将"冼夫人文化节"提上了政府议事日程,冼夫人文化越来越受到肯定,越来越受到重视。

值得进一步指出的是,这一举措无疑是对军坡节进行文化理性引领的具体范例。对于一种民俗活动,可以有多种发展模式,对于遍布海南各地的神祇信仰,到底往何处引领?到底要怎样满足海南民众精神的底层诉求,尤其在乡村振兴,民众生活水平提高后,如何切实打造海南特色文化品牌,建设海南文化的软实力,依然需要在实践中不断思考和创新。

第二节 儒学的民间社会实现方式:"儒家道坛"

"庙学一体"是庙学发展的基本路向,也是儒学物质载体存在和发展的基本特征。这一特征使得中国儒学的存在和发展始终游走在"学""教"之间,此消彼长,此长彼消,互长互消。在某一历史时期儒学作为"学"的一面凸显出来,在另一历史时期儒学作为"教"的一面会凸显出来。有时会"学""教"并盛,在特殊的历史时期也可能"学""教"俱弱。值得注意的是,当代儒学的发展在一些地方呈现出了明显的宗教性趋向,表现为以儒家伦理道德教化大众践行儒学的方式。笔者在一些地方的调研中发现了这一现象,其中以福建民间最为典型。因此,本节将以福建民间"儒家道坛"为例,分析其发展、演变的过程。

---

① 海南省人民政府网:《关于"中国(海南)冼夫人文化节"在全省实施的建议》,政协提案,(2014 - 07 - 21)[2020 - 08 - 01](hainan. gov. cn)。

一 以诸神信仰为基础，以儒家伦理"度化"人心

福建民间"儒家道坛"，也称"儒教道坛"，是大陆已知的第一个冠以儒教之名的儒教信仰活动团体，它由"信德八卦坛"发展而来，至今已有四十多年传统。当年，其师父李 YL 在民间传教，因为不识字，只靠口口相传，所以留下的文字不多。1998 年，现任道坛坛主 LYZ，男，汉族，未婚，初中文化程度。L 自幼生活困苦，曾经靠蹬三轮维持生计，后来因身体原因，经人介绍找到李 YL 治病，因病生信，随之学道，时满出道，始设坛传教。据 L 介绍。他所传授的《三八总纲》和《遵守心德十二条例》，以宣传儒家的伦理道德观念及日常行为准则为宗旨。他认为，忠、孝、礼、义是儒家做人的道德，儒道是天下人的人道，这道要发扬光大，就需要把他师父所传"无字天书"变成文字，既能让群众接受，还要符合社会需要，又不能触犯国法。后经由热心文化人士的帮助、策划和推动，遂成立了"儒教开封坛""儒教道坛""儒家道坛"，始终信儒家传统学说为道坛正统。

儒家道坛主信神农大帝。神农大帝又称五谷先帝、五谷仙帝、药王大帝、开天炎帝、五谷王、粟母王。民间也有各种称谓，如先农、先帝爷、药王、药仙、五谷仙、五谷大帝、田祖、田主、土神等称呼。神农圣帝即神话中的炎帝神农氏，相传神农氏发明农业，并亲尝百草作为医药，所以又被称为"药王大帝"。历代朝廷都非常重视祭祀神农氏。皇帝除亲自祭祀神农外，还要举行躬耕仪式，以示重视农业生产。每年的农历四月二十八是药王的诞辰，"儒家道坛"都会举行祭祀药王仪式。据道坛人讲，每逢节日都有人来祭祀许愿，还有来保佑孩子考学的，祈祷身体健康的，也有来问询看病的，诉求五花八门。

道坛的众神谱系并非无规律的随意展开，而是有着道坛人自己建构的内在逻辑顺序。从其"神圣空间"的布设中可以看出，其祭祀的神主是以道教神灵为主，以孔子神灵为中心展开。在道坛祭祀

神灵的场所，神灵牌位的摆放共有两排，第一排从左到右依次是：李香仙姑、韩雪仙姑、至圣先师孔子、葛洪仙师、福德正神；第二排从左到右依次是：南山老君、南极仙翁、玉顶真人、神农上帝、太上老君、南山道主、观世音菩萨、韩元帅。据道坛师傅称，因为不懂这些神灵的大小，所以只能按照年代顺序摆放。比如说，第二排的神灵肯定比第一排的神灵年代要早，所以要放在后面。而她们主信的神农大帝和至圣先师孔子就放在中间，凸显儒家神灵的重要性。而将所有神灵一并供奉，使祭祀场所看起来像一个"神灵大杂烩"。韦伯曾言中国民间信仰是"功能性神灵的大杂烩"①，就是看到了民间诸神灵的庞杂性。但道坛人有自己朴素的想法，他们认为，"天地神灵"是合为一体的，因为这些神灵都是教人行善事、做好事，都是有利于这个社会的。

　　道坛人的这种看法并非另类。融合儒、释、道三教神主，甚至准备纳各种宗教神主入驻祭坛，这种情况在北方也存在。在陕西ZZ县成立的"孔子文化研究会"大堂里，供奉着儒、释、道三教神主。据研究会的会长说，不管哪种宗教，主要意思都是一样的，经典之间并不对抗，只是修持方式不同。学习孔教，也尊重别教。这种情况在新加坡等东南亚国家也有表现。新加坡华族就有各种各样供奉神祇的殿堂，而且名称很多。如寺、庙、堂、坛、会、精舍等。由于供奉的神祇很多，孰属儒、孰属道，难以分清，但在行教化、劝人行孝向善的"宗教"意旨这一点上，却是"殊途同归"。

　　道坛创建人L师父，说自己相信神灵，相信天意，相信老天、上帝，也相信信仰的力量，相信人的诚信的力量。他认为，"修养人的道德才能通达天地神灵"，他们提出的"遵守心德十二条例"，以"不能不忠不孝，不仁不义，欺神背道，不敬祖宗"为开篇要义；"本坛兄弟姐妹遵守十条例"开篇宗旨就是"心德劝道感化世人，行善积德"。其目的是"传出儒家道德，恢复儒教教养人心。"

---

① 杨庆堃：《中国社会中的宗教》，范丽珠译，四川人民出版社2016年版，第3页。

诸多教义，实质上是以儒家"忠、孝、礼、义"等伦理思想为基本内容。

每逢道坛举行祭祀仪式或者搞文化活动的时候，当地信众只要赋闲在家，不出去干活的男女老少（其中大多是60岁以上的老人家），几乎全部到场。男士穿着白色上衣，女士穿着红色上衣，上百人井然有序地坐在一起，齐声背诵《弟子规》等儒家经典，他们用地方小调翻唱根据儒家经典编写的《圣人经》等朗朗上口的歌曲，登台表演自编自导的小节目，场面令人震撼。

道坛供奉孔子圣人，奉读《弟子规》等儒家经典，用儒家的伦理道德规范作为立身行事依据，更确切说，是学习儒家经典，修养心性。他们认为，一切苦恼疾病都源于心。道坛教义就是要教人解除心魔，学会放下，消解精神困惑，以解诸病。道坛L师父每天早上都要开坛讲道，领信众一起学习"三从八德"，"家训"等经典教义，教大家打开心结，调理情绪，同时还配合做一些体操，恢复健康。据道坛师傅介绍说："《三从八德》，《十二条例》统称'心德总纲'，是我们治病、解灾的经文、咒语，也是显灵的。"道坛人坚信："先有圣德，后有神灵。"只要你相信儒家圣训，保持儒教信仰，行善积德，就能对神灵有感应，有感应就是有效果，而几乎每个道坛信众都能说出自己的亲身体验和感受。

福建民间历史上就有信奉诸神的传统。《霞浦县志》曾记载："明洪武中大疫，随祷皆应""正德十一年，民染喉症，有祷即愈"[①]。曾经的霞浦，旧志中，凡府、州、县遍设祠、寺、坛、庙，"国朝灵应犹烈，庙貌遍于省垣，勅封'护国佑民'，遣官致祭"[②]。从明代国家层面来看，祭神传统也属于"护国佑民"的手段之一。我们知道，生与死、健康与疾病、丰足和匮乏是人类永恒的焦虑，而在中国民间来看，人们对于未来未知的原因总是充满了希望和恐

---

① 霞浦县志编纂委员会整理：《霞浦县志》，方志出版社1986年版，第74、75页。
② 霞浦县志编纂委员会整理：《霞浦县志》，方志出版社1986年版，第75页。

惧两重纠缠的情绪。费尔巴哈曾说:"诸神乃是充实了的、肉体化了的、现实化了的人愿。"① 信仰尽可能多的神灵,集中各个神灵的特殊功能,让诸多神灵护佑生活的各个方面,成为普通民众依赖的力量,也成为民众调节生活节奏、寻求心理安慰的方式。儒家道坛虔信儒家伦理道德思想,以儒教孔子、道教神仙,以及原始宗教诸神、佛教的观音菩萨等为信奉对象,一方面,这些"神"与民众的基本生活密切相关,能满足精神需求的基本愿望;另一方面,也来自悠久的民间信仰传统。

二 传播"孝道"文化,助力新农村建设

涵江村是面海背山的自然村落,交通便利。全村总人口约5670人,是县行政人口最多的地方之一,村民生产以养殖业为主:紫菜、海带、牡蛎为主要产业,山上基本种植荔枝,也是有名的荔枝村,自然资源丰富。

涵江村"儒教道坛"始建于2003年,设在L姓师父的家里,开始只有十几个人听道,L用《三从八德》总纲和《遵守心德十二条例》,还有道坛里的《劝辞篇》《药诗篇》教他们学习如何做人,他要求信众每晚都要到道坛听道,为他们解冤释结。因为信众大多数都因病生信,而且大多是文盲,师父义务为他们治疗,耐心讲解。不怕脏、不怕臭,不分昼夜。有时一句话就要讲解好几天,信众不理解的,师父还不厌其烦的登门解说。信众们一传十,十传百,不到一年时间就有一百多户人家进坛听道,家里拥挤,坐不下,他们要求师父建新坛。为了能使信众有一个公共学习场所,2005年道坛建新坛期间,信众们都自愿捐款,多的几千元,少则几百元。

不得不提及的是,自道坛创建以来,社会治安明显好转,精神文明水平逐步提高,大家一致反映,现在村里打架、斗殴、车匪、

---

① [德]费尔巴哈:《宗教的本质》,商务印书馆2010年版,第36页。

路霸、偷盗等事件基本没有了，吸毒、押六合彩也没有了，婆媳打架少了，不孝敬长辈也没有了，村民说儒家道坛既是医疗所也是妇联会、调解委员会、真正给村民带来了健康的身体，和睦的家庭。其积极意义主要表现为：

（1）社会治安明显好转。原来的涵江村人称"土匪村"，是个治安十分混乱的村庄，海上渔船机器等夜间常遭偷窃，家中房门没关，稍不留神就会被盗，打架、斗殴、车匪、路霸、赌博都是远近闻名的，镇上的派出所经常忙得连星期天都无法休息。现在，村民们变得文明了，也认识到自己原先的不足之处。例如CLF，据她自己所说，她原来做生意都是缺斤少两的，也是个路霸，经常拦住过往的车辆，强加柴油，用35斤的油算50多斤的油钱，现在进坛后，通过学习《弟子规》《道德经》，认识到自己原先的不足，不断地改变自己。现在村里有什么大小事她都能带头，积极响应村委的号召。再如ZY，男，46岁，原来全家赌博，有一年妻子赌博输了20来万元，倾家荡产了，没办法只好外出做生意，途中遭歹徒打劫，受惊吓引起精神错乱，也得了胃炎、胆囊炎等疾病。后来，被父亲领到道坛，学习"总纲道理"《弟子规》《圣人经》，心情舒畅了，身体也逐渐好转了，现在也常常以自己为例，劝解村民不要赌博。

（2）村容村貌发生变化。长期以来，涵江村卫生状况不堪入目，垃圾杂物满街都是，鸡鸭猪狗到处乱窜，人称"猪屎街""烂泥摊村"。村民们进坛听道后，懂得讲卫生的重要性，这些村民经常自觉地去修路，打扫街道。如YMH，男，70岁，因夫妻不和，非常烦恼，长期以打猎为生，由于疲劳过度，身体出现了严重状况，甚至一度有生命危险，经医院治疗后效果不大。2007年7月经泥匠介绍进道坛听道理，精神得到安慰。再通过配合医院治疗，身体逐渐康复了。现在他常常去村里或山上修路。再如LXY，男，2005年进坛，和妻子一起听儒教道理，一起读《三从八德》《三字经》《弟子规》，认识了自己以前做人不够的地方，现在常去做些修桥补路的好事。还有 YMH、CJY 等也经常带头为村庄做些好事，帮助修筑了从大黄里到龙潭面的路、学校到岭下的路。现在村中大街小巷都铺上了水泥路，再也找不到当年的"猪屎街"了。村民们的卫生习惯也好了，还能主动把垃圾分类后再投进固定的垃圾箱内。有时老人、小孩看见街道不干净都自觉进行打扫。

（3）家庭和睦、邻里友善。涵江村人口多、村子大，家庭出现不和睦也多，因为丈夫赌博，或者因为妻子出轨等各种原因造成家庭出现矛盾的比比皆是。如 CXJ，女，50 岁，因为夫妻不和，长年分居，心中烦恼痛苦，经邻里介绍进道坛，学习心德总纲，学习做人的道理，改变了情性，现在夫妻和睦了，还把家里的旧房改建成了楼房。YZM，女，33 岁，因脾气不好，常与家人争吵，丈夫开车也受到影响，造成很多不顺。进坛四年，受儒家道理熏陶，人变和气了。现在丈夫开车生意好，生活也富裕了，她也常读心德总纲，学好做人。YQH，女，56 岁，因丈夫喝酒、赌博、常和妯娌争吵，心中烦躁，引起身体不适，进坛五年，在师傅的劝导下，学做人道理，先改变自己的脾气，现在妯娌和睦了，对公婆也孝顺了。以前有许多老人都因为子女、儿媳不孝，经常没饭吃，现在进道坛的老人都经常会说，是儒家道坛让他们有饭吃了。而道坛会长告诉我们说，那是因为儿女、媳妇懂得孝顺了，是"孝敬"理顺了家庭关系，家庭关系和睦了，人就会心情舒畅，而心情舒畅了，身体自然就好了。如 LHA 老人，68 岁了，因家庭不和，儿子常赌博，不孝顺，造成自己也常与别人打架，现在儿子也变懂事了，自己也老有所依了；再如 LJC 等，因为受到了儿媳的孝顺，心情非常舒畅，原来的病症也不见了；如 LFY，男，43 岁，因长期饮酒，夫妻不和，整个人精神不振，脾气倔强，也无法与人沟通，经朋友介绍来坛，学习总纲道理，现在他也能与兄弟姐妹一起学习。现在道坛有老村干、老党员进坛听道，很多老同志都不识字，经过道坛学习《弟子规》《三字经》《圣人经》等经典，不但能读而且都能背诵。

（4）青年开始追求上进。长期以来，涵江村的孩子都是吊儿郎当的，再加上祖辈的溺爱，造成孩子的学习习惯都不是很好，作业不做，爱打网络游戏等，现在村中的孩子们个个都读《三字经》《道德经》，再加上学校老师的督促教育，使他们改变了往常的陋习。如 LYY，以前因沉迷于网络游戏，长期睡眠不足，饮食无节制长期猎捕野味，引起身体疾病，父母劝说不听，后来经人介绍进到儒家道坛，参加学习。曾经玩物失志的青年，现在已是父母心中的好儿子。还有不少的村民，以前在家里都不看书，现在也会和孩子一起阅读了，也懂得了知识的重要性，认识到自己当年没有好好学习的苦处，懂得要教育子女认真学习，对子女的学习也给予了很大的支持。

由于受山高、路陡、无水等自然地理环境因素的影响，涵江村水土流失严重，基础设施薄弱，2016 年以前，贫困发生率超过 18.66%。2018 年，为深入贯彻《中共中央国务院关于实施乡村振兴战略的意见》精神，深入贯彻落实文旅部《关于进一步做好当前旅游扶贫工作的通知》精神，大力发展乡村振兴战略，充分发挥乡村旅游在精准扶贫攻坚战中的重要作用，福建省旅游发展委员会公布了《2018 年省旅发委及省发改扶持重点村名单》，涵江村被评为福建省乡村旅游扶贫重点村。当地政府借此机会，抓住了扶贫政策的机遇，大力实施乡村振兴的战略，引导民众做大传统农业，调整产业结构，因地制宜种草养畜，完善基础设施，短短几年，通过转变观念，发展产业，对口帮扶，打造宜居乐业环境，不断改善民生福祉，把一个困中之困、贫中之贫的烂泥滩变成了相对富裕的村子。据统计，"全村的收入将近三个亿，平均（人均）收入 2.2 万元"①，2019 年全村人均纯收入 9870 元，比 2016 年增长 7070 元。2020 年脱贫人口公告中，涵江村贫困发生率已经降为零。②

---

① 《沙江镇涵江村，全村收入将近三个亿》，2019 年 10 月 7 日，搜狐网，http://www.sohu.com。
② 《涵江村：走出"烂泥滩"迈入新生活》，2020 年 10 月 6 日，央广网，http://baijiahao.baidu.com。

现在的涵江村，陋习越来越少，人们的幸福感极大增强，整个村容、村貌较前都有了巨大变化，"猪屎街""烂泥摊村"的称呼早已不再，涵江村已被打造成富裕和谐文明的新农村。道坛 C 会长告诉笔者，涵江村还被评为省级示范村。

某种程度上说，儒家道坛多年来坚持不懈传播弘扬儒家思想、坚持多年来以儒家道理教化人心、不断讲授孝道伦理，这些措施对于提高村民伦理道德意识，构筑儒家传统文化普遍的乡村根基，甚至为乡村的经济发展都起到了助推作用。涵江儒家道坛在农村基层的成功实践表明，弘扬传统孝道文化对于促进新农村建设，加快农村精神文明建设具有十分重要的现实意义。

三 道坛的管理与发展

道坛的规划发展与道坛自身严格的管理分不开。2003 年建 SC 镇塔岗路 6 号，是儒教道坛最初创业的地方。据 L 师父说，这里也是道坛最早活动的地方，也是他本人的家产，但是现在这里属于道坛所有，他说他本人所有的家产都属于道坛。道坛现在的发展无论是信众人数还是道坛的规模都处在不断扩大发展的状态中。他们现有大小"堂"十几个，分布在市、县不同地方。他们说，除了规模较大的"堂"外，小的"堂""十几个"甚至"无数个"。

2005 年建设 QY 镇 JS 村坛，是当时最大的道坛，据说这里曾经是粮库，后被道坛借钱买下。道坛设 30 多位管理人员。据统计，男士 8 人，占 28%，女士 21 人，占 72%。管理人员的学历分布中，小学 15 人，占 50%；初中 11 人，占 37%；高中 4 人，占 13%。道坛管理人员的年龄区间是 30 岁至 60 岁。女性大多年龄在 40 岁以上。女性多于男性；学历曲线呈下降趋势，年龄越小，学历越高；年龄越大，学历越低；年龄分布基本呈平行状态。

儒家道坛现在人数众多，诸弟子之间以兄弟、姐妹相称，亲如一家，相处融洽。很多姐妹每天往返于道坛，帮助做事，不计报酬。而且，每个道坛之间互动关系紧密。平时，如果遇上某个

"堂"举办大的活动,其他"堂"的姐妹便会赶去参加。每个道坛都设有自己的账目管理,一些较大的"堂"还制定了每天的值班表。

道坛从"信德八卦坛",到"儒教开封坛""儒教道坛""儒家道坛",其发展道路一波三折。道坛之所以能走到今天,与道坛不断调整自己的理念有关。道坛通过祭坛供奉孔子圣人,诵读《弟子规》等儒家经典,用儒家的伦理道德规范作为立身行事依据。他们认为,一切苦恼疾病都源于心。教义就是要教人解除心魔,学会放下,消解精神困惑,以解诸病。除了祭拜孔子,诵读儒家经典,他们还主动跟随时代发展方向作出自身调整,不断适应社会需求。道坛明确打出"爱党爱国兴教、构建和谐社会"的旗帜,致力于传播和弘扬儒家传统文化,努力满足社会最底层百姓的精神诉求,他们希望改善生存环境,改善人与人之间的关系,共同提高文明素养,营造民德归厚、民风淳朴的社会环境,这些都使儒教道坛具有了不断拓展发展空间和面向未来发展的可能性。

儒家道统的敏感点在于——为人治病,在一些人看来是神秘主义,装神弄鬼。即使今天的道坛,包装再精美,再主张信仰孔子,信仰儒学,信仰神农,也掩饰不了道坛的信仰形式——沾水点符,为他人治病。而这种巫术手段,始终摆脱不了历史遗留给人们对神秘巫术的印象。道坛大部分人因为没有多少文化知识,不懂得也不可能去解释其中的奥秘所在,对他们来讲,只要管用,只要灵验,就会一传十、十传百地去相信它。为病人提供咨询也是治病的一种疗法。就笔者所见,他们为人治病的过程,大致就是询问,然后配以按摩或药酒推拿等手法,其后是教育、劝导和警示,而这后一部分看起来才是治病的重点。如病人是身体的问题,他们就会帮助按摩身体的某些部位;如是精神方面的问题,如苦闷、不开心等,就会首先了解他最近做了什么;如果属于婆媳闹矛盾的,就会告诫她们要关心他人,多做善事;如果最近他家里遇到倒霉的事，就会问他是不是做了什么不好的事，然后就会为他讲"三从八德"的内容。他们还辅以唱歌、念诗等娱乐方式缓解病人的病痛。道坛经常组织乡里乡亲聚在一起，唱歌、念诗。大家围坐在一起，穿着同样的衣服，陶醉在一种唱歌的喜悦中，按照道坛姐妹的话说，本来两口子闹了矛盾，结果，唱歌后回家，什么事都没了。集体有时候就是一种力量，一种凝聚的力量，如果这个集体是积极的，它就能够调动人们积极向上的情感和能量。就如同很多地方的"广场舞"一样，大家聚在一起唱歌、跳舞，让一天紧绷的神经得到放松，心情愉悦了，日子就会过得开开心心。还有什么事情想不开的？因此，道坛治病还有一种方式，就是经常组织集体活动，如朗诵、唱歌、跳舞，编排文艺节目等，儒家道坛的姐妹对笔者说："每天从家到道坛来回跑，身体渐渐就好了。"每天奔忙于家和道坛之间，生活于快乐与奉献之间，就会使人忘记病痛。

尽管如此，周边一些民众还是不能接受道坛"为人治病"。还有一部分人对此抱着一种怀疑的态度。据说，道坛周围一些民众听闻有这个道坛，也明白道坛的人不做坏事，是"好的"，但是没有政府的应允，没有"上面"的"委派"，还是持观望态度。因为国家没有正式法律、法规的明文规定，当地政府经常也是睁一只眼闭一只眼，只能任其存在：取缔，没有依据；支持，也没有依据。因而，对道坛的活动，不置可否。据《宁德市年鉴》记载，2003年，"心德教"被认为是封建迷信而被政府机关依法取缔了2处坛点，当时查获信徒23人。[①] 据道坛人讲，2000年和2001年，创办人L曾两次被拘留过，后来因为没有相关政策，最后也就不了了之，放人了。

一直以来，道坛顶着外界压力，在时代的夹缝中艰难生存。他们不断征求当地文化人的意见，也跑遍了全国一些著名的寺

---

① 宁德市地方志编纂委员会：《宁德市年鉴·2003》，2004年版，第318页。

院、宗庙去取经,他们还通过各种途径试图寻找政府的支持,不断寻求外界力量谋求发展。他们期待与学界的交流,希望与地方知识精英合作。他们真正研习具有儒教色彩的经典是从 2007 年开始的。当时,他们组织多人,到北京白云观拜访了中国道教协会副会长黄信阳,前往山东曲阜孔子故里考察,还去了安徽省庐江县汤池镇"中国传统文化教育中心"学习,并带回了《弟子规》《三字经》《孝经》《圣人经》,给信众学习推广,儒教的色彩开始浓厚起来。[1]

四 重建文庙,加快道坛文化转型

道坛人之所以能够长期坚守宣传儒家文化传统并非偶然,因为,霞浦县历史悠久,文化积淀深厚。晋太康三年(282),霞浦置温麻县。至唐武德,称长溪县。元升县为福宁州。明洪武改州为县,成化复升为州。清初仍其旧,雍正时升福宁州为府。霞浦属于闽东古县。闽东文化源流可以追溯至新石器时代。早在 3700 多年前,就有古越先民在这里繁衍生息。秦汉以后,尤其是东晋、唐中叶、五代和北宋末年,汉人几度南迁,随着中原文化的融合,闽东文明渐开。至五代末年,福建已被视为"文儒之乡"。霞浦还是世界文明交流肇始之地,早在唐贞元二十年(804),日本高僧空海入唐求法,在长溪县,就是今天的霞浦县,赤岸登陆,标志着文化交流的开端,[2] 同时,也预示着霞浦文化内在具有的开放及包容性特质。宋、元、明、清时期,随着经济的发展,这里也受到了文人的喜爱,南宋朱熹曾流连霞浦,还在福宁府讲学,文人不断游宦闽东,使这一地区受到了儒家文化的惠泽,一时间"文教聿盛,宁郡人士蒸蒸向化",享"海滨邹鲁"之称。

霞浦县曾有历史上著名的福宁文庙。历史上的霞浦曾经历过置

---

[1] 陈进国:《救劫:当代济度宗教的田野研究》,社会科学文献出版社 2017 年版,第 229 页。

[2] 张登贤、钟亮:《宁德地区文化志》,宁德地区文化局 2000 年版,第 1 页。

县、升州、复置县、又升州为府的沧桑屡变的过程，在长期历史发展演变中，逐渐形成府文庙与县文庙、府学与县学共建并存的特殊形式，导致福宁文庙存在状况较为复杂且线路不甚清晰。《宁德地区教育志》载："北宋庆历三年（1043），长溪县令杜枢将城东夫子庙迁到城南菱湖建县学。元至元二十三年（1286），长溪县升为福宁州，州治在今霞浦县松城，县学升为州学。"① 可知，福宁文庙早在北宋之前就已经以夫子庙形式出现，迁至城南菱湖建县学时，形成庙学合一。在县升州后，福宁文庙的地址一直在霞浦县松城。万历《福宁州志》将文庙列入"祀典志"，载："至圣先师孔子堂，左右列四配十哲，两庑列祀先贤先儒。"② 说明万历年间，庙制齐备。明洪武二年（1369），福宁州降为福宁县，州学也降为县学。成化九年（1473），福宁县复为福宁州，县学复为州学。清雍正十二年（1734），升福宁州为福宁府，府治仍在霞浦县松城，次年，州学升为府学。"③

清时期，福宁文庙称为府学宫。据《霞浦县志·学校志》载，府学即旧州学，在城南菱湖地，初宋长溪县学在治东保明寺左，庆历三年，县令杜枢徙菱湖，元祐二年，县令马康候徙东郊建善寺，五年，黄龟朋复归菱湖，泰定三年，姚迥修之，后江润祖、许铸、赵愦、李季可相继葺之。学士温州叶适有《长溪学记》。元至元一年毁，知县樊忠构明伦堂，二十三年为福宁州学。元贞元年，知州陈翼、同知孙壁重新之。大德十一年，福州知事沈中祥署司铎，造祭器，置书籍，建稽古阁。延祐四年，州尹袁觊才建学门、两庑及教授厅。至治二年，知州潘瑞仍旧址建会文堂、明伦阁两斋。至正二年，大成殿、讲会堂、庑祠俱圮。至正九年冬，州尹王伯颜建大

---

① 宁德地区教育局：《宁德地区教育志》，内部使用，第42页。
② （明）殷之辂修，朱梅等纂：《（万历）福宁州志》，书目文献出版社1990年版，第65页。
③ 宁德地区教育局：《宁德地区教育志》，内部使用，第42页。

成殿、明伦堂、门、庑、两斋、学舍。明洪武二年,改为县学,九年知州赵仲明修,二十七年典史程鉴修建两庑。嘉靖年间,知州夏汝砺戟门外凿泮池。隆庆二年知州陆万垓重修。万历乙丑,庙灾,知州史起钦重建,万历十九年,明伦堂复毁,知州史起钦重修。万历四十六年,知州殷之辂仍徙今所,清康熙四年、二十二年、四十二年,相继重修。国朝督学沈涵有《重建福宁州学记》。雍正十三年,福宁州学升为府学。① 道光二年夏,因风圮,知府福成,知县张富经议修未就。三年春王蕴葵拆卸重建,大殿焕然一新。民国纪元后,倾圮未修。

明、清两朝,霞浦、福鼎相继创办了县学。霞浦县学创办于乾隆元年,福鼎县学创建于乾隆六年。霞浦学宫位于府城东社集贤境,据《霞浦县志》载:"乾隆元年,知县冷岐晖奉文建文庙,后建崇圣祠、明伦堂。十九年知县李珊玉重修。署县王作霖、知府傅尔康重建明伦堂、奎光阁于文庙之左。规模巍焕,气象一新。"② 作为闽东古县的霞浦,历经府文庙与县文庙、府学与县学共建的现象,其文庙也具有独特意义,但并不妨碍"庙学一体"的文化格局在历史上所起到的作用。据《霞浦县志》记载,东社有蓝溪书院,后知府余文仪移置文庙之右,改名近圣书院。乾隆二十四年,知府李拔延师讲学,生徒从者甚众。清太守李拔厚植士子,规制完备,复构"寻乐亭",提其堂曰:"正谊明道。"公余诸生讲论其中,以躬行为先,文艺为后,诸生颖悟有得,一时人才称盛。③

霞浦县不仅有文庙,还有书院。宋绍定年间,创立来菁书院,地址在灵霍乡栢洋里,至清光绪十五年,全县共创办书院9所,其中教会办2所。如表5–3所示:

---

① 刘以臧修,徐友梧纂:《民国霞浦县志》,上海书店出版社2000年版,第126—133页。
② 霞浦县志编纂委员会:《霞浦县志》,方志出版社1986年版,第336页。
③ 霞浦县志编纂委员会:《霞浦县志》,方志出版社1986年版,第189页。

表5-3　　　　　　　　　　霞浦县书院设置情况

名称	创办时间	现地址	附注
来菁书院	宋绍定年间	灵霍乡柘洋里	原名学古斋
东山书院	宋淳祐十一年	县南招贤里双剑峰	今废
东塾书院	宋代	县境内	
敬义、德业书屋	明正德年间		
菱湖书院	明崇祯年间	州治菱湖	原名长溪书院
师古斋书院	明代		
正学书院	明代	州治东南隅	
正音书院	清雍正十二年	城西隅	后迁城南明伦堂崇圣祠右
蓝溪书院	清乾隆四年	县治东社	乾隆十九年迁文庙后改名近圣书院原址改为今县城隍庙
广学书院	清光绪十四年	城西北角龙泉境	光绪二十六年停办，三十四年改为培元学校
培德书院	清光绪十五年	城内基督教堂	光绪十七年改为培德学校

唐时期，朝廷确立了儒家道统的法定地位，重视教育，将官学推行到地方，并使其制度化。从福建全省情况来看，这一时期，福建各地开始设立孔庙，按时举行祭祀活动，设立州、县学，开始出现书院，私塾逐渐普及。宋代，福建在全部57个州、府、军、县都建立了儒学，设立书院100多所，私塾遍于城乡。元朝奉行尊孔崇儒的文教政策，提倡程朱理学，福建传统儒学得到延续和发展。[①]明、清至民国间，私塾在农村盛行。据《霞浦县志》记载，至民国初期，全县共有私塾90多所，多以祠堂、寺庙或塾师宅院为塾舍。1945年，实行国民教育。省政府通令：凡距国民小学3华里内的私塾一律停办，学童就近转入小学。1947年，私塾受县教育科领导和国民中心小学辅导。中华人民共和国成立后，县人民政府对私塾进

---

① 《福建省志·教育志》，方志出版社出版1998年版，第15页。

行整顿改造。1953年后，农村兴办民办学校，私塾逐渐消失。①

文庙、书院是一个地方的文明标志和文化象征。对于霞浦来说，曾经诸生讲论儒学，名哲往贤先后接踵，书院熏陶，士风丕振，科第蝉联，标志着霞浦历史上曾有过的文明辉煌，而纵观今天的霞浦，福宁文庙和近圣书院的旧址，早已改建为霞浦实验小学、实验幼儿园和县体育场。福宁文庙在霞浦的地图上难觅踪影。

随着近年来对儒学传统文化的重视，重建福宁文庙成为民众的迫切需求，其意义重大而深远。在地方政府的决策支持下，划拨60多亩土地和150万元筹建经费，在龙首山文化公园内，预算投资1.5亿元重建千年福宁文庙。将集传统文化教育与旅游休闲于一体。重建后的文庙，将是松城西北角的一道文化风景线，也将是福宁子孙后代文化的教育阵地。与东南边的福宁文化公园南北呼应，形成双壁。成为福宁重要的文化与民生工程。文庙的建成，将对丰富民众的文化生活，改善城区人居环境具有重大意义。地方政府支持县儒学实践研究会致力于文化强县之举，将成为政府与民间共襄互动的儒学实践典范。②

道坛负责人曾告诉我们说，2010年他们在当地申请下来200亩地，希望建一个规模较大的"孔子文化园"，敬拜孔子，聆听圣人教导，多做儒家文化事业。2020年，他们的宏愿已经实现，2020年11月，位于福鼎市西郊的龙首山③孔子文化公园第一期工程进入了装修封顶阶段。11月8日，他们举行了龙首山孔子文化公园福宁文庙大成殿封顶典礼。这对于儒家道坛的人来说，是一件大喜事。霞浦县龙首山孔子文化公园项目，是在原龙首山公园旧址上进行重建，由霞浦县儒学实践研究会负责筹建，规划总用地面积近100亩，总建筑面积近1万平方米，总投资近2亿元，工程于2018年7

---

① 《霞浦县志》，方志出版社1999年版，第817—818页。
② 《2018.12霞浦县龙首山公园孔子文庙宣传片》，2019年2月23日，优酷网，http://www.youku.com。
③ 龙首山在县城北，形如龙首，故得名。

第五章 民俗和"儒家道坛"的民俗文化现象

月动工,主要建设大成门、大成殿、崇圣殿、近圣书院、配殿以及配套服务设施。其中第一期建设工程项目福宁文庙大成殿,占地建筑面积5400平方米,总投入约6000万元。① 龙山公园建设作为一项公益性民生工程,未来文化公园将建成集生态、休闲、娱乐、旅游为一体的文化公园,将儒家文化融入景观,营造浓郁儒家文化氛围,重建文庙造福子孙后代。

除了筹划文庙重建,2011年9月,通过申请,经县民政社团管理部门注册登记,他们还成立了"霞浦县儒学实践研究会",有会员一百余人。他们还制定了"霞浦县儒学实践研究会章程"②。规定了研究会的总则、组织机构、业务范围、经费管理等相关内容。霞浦县儒学实践研究会还制定了一系列未来发展设想和规划,包括发展乡镇儒学实践示范点(基地),请名家作讲座,每年召开小型儒学实践研讨会,创办《儒学实践》内部交流刊物,举办儒家礼乐培训班,组建儒家礼乐队,编写出版《儒家礼仪》,与其他社团合作创办儒家文化沙龙,引入儒商做慈善事业等。同时,儒学实践研究会还积极将国家"主旋律"的思想资源融入儒家道统之中。在管理制度上,加入了"发扬爱国主义精神,积极参与经济建设和各类公益事业,坚决维护宗教和睦和社会和谐""积极开展友好、平等

---

① 《龙首山孔子文化公园第一期工程进入装修》,2020年11月9日,搜狐网,http://www.sohu.com。

② 《霞浦县儒学实践研究会章程》规定了研究会的性质:为XP县社会各界人士自愿发起的非营利性文化研究社团组织;其宗旨为:弘扬中国儒家思想文化,让孔子所创立的儒学从国学大师书斋走向农村实践,推动社会主义新农村精神文明建设,构建和谐社会做贡献;其业务范围大致是:(1)结合学习"八荣八耻",以深入浅出和农村群众所喜闻乐见的形式,学习、宣传、普及儒家孝悌、诚信、仁爱、和为贵等思想文化知识,促进农村尊老爱幼、团结友爱、和谐安定民风民俗,为新农村精神文明建设服务,为构建和谐社会服务;(2)总结近年来一些农村和学校开展儒家传统文化教育的实践经验,加以研究、改革、创新,取精华,纠偏差,补不足,把实践经验提升到理论层面,再由理论进一步指导实践;(3)在全县农村和学校中选择若干儒学实践示范基地,努力帮助他们创建社会主义精神文明单位;(4)创办会刊,积极宣传学习与普及儒家思想与实践;(5)采取请进来、走出去的办法,加强与国内外儒学研究学术活动,适时召开新农村儒学实践研讨会,并出版论文集;(6)努力创造条件,积极调动社会各界的积极性,建设完善我县新农村儒学实践暨孔子文化教育中心场馆。《章程》还详细拟定了其他一系列管理事项。

的对外交往，坚持独立自主自办的原则，抵御境外敌对势力利用宗教进行渗透，严防境外各种异端邪说的侵蚀""坚持学习时事政治、宗教政策法规，不断提高整体素质，定期召开场所事务会议，集体讨论研究本场所重大事务，防止搞个人主义和独断专行"等符合《宗教事务条例》规范的条款。此外，"八荣八耻""社会主义核心价值观"等，也开始进入儒教道坛。在儒学实践研究会的推动下，儒教道坛的合法性获得了地方政府的高度承认。①

霞浦县儒学实践研究会成立后，仅在短短的两三年里，建立了8个儒学实践基地，其中乡村基地5个，学校基地3个。②经过多年的努力，目前，儒家道坛已划归当地文旅部门管辖，从归属定位上来看，未来道坛发展或许将以文庙为依托，更多面向开展文化旅游、围绕重点打造文化景区的方向发展。

儒家道坛发展还有一个重要宗旨就是："让孔子所创立的儒学从国学大师书斋走向农村实践，推动社会主义新农村精神文明建设，构建和谐社会做贡献。"道坛试图让孔子儒学理论走出书斋，变成民间的一种社会实践的力量，与民众的社会生活紧密结合的意图十分清晰。霞浦儒家道坛的建立，体现出民间对孔子儒学的生活性理解，是民间将孔子儒学理论转化为社会实践的一个十分经典的案例。

学者周越曾经提出"做宗教"模式，认为在中国宗教发展史上，不同的"做宗教"的方式逐渐演进并凝结为五种易于辨认的模式：话语或经文模式、个人修炼模式、仪式模式、即时灵验模式、关系或来往模式。并认为这几种模式并非独立存在，它们在大多时候是相互交叉、相互影响的。现实中发生的宗教信仰获得更多的是在地方习俗、历史事件、社会环境、个人性格和"做宗教"模式框架等因素综合影响之下的产物。③这些模式可以说是宗教实践与行

---

① 陈进国：《救劫：当代济度宗教的田野研究》，社会科学文献出版社2017年版，第239页。
② 霞浦历史文化研究会：《霞浦历史文化》，海峡书局2018年版，第71页。
③ 周越、孙非寒：《"做宗教"的模式》，《温州大学学报》2009年第5期。

为的框架。它们推动但又限定人们用话语、图片、雕塑和建筑样式以及行动来表达他们的宗教想象。在周越看来，话语或经文模式，主要通过研读、思考、讨论、争辩、创作、翻译和对深奥的宗教文本的评述。一般意义上来看，人们出于儒、释、道的四书五经等经典著作的魅力而被吸引到这种模式中来，显然，这是需要较高的文化水平以及对哲学或神学理论、逻辑思维的悟性才能达到。这一模式的关键词是"修经"或者"讲道（论道，说教）"。就儒家道坛来看，他们的讲道和说教，最初都是来自自身对儒家经典的理解，由于文化水平有限，对经典的理解多少存在一定的困难。因此，寻求与精英人物的合作变成了他们紧迫的任务；从个人修炼模式来看，宗教活动中，参禅、练功、内丹或外丹、修道、个人或者信众的佛经吟唱等有意识的积德行善，都归属这一模式。儒家道坛对于加入道坛人员的要求就是通过学习儒家经典，进行自我修行。如果说道教要成仙，佛教追求极乐世界或者成佛，儒家则主张成为仁者或成圣。但从民间草根信仰的性质来看，关注个人身体健康、关注他们自己的生活命运，才是首要的、确定的任务。至于成人、成圣，或许只是精英阶层需要关心的问题。

儒家道坛有自己的祭祀仪式，这是由他们自己本身内部的宗教专职人员，他们自己的道士、灵媒、驱邪者等主持仪式模式。在儒、释、道及民间教派的传统中，仪式文本的创作以及在仪式当中的操作，都达到了不可思议的复杂程度。实际上，这部分是宗教教派的信仰核心，也是其神秘性所在。据笔者调研所见，儒家道坛的仪式部分在整个信仰过程中几乎是公开的，通过诵读儒家经典文本，通过道坛师父的说道、说教，开解困惑，为人治病，甚至已经成了公开的秘密，就他们自己来说，也丝毫不会遮掩躲藏。因为，他们认为，一切苦恼疾病都源于心。教义就是要教人解除心魔，学会放下，消解精神困惑，以解诸病。当然，如果站在客观立场来看，也不排除这一核心的机密部分具有不适合给他人所看的可能性。

在道坛人看来，供奉孔子，诵读《弟子规》等儒家经典，用儒家的伦理道德规范作为立身行事依据，按照儒家理念处理家庭伦理和社会关系尤显重要，关系理顺了，人的心情自然舒畅了，心情舒畅，生活开心，身体自然就好了。

对于即时灵验模式，周越认为，这一模式的信仰活动旨在寻求立竿见影的效果，但相对仪式模式而言，它更为直接，而且涉及的程序也是更为简易，没有有意识的复杂化。他们强调向神灵祈祷，使用符咒（如饮用符水）、请示灵媒、找亡魂、求雨、诅咒或者简单的供香等。因其仪式简易而且成本低廉，所以这种模式经常为普通百姓所使用。这一模式的关键词是"灵"和"求"。道坛人也是追求灵验效果的，但在他们看来，这种灵验并非虚构神秘的，而是按照儒教思想去做，孝敬父母，就是健康生活的基础，也是解决生活中一切问题的必要条件。

"关系或来往模式"是强调人和神（或祖先）之间的关系及信众间的关系。如建庙、上供（供奉祖先、神灵和鬼神）、许口愿、相互传述神奇故事（证明神灵的灵验）、赶庙会庆祝神灵的"生日"、迎神赛会、朝圣、组建宗教团体（如神明会）和形成寺庙与崇拜团体之间的联盟关系（如通过分香习俗）等。这一模式强调社会集结性，用仪式活动和宗教节日提供特别的时空让人们聚集起来。这一模式的关键词是"来往（社会往来）"和"关系"（社会关系，联系）。① 无论作为一个社会单位还是生活空间，"家"始终都是研究中国文化和传统宗教信仰的重要组成部分。一直以来，许多学者把祖先崇拜作为家庭宗教的核心来研究。作为基督文明的认同者许烺光，他用有名的"祖荫下"三个字隐晦地表达了家庭宗教消极的一面。他认为，祖先崇拜是一种日常化的行为，家庭是宗教的一部分，反之，宗教也是家庭的一部分，且奇迹并非家庭宗教的关键。裴玄德则强调基于家的宗教对于人类宗教和文明的重要意义。中国的敬祖，即家庭主义是积极的，值得肯定的，也是中国人

---

① 周越、孙非寒：《"做宗教"的模式》，《温州大学学报》2009年第5期。

第五章 民俗和"儒家道坛"的民俗文化现象

引以为自豪的。① 尽管他们对于祖先崇拜的作用认识不同，但作为家庭来说，肯定了祖先崇拜是家庭宗教的重要部分，也是维系家族繁衍续存的重要手段。

纵观儒家道坛的发展模式，发现儒家道坛并未从祭祀祖先出发，而是着重通过供奉孔子圣人，诵读儒家经典，强化用儒家的伦理道德规范作为立身行事依据，从理顺家庭关系入手解决个人问题。对内，通过讲道，讲孝道，讲做人的道理，教人学会放下，从而消解精神困惑，以解诸病，以聚人心；对外，则注重结交社会关系，尤其是结交那些能够帮助他们的地方绅士和社会贤达。同时，政府公职人员也是他们希望吸引进来的群体，因为他们本身都带有某种"社会关系"。

"做宗教"模式给我们提供了一个审视中国宗教模式的基本框架，也成为辨识民间宗教团体的一般视角。但纵观儒家道坛的"做宗教"的行为方式，似乎发展出不一样的新模式，即他们把儒家理论通过民众能听得懂、听得进的、贴合民众生活的讲道、说教、吟诵等方式，通过开坛、"做宗教"，变成了"行教化"，直至"做文化""建文庙"，最终形成了"信仰与文化并行"的模式，构建了儒家道坛自己的特色，使儒家文化理念真正在霞浦落地生根。从他们建文庙的方式来看，由于历史原因，福宁文庙作为儒家文化的物质载体在实体意义上消失了，但作为传统文化的精神意义却早已融入民众的社会生活中。随着近年来对儒学传统文化的重视，民众对重建福宁文庙有了迫切的诉求，在霞浦儒学实践研究会的积极努力下，在地方政府的决策支持下，龙首文化公园内重建千年福宁文庙，打造福宁子孙后代的教育阵地，致力于文化强县之举，丰富民众的文化生活，改善城区人居环境，建设美好家园，满足对美好生活的愿望等一系列举措在乡村振兴背景下将凸显重要的历史与现实意义。

---

① 岳永逸：《行好乡土的逻辑与庙会》，浙江大学出版社2014年版，第311页。

我们说，任何宗教都不能脱离现实社会的土壤，总是和现实社会的实践有着千丝万缕的关系。宗教若要生存，就必须要适应其所处的时代要求。道坛之所以能发展到今天，与道坛不断调整自己的理念有关。他们主动跟随社会发展方向，不断适应社会需求，不断向儒家文化靠拢。而且，道坛致力于传播和弘扬儒家传统文化，努力满足社会最底层百姓朴素的精神需求，他们希望改善社会环境，改善人与人之间的关系，共同提高文明素养，营造民德归厚，民风淳朴的社会环境，这些都使儒教道坛具有拓展空间、面向未来发展的可能性。由于以孔子为代表的儒学在宗教问题上缺乏足够的解释力，民众用他们自己理解世界的方式，采用"道坛"这种自组织形式，坚定持守并光大了儒家传统和儒教信仰，也就不再是一件奇怪的事情了。

可以说，"儒家道坛"是 21 世纪初在福建民间形成的一种朴素的民间宗教、文化、民俗现象，是福建民间大众在新的历史时期面对文化发展、文明进步在朴素原生精神信仰追求方面所作出努力的表现。"儒家道坛"源自民间文化，产自民俗土壤，从产生之日起就具有大众朴素信仰的天然属性，是中国传统儒、释、道宗教文化在福建民间自然发展的一种反映。尽管"儒家道坛"的宗教文化民俗性和儒、释、道的宗教文化思想性之间还有一定的距离，但这并不影响从儒、释、道的宗教文化思想角度去观察、研究"儒家道坛"现象。严格来说，"儒家道坛"本身是一个文字表达悖论，因为"儒家"是指儒家思想，而"道坛"是道教施教场所。将"儒家"思想和"道坛"场所结合起来的这种行为本身就反映出民间宗教文化的大众性，同时也反映出儒、释、道宗教文化的普及性。因此，从思想文化的高度看，可将"儒家道坛"视为当代社会的一种新的宗教形态、新的宗教文化形态、新的宗教信仰形态的早期民间雏形；从文化民俗的角度看，"儒家道坛"更是一种和民间社会文化程度相符合的文化民俗、信俗活动。总体来看，"儒家道坛"的宗教文化现象与传统的儒、释、道的宗教思想还是有区别的，

"儒家道坛"更多是一种文化现象、民俗现象,还远没有上升到宗教、思想的层面。但这也从另一方面说明,由于以孔子为代表的儒学在宗教问题上缺乏足够的解释力,民众自然会用他们自己理解世界的方式,采用类似"道坛"这种自组织形式,继承儒家文化传统、传播儒教信仰。他们通过不断调整理念,向儒家文化靠拢;他们盼望得到精英文化人的支持,渴望得到政府有关部门的引导和帮助以获得认可,从而表明他们做的事情"是对的",自己的东西"是好的",是"教人行善事"的,而这或许才是他们一直以来所以坚守的内在动力,同时,也赋予了儒家道坛面对未来具有可拓展的空间和继续发展的可能性。目前,"儒家道坛"依然处在一个变动不居的动态建构中。

结语

思想文化中儒学的人文性和宗教性

千百年来,孔子创立的儒学在中国社会中,客观上起了精神支柱的作用,它是中国人的精神世界尤其是思想信仰的核心内容。从儒学理论上看,是由于孔子所创立的儒学,少谈或不谈鬼神,致使两千多年来儒学始终朝向凸显人文理性的方向发展,鬼神等信仰层面的东西都被一套学理的、概念的、伦理道德的制度仪式所掩盖,"鬼神"变成了形式,蕴含于其中的人与神之间的关系被人与社会的关系所替代。但关键问题是,孔子又承认天命鬼神的存在,他既讲人,又讲神:一方面,作为理论层面的儒学具有浓郁的人文理性精神,本质上倡导的是一种与神道对立的人道的观念和人道精神;另一方面,儒学在实际生活中的实践应用,早已以其特有的宗教属性,深深影响着百姓日用和惯常行为,作为实践层面的儒学又具有强烈的宗教色彩。儒学所具有的"二重性"在当今社会,尤其是民间表现得非常明显。

一 理论儒学的人文精神

在孔子言论及其思想中,既有对天命、鬼神祭祀的肯定,又有对人文理性精神的张扬。孔子秉承三代以来的思想传统,既讲天,又讲人。孔子讲主宰或命运之天的次数很多。譬如,他说"获罪于天,无所祷也"(《论语·八佾》)。"天何言哉?四时生焉,百物生

结语　思想文化中儒学的人文性和宗教性

焉!"(《论语·阳货》)孔子去见南子,南子声誉不好,子路不高兴,孔子发誓说:"予所否也,天厌之!天厌之!"(《论语·雍也》)《论语·述而》载,孔子说:"天生德于予,桓魋其如予何?"上天在我身上生了这样的品德,桓魋又能把我怎么样呢?对于祭祀之仪,孔子也予以肯定。如他说:"祭如在,祭神如神在。"(《论语·八佾》)"吾不与祭,如不祭。"又说:"非其鬼而祭之,谄也。"(《论语·为政》)楚昭王病重,拒绝祭神,孔子赞美他"知大道"(《左传·哀公六年》)。子路曾经问孔子如何服侍鬼神,孔子回答说:"未能事人,焉能事鬼?"(《论语·先进》)子路又问死是怎么回事,孔子回答说:"未知生,焉知死?"(《论语·先进》)生的道理还没有弄明白,怎么能够懂得死?在这里孔子又强调现实的事情,不谈死后的事情。对天和鬼神既不否认,又强调人的生的问题,强调人的主体意识。

　　从孔子的整个思想体系来看,孔子最为关心的是现实的人和人生。他的思想的核心是"仁",他要求君子要进德修业,追求道德自觉。他说:"人能弘道,非道弘人"(《论语·卫灵公》),坚持讲仁(人),而不讲神。记载:"子不语怪力乱神。"(《论语·述而》)。宋代大儒谢良佐对这句话的解释可以说是颇得孔子思想之真意,他说:"圣人语常而不语怪,语德而不语力,语治而不语乱,语人而不语神。"①这就是说神是存在的,但与人相比,孔子显然更关注后者,语人而不语神;死也是难免的,但与生相比,圣人更关注生。因此,孔子虽然也仰望信仰的蓝天,其思维的触角也时常驰骋在理想的天国,但是,相比而言,他更为关注的是现实的人生,他脚踏的是现实的土地,所倡导和高扬的是人的主体意识,他要在此岸世界,而不是彼岸世界中寻找人类精神的家园和自我心灵的安顿处。从这些方面来看,孔子是一个既仁且智的人生导师,而不是大教主,孔子是人而不是神。清人孙希旦也说:"故事鬼敬神而远

---

① (宋)朱熹:《四书章句集注》,中华书局1983年版,第98页。

之,而专以人道为教。"① 从而肯定了孔子人文理性思想的特征。今人在论及孔子天命鬼神及生死观问题时,亦多探究其"神道设教"的人文主义意蕴。而正是因为儒家本质上是以人文理性精神为主要取向,导致其在人与神的关系问题上重人轻神。人们把人事看得比鬼事重要,他们更加关心社会、人生的现实问题。在中华文化历史中,宗教观念和宗教活动一直存在且呈现多样化,但却一直未能形成充分发育、一元独大的宗教。外来宗教到了中国后,会理性化、人文化,否则它就难以在中国立足、生存和发展。外来宗教在儒家人文精神的涵化下,成为中华文化的有机组成部分。②

从宗教信仰的角度来看,孔子本人又具有深刻的宗教意识,对"鬼神"的存在具有深刻的内在感受和个人体验。这又使儒学在指导个人生活方面具有了与儒学理论所倡导的思想有不一致的要求。对于孔子本人来讲,尽管他悬置鬼神而不讲,但并不意味着他否认鬼神的存在,是绝对的无神论者。《论语》二十篇,洋洋万余字,其中,讲"神"17次,讲"鬼"5次,讲"祭"14次。可以说,孔子从来没有否认过"鬼神"的存在,相反,对"鬼神"的态度极为谦恭。《论语》记载了孔子关于"鬼神"的言论,曰:"未能事人,焉能事鬼?"(《论语·八佾》)"敬鬼神而远之"(《论语·雍也》)"菲饮食,而致孝乎鬼神"(《论语·泰伯》),他所说的"事鬼神""敬鬼神""孝鬼神",充分表明他对"鬼神"的态度。在他看来,祭祀能表达对"鬼神"的敬畏之心,而祭祀行为是否符合"礼"的标准,决定着对"鬼神"的态度是否正确。

孔子平日里过着极其严谨和自律的类似于教徒般的生活,他说:"祭如在,祭神如神在"(《论语·八佾》)"吾不与祭,如不祭"(《论语·八佾》)"非其鬼而祭之,谄也"(《论语·为政》),孔子一生所慎:"齐、战、疾"(《论语·述而》),一生所重:"民、

---

① (清)孙希旦撰,沈啸寰、王星贤点校:《礼记集解》,中华书局1989年版,第1310页。
② 韩星:《和合五教,促进大同》,《中国民族报》2019年6月4日《宗教周刊》。

食、丧、祭"(《论语·尧曰》),"齐必变食,居必迁坐"(《论语·乡党》)。生活中的孔子处处坚持"信仰"的忠实原则,其对神的谦恭与敬畏程度不亚于一个宗教教徒。可以说,孔子对"至上神"的信仰达到了一个高度,"就其精神层次而言,孔子的天命信仰不仅超出了宗周天命观的创立者本身,而且也超出了一般意义上的基督教信仰……应该是一种更加纯粹也更加高尚的精神信仰"①。《论语》记载孔子曾经"入太庙,每事问",体现了孔子对祭祀礼仪的敬慎态度,更包含着孔子对神明的诚存之信与谦恭之情。而且,他坚守信仰的同时,也严格遵循自己的生活方式,坚持用礼仪、道德约束和规范着他的人生。在他看来,遵循"合乎礼"的生活、道德的生活,是社会进步的表现。而"礼崩乐坏",就意味着国家无道。

毋庸讳言,儒家文化中存在较多的宗教观念,但是遗憾的是这些宗教观念并没有发展成为一种真正意义上的宗教。原因在于,孔子儒学既承认鬼神的存在,却又自始至终对鬼神保持一种"敬而远之"的态度。不谈、不论鬼神观念,却在行为中处处体现承认鬼神观念的存在,并处处恪守祭祀鬼神的忠诚原则。导致其所倡导的儒家思想在教化效果来看,既有人文道德理性精神,又在行为上容易背离儒家精神,两者甚至难以调和,表现在"说"与"做"上的自相矛盾性。而之所以会产生这样的结果,是因为儒学理论的背后,有一套隐匿在儒学理论深层中的儒教道统,隐含在人们的日常生活中,形成一个日用而不知的隐喻传统,一个人们头脑中的影像或符号,以至于很多百姓对神的来由并不清楚,也没有理论上的解释,很多民间老人认定供奉在庙里的神像就是"神",他们烧香磕头、敬拜许愿,却并不追究更多的含义。在此意义上可以说,受正统儒家思想的影响,中国人虽然不谈神,却没有人不敬神。

儒学谈祭祀,主要谈论的是报本,是表达"志意思慕之情"

---

① 赵法生:《论孔子的信仰》,《世界宗教研究》2010年第4期。

(《荀子·礼论》),而不谈祖先神,后人因此释之为表达"怀念","尊敬"的感情,而完全没有神学的意义;儒学谈论神明,主要是在哲学层面上论及;儒学谈论祈福,向神灵祈福,要强调行道德,做善事,才能受享福惠,故有"德福"之说;儒家谈祭祀礼仪,重礼仪过程而不重祭祀对象,忽视了仪式背后意义的把握,而其祭祀的过程是要来教化民众,故被墨子批评为"执无鬼而学祭礼,是犹无客而学客礼也"(《墨子·公孟》);儒学承认"神道设教",却忽视了没有了"神道",又如何"设教"的问题。

值得注意的是,儒学在成为政治统治的意识形态工具后,既取得了儒学存在的合法性依据,同时又加深了儒学本身固有的这一矛盾。汉代奉儒学为国家意识形态之正统,唐代孔子先后被奉为"先圣""先师""文宣王",孔庙称为文宣王庙。"庙学一体"的文化格局不再仅限于"学"与"教",而是上升到国家层面,"庙行教化,学教天下"。正是历代帝王对孔子态度的转变和不断为孔子封谥的行为,使儒学成为历代封建国家宣扬主流意识形态的工具。如果说汉代以前的孔子还是思想家、教育家、道德家,不是神,不是教主,汉代以后,统治阶级奉行董仲舒的"神学目的论",则使皇权与神权结合,建立了一套适应封建大一统政治需要的新的儒家神学体系。孔子也由人变成了神,成为国家教化天下的工具。

二 实践儒学的宗教属性

儒学不是一套纯粹的理论,也不只是一种单纯的哲学或宗教,而是一套全面安排人间秩序的思想系统,存在于国人生活的每一角落。儒学本质上具有实践性,儒学的现实形态始终存在于中国人民的创造性实践活动当中,存在于儒学不断迎接各种挑战、不断自我发展完善、不断延续的历史进程中。

(一) 儒学的社会存在

20世纪以来,随着传统社会结构和制度的解体,现代儒学成了"游魂"。这样一种"游魂",脱离了制度的支持,沦为纯粹的

结语　思想文化中儒学的人文性和宗教性

思想论说，作为一种精神，而离开了日常生活。而实际上，这种"游魂"状态的儒学早已不是儒学的本真面貌了。李泽厚曾说，孔学在历史中已渗透进广大人民的观念、行为、习俗、思维、情感之中，自觉或不自觉地成为人们处理事务、关系、生活的基本原则和方针，构成了中华民族的某种共同的心理状态和性格特征，积淀为一种文化—心理结构。① 儒家被视为"游魂"，可以被看作是无所依托，但同样也可以被看作是在寻找新的"体"，况且，儒家虽然失去了有形的制度依托，但依然弥散在民间的习俗中、在百姓的日常生活中。② 儒学只有在"社会"层面才能获得真正鲜活而持久的生命，只有在广大民众的百姓体用当中才能获得广阔的发展。在古代社会，儒学获得旺盛生命力的时期，都是儒学回归"社会"的时期，今天也应该不例外。③ 作为"实践的儒学"或曰"生活的儒学"的儒学，早已经过敦德崇义，砥砺伦常，而真正走入乡土中国，积淀在国人的心理结构中，在广大民众的生产、生活和精神领域中占据一定的位置。

历史上，对中国普遍存在着的祭祀传统，或曰中国人的习俗传统中所包含的信仰因素，或曰宗教传统，从来都没有被回避过。关于儒教、孔教作为国人信仰，在民国之前的史料中还能看到。当西方天主教、基督教进入中国大陆的时候，国人就有"尊奉孔圣之教"是我们的"正大宗教"一说。由清秦兆阶纂修，《赞皇县乡土志·宗教》（抄本）载："吾国有儒教，以孔子为宗主……"由陈继淹、许闻诗纂《张北县志·礼俗志·宗教》（民国二十四年铅印本）载："天地之间，无论何教，亦不出乎儒教所谓孝悌忠信礼义廉耻范围之外，人人日在儒教中，须臾不可离，离则乱矣。但人习以为常，均不知觉耳。"由斐焕星修、白永真纂《辽阳县志·宗教》（1928年铅印本）载："中国孔子集群圣之大成，以儒立教，

---

① 李泽厚：《中国古代思想史论》，人民出版社1985年版，第34—35页。
② 干春松：《制度化儒家及其解体》，中国人民大学出版社2012年版，第30页。
③ 韩星：《儒学新诠》，中国社会科学出版社2016年版，第259页。

万世宗之，然不以宗教名也。""在昔我国胥主尊孔，自非儒教尽力排斥。"(《续修博山县志·教育志》)"中国守孔圣之教，安其居，善其俗，二千余年未之或易。"(《恩县乡土志·宗教》)据《续修广饶县志》载："宗教名词不见于古籍，自泰西传教士东来，始有宗教之名称。……有崇拜道教者，其大多数皆守孔子之道，为社会伦理中心。"由张志熙等修、刘靖宇纂《东平县志·风土志·宗教》(1936年铅印本)中载："宗教名义不同而为世界所公认者，有孔教、佛教、道教、回教、耶稣、天主等教，中惟孔教为最盛行……故无人不在是教之中。""我国上流社会无不奉儒教、宗孔子，其备致尊崇之意。儒教而外，排斥不遗……民国成立，一切宗教任人信仰自由，苟无背于法律，皆不加干涉，适合于孔子大同主义。"(《阳信县志·教育志》)①诸多对传统宗教文化之记载、对孔教、儒教之诠释与定义不胜枚举。让我们看到，那个时代的中国，面对西方宗教的进入，国人还是非常自信自己拥有的"正宗大教"。1949年以后，"破四旧""提倡道德新风尚"，拆庙、毁庙，打击封建迷信，这些旧的内容逐渐被取代。又经过了"文化大革命"洗礼，这些传统基本上就完全断裂了。现在再翻各地方志，尤其是80年代以后修的志，已经完全没有了这些内容。

  方志里面没有了，但遗留下来的碑石铭文依然让我们看到了那段历史留下的只言片语。因为碑石文献是文化得以传承的重要途径，碑石承载着信息、表达着思想、寄托着信仰。碑刻文献能让我们认识和了解当时社会的政治、经济、社会和文化生活的发展状况。如笔者在陕西调研时发现了收藏于咸阳博物馆中的元代碑刻文字"孔老之教并行乎中国"和清代碑刻文字"崇儒尚道"等字样。

  近年来，儒教研究已经逐渐由"儒教是不是宗教""儒教是怎样一种宗教"的理论阐释，转向了"儒教是以怎样的方式存在"

---

① 转引自张先清、赵蕊娟编《中国地方志基督教史料辑要》，东方出版中心2010年版，第55、60、169、305、313、317、335、314页。

的民间儒教存在样态的实证研究上。卢国龙从文化机制入手，提出了"礼失求诸野"的方法论主张。他认为，"礼失求诸野"是儒家的一项文化开放性主张。尽管儒家在先秦就经历过人文理性化的塑造，罕言怪力乱神，但由于宗教信仰始终存在于"野"，且不论宗教信仰究竟是"礼失"的原因，还是"礼失"的结果，宗教信仰存在于社会终归是个事实，所以儒家就不能不抱着"求"的姿态，进行文化整合。这使儒家具有毋庸置疑的宗教性，下自老百姓祭灶王爷，上至皇帝祭天，形成一套富有更新、再生能力的祭祀礼仪和神灵系统，因而有儒教之说。这个儒教，从发生学的角度说，应该看作是"礼失求诸野"的产物，而不应该片面地看作帝王家"神道设教"的作品……儒教既产生于"礼失求诸野"的文化机制，就必然具有整合礼与野的功能特征，自身的文化形态必然介于礼与野之间，既不是单纯追求知识满足的所谓学，也不是单纯追求信仰满足的所谓教。①

而对于"儒教"来说，无论是"作为一种生活方式的宗教"还是"实践的儒学"或曰"生活的儒学"，儒教总是与我们的生活息息相关，儒教的文化理念总是弥漫在我们的生活方式之中。既不能单纯地将其看作"学"，亦不能单纯将其看作是追求信仰满足的"教"，学中教，教中学。学与教总是难以彻底分离。在某种程度上说，儒学或儒教早已转化为一套较为固定的理念和生活行为中的模式，渗透在百姓日用而不知的生活中。"儒教作为中国传统文化的主要表现形式，是与广大的中国民众的生活世界结合在一起的，它不仅是传统，是历史，更是实实在在的生活世界。儒教在当代社会生活中的呈现，主要体现在民间的存在形态上，即祭祀、宗祠和习俗三个方面"②。而作为"儒教"外在的文化形式的文庙、宗祠、族谱、书院、楹联及碑刻等物质存在形式，始终承载着儒学的观

---

① 金泽、邱永辉主编：《宗教蓝皮书》，社会科学文献出版社2008年版，第86页。
② 金泽、邱永辉主编：《宗教蓝皮书》，社会科学文献出版社2010年版，第8页。

念。"散落"在民间,且比比皆是。"人人敬祖""村村有庙","家家有祠堂"成为农村普遍存在的现象。

对于儒家传统中的宗教因素,美国学者约瑟夫·列文森早有洞见。他在《儒教中国及其现代命运》一书中,曾用"博物馆"一语比喻儒家传统已经成了"历史"。但是,他所看到的是20世纪50年代和60年代前期的中国,那时"儒庙得以修复,成为历史博物馆,在曲阜,整修一新的孔庙和孔林被保护起来"。然而,面对着被保护起来的"博物馆",面对一个静态的"历史","人们在欢喜着什么?"据列文森观察:"1962年4月清明节的时候,成千上万的祭拜者涌到那里(曲阜孔庙),官方设计的从孔林到孔庙的沿线途中",人们"犹如赶集一般(有人曾建议将孔林作为麦加和耶路撒冷那样的儒教祭祀圣地)"[①],他因此认为,"传统的东西已被粉碎,孔子只属于历史"。博物馆不是"历史的垃圾箱",而是"有可能储存着某种价值和启示"。或许,儒学的宗教性从这里开始,便获得了令人深思的"某种价值和启示"。

(二)民众对儒学的"二重"认知

由于儒学理论本身存在的内在矛盾性,普通百姓对儒学的理解及祭祀孔子的理解大致可分为两类:一类是通识儒家哲学的知识分子、地方绅士或称当地的文化人对孔子的理解;另一类则是一些民间普通人的理解。这类人以没有多少文化知识的老人为多,而这两种理解方式造成的结果便是:他们在理论上接受了儒学的理性主义人文理念,但在实际生活中,却又拥有朴素的信仰情结。在日常生活和行为中,过着带有宗教色彩的生活。

就官方祭孔来看,传统十分久远。汉武帝独尊儒术,历代皇帝开始祭孔,明清时达到顶峰,被誉为"国之大典"。"文化大革命"以后,祭孔活动被禁止,直到1984年,曲阜孔庙恢复了民间祭孔。

---

① [美]约瑟夫·列文森:《儒教中国及其现代命运》,广西师范大学出版社2009年版,第322页。

结语 思想文化中儒学的人文性和宗教性

自 20 世纪 80 年代中期以来，各地陆续恢复孔庙。民间孔庙的悄然修复和民间祭孔活动的兴起，使一些地方政府和官员开始介入修复孔庙，及参与大型祭祀炎帝、黄帝等中华始祖的活动。自 2004 年 9 月 28 日，孔子诞辰 2555 年，政府首次公祭孔子开始，各地祭孔仪式不断恢复：2005 年全球联合祭孔、2006 年海峡两岸祭孔大典、2007 年山东曲阜举行了"迎奥运建和谐"祭孔大典，从此，每年逢孔子诞辰日，祭孔大典就如同必修科目，在全国各地如约举行。伴随着孔庙祭孔，儒学发展呈昌盛之势。2004 年 11 月 21 日，全球第一所"孔子学院"在韩国首都挂牌。"孔子学院"秉承孔子"和为贵""和而不同"的思想理念，以推动中国文化与世界各国文化的交流与融合，以建立一个持久和平、共同繁荣的和谐世界为宗旨。据《人民日报》（海外版）消息，2010 年 12 月 7 日上午，全国第一次孔子学院工作会议在北京人民大会堂召开。截至 2010 年 10 月，已在 96 个国家和地区建设了 322 所孔子学院和 369 个孔子课堂。

伴随着儒家文化的弘扬，民间读经活动也兴盛起来。据《海南特区报》报道，2010 年 6 月 21 日，海南省首家"现代私塾"现身海口；2010 年被批准的"温州第一座孔庙"，由四甲孔氏子孙自愿捐资，并在 2009 年前后已经进行了 8 次增修圆谱的工作。孔庙还设立了一个"论语学习日"，旨在学习研究儒学，搞群众文娱活动，祭祖缅怀祖德的丰功伟绩及进行传统教育，传播儒学思想。据 2011 年 2 月 11 日《南国早报》报道，2011 年春节期间，南宁新落成的孔庙开门迎接前来祭拜至圣先师孔子的人们。而新建孔庙的建筑面积是旧庙的 6 倍，成为南宁不可多得的人文景观。而且，孔子的文化地位得到越来越多的海外华人的认可。可以看出，伴随着儒家文化的发展，国学热、读经热等弘扬儒学的文化活动一时遍布全国，从而带动了一股儒学复兴、传统文化复兴热潮。

李向平在《信仰但不认同》一书中，描述了山东曲阜孔庙祭拜孔子的盛况。他看到在大成殿，不少游人甚至是香客在烧香拜孔，一旁的工作人员有的在卖高香,有的则在为客人——拜祭者高唱祷词:一拜圣人,得富贵;二拜圣人,得健康;三拜圣人,保平安。工作人员说,到这里的大多数游客都会烧香拜孔,好比是到其他旅游点烧香拜佛一样,孔圣人也能保佑人的。但实际上,祭拜孔圣人也有不同想法,一位孔家后人说,拜祭圣人,要比拜求其他神灵管用,而且,求圣人获得富贵,不用像求其他神灵、菩萨那样,许愿还要回来还愿。孔圣人是人,不是神。他老人家最能保佑中国人了。这不,国家一旦公祭孔子,中国人不就都来了吗?①

随着儒学的复兴,民间祭孔行为也逐渐增多。然而,民众对祭孔的认识,对儒学的认知,对祭孔行为到底是"敬人""偶像崇拜"还是"拜神"的认识,对儒学到底是"学"还是"教"的知识,都非常模糊。

就通识儒家哲学的知识分子、地方绅士或当地的文化人对孔子的理解来看,他们对儒学的理解,及对祭祀孔子行为的理解更多充满了理性特质。

海南文昌一位退休的文化局干部林××对笔者说:"儒教当作教也可以,当作文化也可以。民间崇拜是讲人道的,观念上是儒学。如果到孔庙去求平安,修和谐,求财富,求升迁,这个角度讲,就是宗教,是儒教。"说到了当年文昌孔庙的遭遇:"明万历年间,大风把别的东西都刮倒了,唯一孔庙不倒。康熙年间,洪水淹了文昌,唯独孔庙不淹。'文化大革命'的时候,别的东西都被打烂了,孔庙没人打,孔庙地位高,文昌没人敢动它。"

陕西 ZZ"孔子研究会"秘书长 Z 先生,他尊孔子为至圣先师,他认为,"圣人"和"神"是有区别的。孔子是至圣先师,行的是教化之礼,后人应该信奉孔子的学说,而不是当作神敬奉。所以,孔子不是神。他还自创了一套修行的方法。他的极其有趣的一段讲解让笔者了解了他对"学"与"教"的认知:

---

① 李向平:《信仰但不认同》,社会科学文献出版社 2010 年版,第 52 页。

访谈对象：朱××，男，43 岁；访谈地点：陕西孔子研究会；访谈时间：2011 年 4 月。

儒学是这样，43 岁以前，只听说过圣人的名字，除了马列，啥都不信，自己是党员嘛。85 年以后有一个转变，发现人管不住了，工作上自己既管人事又管业务，伦理书也看了不少。有一天突然想到，就向孔子、老子、佛教请求。从大圣人身上得到启发。第一次读《道德经》，由于工作忙，只是睡觉前看上五分钟，午休时候看一会儿，也没有具体时间看书。后来又读了《周易参同契》，这本书读了二年，会排运了。后来又读了三年，后来发现自己的身体好了，原来的慢性胃炎好了，原来有间歇性心脏病好了，这些都得益于老子心法和儒家心法。儒家心法，一是背诵经典。受到段正元的《三我心法》启发，开始背诵《大学》36 个字，还背诵《中庸》《论语》的第一段，学习佛教的善恶之报思想；二是心境提升，坐不离书。背包里总是背着《孔子研究》杂志，有空就拿出来看看，思想也总是和圣人在一起；三是收心功。读《太上老君日用妙经》，消除了烦恼，减少了困惑。啥事都能想得开，啥事都有解决办法。佛、儒、道是"先进后出"。佛道先走一步，走在儒家前面。因为儒家没有具体操作的东西。儒家的"知"为知己，认为死是能知道的，所以不讲。佛教、道教讲先天性命，知后天，不学佛道就变得迂腐。佛道是提升境界的，儒学是靠感觉的，而学《易》，则能找到感觉。因为《周易》上通天、下接地。孔孟是做，要做现世的事，也就是说，《周易》是学儒学的敲门砖。

朱××说，他现在还保存了《红旗》杂志转载的牟钟鉴先生的文章。他说："神对自己有约束，供神也是自己的一份诚心。"

访谈对象：朱××，女，42 岁；访谈地点：陕西孔子研究会；

访谈时间：2011 年 4 月。

一家摩托车店的女老板，42 岁的高中毕业生朱××，对自己学"儒"和日常修行分得很清楚。她自述：

> 以前总是委曲求全，思想单纯，不和别人交流，爱钻牛角尖。婆媳关系也不好，抱怨比较多，现在通过读经，能宽容了，为公婆做事也情愿了。如原来在卫生方面，爱抱怨，现在则主动帮助他们打扫卫生，干农活，体会他们的不容易。学了《弟子规》后，给公婆洗脚，倒水，他们都觉得不好意思了。《论语》说了，"犬马皆能有养，不敬何以别乎？"读《论语》后感到有了对老人尊敬的心了。传统文化是教人咋做人的，第一次去寺院后心情好多了，在那里能祈求儿女平安，健康，娃娃上学。有个老太婆祈求世界平安，汶川地震时，还让大家不要惊慌。而有些人只保佑自己，但这是极少数的人。有好心人还给大家讲，"大家好才是真的好"，可以先求大家，再求自己。要求大家思想要统一，不要只求自己。求是稳定人心的方法，主要在于自己的心，心正了，情绪好了，什么都好了。照着佛教说的去做，照着孔圣人说的去做，什么都会好的。自己也去过天主教堂，过春节也回家祭祖，家里有各种神，有财神、苍神、灶神。

周至楼观台"孔子研究院"院长 GYN 认为，孔子是文化人的祖师爷，不是教主，因此，不应该在孔子像前叩拜、燃香，但是如果有人来磕头，他们也不反对。

周至人 LXG，女，是 ZZ 城西的菩萨庙里的住持，附近村民叫她"神婆"。她说自己此生的愿心就是盖一座大成殿。现在她的菩萨庙的前面就是一座刚刚落成的大成殿，这些大成殿由附近的善男信女集资建成。她说自己的宗旨就是儒家，她认为在孔子这里不能烧香，只能讲课。她为附近村民讲授《弟子规》《三字经》，前来学习者有百余人。她说，如果有善人问经就讲经，问修身就讲修身，没人来问就静修自己。她说，儒讲内，讲仁，讲德。"德"的字形意义就是："二人同修行，高山十年整，四季灵芝草，一心成神仙"，有道才有德，"道管先世，佛管现世，儒管未来。"笔者问她是否认同"三教合一"，她认为"不好说"，她拿出自己亲手抄写整理的经卷，告诉我们，"你们自己看，儒家就在里面。"这位 L 神婆始终说"儒家"，还说她的师傅也是儒家，她所言"讲内""找到仁""道家包括儒家"，"儒家就是修德"，"因为人有德、有道，就可以给人灭罪"等，在她的理论中，儒学与佛、道理念是相融为一的，而且落实到修炼层面上，是将修身与修佛，悟道联系在一起的，在她看来，没有道德，就没有功德，就没有神性。

围绕着孔庙祭拜一事，不同地域、不同的人有不同的理解。仅就能否在孔子面前燃香一事，就没有固定的说法。或者是为了保护孔庙文物不受侵害，或者是在孔子面前燃香不够敬意，有一些孔庙是禁止燃香的，但大多数孔庙还是允许燃香敬拜孔子。海南的文庙基本上都允许燃香。海南文昌孔庙的管理人员对笔者说："这里（孔庙）可以燃香跪拜，以示尊敬。"关于祭拜的方式，文昌孔庙的管理人员对笔者说："儒家没有规定祭拜的方式，就以拜祖先的方式祭拜，有时候也按照道士主持的仪式来拜。因为祭祀的历史曾经中断了，所以，也不知道了。"祭拜的方式在各个地域都有自己的特点，但大的方面基本差不多。

平日里，文昌孔庙前来拜谒的人大多是外地来的游客。门口收门票的工作人员对笔者说，平日里陆陆续续都有人进来，不过都是参观，也有学校统一组织的参观。但每逢过年过节和孔子诞辰日，来的人就很多，香火很旺。笔者曾于 2008 年和 2011 年两次到文昌孔庙调研。第一次是平日里过来的，稀稀拉拉没有多少人进来，但孔庙里面总有人。来的游客，也只是到处看看，有的会在孔圣人面前燃香敬拜一下。第二次是春节期间。孔庙一大早就已经人来人往，热闹非凡。大成殿里香火缭绕，来此敬香的人，有扶老携幼的、有夫妻带孩子来的，有三人一群的游客，有大学生模样的，可谓络绎不绝。大成殿外面鞭炮震天响，殿内许愿的人一个接着一个。殿内管理人员说："在孔圣人面前求什么都可以，求事业、求学校、求工作、求婚姻、求家庭，什么都行，但是要敬。如果愿望实现了，一定要来还愿。"一位年轻母亲带着女儿来敬拜孔圣公。在管理人员的引导下，母女俩一起跪在孔圣人像前。他们此次来是求卦、占卜、求签、求孩子上学，管理员让他们告诉孔圣人心里的愿望，然后，站着拜三下，跪着拜三下，然后默念。孩子手里拿着一个纸袋在香上绕三圈，意思是接上了香气。最后，一切程序都结束后，要把17张纸钱扔进焚香炉中烧掉。大成殿后面的架子上，已经挂满了写着各种各样愿望的玉牌（见下图）。

挂满玉牌的架子

大陆如此，台湾也不例外。2011年笔者在台湾参观了台南"赤崁楼"，旁边是"魁星阁"，在"魁星祈福榜"墙上，密密麻麻挂着许多许愿纸片，很是壮观，里面写着各自的心愿，大多都是保佑上学、学习进步之类的话。

台北大龙峒保安宫，是民间信仰的场所，在这里却供奉着"孔圣夫子"的神位，每天人来人往，烧香祈福，络绎不绝。在保安宫的东面是著名的台北市孔庙。台北孔庙也非门庭冷落,当笔者走进孔庙的时候,正好是下午,恰逢孔庙晚上有文艺演出,工作人员正在调线、演员们正在化妆,一些人已经在舞台下面就座了。宣传墙上贴着告示:"舞动儒风——儒家风格展演与体验",这是一场"新春祈福祭",仁风雅乐舞春秋雅乐舞体验,参加体验者需要预约。这场体验舞的指导单位是交通局,主办单位是台北市政府,承办单位是民政局和台北市孔庙管理委员会,协办单位是台北市政府观光传播局,应该说这场活动是政府指导下的行为。这里还曾举办过"汉风摇滚""孔庙传奇三部曲"等文艺演出活动,平时,还兼办各种英语、日语等的学习班。台北孔庙基本上是一个学习的场所,没有燃香敬拜的痕迹。对于孔庙里的孔子和保安宫里被敬拜的孔子,明显有不同的礼遇。对于这种现象,宗教研究学者W博士认为,孔庙就是儒教。而保生宫里的孔子就是民间信仰。就像保生宫中的菩萨祖师,不是佛教的佛祖,而是民间信仰一样。台湾大学中文系陈昭瑛教授在《台湾仍是儒教社会》一文中指出:相对于政治而言,民间社会反而是个较为稳定的实体,孔子的影响力存在四百年,未曾稍减。在当今台湾社会,有许多实例可以看到这种影响:"每逢考季,孔庙会出现携带准考证祈福的热潮","民众之于祭孔,除了表现对文教的重视,实亦有祈愿,有将孔子神明化的倾向。"[①] 孔子信仰在台湾民间具有广泛而深刻的影响力,使台湾社会无论是在思想界,还是在经济方面抑或是民众的伦理道德生活中,处处留下了儒教的印记。而台湾儒教就是以孔子为信仰,以儒家经典为教义的宗教。一直关注儒学在民间社会发展的台湾元智大学钟云莺教授提出了"庶民儒学"的概念,她认为,儒学在民间社会的发展,是与学术界所关心的主流儒学不同、却不离的庶民儒学,而"这股庶民儒学正以宗教信仰的力量,迈向全球化的国际视野"。[②]

[①] 《世界博览·中国卷》2010年第4期。
[②] 钟云莺:《清末民初民间儒教对主流儒学的吸收与转化》(序言),台大出版中心2008年版。

在海南，把孔子当作神灵来祭拜的现象在民间庙宇里经常能够看到，只是民间百姓并不知道应该叫"儒学"，还是叫"儒教"。也许正是基于此，一些研究宗教人类学和民间信仰的大陆学者近年来提出了"大儒教"的概念，希望纳"儒教"入"民间信仰"的研究范畴。这样一种提法，遭到了一些儒家学者的坚决反对，因为他们无法接受曾经代表国家宗教的"儒教"被归属到民间俗神研究的行列中。对此，有学者认为，当我们论及儒教的存在形态时，尽管它与民间信仰有着千丝万缕的不解之缘，存在着千丝万缕的联系。问题的实质在于，儒教本身并不是民间宗教，体现着中华民族精神实质的儒教，不管是在上层，还是在民间，它都是一种正大宗教，而不是所谓的民间秘密宗教。①

对儒学及祭祀孔子的理解还有不同的另一类人，这类人基本上是一些没有多少文化知识的老年人。这类人不会去区分孔子是至圣先师还是神。他们认为，既然孔子像置于堂前，就是应该敬拜的神。在陕西周至楼观台孔子研究院大成殿西院，当时住着一位八十多岁的老奶奶，她对笔者说，她每天要在"孔神人"面前"一日三炷香"，保佑平安。以"三教合一"著称的周至楼观台也尊孔子为"财神"被供奉在楼观台。而在眉县，当地人，尤其是横渠人把张载视为"张夫子神"。关于张夫子神的来历，民间流传着关于他的神话传说，严文团编著的《太白洞天》就有"夫子奇遇"和"南食北教"的故事，其中记载了张载变成神仙的传说。某县政协党组书记、主席 L 先生反映说，近年来民间有的老百姓认为张载就是"神"，而且一些民众还在张载雕像下烧香许愿。

从历朝、历代对孔子的态度看来，孔子地位经历了由人到神，由神到人，再由人到神的不断转换过程；各类民间英雄、历代朝廷忠臣也经历了一个由人到神的过程。尽管一些学者把这些民间神称

---

① 金泽、邱永辉主编：《中国宗教蓝皮书（2010）》，社会科学文献出版社 2010 年版，第 151 页。

为"民间俗神",甚至,孔子造像都被定位为"世俗造像"①。但这并不妨碍民众对这些神赋予超自然力的想象,并且他们的神性被不断放大和强化。民众对众神的需求,只要走进广大的田野你就会看到、就能体会,村村有庙(观音庙、菩萨庙、药王庙、关公庙、娘娘庙、三太白庙、城隍庙、天王庙、大成殿),家家敬神(灶神、土地神、天地、王爷、祖宗、苍神),庙宇百种,神像千位,无外乎都是关乎人们生产和生活的,都是与民众生活息息相关的。这些神没有高低贵贱之分,人人可敬,只要虔诚,神就护佑你。而在这套神灵信仰体系中,没有哪个神高出其他神而成为统摄一般的最高神,只要是对生活有利、有用,"灵验",就会被敬拜,就会被祈祷。周至某村支书 W 先生告诉笔者说,这里村村都有庙。老太婆信的比较多,男人信的少。周至辛家寨退休干部 W 先生说,村里原来好几个庙,现在都拆了,神也不在了。但家家都有神,各户都敬神。

  儒学是中国传统文化的代表,儒家思想始终是传统文化的主流,也代表了民间社会一种潜在的本土文化力量,这一点在民间社会表现得非常鲜明,正如眉县 LWY 所说的"社会回归的力量很大"。在他的思想意识中,这种回归的力量就是儒家文化,这让我们看到了本土文化的强大和难以震撼的威力。即使是"要淡化宗族势力、保持社会稳定"的官方代表,某县宗教局 Z 局长也不得不承认,民间世俗力量很强大:"基督教、天主教对社会的影响不如大教(民间信仰)大,他们是短期的,民间世俗力量更大,对社会影响更深厚,文化传统观念更广泛和深入,不信西教的人还是占绝大多数。"有村民还告诉笔者说:"我们根儿上是儒家的","不管外教再怎么强大,我们骨子里是传统的"。如果说宗教事项的背后一定有文化的诉求,那么,儒学的回归,本土传统力量的回归,能否通过加强引导民间信仰发展方向,充分挖掘和利用优秀传统文化资

---

① 毛远明:《碑刻文献学通论》,中华书局 2009 年版,第 142 页。

源,助力乡村文化振兴?这既是一个理论上需要不断探索和研究的问题,更是一个实践的问题。

综上,儒学思想的民间形态更多是儒学思想的原生状态,保留了许多儒学思想宗教、哲学二重性的原生特征。这一特征从儒学思想形成思想系统的第一天起就跟随着儒学思想在跌宕起伏的中国历史进程中发展,在波澜壮阔、浩浩汤汤的中国文化版图中进步。产生这一思想文化现象的原因是中国思想在宗教理性、人文理性的觉醒过程中,在神话向宗教、哲学的转化过程中,并没有出现过明显的宗教、哲学断层;在中国思想发展的历史长河中,儒学思想的宗教性、哲学性并没有出现过明显的剥离,尽管在中国历史发展的不同时期,儒学思想的宗教性、哲学性的出现方式不同、表达形式不同、存在状态不同、受到重视的程度不同,但儒学思想在中国民间的宗教存在却是一个亘古不变的事实。

21世纪以来,随着哲学思想的发展、科学思想的进步、文明平台的更新,产生了一些特有的变化。在世界文明发展的快车道上,作为中国哲学主要思想载体和中国民间主要信仰形态的儒学思想的嬗变明显加快,生命周期明显缩短;在当代中国文化和文明的快速进步中,儒学思想哲学和宗教的双重属性变得愈发清晰,在中国社会形态中的地位和作用也变得愈见清楚。当代文化语境、文明平台既是儒学思想的成果,又是儒学思想生存发展的生态环境。儒学思想在文化发展中发展,在文明进步中进步,与历史同步,与时代俱进。无论儒学思想的表现是宗教还是哲学,无论儒学思想的处境是中心还是边缘,儒学思想一直存在中国思想的发展中,也一直是中国文化的鲜明标识。

在认识的多维空间中,宗教、哲学、科学在对自然、人和社会的认识上不再表现出严重的对立和矛盾,而是在不同的认识层面绕过彼此的对立和矛盾,面对和明确各自的问题,研究和解决各自的问题。在文化和文明的发展中,宗教、哲学、科学寻求满足人们不同物质需求和精神需求的路径,提供满足人们不同心灵需求和文化需求的答案。

　　正视与客观研究儒学思想的民间形态，弄清楚文明发展方向，看清儒学思想的内在动力原因，全方位研究它，可以激活儒学思想的生命活力，找到儒学思想在当代的位置，才能充分发挥它的作用。社会在发展，思想必须前行。一个充满生机活力、颇具精神内涵的民族，必定具有能够体现自己民族特征和风格的思想文化。如何继承传统文化的精神，如何接续民族的慧命，要求我们首先必须对自己的文化有切近的感受和真正的了解。

参考文献

古籍类

（东汉）《史晨前碑》，载杨朝明主编《曲阜儒家碑刻文献辑录》，齐鲁书社2015年版。

（汉）班固著，颜师古注：《汉书》，中华书局2000年版。

（汉）蔡邕撰：《独断》，载《四部丛刊》，三编景明弘治本。

（汉）蔡邕撰：《司空杨秉碑》，载《蔡中郎集》卷三，四部丛刊景明活字本。

（汉）何休解诂，（唐）徐彦疏：《春秋公羊传注疏》，宋本十三经注疏本。

（汉）司马迁撰，（宋）裴骃集解：《史记》，中华书局2000年版。

（汉）郑玄笺，唐孔颖达疏：《毛诗注疏》，清嘉庆二十年南昌府学重刊宋本十三经注疏本。

（明）曾邦泰等纂修：《万历儋州县志》，海南出版社2004年版。

（明）陈是集、郑行顺点校：《溟南诗选》，海南出版社2004年版。

（明）戴熺、欧阳灿：《万历琼州府志》，海南出版社2003年版。

（明）方弘静撰：《千一录》，明万历刻本。

（明）郭棐纂修：《万历广东通志·琼州府》，海南出版社2006年版。

（明）贺复徵编：《潮州祭城隍神文》，载《文章辨体汇选》，清文津阁四库全书本。

（明）黄佐纂修：《嘉靖广东通志·琼州府》（二种），海南出版社

2006年版。

（明）李贤等纂修：《一统志·琼州府志》，海南出版社2006年版。

（明）唐胄纂：《正德琼台志》（上、下），海南出版社2006年版。

（南北朝）郦道元撰，（清）赵一清注：《水经注》，清文渊阁四库全书本。

（清）陈力撰，吴则虞点校：《白虎通疏证》，中华书局1994年版。

（清）丁斗柄修，曾典学纂：《康熙澄迈县志》，海南出版社2006年版。

（清）樊庶纂修：《康熙临高县志》，海南出版社2004年版。

（清）方岱修，璩之璨校正：《康熙光绪昌化县志》，海南出版社2004年版。

（清）韩祐重修：《康熙儋州志》，海南出版社2004年版。

（清）郝懿行撰：《尔雅义疏》，中华书局2017年版。

（清）郝玉麟等：《雍正广东通志·琼州府》，海南出版社2006年版。

（清）惠栋：《明堂大道录》，清经训堂丛书本。

（清）焦循撰，沈文倬点校：《孟子正义》，中华书局1987年版。

（清）焦映汉修，贾棠纂：《康熙琼州府》，海南出版社2006年版。

（清）金光祖纂修：《康熙广东通志·琼州府》，海南出版社2006年版。

（清）李文烜修，郑文彩纂：《咸丰琼山县志》（上、中、下），海南出版社2004年版。

（清）李琰修：《康熙、道光万州志》，海南出版社2004年版。

（清）李有益纂修：《光绪昌化县志》。

（清）林子兰、程秉恺纂修：《康熙乐会县志》，海南出版社2006年版。

（清）麟书：《府谷县志》，乾隆四十八年，本衙藏版4册。

（清）龙朝翊主修，陈所能等纂修：《光绪澄迈县志》，海南出版社2004年版。

（清）陆耀撰：《切问斋集》，清乾隆五十七年晖吉堂刻本。

（清）马日炳纂修：《康熙文昌县志》，海南出版社2003年版。

（清）马瑞辰撰，陈金生点校：《毛诗传笺通释》，中华书局1989年版。

（清）明谊修，张岳崧纂：《道光琼州府志》（1—4），海南出版社2006年版。

（清）聂缉庆、张延主修：《光绪临高县志》，海南出版社2004年版。

（清）牛天宿修，朱子虚纂：《康熙琼郡志》，海南出版社2006年版。

（清）潘廷侯、佟世南修，吴南杰纂：《康熙琼山县志》，海南出版社2006年版。

（清）潘廷侯纂修：《康熙乾隆陵水县志》，海南出版社2004年版。

（清）秦蕙田撰：《明堂》，载《五礼通考》，清文渊阁四库全书本。

（清）瞿云魁纂修：《乾隆陵水县志》。

（清）阮元：《明堂论》，载《揅经室集》，《四部丛刊》景清道光本。

（清）阮元撰：《揅经室》，《四部丛刊》景清道光本。

（清）阮元总裁，陈昌齐总纂：《道光广东通志·琼州府》，海南出版社2006年版。

（清）宋席珍续纂：《宣统定安县志》（上、下），海南出版社2004年版。

（清）孙希旦撰，沈啸寰、王星贤点校：《礼记集解》，中华书局1989年版。

（清）孙诒让撰，王文锦、陈玉霞点校：《周礼正义》，中华书局1987年版。

（清）王先慎：《韩非子集解·显学》，中华书局1998年版。

（清）吴应廉创修，王映斗总纂：《光绪定安县志》，海南出版社2004年版。

（清）萧应植、陈景埙纂：《乾隆琼州府志》（上、下），海南出版社 2006 年版。

（清）谢济韶修，李光先纂：《嘉庆澄迈县志》，海南出版社 2004 年版。

（清）杨宗秉纂修：《乾隆琼山县志》（上、下），海南出版社 2006 年版。

（清）于煌等纂修：《乾隆会同县志》，海南出版社 2006 年版。

（清）张霈等监修，林燕典纂：《咸丰文昌县志》（上、下），海南出版社 2003 年版。

（清）张文豹纂修：《康熙定安县志》，海南出版社 2006 年版。

（清）张擢士、李如柏纂修：《康熙崖州志》，海南出版社 2006 年版。

（清）郑兼才：《六亭文选》，《宜居集》卷二，清嘉庆间刻本。

（清）钟元棣创修，张㝢等纂修：《光绪崖州志》，海南出版社 2006 年版。

（民国）陈铭枢总纂，曾蹇主编：《海南岛志》，海南出版社 2004 年版。

（民国）陈植编著：《海南岛新志》，海南出版社 2004 年版。

（民国）李钟岳监修，林带英等纂修：《民国文昌县志》，海南出版社 2003 年版。

（民国）彭元藻、曾友文修：《民国儋县志》（上、中、下），海南出版社 2004 年版。

（民国）周文海重修，卢宗棠、唐之莹纂修：《民国感恩县志》，海南出版 2004 年版。

（民国）朱庆澜、邹鲁等纂修：《民国续修广东通志未成稿·海南》，海南出版社 2006 年版。

（民国）朱为潮、徐淦等主修，李熙、王国宪总纂：《民国琼山县志》，海南出版社 2004 年版。

（宋）陈善：《韩愈流入异端》，《扪虱新话》，民国校刻儒学警悟本。

（宋）范晔撰，（唐）李贤等注：《后汉书·张衡列传》，中华书局 2000 年版。

（宋）胡仔编，（清）胡培翚校注：《先秦诸子年谱·孔子编年》第 1 册，北京图书馆出版社 2004 年版。

（宋）马端临：《文献通考·学校考四》，中华书局 2011 年版。

（宋）欧阳修、宋祁：《新唐书》，中华书局 2000 年版。

（宋）王应麟：《养老》，《玉海》，清光绪九年浙江书局刊本。

（宋）章如愚：《山堂考索·论语类》，清文渊阁四库全书。

（宋）真德秀：《文中子令学》，载《读书记》，清文渊阁四库全书本。

（宋）朱熹：《四书章句集注》，中华书局 1983 年版。

（唐）韩愈、（宋）廖莹中注：《东雅堂昌黎集注》，清文渊阁四库全书本。

（唐）韩愈、马其昶注，马茂元整理：《昌黎先生文集校注》，上海古籍出版社 1986 年版。

（五代）刘昫：《旧唐书》，清乾隆武英殿刻本。

专著类

蔡尚思：《中国古代学术思想史论》，上海古籍出版社 2013 年版。

陈后强主编：《苍南县陈氏通览》，杭州出版社 2006 年版。

陈进国：《救劫：当代济度宗教的田野研究》，社会科学文献出版社 2017 年版。

陈来：《从思想世界到历史世界》，北京大学出版社 2016 年版。

陈来：《古代宗教与伦理》，生活·读书·新知三联书店 2017 年版。

陈来：《古代思想文化的世界》，北京大学出版社 2017 年版。

陈梦家：《殷墟卜辞综述》，中华书局 1988 年版。

程树德撰，程俊英、蒋见元点校：《论语集释》，中华书局 1990 年版。

常会营：《北京孔庙祭孔礼仪研究》，北京燕山出版社2019年版。

晁福林：《先秦社会思想研究》，商务印书馆2007年版。

陈明主编：《儒教新论》，贵州人民出版社2010年版。

邓学贤执笔，政协定安县委员会编纂：《话说南建州》，南海出版公司2008年版。

冯友兰：《中国哲学史》，重庆出版社2009年版。

符氏族谱联合编修委员会办公室编印：《义阳增辉》，2003年版。

傅斯年：《性命古训辩证》，载《中国现代学术经典·傅斯年卷》，河北教育出版社1996年版。

干春松编：《儒家、儒教与中国制度资源》，江西出版集团2007年版。

龚鹏程：《儒学新思》，北京大学出版社2009年版。

顾颉刚：《汉代学术史略》，东方出版社2005年版。

顾士敏：《中国儒学导论》，云南大学出版社2007年版。

顾炎武著，黄汝成集释：《日知录集释》，上海古籍出版2006年版。

郭沫若：《青铜时代》，中国人民大学出版社2005年版。

海南省编纂委员会编印：《海南省邢氏家谱》，2000年。

海南省定安县地方志编纂委员会编：《定安县志》，海南出版社2007年版。

何成轩：《儒学南传史》，北京大学出版社2000年版。

何宁：《淮南子集释》，中华书局1998年版。

洪寿祥主编：《二十五史中的海南》，海南出版社2006年版。

洪寿祥主编：《历代人文笔记中的海南》，海南出版社2006年版。

洪寿祥主编：《明清〈实录〉中的海南》，海南出版社2006年版。

侯外庐：《中国思想通史》，人民出版社2011年版。

胡适：《说儒》，《胡适文存》，首都经济贸易大学出版社2013年版。

黄怀信：《论语汇校集释》，上海古籍出版社2008年版。

黄进兴：《优入圣域:权力、信仰与正当性》，陕西师范大学出版社

1998年版。

贾汉复：《陕西通志》，康熙六—七年（1667—1668）刻本。

焦体检：《张籍研究》，河南大学出版社2010年版。

焦循撰，沈文倬点校：《孟子正义》，中华书局1987年版。

金泽、邱永辉主编：《宗教蓝皮书》，社会科学文献出版社2008年版。

金泽、邱永辉主编：《宗教蓝皮书》，社会科学文献出版社2009年版。

金泽、邱永辉主编：《宗教蓝皮书》，社会科学文献出版社2010年版。

金泽、邱永辉主编：《宗教蓝皮书》，社会科学文献出版社2011年版。

景军著，吴飞译：《神堂记忆——一个中国乡村的历史、权力与道德》，福建教育出版社2013年版。

康有为：《孔子改制考》，吉林出版集团股份有限公司2017年版。

孔范今、桑思奋、孔祥林主编：《孔子文化大典》，中国书店1994年版。

孔祥林等：《世界孔子庙研究》，中央编译出版社2011年版。

劳思光：《中国哲学史》，广西师范大学出版社2005年版。

乐史等编著：《地理志·海南》，海南出版社2006年版。

李勃：《海南岛历代建置沿革考》，海南出版社2005年版。

李零：《丧家狗——我读〈论语〉》，山西人民出版社2007年版。

李权时、李明华、韩强主编：《岭南文化》（修订本），广东人民出版社2010年版。

李向平：《信仰但不认同》，社会科学文献出版社2010年版。

李泽厚：《新版中国古代思想史论》，天津社会科学院出版社2008年版。

李泽厚：《中国古代思想史论》，人民出版社1985年版。

梁漱溟：《中国文化的命运》，中信出版集团2016年版。

林氏大宗祠、林放书斋家谱编纂委员会编:《林氏家谱》,2003年。

林振法主编:《苍南林氏通览》,中国社会出版社2006年版。

刘正:《金文庙制研究》,中国社会科学出版社2004年版。

罗联添:《韩愈研究》,天津教育出版社2012年版。

吕大吉、牟钟鉴:《概说中国宗教和传统文化》,中国社会科学出版社2005年版。

吕大吉主编:《宗教学纲要》,高等教育出版社2006年版。

吕大吉:《宗教学通论新编》,中国社会科学出版社1998年版。

毛远明:《碑刻文献学通论》,中华书局2009年版。

蒙培元:《孔子》,北京大学出版社2019年版。

牟钟鉴、张践:《中国宗教通史》,中国社会科学出版社2007年版。

裴建平主编:《陕西孔庙》,陕西人民出版社2017年版。

钱穆:《先秦诸子系年》,商务印书馆2001年版。

秦家懿:《儒与耶》,吴有能、吴华译,文史哲出版社2000年版。

《任继愈论儒佛道》,国家图书馆出版社2016年版。

《任继愈文集》,国家图书馆出版社2014年版。

苏舆撰,锺哲点校:《春秋繁露义正》,中华书局1992年版。

孙星衍:《尚书今古文注疏》,中华书局1986年版。

汤可敬:《说文解字今注》,上海古籍出版社2018年版。

汪荣宝撰,陈仲夫点校:《法言义疏》,中华书局1987年版。

汪桂平:《东北全真道研究》,中国社会科学出版社2014年版。

王国宪、许崇灏等编著:《琼志钩沉》,海南出版社2006年版。

王晓毅、朱成堡:《中国乡村的民营企业与家族经济》,山西经济出版社1996年版。

王友怀主编,李慧、曹发展注考:《咸阳碑碣》,三秦出版社2003年版。

王治心:《中国宗教思想史大纲》,商务印书馆2015年版。

王长坤:《陕西孔庙遗存及其文化价值研究》,科学出版社2017年版。

文昌陈氏理事会：《文昌陈氏谱》（1—2卷），2001年。
文昌市黄氏理事会编：《黄氏族谱》，2003年。
吴毓江撰，孙启治点校：《墨子校注》，中华书局1993年版。
邢福增、梁家麟：《中国祭祖问题》，建道神学院1997年版。
徐朝旭等：《儒家文化与民间信仰》，人民出版社2013年版。
徐复观：《徐复观论经学史二种》，上海世纪出版集团2006年版。
徐复观：《中国人性论史（先秦篇）》，上海三联书店2001年版。
徐日霖：《走进古崖州》，中国文联出版社2006年版。
许慎撰，徐铉等校：《说文解字》，上海古籍出版社2007年版。
许维遹撰，梁运华整理：《吕氏春秋集释》，中华书局2009年版。
杨伯峻：《论语译注》，中华书局1958年版。
杨朝明主编：《曲阜儒家碑刻文献辑录》，齐鲁书社2015年版。
杨宽：《中国古代陵寝制度史研究》，上海人民出版社2003年版。
杨庆堃著，范丽珠译：《中国社会中的宗教》，四川人民出版社2016年版。
袁长江主编：《董仲舒集》，学苑出版社2003年版。
张岱年：《中国哲学史大纲》，江苏教育出版社2005年版。
张鸿杰主编：《咸阳碑石》，三秦出版社1990年版。
张立文主编，周桂钿、李祥俊：《中国学术通史》，人民出版社2004年版。
张先清、赵蕊娟编：《中国地方志基督教史料辑要》，东方出版中心2010年版。
张亚祥：《江南文庙》，上海交通大学出版社2009年版。
张一兵：《明堂制度研究》，中华书局2005年版。
张一兵：《明堂制度源流考》，人民出版社2007年版。
张跃：《唐后期儒学》，上海人民出版社1994年版。
章权才：《两汉经学史》，广东人民出版社1990年版。
卓新平：《马克思主义宗教观探究》，中华书局2013年版。
郑玄、贾公彦：《周礼注疏》，北京大学出版社1999年版。

政协定安县委员会编：《定安变迁》。

钟云莺：《清末民初民间儒教对主流儒学的吸收与转化》，台大出版中心 2008 年版。

周予同：《周予同经学史论集选集》，上海人民出版社 1983 年版。

邹化政：《先秦儒家哲学新探》，黑龙江人民出版社 1990 年版。

肖雁：《中华人民共和国 70 年儒教研究》，载《新中国宗教学研究 70 年》，中国社会科学出版社 2020 年版。

车离：《孔子·论语·羞怯的唯物主义》，《求实学刊》1985 年第 5 期。

崔大华：《"儒教"辨——与任继愈同志商榷》，《哲学研究》1982 年第 6 期。

邓梦军：《〈论语〉语录中的矛盾及其解释》，《原道》2015 年第 1 期。

费雅楠：《三大主题陈列精彩纷呈四大创新内容亮点频现天津文庙博物馆八月开门迎客》，《中国博物馆通讯》2010 年总第 312 期。

冯念华、邵宗艳：《再论韩愈排佛及其与僧人交往的诗文》，《周口师范学院学报》2007 年第 6 期。

冯友兰：《略论道学的特点、名称和性质》，载《儒教问题争论集》，宗教文化出版社 2000 年版。

冯志弘：《鬼神、祭礼与文道观念——以韩愈〈潮州祭城隍神文〉等祭神文为中心》，《河北师范大学学报》2016 年 7 月。

高睿泽：《从南京夫子庙探寻中国文庙未来的发展》，《孔庙国子监论丛》，中国社会科学出版社 2019 年版。

高玮：《从碑志看韩愈的人生观》，王德保主编：《韩愈研究》第 8 辑，中国社会科学院出版社 2016 年版。

广少奎：《斯文在兹，教化之要——论文庙的历史沿革、功能梳辨及复兴反思》，《河南大学学报》2017 年第 5 期。

韩星：《北京日报》，《理论周刊·文史》2020 年 7 月 15 日。

韩星：《和合五教，促进大同》，《中国民族报》2019 年 6 月 4 日。

《宗教周刊》。

韩星:《儒家"三祭"之礼的人文精神》,《杭州师范大学学报》2015年第1期。

韩愈:《处州孔子庙碑》,《韩愈全集校注》,四川大学出版社1996年版。

郝琳杰:《游侠兴衰与儒家思想正统化的关系探析》,《宗教信仰与民族文化》2019年第1期。

何建明:《地方志文献汇纂与中国宗教史研究的新趋向》,《中国人民大学学报》2014年第3期。

华人德:《中国时刻文献的种类及其演变》,《中国图书馆学报》1999年第1期。

孔祥林:《孔子庙创建时间考》,《孔子研究》2007年第6期。

赖永海:《儒学的人本主义与天人合一》,《儒教问题争论集》,宗教文化出版社2000年版。

李健:《论孔子生死鬼神观与"神道设教"的人文意蕴》,《社会科学战线》2009年第10期。

李零:《重见"七十子"》,《读书》2002年第4期。

李留文:《试论五龙信仰的形成与演变》,《西北农林科技大学学报》2010年第1期。

李学勤:《走出疑古时代》,《中国文化》第7辑,1992年11月。

李振宏:《汉代儒学的经学化进程》,《中国史研究》2013年第1期。

刘家和:《论古代的人类精神觉醒》,《古代中国与世界》,北京师范大学出版社2010年版。

刘瑞:《西安"大土门遗址"为汉末"元始明堂"论》,《秦汉研究》2007年。

刘振佳:《民族文化信仰的神圣殿堂:孔庙建筑及遗存的文化信仰内涵琐谈》,《第七届世界儒学大会学术论文集》,2015年9月27日。

卢国龙：《唐代庙学与文化共相》，《世界宗教研究》2013年第3期。

莫法有、林虹：《从温州宗教现状看宗教的世俗化》，《宗教学研究》1999年第1期。

潘链钰：《论中唐的御"文"统"经"——以元白韩柳为中心》，《浙江师法大学学报》2018年第5期。

舒大刚、任利荣：《庙学合一：成都汉文翁石室"周公礼殿"考》，《四川大学学报》2014年第5期。

宋立林：《"儒家八派"的再批判——早期儒学多元嬗变的学术史考察》，博士学位论文，曲阜师范大学，2011年。

宋立林：《仲弓之儒的思想特征及学术史地位》，《现代哲学》2012年第3期。

唐红炬：《文庙的保护与利用：应在冲突中寻求和谐》，《中国文物科学研究》2007年第2期。

唐杨炯：《遂州长江县先圣孔子庙堂碑》，《盈川集·卷四》四部丛刊景明本。

王东峰：《韩愈：宣扬儒家道统的鬼神信仰者》，《中国社会科学报》2015年5月4日。

王翰章：《碑石概述》，《考古与文物丛刊》1983年第11期。

王世仁：《北魏平城明堂形制考略》，《中国建筑史论汇刊》，2009年10月。

王思礼、赖非：《汉碑的源流和分期及碑形释义》，《考古与文物丛刊》1983年第11期。

吴龙辉：《"儒分为八"别解》，《文献》1994年第3期。

夏德靠：《从学派经典到经学圣典——〈论语〉的编纂与儒家学派的建构》，《青海师范大学学报》2016年第4期。

谢光宇：《儒学与儒教并行不悖》，《世界宗教研究》2010年第5期。

熊铁基：《汉代经学垄断地位的确立及影响》，《秦汉研究》

2007年。

杨莉：《当代文庙重建与复兴现状研究报告》，载《宗教蓝皮书·2015》，社会科学文献出版社2016年版。

张践：《儒学与宗法性传统宗教》，《儒教问题争论集》，宗教文化出版社2000年版。

张立文：《20世纪中国儒教的展开》，《宝鸡文理学院学报》2001年第4期。

张志刚：《"儒教之"反思——从争论线索、焦点到方法论探讨》，《文史哲》2015年第3期。

赵法生：《论孔子的信仰》，《世界宗教研究》2010年第4期。

肖雁：《2010年儒教研究的理论与实践》，《中国宗教报告》，中国社会科学文献出版社2011年版。

肖雁：《天命信仰与诸神崇拜——咸阳碑碣文献的个案研究》，《世界宗教文化》2016年第6期。

肖雁：《西汉天命神学和儒学的选择及融合》，《华中师范大学学报》2018年第6期。

肖雁：《不可言说的困境与张力——孔子天命、鬼神及生死观探析》，《世界宗教研究》2019年第6期。

肖雁：《任继愈唯物史观儒教宗教论的时代解读》，《世界宗教文化》2020年第8期。

《苍南县陈氏通览·岱岭大厝基路下支派陈氏宗祠》，杭州出版社2006年版.

《苍南县陈氏通览·括山小陈家堡陈氏宗祠》，杭州出版社2006年版。

《府谷县志》，陕西人民出版社1994年版。

《海南邢氏人物》编委会、文昌市邢宥研究会编：《海南邢氏人物》，华晖出版社2003年版。

《洋县县志》，陕西人民出版社1996年版。

《榆林地区志》，西北大学出版社1994年版。

译著类

［奥］维特根斯坦：《逻辑哲学论》，郭英译，商务印书馆1985年版。

［美］埃弗里特·M.罗杰斯：《创新的扩散》，中国电子工业出版社2016年版。

［美］瓦尔特·H.凯普斯：《宗教学——学科的构成》，社会科学文献出版社2017年版。

［美］约瑟夫·列文森：《儒教中国及其现代命运》，广西师范大学出版社2009年版。

［瑞士］H.奥特：《不可言说的言说》，生活·读书·新知三联书店1994年版。

［德］卡尔·雅斯贝斯：《历史的起源与目标》，华夏出版社1989年版。

［德］费尔巴哈：《基督教的本质》，商务印书馆2009年版。

［德］马克斯·韦伯：《中国的宗教:儒教与道教》，广西师范大学出版社2008年版。